해양관광
Coastal and Marine Tourism

PREFACE

이 책을 펼치는 자 바다에 새 희망을 가질 것이다.
이 책을 다시 펼치는 자 바다를 바라보는 사람에게서 내일의 소망을 볼 것이다.

모든 출간물의 시작은 이전과 다른 '새로운 것을 담고자함'에서 비롯될 것이다. 그러나 그 동기는 크게 두가지로 요약될 수 있다. 첫째는 관련된 지식과 경험을 체계적으로 정리한 것의 부재를 채우고자 하는 것이다. 둘째는 '알고자 하는'것을 제대로 담고 있지 못한 것의 부재를 채우고자 하는 것일 것이다. 이런 채움에는 담고 있지 않거나 담아내지 못한 상태를 나타내는 '비움'이라는 단어가 등장한다. 그러나 비움의 작업은 엄격한 균형과 조화가 중요함을 안다. 지남침은 오히려 부록이 더 두꺼운 보고서 모양새이요, 덜함은 간략한 요약보고서 같을 것이기 때문이다.

본서의 집필 동기는 알리고 나누고 싶은 내용을 담고자 하는 채움의 작업에 가깝다. 그러나 엄격하게 이야기한다면, 해양에 대한 인식의 차이 또는 해양관광에 대한 시각의 차, 즉 저자의 '해양관광관'이라는 관점의 공유와 공감에 대한 바램이 가장 클 것이다.

바다와 면해 있는 해양도시에서 유년시절부터 청장년의 오랜 시간을 보낸 사람으로서 그리고 지금도 '삶의 터전'이요 '일상적 공간'이 되는 바다와 이웃하고 있는 입장에서 해양의 의미는 남다를 수밖에 없다. 이러한 자연환경적 배경을 고려한다면 다른 성장배경과 환경을 지닌 연구자들과는 자연스레 다른 시각을 지닐 수밖에 없지 않을까? 이는 의지적인 학습에 의한 것이 아니라 타고난 DNA처럼 온 몸으로 자연스레 체득되어지는 것이라 할 수 있을 것이다. 이러한 '차이'에 대한 인식의 출발점이 해양관광에 대한 공유와 공감을 함께 나누고자 하는 출발점이 됨을 밝히고자 한다.

이러한 노력은 향후 우리나라 상황에 맞는 해양관광의 개념창출에 대한 필요성을 느끼게 한다. 그렇지만, 아쉽게도 본서의 구성과 관련하여 우리나라 연안의 중요한 영역인 어촌과 수산업 현황에 대해서는 부분적인 내용만을 반영하고 있음을 미리 밝힌다. 이는 향후 지속적인 관심을 가지면서 더 깊은 연구를 진행해야할 분야일 것이다.

본서는 21세기 세계관광시장에서의 해양관광의 위상에 대한 성찰과 더불어 다양한 관점에서 그 현상을 분석 및 해석하고자 하였다. 이러한 과정의 산물로 해양관광에 대한 경영학적 사고의 틀(framework)을 '바다'라는 공간과 그 공간을 찾는 사람들이 만들어내는 것을 공간적 행태적 관점으로 이식(移植)하였다. 특히, 바다와 먼 일상권에 머물고 있는 사람들을 비일상권인 해양관광목적지로 이끌게 하는 동인을 제공하는 해양관광매력물이나 해양관광목적지를 새롭게 접근하였다. 이를 위해 사례분석을 통해서 경영학적 관점에서의 통합적인 사고를 공유하고자 하였다. 이러한 과정에서 축적된 전문적 식견과 논리적 통찰력은 해양관광경영에 대한 사고와 분석 및 종합능력을 함양하게 될 것이다. 특히, 본 저서는 향후 미래세대를 위한 지속가능한 해양관광을 실현하는데 그 학문적 전문지식을 제공하되 지구촌과 우리 주변의 지역사회에 윤리적 책임의식도 함께 배양하며 공유의 책임을 나누고자 하였다.

바라기는 본 저서가 관광객과 지역주민, 관광객과 시민, 지은이와 독자를 향한 커뮤니케이션 채널로 작용되어 보다 살기좋은 지구촌 해양관광환경 만들기에 그리고 인간과 인간의 소통을 위해, 해양관광목적지의 지역주민과 해양관광객, 해양관광객과 관광산업종사자의 친밀한 상호작용을 위해 조그마한 밑거름으로 뿌려지길 바란다.

바다는 늘 함께 하고 있기 때문에 오히려 그 소중함을 알지 못하다가 잠깐 떠나 다른 곳에서 머물다보면 어느 사이 솟아나는 '그리움'과 같은 단어로 다가온다. 마치 '가족'처럼. 그래서 바다를 매개로 하는 해양관광이라는 이름에 다른 의미를 붙이지 않았으며, 오히려 다른 시선과 다른 관점을 공유하는데 땀방울 보태고자 하였고, 다른 새로운 소통의 채널이 되고자 하는데 더 열심을 더하였다.

해양관광은 해양과 관광목적지인 해양공간에 대한 접근에 있어 해양관광객과 관광매력물에 대한 경영학, 심리학, 도시계획 등의 통합적인 전문지식이 필요하며, 이를 위해 인문학적 사고의 토대가 요구된다. 따라서 기존의 사고틀과는 다른 관점에서 보아야하고, 때로는 전향적 사고도 요구된다. '생각을 생각'한다면, 오래된 생각들은 비우질 것이고, 새로운 생각들로 채우질 것이다. 해양관광, 생각을 생각하자.

구약성경 열왕기상 18장 43-44절 "... 올라가서 바다쪽을 살펴 보라고 하였다. 시종은 올라가서 보고 와서, 아무것도 보이지 않는다고 말하였다. 엘리야가 다시 그의 시종에게, 일곱 번을 그렇게 더 다녀오라고 하였다. 일곱 번째가 되었을 때에, 그 시종은 마침내, 사람의 손바닥만한 작은 구름이 바다에서부터 떠올라 오고 있다고 말하였다."
3년간의 심한 가뭄을 해갈시키는 큰비가 퍼붓기 시작한 것은 바다 수평선 너머에서 피어오르는 작은 조각구름에서 비롯되었음을 상기시키는 구절이다.
본서가 '해양관광' 발전의 아름다운 조그마한 전조가 되길 바란다.

태평양과 대서양 사이 새로운 빛 바다를 만들어가는 KEY와 YEK를 축복한다.
양 위주 씀

CONTENTS

INTRODUCTION
알기 그리고 바꾸기

1. 알기

People learn more on their own rather than being force fed.

- Socrates (469-399 BC) -

'관광을 왜 하는가'와 '관광을 왜 그곳으로 가는가'라는 질문에 대해 학술적으로 진지하게 연구가 되기 시작한 것은 19세기 유럽에서부터 본격적으로 시작되었다고 할 수 있다. 그 질문은 오늘날까지 세계의 다양한 전공분야 학자들에 의해서 연구테마가 되어오고 있다. 지금까지 그 질문에 대한 답변들도 다양하게 제시되었으며, 일부는 심리학적 사회학적 이론으로 정립되었을 뿐만아니라 과학적인 실험을 통해서도 입증되기도 하였다. 그러나 여전히 진리처럼 단 하나의 정답으로 존재하지는 않는다. 때로는 문화권이나 지역, 사회계층, 환경 등에 따라 상이한 연구결과로 제시되기도 하였으며, 다른 곳에서는 다른 연구결과로 관찰되었기 때문이다.

첫 번째 질문과 관련하여 '왜(why)'에 대한 것은 그렇다 치더라도 두 번째 질문인 '그곳으로(where)'와 관련하여 '바다'라고 답변을 하는 사람들이 매우 많다는 사실이다. 그들에게는 시간과 돈이 허락된다면 최종 목적지는 바다가 된다는 의미이다. 그리고 분명한 것은 '바다'라는 단어가 많은 사람들에게 다양한 의미로 연관되어 있다는 것이다. 이는 관광목적지라는 장소 선택시 '바다'는 우선순위에서 매우 중요한 위치를 차지한다는 것이다. 과거부터 현재까지 그리고 앞으로도 해양공간으로 대변되는 '바다'가 관광욕구를 충족시키는 관광목적지로 지속적으로 관심의 대상이 될 것임을 의미한다. 이러한 잠재적 수요에 대응하여 바다와 연관된 다양한 해양관광매력물이 디자인되며, 다양한 장비나 기구의 개발이 진행되고 있다. 특히, 최근의 트렌드 가운데 해양자원의 중요성과 그 가치의 무궁한 가능성에 대한 재발견도 연관이 있다. 이는 기존의 해양에 대한 paradigm shift(패러다임의 변화)로 이어지면서, 관광분야에서도 '해양관광'의 중요성은 더욱 증대되고 있다.

20세기에 접어들어 제2차 세계대전 이후부터 시작된 북유럽의 유급휴가제도 도입은 지중해(the Mediterranean)를 유럽 최고의 해양관광목적지로 위상을 지니게 하였다. 온난한 기후와 알맞은 수온, 다양한 해양관광활동, 각종 편의시설과 뛰어난 관광인프라, 육지의 풍부한 역사자원과 문화콘텐츠. 이러한 다양한 요소들은 경쟁우위를 확보하면서 유럽인들이 남유럽으로 대이동을 하는 현상을 낳기도 하였다. 21세기에도 여전히 지중해는 최고의 위상을 지니고 있으며, 더 품격높은 비교우위를 확보하기 위해 문화이벤트, 호화크루즈, 영상콘텐츠 등과 결합하면서 새로운 해양관광목적지로 변화하면서 진화하고 있다.

이로 인해 지구촌의 해양이나 강이나 하천 등 수변을 접하고 있는 해양국가나 연안지역, 또는 해양도시 등이 경쟁력있는 해양관광목적지로 브랜드 가치를 제고시키기 위해 끊임없이 노력하고 있고, 새로운 매력물 발굴을 위해 치열한 '보이지않는 전쟁(invisible war)'을 하고 있는 이유이다. 이를 위해 중앙정부에서 지방정부, 지역의 산업체 종사자와 지역주민에 이르기까지 다양한 관광콘텐츠 발굴과 개발에 사활을 걸고 있는 실정이다. 또한 SNS와 소셜미디어 등 차별화된 해양관광자원의 발굴과 품격높은 해양관광상품의 개발, 인터넷이나 다양한 SNS와 소셜미디어를 활용한 홍보를 동원하고 있다. 해양관광목적지에서 '바다'는 방문 목적의 시작이며, 바다가 방문목적의 정점이 되어야 된다. 바다는 관광전쟁의 한 가운데 있다. 바다에 의해서 해양관광은 결정이 난다.

호기심은 새로움을 향한 도전의 첫걸음이다

- WJ Yhang -

바다가 중심이다.

2. 들어가기

Distance lends enchantment to the view.

- Thomas Campbell (1777-1844) -

해양관광은 바다가 중심이 되어 관광객의 경험이 이루어짐을 기본전제로 한다. 여기서 '경험한다'는 의미는 관광활동에 참여하여 해당 관광목적지에 경제적 영향을 미친다는 것을 포함한다. 이 과정에서 바다는 관광객에게 즐거움이나 새로움 등 직간접적 관광동인을 제공해주며, 관광목적지에서의 관광활동에 핵심요인이 된다.

최근 과학기술과 ICT기술의 발달은 '경험'의 의미도 바꿔놓고 있다. 특히, 제4차산업혁명의 시작은 관광의 개념을 구성하는 기본전제가 되는 '이동'의 개념에 대한 변화를 요구한다. 또한 '대상'의 개념에도 사고의 전환을 요구한다. 과거 관광객의 오감만족을 제공해주는 대상이 실제(real) 존재해야만 관광이라고 정의를 하였다. 즉, '바다'를 경험하기 위해 실제 바다가 있는 그곳까지 가야만 '이동'의 당위성도, 그 '바다'라는 실체도 눈앞에 펼쳐져야 했다.

MR(혼합가상현실)의 출현은 관광의 '이동'과 대상의 '실재'라는 전통적 개념의 변화로부터 강요를 요구하고 있다. 예컨대, 해양생태계를 전시하며 교육하는 대표적인 해양관광매력물인 수족관이 MR과 만나 구현된 디지털 수족관의 출현. 실제 살아있는 생태계의 구현이 아니라 이미지를 통한 전시를 제공하여 바다와 그 생태계의 경험을 가능케 한다. 그러나 가상공간(virtual reality)을 체험하기 위해 일상권에 있던 잠재관광객(이용객) 그리고 일부의 이용객들 관광객(비일상권인 다른 곳에서 방문한 사람들)들의 방문 목적지가 되고 있다는 것이다.

과학기술의 발전과 변화는 바다에 대한 인간의 경험적 역사에 사고의 전환과 더불어 인간 행태의 변화를 강요한다. 이와 관련하여 인간행태론적 관점에서 바다는 크게 두가지로 구분된다: "바라 보는" 대상 vs "만져 보는" 대상.

여기에서 중요한 단어는 행동을 나타내는 단어인 '바라 보다'나 '만져 보다'라는 단어보다 두 단어에 공통적으로 붙어있는 보조 수식형 어미인 '보다'에 주목하고자 한다. '관광(觀光)'의 한자를 뜻풀이 하면 '보다'라는 의미인 '관(觀)'과 '빛'의 의미인 '광(光)'이 결합임을 알 수 있다. 관광의 행위에서 '보다'가 얼마나 중요한 가를 보여준다. 그러나 최근 관광동향은 한자어 '관(觀)'이라는 글자가 기존의 단순히 '보다'라는 의미에서 벗어나 '오감을 경험한다'는 의미까지 포용하여 사용됨을 알 수 있다.

바다도 시각 중심에서 시각을 포함하는 오감의 대상으로 확산과 확장이 진행되는 추세이다. 관광목적지의 경쟁력이 가속화되면서 단순히 '보는' 관광에서 '직접 경험하는' 관광으로의 관광전략이 실행되고 있기 때문이다. 이는 기본적으로 관광목적지에서의 체류시간 증대와 더불어 그에 따른 지역에 미치는 경제적 파급효과의 제고를 고려한 정책전환을 반영하고 있는 현상이기도 하다. 따라서 관광목적지는 지역환경이 지닌 다양성과 독특성이 관광객 행동결정의 중요한 요소로 부각되고 있으며, 관광목적지는 이에 대응하기 위해 관광콘텐츠 발굴과 상품화에 차별화 노력을 기울이고 있다. 지금도 세계관광시장은 다른 곳에서 볼 수 없고 경험할 수 없는 관광매력물을 발굴하고 상품화하여 관광객에게 최종 관광목적지로 선택되어지기 위해 '총성없는 전쟁' 상태에 있다.

관광객에게 관광시장은 밝고 경쾌하며 매력적이며 이국적으로 보이지만, 이면에는 치열한 전쟁이 진행 중인 곳이다. 결국에는 최종 선택되기 위해서. 그래서 관광지라는 단어보다는 관광목적지라는 단어가 더 절실하게 느껴진다.

바다를 관광대상으로 하는 관광목적지를 해양관광목적지라고 한다. 이 또한 관광목적지와 동일하게 세계관광시장의 동향에 민감하게 반응하면서 대응전략을 강구하고 있다. 해양관광도 관광의 발전역사처럼 동일한 궤도를 밟고 진행중이기 때문이다. 단지 지리적 관점에서 바다라는 공간적 영역에 집중하여 그곳에서 펼쳐지는 관광현상에 주로 연구하는 관광학의 한 분야라고 차이. 해양관광에서 중요한 것은 사람들의 행태가 펼쳐지는 장(場)이 바다이며, 관광동기인 즐거움이 바다가 되거나 바다와 관련되는 것.

본서에서는 관광의 기본적 전제인 이동 즉 목적지가 되는 바다로 이동해야한다는 조건은 필요충분조건이 되어야 한다는 것이다. 왜냐하면 관광목적지가 되는 방문지역의 경제적 영향이 관광학의 중요한 연구영역에 포함되기 때문이며, 관광객의 방문으로 인한 관광소비로 지역의 다양한 승수효과가 발생하기 때문이다. 따라서 이동 없이 일상권에서의 VR(가상현실)을 통한 경험은 유사관광경험은 맞지만 방문목적지가 되는 그 지역에 미치는 직접적인 영향력은 없거나 매우 미미하기 때문에 본서의 연구대상에서 제외하기로 한다. 물론 VR경험자의 여러가지 이동불가의 조건들-건강이나 신체적 정신적 상황으로 인한 바다로의 이동에 제한을 경우-도 고려할 수 있지만, 본서의 주된 관심이 공간적으로 형태적으로 실제 존재하는 바다와 그곳에서 펼쳐지는 관광객의 행태, 관광매력물이 본서의 해양관광의 중요한 연구대상이 됨을 다시 밝힌다.

우리나라에서 해양관광이 관광학문의 영역에 포함된 것은 불과 30년도 되지 않는다. 시작은 중앙정부 조직에서 해양수산부가 발족하며 업무영역에 해양관광이 포함된 것이 본격적인 계기가 되었다고 생각된다. 그리고 전국의 해양에 연해 있는 해양도시들이 1995년도 3월1일을 기점으로 지방자치시대가 시작된 이래 시정이나 구정목표로 도시비전으로 해양관광과 관련된 내용을 제시한 것도 해양관광 활성화의 직간접적 영향이 되었다. 또한 일부 대학에서 교과목으로 해양관광이라는 주제어가 포함된 교과목개설도 그리고 정부투자기관이나 지방자치단체 투자 싱크탱크 역할을 담당하는 연구소나 연구원에서 주요 연구주제로 선택된 것도 그러한 해양관광의 중요성이 부각된 것도 전환점이 되었으리라 생각된다.

그러나 그럼에도 불구하고 우리나라에서 해양관광의 역사를 연대기순 즉, 시간의 흐름에서 종단론적으로 연구하는 것은 쉽지 않다. 관련 자료의 일천함도 이유가 되지만 우리나라가 처한 지정학적 환경을 고려하면 먼저 3면이 바다로 되어있는 여건을 고려한다면 더 이전부터 해양관광에 대한 고문헌 등이 존재할 것 같지만, 현재까지 관련 문헌 발견은 거의 이루어지지 않은 실정이다. 이러한 이유로 본서의 논의에서 벗어난 주제이지만 언제가 '한국해양관광사'가 관광관련 학과의 정식 교과목으로 출현하길 기대해본다.

본서에서는 주로 바다를 중심으로 바다에서 바다로, 바다에서 육지로의 관광학적 관점을 견지하고 있음을 주목하기 바란다. 또한 최근의 다양한 관광현상도 인식하고 있기 때문에 '해양관광문화'와 '해양관광의 미래'라는 주제도 별도의 장(章)도 준비하였다.

3. 이 책 알기

When the pupil is ready, the teacher will come.

- Chinese Proverb -

해양관광을 관광학적 관점에서 볼것인가 아니면 해양학적 관점에서 볼것인가. 이에 대한 해답과 관련하여 본서의 명칭에 '해양관광'을 사용하되 관광경영학적 분석틀을 접목하고 있음을 주목하기 바란다. 이는 바다가 중요하지만 바다에 대한 스토리가 주(主)가 아니며, 바다를 '이용하는 사람(관광객)'의 관점에서 본다는 전제가 있다. 따라서 관광객의 시각을 담고 있으며, 그들이 방문하는 관광목적지와 관광매력물, 그곳에서 발생하는 관광객과 주민간의 상호작용, 관광의 지역에 미치는 영향, 관광산업, 행정 및 제도에 이르기 까지 모두 본서의 콘텐츠로 구성하고 있다는 것이다. 그러므로 본서는 해양관광에 대한 소개서가 아니며, 경영학적 관점에서 분석과 해석을 담은 전문서적에 해당된다. 경영학은 수요자와 공급자의 관계에 대한 인식에서 시작되기 때문이다. 그러나 여전히 해양관광에 대한 시각은 명확하지 않다. 학문의 영역은 학술적 접근에서 그치고 있는 실정이다. 따라서 실제 해양관광 정책수립과 집행을 하는 담당기관에 적용되어지기 위해서는 실무적 접근이 요구된다. 왜냐하면 우리나라 중앙부처의 직제와 소관업무에 영향을 미칠 뿐만아니라 실제 지역사회의 관광목적지와 지방자치단체에서 그 결과가 직접 실행되기 때문이다. 해양관광에 대한 바른 시각은 중앙정부의 정책수립과 예산계획에서부터 지방정부나 기초자치단체의 관련 사업에 대한 예산집행에 이르기까지에서 모든 부분에 영향을 준다.

'해양관광'이라는 단어를 분리하여 해양과 관광으로 나누어서 생각해보자. '해양'에 무게 중심이 쏠릴 때, '관할 영역'은 해양수산부가 된다. 그러나 '관광'이라는 단어가 중심이 되면, 이는 문화체육관광부에 속하게 된다. 이러한 현상은 대학의 교과과정에서도 발생한다. 즉, 경영대학의 관광경영학과에서 개설한 수업의 경우, 교과목 명칭에 '해양관광경영(론)'을 사용한다. 반면, 수산대학이나 해양대학의 해양이나 수산관련 학과에서 개설하면, '해양관광론'등의 명칭을 사용하는 것이다. 그러나 최근 '경영'이라는 단어의 매력성 때문에 학과와 상관없이 대부분 '해양관광경영'이란 명칭을 사용하는 것은 재미있는 현상이다. 그러나 다른 두 단과대학(college)이나 학과(department)에서 개설한 교과목의 강의계획서를 검토해보면, 해양관광을 접근하는 데 있어 상당한 차이가 존재하는 것으로 나타난다. 공통적으로 관광과 해양에 대한 주제의 접근에서 강의내용과 강의비중의 명백한 차이가 존재하고 있는 것이다.

관광의 범주에서 해양은 관광활동이 표출되는 목적지라는 장소적 개념을 고려하면서 관광객, 관광산업, 관광개발이라는 측면이 강조된다. 반면, 해양이나 수산의 영역에서는 해양생태계와 자원의 관점에서 해양이용과 보존의 지속가능성에 대해 주안점을 두는 경향이 있다.

본서는 전자의 시각으로 내용이 전개되지만 후자를 수용하여 통합적 관점에서 내용이 구성되어 있음을 밝힌다. 단지 용어의 사용과 관련해서는 주로 관광학적 관점에서 기술되었음도 밝힌다.

본서에서 해양관광의 대상으로 바다(해양)는 지구표면을 덮는 바다수역을 의미하며, 육지와 연해 있는 영역으로 보고자 한다. 따라서 해양관광목적지로서 해양은 관광객들의 이동에 중요한 동기를 제공하는 장소적 개념이다. 동시에 다양한 관광기능과 교통기능을 제공하는 대상이 되기도 하며, 산업적 관점에서 경영의 중요한 이익창출원이 될 뿐만 아니라 다양한 자원을 가진 가치대상으로 인식함을 밝힌다. 본서의 구성은 다음과 같은 개념적 틀에서 접근하였다. 각각의 해당 영역에 속한 테마와 콘텐츠를 중심으로 구성하였음을 밝힌다.

지금부터 바다처럼 넓고 깊지만 그러나 희망찬 해양관광의 세계로 여행을 떠나볼까요?

Are you ready for the travel?

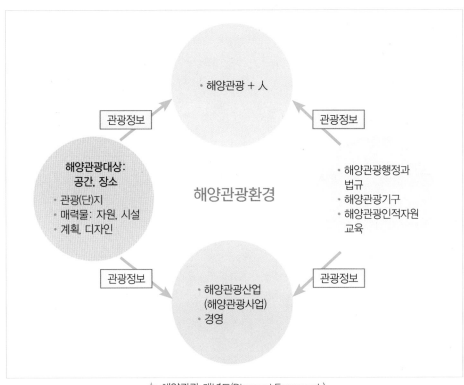

* 해양관광 개념도(Diamond Framework)

PART 01
해양과 해양관광의 이해

바다에 가까이 다가갈수록 바다에 대한 지식은
바다에 대한 두려움으로 바뀌었다.
나는 그때 비로서 자연 앞에 겸손한 자신을 발견하였다.

- 〈바다여행을 떠나는 자를 위한 안내서〉 중에서 -

해양의 이해

CHAPTER

01

The sea lives in every one of us.
- Wyland -

✴ 그림 1 수평선이 보이는 바다는 넓다
(영화 그랑블루 포스터)

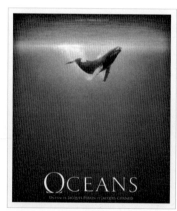

✴ 그림 2 고래가 사는 바다는 깊다
(영화 OCEANS 포스터)

이런 영화 포스터를 접하면 바다의 광대함이 지닌 그 넓이와 그 깊이에 두려움을 느끼게 된다. 외경감이나 공포감을 자아내게 한다. 특히, 그 넓이는 대양(大洋)이라는 단어로, 깊이는 심해(深海)라는 단어로 표현되어 사람을 압도한다. 그러나 동시에 '끝이 없다'는 무한대라는 상징성을 던진다.

지구상에 인간이 존재한 이후로 바다의 수평선이 우리로 하려금 가슴에 품게한 질문은 '저 너머에는 무엇이 있을까?'라는 물음이리라. 숱한 사람들이 저 멀리 가기 위해 배를 만들었고, 그 배를 타고 저 너머로 도전을 해왔다. 그래서 지금은 바다 끝이라는 단어가 더 이상 신화나 전설을 떠올리게 하지 않는다.

반면에 바다 밑이라는 단어는 여전히 '깊이를 알 수 없다'는 것 때문에 두려움의 대상이 된다. 그러나 과학기술의 발달로 인해 얼마나 깊은지를 알게 되었고, 그 깊은 바다 속을 채우는 것들이 어떤 것들이 있는지를 알게 되어 '미지의 영역'이라는 표현이 퇴색된 것은 사실이다. 그러나 바다지식의 정도와 달리, 인간의 경험적 측면에서 보면 여전히 '미지의 세계'라는 단어를 연상케 한다. 바다는 깊이와 넓이의 관점에서 '무한성(無限性)'과 '무궁성(無窮性)'의 가치를 떠올리게 한다. .

1. 바다 알기에 앞서 먼저 알아야하는 것

영어로는 'sea'또는 'ocean'이라고 하며, 중국어로는 '海(하이)'라고 읽혀지는 단어. 우리말로는 '바다'또는 '해양'. 아주 많이 보았고 들어서 너무 익숙한 용어. 바다는 그렇다! 우리의 일상과 늘 함께하고 있기 때문에 오히려 가치는 차치하고 오히려 존재

※ 그림 3 우주에서 가장 경이로운 세계
(영화 오션스 포스터)

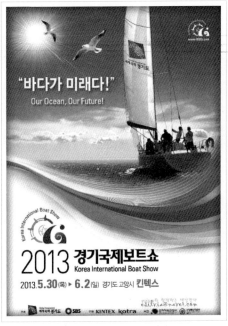

※ 그림 4 바다가 미래다
(경기국제보트쇼 포스터)

조차 인식하지 못할 때가 많다. 바다를 볼 경우가 있다하더라도 잠깐 눈앞에 펼쳐진 것만 보기에 보이지 않는 바다의 영역은 사고 너머에 있게 된다. 따라서 바다의 잠재력은 의지를 가지지 않으면 알 수 없는 것이 된다. 결론적으로, 우리는 바다를 잘 모른다. 그러나 바다를 아는 것이 해양과 해양관광을 이해하는 첫걸음임을 기억하자. 해양관광은 먼저 바다를 제대로 알아가야 한다. 바다가 중요하다. 바다는 그렇다.

우리나라는 동해 남해 서해의 세 바다가 한반도를 둘러 싸고 있는 지리학적 특성을 가지고 있다. 그러나 4면 중 1면이 육지인 대륙과 닿아 있고 그 국가가 중국이기 때문에 오랫동안 정치적 특수관계를 유지하면서 역사적으로 육지중심의 사고로 고착화 되어왔다고 할 수 있다.

또한 이러한 지정학 관계는 '종속이론'에 의한 중심-주변의 이원론적 사고와 연계되어 세상의 중심인 중화사상과 변방에 있는 주변 국가로 인식되기도 하였다. 또한 '엘리아데[1]의 성(聖)과 속(俗) 이론'처럼 종교적 관점에서의 성스러움과 속됨의 개념이 적용되어 육지인 땅은 성스러운 곳이요, 바다는 육지의 끝이기 때문에 속(俗, profane)된 곳이라는 논리가 오랫동안 이어져 왔다고 할 수 있다. 이는 바다가 국토계획이나 지역 및 도시계획 등 공간계획에서 주관심사 아니었음을 알 수 있다. 이는 봉건주의 국가체제에서든 근대국가체제에서든 중앙정부의 행정시스템에서의 위상이나 정책의 집행과정에서도 바다는 아예 관심대상 밖의 공간이라는 인식이 팽배해 있었다. 실제 20세기말까지 우리나라의 대다수 도시에서 수립된 도시기본계획에도 이러한 사고방식이 주류를 이루고 있음을 알 수 있지 않은가. 이러한 현상은 그 곳에 거주하는 사람들의 삶 또한 그 인식의 연장선상에서 머물게끔 하였다. 도시화에 따

---

1) 미르체아 엘리아데(루마니아어: Mircea Eliade, 1907년 ~ 1986년)는 루마니아에서 태어난 비교종교학자이자 작가였다. 그는 8개국어(루마니아어, 프랑스어, 독일어, 이탈리아어, 영어, 히브리어, 페르시아어, 산스크리트어)를 유창하게 말할 수 있었다. 종교사에 대한 그의 작업 가운데, 샤머니즘과 요가, 우주적 신화에 대한 글이 주로 평가받고 있다. 대한민국의 종교학자인 이길용은 엘리아데에 대해서 어렵고, 골치 아프고, 고민스러운 학문의 내용을 수려한 문학적 상상력에 담아 너무도 깔끔하게 표현해내곤 했던 감수성 풍부한 예술가적 학자라고 평가하였다. 한글로 번역된 책들은 '신화와 현실, 이은봉 옮김, 한길사', '미로의 시련 - 엘리아데 입문, 김종서 옮김, 북코리아', '영원회귀의 신화, 심재중 옮김, 이학사', '대장장이와 연금술사, 이재실 옮김, 문학동네', '성과 속, 이은봉 옮김, 한길사', '종교형태론, 한길사', '샤머니즘, 까치', '세계종교사상사, 이학사', '만툴리사 거리' 등이 있다. (출처: https://ko.wikipedia.org)

른 연안지역 주민들의 강제적인 집단이주나 갯벌을 매립하여 공업단지를 조성하는 것도 이러한 경우에 해당될 수 있다. 그러나 이러한 육지중심의 사고는 바다의 중요성이 산업적 관점에서 인식되기 시작한 6.25전쟁 이후 경제개발을 통한 근대화과정에서 국가기간산업의 중요 공간으로 재인식되면서 새로운 위상을 가지게 되었다. 수출과 수입을 위한 국제물류이동의 중요성이 제기되면서 항만개발과 더불어 해양은 새롭게 인식되기 시작하였다고 할 수 있다. 그러나 여전히 해양국가 또는 해양도시라는 용어에 대한 평가절하로 해양에 대한 올바른 인식과 위상강화가 필요하다. 이는 정부를 비롯한 민간단체를 중심으로 해양교육을 확산시키므로 해양문화에 대한 인식전환의 계기마련이 필요한 시점이라고 할 수 있다. 해양관광은 해양에 대한 올바른 이해가 전제되어야 하는 이유가 여기에 있다.

2. 바다알기

위키피디아에서는 바다를 다음과 같이 설명하고 있다.[2] "바다는 지구 표면에서 소금물로 채워진 부분으로, 얼어붙은 바다는 유빙(流氷)이라고 부른다. 일반적으로 대양과 연결된 넓은 해역을 의미하며, 카스피해나 사해처럼 육지에 둘러싸인 경우도 바다로 분류하기도 한다. 그 나라가 영유하고 있는 바다는 영해(嶺海)라고 부른다.

바다는 지구 표면의 70.8%를 차지하고 있다. 해양의 면적은 3억 6,105만㎢에 이르고, 해수의 부피는 13억 7,030만 km³에 이른다. 해양의 깊이를 평균하면 4,117m가 되며, 최대 깊이는 11,034m이다. 바다는 지구상에 최초로 생명이 탄생한 곳이며, 플랑크톤, 해조류, 어류, 포유류, 파충류, 갑각류 등의 많은 생명체가 살고 있다. 해양은 옛날부터 인간 생활과 밀접한 관계를 맺어 왔다."

한편, 크루머(O. Krummer)는 해양의 위치·형태·크기와 해수의 성질, 운동의 밀접한 관계에 따라 세계의 해양을 4개의 해양으로 크게 분류하였다: 대양, 부속해, 지중해, 연해.

---

2) https://ko.wikipedia.org

대양은 대면적을 가지고 있으며, 고유의 염분·조석·해류를 가진 독립된 해양으로 태평양, 대서양, 인도양이 이에 속한다고 하였다. 반면, 부속해는 소면적으로서 인접 육지와 해양의 영향을 받는데 그 중 대양의 조석·해류의 영향을 많이 받는 해양에 해당된다. 또한 지중해는 대륙에 깊숙이 들어가 있는 바다로 해협을 통하여 대양과 접속되는 해양이며, 연해는 대륙 연변에서 도서 혹은 바다로 둘러싸인 바다이며, 황해, 오호츠크 해(Okhotsk sea)가 속한다고 하였다.

바다가 지닌 미지의 세계에 대한 동경 그리고 그 바다가 품고 있는 숱한 비밀들을 알고자 하는 그 모험심은 누군가를 바다는 부르고 있다. 해양관광은 이러한 부름에 대한 끌림일 것이다. 바다에 몸과 마음을 맡겨보자.

바다&知 : 바다와 관련된 숫자

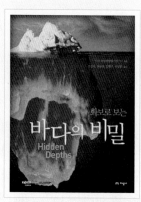

- 지구생명체의 80% 바다에서 서식
- 지구의 O2 75% 바다에서 생성
- 지구의 CO2 50%를 바다에서 정화
- 빛이 들어갈 수 있는 최대 깊이는 200m
- 적도지역 평균 심층수온 1℃
- 우리나라 육지의 해안선 길이 6,227km
- 우리나라 서·남해안 갯벌면적 2,393㎢
- 우리나라 섬의 수는 3,170개
- 우리나라 가장 큰 섬 5개(제주도 1,845㎢, 거제도 374.9㎢, 진도 353.8㎢, 강화도 300㎢, 남해도 298.4㎢)
- 태평양에 있는 우리 땅, 심해저광물자원 개발광구 면적 75,000㎢
- 우리나라 수출입 물동량의 99.7%가 바다를 통해 수송
- 독도 면적은 180,000㎡
- 한국인이 가장 깊이 탐사한 수심 5,044m(한국해양연구원 김웅서박사)
- 828년 장보고 전남 완도에 중국과 일본해로 거점이 된 청해진(淸海鎭) 설치
- 1814년 정약전 한국에서 가장 오래된 어류학서(魚類學書)인 〈자산어보(玆山魚譜)〉편찬
- 1977년 심해열수생물 최초발견
- 태평양: 면적 160,000,000㎢, 평균수심 4,000m, 물방울수 12,8X1023개
- 빙산의 수면 아래와 수면 위 부분의 비율 10:1
- 사람 몸에서 물의 비율 70%
- 왜망둥어 1cm vs 고래상어 15m

(출처: 한국해양연구원)

3. 바다와 우리나라

　동해 남해 서해 3면이 바다로 둘러싸인 한반도. 우리나라는 북면을 제외하고 모두 바다와 연해 있다. 자연환경적 관점에서 다양한 해양자원을 가지게 되었으며, 지정학적 관점에서 중요한 위치로 인식되고 있다. 전자와 관련해서 4계절의 분명한 특성은 육상과 해양에 있는 관광목적지의 분명한 방문동기를 제공해준다. 후자는 해양에서 유라시아 대륙으로 진출하는 시작점이기도 하면서, 대륙에서 태평양인 해양으로 나아가는 종점에 위치해 있다. 이는 세계사의 흐름에서 볼 때 동북아 정치역학 구조에서 중요한 역할을 담당하고 있다.

바다&知 : 물때와 조류

　바닷가에서 해면을 바라보고 있노라면 시간이 경과함에 따라 해면이 점차 상승하는가 하면 또는 하강해 가는 것을 쉽게 관찰할 수 있다. 특히 이러한 현상이 현저한 우리나라의 서해안 같은 곳에서는 주기적으로 바닥이 드러났다가 다시 물에 잠기는 것을 볼 수 있다. 이와 같이 해면은 일정한 수준에 정지해 있지 않고 끊임없이 높아졌다 낮아졌다 하는

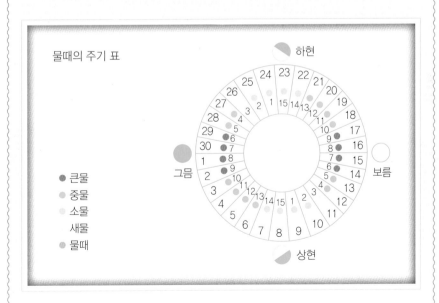

상하운동을 규칙적이고 반복적으로 되풀이하는데, 우리는 이 현상을 조석(潮汐)이라 한다. 이와 동시에 해수는 해안과 먼 바다 사이를 같은 주기로서 규칙적으로 왕복하는데, 이러한 해수의 수평운동을 조류(潮流)라 한다. 조석과 조류는 외양에서는 눈으로 인지하기가 어렵지만 항만이나, 좁은 수로 등에서는 현저하다. 따라서 연안에 사는 주민들은 옛날부터 이 현상에 호기심을 가지고 주의 깊게 관찰을 계속한 결과, 조석은 달의 운행과 밀접한 관련이 있음을 발견하게 되었다.

달은 태양과는 달리 지구상의 대부분의 현상에 거의 관계가 없지만 조석현상에 대한 영향 면에서만은 태양보다 더 중요한 역할을 하고 있다. 이와 같은 조석현상은 뉴톤시대부터 근대 과학의 대상으로 취급되기 시작하여 현재 건설·어업·항해 및 군사적인 여러 측면에서 유용하게 이용되고 있다. 문헌에 의하면, 조석으로 인해 희비가 교차한 사건들이 다수 있다. 예를 들어, 세계사에서 위대한 위인으로 지칭되는 로마의 줄러어스 시저는 영국해안에서 조석에 대한 정보가 없어 많은 군함을 잃었고, 알렉산더 대왕도 인도의 인더스강 하구에서 엄청난 고난을 당했다고 한다. 반면에 우리나라의 이순신 장군은 조석현상을 이용하여 왜군을 대파하였으니 조석과 같은 자연의 원리를 아는 것이 우리에게 얼마나 중요한가를 새삼 깨닫게 해준다.

(출처: http://www.daebudo.info/sea_info/sea_jungbo_02_3.htm)

해양관광의 사고 전환

Nurture your mind with great thoughts, for you will never go any higher than you think.
- Benjamin Disraeli -

CHAPTER 02

1. 생각을 생각하자

> 생각을 바꾸면 행동도 달라지며 사람도 바뀐다.

'바다 보러 갈까?', '그래, 바다 보러 가자', '난 바다로 간다'등의 이야기를 들을 때면 우리는 무심결에 바다를 먼저 떠올리게 된다. 그때 떠올리는 첫 이미지는 대부분 다음과 같은 모습들이 아닐까?

✹ 그림 5 바다 모습

✹ 그림 6 바다 모습

혹시 어린 시절을 섬이나 다도해에서 성장을 했다면 아마 이런 모습?

✳ 그림 7 바다 모습

✳ 그림 8 바다 모습

바다는 여러 가지 모습들로 사람들의 기억 속에 자리잡고 있다. 그런 기억들이 문득 떠오르거나 별안간 스치고 지날 갈 때면 우리의 발걸음은 바다를 향하고 있음을 본다. 그리고 어느 새 그 바닷가에 서있는 자신의 모습을 발견하고는 놀라기도 한다. 그 바다에 내재된 기억들이 향수(鄕愁, reminiscence)를 자극하게 되면 바다로 여행을 떠난다. 바다 부르는 소리에 응답한다. 바다는 우리의 의식과 무의식을 자극하여 그곳으로 끌어당기는 매력이 있다.

> 바다...

우리의 삶이 대부분 이루어지는 영역을 일상권(여기에서 일상권이라 함은 지구촌의 빠른 도시화율을 고려하여 도시에 기반을 둔 생활환경을 주요 권역으로 간주함)이라고 정의한다면, 그렇지 않은 다른 권역, 때로는 시간적으로나 거리적으로 분리되어 있는 물리적 영역을 비일상권이라고 할 수 있다.

그렇다면, 바닷가에 살고 있지 않거나 바다가 보이는 곳에 살고 있지 않는 사람들에게 바다는 비일상권의 공간이 될 수 있을 것이다. 따라서 '바다로 간다'는 말은 '비일상권으로 간다'는 뜻이 된다. '비일상권으로의 이동'은 곧 관광의 첫 출발점이 된다. 왜냐하면, 관광의 개념을 정의하는 중요한 요소가 바로 '비일상권'이 되며, 그 권역에서 이루어지는 인간의 활동을 관광활동이라고 하기 때문이다. 따라서 비일상권이라는 단어는 관광을 구성하는 기본조건이 된다. 따라서 이러한 비일상권을 방문하는 사람을 관광객이라고 하며, 바다가 관광목적지로 방문하는 사람을 해양관광객으로 정의한다.

또 다른 생각 : '왜 사람들은 바다를 찾을까?'

이 물음은 많은 생각을 떠올리게 한다. 학술적 관점에서 관광학 뿐만아니라 다른 많은 전공영역에서도 오랫동안 제기되어온 질문이며, 그답을 찾고자 많은 노력들이 진행되어왔다. 많은 해답들도 제시되었지만, 지금도 다양한 해답을 찾고 있으며, 그 중에 일부는 그럴듯한 이론들로 자리매김하기도 하였다. 이 질문은 관광학 분야에서의 고전적 물음인 '왜 관광을 가는 것일까'에 대한 해답을 찾는 과정과 그 결과도 유사하다고 할 수 있다. 단지 목적지가 바다라는 것을 제외하고는. 결론적으로 '왜 사람들은 바다를 찾을까'와 '왜 사람들은 관광을 갈까'라는 질문의 해답은 관광을 다녀온 관광객이 집에 돌아오자마자 다음 관광목적지를 생각하는 것과 같을 것이다.

기본적으로 관광을 가는 이유에 대한 '정답'이 존재하지 않는 이유는 '인간에 대한 탐구가 끝나지 않았기 때문일 것이다. 사람을 알아가는 것이 학문의 목적이 되는 사회과학과 인문학은 해답을 찾는 것이 그 학문의 발전 역사와 궤를 같이 하고 있기 때문이다. 이는 결국, 인간이 존재하는 한 끊임없이 찾게 될 해답들이며, 또한 숱한 해답들이 제시될 것을 미리 암시하고 있다. 지구상에 인간이 존재한 이후, 인간의 이동의 역사에 대한 탐구와 같은 궤도를 달릴 것이기 때문이다.

그러므로 여기에서는 '왜 사람들은 해양관광을 하는가'라는 질문에 대해 정답을 제시할려고 하지 않는다. 단지 해양관광을 하는 사람들은 어떤 사람들이며, 어떤 해양관광목적지를 찾고, 그곳에서 해양관광활동으로 무엇을 하고 있는지, 해양관광활동과 관련된 인문학적 콘텐츠나 해양문화를 어떻게 이해하고 보아야 되는지 등, 현상학적 상황을 분석하고 대안을 제시하는 방향으로 진행을 하였다. 그리고 과정을 이야기하면서 나누려고 한다.

2. 바다 찾기

바다를 알지는 못한다. 제대로 알 수도 없다. 그 깊이와 그 넓이를 지닌 공간영역은 인간의 지식차원을 벗어난다. 여기에서는 단상(斷想)적 접근으로 바다를 알아가고자 몇 가지 생각들을 풀어 놓았다. 이것을 발판삼아 앞으로도 인문학적 담론 등 다양한 형식과 접근을 통하여 더 깊이 더 넓게 바다를 알아가고자 하는 노력들을 여기에서 시작하였고, 앞으로도 누군가가 계속 이 일을 수행하길 기대한다.

1) 공간 탈출

바다를 찾아가는 이유로 먼저 떠올리는 것은 '다람쥐 쳇바퀴처럼 반복되는 일상생활에서 벗어나고 싶다'라는 일상탈출의 욕구의 욕구가 아닐까. 이는 일상권에서 강요되는 '사회적 관계'로 인해 발생되는 스트레스로부터 벗어나고자 하는 동기. 즉, 사회적 속박이나 심리적 억압으로부터의 자유. 일상권인 도시 그 도시로부터 그 도심의 일상으로부터의 벗어나고자 하는 욕구는 '탈출'이라는 동기부여로 작용한다.

그러나 도시라는 공간은 그곳을 채우는 사람들과의 상호작용으로 인해 야기되는 '불편함', 즉, 스트레스(모든 형태의 불편함을 통칭)가 끊임없이 발생하는 곳이다. '스트레스 상존지역'. 과도한 스트레스는 인간의 생존을 위협하는 눈에 보이지 않는 위협요인이다. 인간생존의 명제를 지닌 도시가 오히려 인간을 위협하는 현대도시의 모습. 그러므로 도시가 본래의 순기능을 하기 위해서 도시를 계획하고 관리하는 사람들은 그 도시가 가진 '공간-인간'관계에서 불편한 한계를 극복하기 위해 다양한 노력과 계획적 시도를 도입해왔다.

도시에 '물'을 끌어들인 것은 그 노력의 일환이었고, '물'에 의한 도시디자인 개념을 접목하는 노력들이 지금도 지속적으로 진행되고 있다. 세계의 유수한 도시들의 사례를 떠올리면 쉽게 이해가 될 것이다. 물이 지닌 기능 중 물은 스트레스 완화에 도움을 준다는 과학적 근거를 언급 않더라도 쉽게 인식할 것이다. '물'이 있는 도시의 중요성은 '물'이 없는 도시를 생각하는 만큼 아무리 강조해도 지나치지 않다.

스트레스-물-도시의 삼각관계는 중요한 기본틀이 된다. 사람들은 흐르는 물에서 그 물을 통하여 생명을 찾으며, 생명의 의미를 확인하고, 또 생명의 의지를 다시 살리고자 한다. 오늘날 서구사회의 대도시나 인류문명의 기원이 물을 중심으로 발전하며, 변화해온 이유가 될지 모를 일이다. 인류문명의 4대 발상지인 인도의 갠지스강 유역, 이집트의 나일강 유역, 중동의 유프라테스강 유역, 그리고 중국의 황하강 유역. 모두 물 즉, 강과 연해 있음을 알 수 있다. 물의 형태가 강이라 불리던지 바다라 불리던지 그 차이만 존재할 따름이다.

물의 집합적 모임인 바다와 도시는 공존을 위한 필요 충분 조건이 된다. 따라서 도시에서 바다로 간다는 것은, 그 도시 공간이 만들어내는 사회적 환경적 압박감으로부터 해방되고 싶다는 욕구의 무의식적 표출이다. 바다는 그 탈출의 목적지가 된다. 비일상권인 해양관광목적지, 바다.

> '물은 생명의 상징이다
> 물은 생명과 생명을 연결시킨다.
> 우리는 그 물 가운데 바다에 관심을 가지고자 한다.'

2) 공간 이해하기

일상권이 이루어지는 도시를 공간학(空間學)적으로 생각해보자. 공간은 구조적으로 바닥면, 벽면, 천장면 3면이 기본 구성요소가 된다. 그 공간에 사람이나 사물(object)이 존재하면, 공간은 '크기'나 '거리'에 따라 다르게 인식되며, 그 공간은 정체성(identity)을 부여받으면서 다른 공간으로 불리게 된다.

해양! 육지에서 멀리 떨어져 있는 먼 바다. 육지가 보이지 않는 바다에 있다면, 그

✳ 그림 9 공간의 구성

해양은 바닥면과 천장면으로만 구성되어진다. 망망대해(茫茫大海)! 한없이 넓고 큰 바다를 나타내는 한자성어이며, 주변을 둘러보아도 바다와 하늘밖에 보이지 않을 때 적용되어지는 단어이다. 해양관광의 주연구대상은 기본적으로 먼 바다 보다는 바닥면과 천장면, 그리고 벽면으로 구성되어지는 공간을 전제로 한다. 그리고 그 공간을 구성하는 매력물과 '사람'을 주 연구대상으로 한다.

따라서 본서가 연안을 대상으로 하는 이유도 연안의 '벽면'을 구성하는 다양한 유형의 자연환경과 인공환경, 그리고 사람을 주요 관심대상이 본서의 주요 콘텐츠를 구성하기 때문이다. 공간과 해양이라는 단어가 융합된다면 해양공간이 된다. 해양관광의 지리적 범위는 해양공간으로 설정하는 이유이다.

이러한 공간에 '시간'이라는 차원이 추가된다면, 공간 그 자체가 어느 순간 생명체처럼 라이프사이클을 지닌 유기체처럼 인식되어진다. 그러한 공간은 존재와 내부 및 외부공간의 상호작용을 통하여 새로운 공간을 생성하고, 번창하고, 쇠퇴하고, 그리고 사라지는 순환의 과정을 거치게 된다. 단지, 각 프로세스 별로 시간의 길고 짧음의 문제만 있을 따름이다. 이러한 과정에서 공간의 특성을 부여하는 주체는 사람이 된다. 사람과 사람의 상호작용에 의해서 공간은 자신만의 색깔을 지니면서, 사람들에게 자신만의 맛과 멋을 지닌 공간으로 인식되어진다. 공간은 독특함을 지니며, 그 독특함은 정체성으로 표현되며, 매력으로 발전한다.

일상권의 공간에 머물고 있는 사람들은 일상권에서 볼 수 없는 독특한 '바다'를 보러 해양공간을 찾는다. 이는 '바다'가 공간적 관점에서 비일상권으로 인식되어지는 이유이며 관광목적지로 인식되는 이유일 것이다. 관광목적지 공간계획은 일상권의 비일상성을 비일상권에 부여하여 일상권의 잠재관광객에게 관광동기를 유발시켜 비일상권인 관광목적지로 끌어들여서 그곳에서 관광소비를 통해 만족도를 극대화시켜 재방문을 유도하는 계획적 행위에 해당된다. 해양공간이 해양관광의 지리적 범위가 되는 이유이다. 본서에서 해양공간을 해양관광개발과 관련하여 이 용어를 사용하는 이유이기도 하다.

3) 바다향하기

'왜 사람들은 바다로 가는가'에 대한 가설들. 연구자의 주관적 해석임을 밝힌다.

(1) 태중본능(胎中本能)

> 수중 7cm 바다

어떤 사람은 인간이 경험한 가장 평온하고 안전한 곳이 태중환경(자궁의 수중환경에서 보낸 10개월)이라고 한다. 정확한 의식적 기억은 없고, 대부분 무의식 상태로 존재했던 기억일 것이다. 그렇기에 막연한 느낌이겠지만, 그리고 성장하면서 다양한 매체를 통해 학습된 이미지가 만들어낸 기억들일 수 있겠지만, 평화로움(peace)를 느끼게 된다. 바다를 찾는 것은 모태(母胎)의 양수(羊水)로 채우진 그 수중환경에 대한 무의식적인 동경에 의해 동기화되지 않을까. 넓음과 깊음이라는 공간감과 내재적 안온감, 이런 유사한 기억들로 인해 무한함과 신비함 그리고 궁극의 '엄마품'을 찾아서 바다로 찾아 가지 않을까.

바다 & 知 : "해양관광도시 2017년 관광트렌드가 되다!"

뉴욕 타임즈(New York Times)에서는 2017년 1월초 2017년 추천 관광지 52선을 발표하였다. 선정된 52개 관광지중 절반인 26개 도시가 해안을 접하고 있는 해양관광 도시. 그 가운데 아시아 지역 도시로는 부산(한국), 오사카(일본), 산야(중국), 류큐제도(일본) 등 4개 도시가 포함되었다. 특히, 부산이 2017년 추천 관광지로 선정되어 전 세계인들의 관심을 받게 되었으며 이 같은 특수를 활용한 해양 관광마케팅이 필요한 시점이다.

(출처: https://www.nytimes.com/interactive/2017/travel/places-to-visit.html?_r=1)

(2) immersion 욕구

사람들은 '품을 그리워한다'. 사람의 품을 떠올리면, 엄마일 수도 사랑하는 사람일 수도 있을 것이다. 또는 자연의 품을 떠올리면 원시림일 수도 사막일 수도 있다. 고향의 품을 떠올리면 어린 시절이나 성장의 배경이 되었던 동네일 수도 있다.

품을 생각하면 먼저 대상을 떠올린다. 그리곤 그 품이 주는 느낌을 생각한다. 사람의 품일 경우, 따뜻함, 자연일 경우에는 고요함, 고향일 경우에는 편안함. 공통적으로는 어떤 두려움이나 공포로부터 벗어난 평화, 그리고 안식(쉼)등의 단어가 연상될 것이다. 그러나 그 품은 잠깐 머무는 곳임을 인식하게 한다. 그리고 곧 '품을 떠나야 한다'는 시간성을 직면하게 된다. 시간의 경과와 더불어 떠나야만 하는 이별성, 그리고 언제나 다시 돌아오고 싶다는 회귀성 등의 단어가 필연적 당위성으로 이어진다. 품은 관광의 속성과 매우 유사하다!

바다는 바다 속에 들어가서 느끼게 되는 이러한 침잠(沈潛, immersion)의 욕구를 충족시켜준다. 온몸이 온전히 물로 감싸이는 순간을 그 느낌을 침잠이라고 한다면, 바다, 그리고 그 깊은 물은 인간의 침장성의 욕구를 충족시켜 준다. 이러한 침장성의 욕구가 바다를 찾게 하는 동인(動因, drive)이 되지 않을까. 바다는 품이다!

3. 바다 보기

1) 시선(視線)

'바다를 본다'고 할 때 무의식적으로 "바다 쪽으로", "바다 방향으로", 즉, 바다를 향(向)하여 보는 모습을 먼저 떠올리게 된다. 여기에는 목표대상이 바다라는 것과 방향성의 대상이 바다임을 알 수 있다. 따라서 시선(눈이 가는길)은 바다나 수평선을 향한 방향에 초점이 맞추어지게 된다. '바다를 본다'고 할 때 먼저 떠올리는 모습은 바닷가 모래사장이나 해변에 발을 붙이고 바다를 바라보면서 서있는 것이 아닐까.

그러나 잠깐 그 자리에 서서 고개를 좌우로 또는 앞뒤로 돌리게 되면 다른 경관이 펼쳐짐을 알게 된다. '바다를 본다'는 행위에 의외로 다양한 시각장(視覺場, visual field)이 자신 앞에 펼쳐짐에 놀라게 된다.

해양관광을 마주하는 시선은 다양하게 존재한다. 시선의 각도도 다양하다. 시선이 머무는 곳도 다양하다. 시선이 만들어내는 시각장도 다양하다. 본서에서 바다를 보는 시선의 방향과 범위의 다양성과 역동성의 관점으로 해양관광을 보고자 한다.

회화의 조형원리 중 원근에 따른 형체변화

① 거리가 멀수록 작게 보이며 가까울수록 크게 보인다.
② 같은 간격이라도 멀수록 그 간격이 작게 보인다.
③ 수평선과 지평선은 눈의 위치가 높을수록 올라가고 낮을수록 내려간다.
④ 수면(지면)과 평행한 선은 전부 수평선(지평선) 높이의 일점에 집결한다.

⑤ 수면(지면)에 평행한 선으로서 눈보다 높은 위치에 있는 것은 멀리 떨어질수록 점점 내려가, 수평선(지평선)에 가까워지며, 낮은 위치에 있는 것은 점점 수평선(지평선)으로 가까워 높아진다.

• 설명 : 전형적인 인상파 화풍의 아름다운 풍경화. 근경은 선명한 형태와 강한 명암대비. 고채도의 색상으로 표현하며, 중경에서 가장 먼 원경으로 거리가 멀어질수록 대상의 형태는 흐릿해지고 명암대비는 약해지며 색상은 채도가 떨어짐. 지평선 영역은 하늘의 색채와 비슷해져 거리감의 효과를 제공.
• 공기원근법 : 이러한 표현기법을 통해 깊은 공간감을 느끼며, 자연스럽게 펼쳐진 현실적 풍경으로 인식하고 감상함

이를 위해서 지금까지 오랫동안 익숙하게 보아왔던 방향을 바꾸어야 한다. '육지에서 바다로'부터 '바다에서 육지 쪽으로'. 이러한 시선의 방향틀기는 수평으로 뿐만아니라 수직적으로도 진행되어야 한다. 즉 공중(하늘)이나 높은 곳(산, 전망대등)으로부터 바다에 이르기까지 이었다면, 지금부터는 더 깊은 바다 밑에까지 이르기. 이러한 시선틀기가 시작되면 바다는 다르게 보일 것이다. 다르게 보이면 바다를 경험하고자 하는 욕구도 다르게 변화할 것이다. 욕구가 다양해지면, 욕구를 파악하여 상품화시키는 관광상품개발자들도 더 창의적으로 무엇인가를 개발해낼 것이다. 이러한

'다른 시선'의 출발이 해양관광에 대한 '다른 시선'을 그리고 '다른 경험'을 만들어 내게 된다. 해양관광을 다르게 보는 것의 시작은 바다를 바라보는 시선틀기에서 시작됨을 기억하자.

'시각장'이 '경관'이라는 용어로 대체되면 기존 경관이라는 단어는 소극적 감상에서 적극적 경험을 포함하면서 해양경관을 관광상품으로 인식하게 된다. 해중경관지역이나 수중레저활동구역의 지정이 해양관광목적지의 중요한 상품으로 인기를 끌고 있는 이유이다.

2) 시점(視點)

인간은 오감을 지닌 생명체이다. 육감(sixth sense)은 제외하더라도. 5개 감각기관 중 시각이 차지하는 비중이 90%가 넘는다는 연구결과가 있다. 이는 주간(daytime)의 경우에 주로 해당된다. 야간(night time)의 경우, 일반적으로 시각보다 청각과 관련된 자극에 더 민감하게 반응을 한다. 두 개의 감각기관이 받아들이는 자극의 유형은 서로 다르다. 시각은 빛이 자극체가 되지만, 청각은 소리가 자극체가 된다. 낮 동안 청각이 작동되지 않는 것이 아니라 시각이 먼저 반응을 한다는 것이다. 반면, 밤은 청각이 시각보다 더 빠르게 반응한다는 의미이다.

낮 시간대에 존재하는 사물을 인식하는데 있어, 사물의 실체와 관련된 형태와 특성, 거리, 깊이 등 공간감은 빛이 있어야만 지각될 수 있다. 따라서 사물지각에서 시각이 감각의 중요한 역할을 수행한다. 반면, 밤은 빛이 부족한 시간대이기 때문에 사물의 존재에 대한 인식을 그 대상이 내는 소리를 통해 간접적으로 대상을 지각하게 된다. '정확성'에 있어 야간은 주간에 비해 사물지각 능력이 상대적으로 약한 상태가 된다. 이는 관광목적지의 야간 관광활성화를 위해서 다양한 빛의 개념을 적용한 관광매력물을 도입하는 이유가 된다.

밤은 기본적으로 빛의 부족을 경험하는 시간대이다. 지구의 자전과 공전이라는 천체학적 현상으로 인해 '해(태양)가 지면서', 어둠이 시작된다. 그리고 달(月)의 변화에 따라 빛의 양이 영향을 받게 되지만 기본적으로 밤은 빛이 부족한 시간대이다. 빛의 양, 광량의 변화는 인체의 다른 변화에도 직간접적인 영향을 미친다. 따라서 야간 시간대는 인간의 움직임은 주간에 비해 최소화되며, 특정 시간이후에는 수면시간으로 이어지는 이유일 것이다.

관광(觀光)의 한자어가 '보다'의 관(觀)자와 '빛'의 광(光)의 결합되어 만들어진 것은 상당한 의미가 있다. 옛날 교통수단이 발달되지 않은 시절, 놀거리와 즐길거리가 많지 않았던 시대에는 '본다'는 경험이 모든 것이었다. '백문불여일견(百聞不如一見)'[3]. 그 '본다'의 의미는 특히, 다양한 것을 보고, 색다른 것을 보고 하는 경험을 모두 내포하고 있다. 그리고 그 경험은 '시각'의 감각기관에 의해 주관된다. 대부분 '보는'경험이 주로 낮 동안에 이루어졌던 이유이다. 그러나 문명의 발달에 의해 교통수단도 다양해지며, 다양한 '거리'들이 출현하면서 '볼거리'중심에서 다른 '거리'들이 등장하기 시작하였다. 인류 문명사에서 전기의 발명은 더 많은 '거리'들을 보고 싶어하고 색다른 '거리'들을 보고 싶어하는 '보고자'하는 본능을 활동시간대를 야간으로 확장시키게 되었다. 그러면서 밤에도 '볼거리'를 찾기 위해 '밤을 낮처럼'밝히는 새로운 종류의 불빛이 문명의 이기로 발명되었다. 전기의 출현의 인공조명의 기술적 진보로서 '볼거리'에 대한 욕구를 확장 및 확산시키는데 기여하였다. 주간과 야간의 시간적 경계가 모호해지게 되었다.

'24H 관광목적지'를 관광도시의 목표로 설정하는 것도 24시간 관광활동이 가능한 목적지를 만들겠다는 의미이고 실제 현대의 대부분의 도시는 이런 관광욕구를 충족시키기 위해 인프라의 구축단계부터 도시경관계획시 야간경관조명과 디자인에 많은 노력을 기울이고 있다. 도심이 관광목적지가 되는 도심관광(urban tourism)은 이러한 시간연장 또는 시간초월형 관광상품 뿐만아니라 야간에만 가능한 관광상품을 개발하여 도시방문 관광객들의 24시간 도시경험을 가능케 하고 있다.

전통적인 바닷가도 이제는 지구촌 도시의 이런 트렌드를 반영한다. 도시화의 영향을 받아 해안가에도 다양한 야간 관광상품이나 관광경험들을 제공하며 관광객들을 부르고 있다. 예를 들면, 교량(bridge)에 야간경관조명을 설치하여 해안가로 사람들을 방문하게 하는 것도, 도심의 전망탑을 관광매력물로 만들어 도시와 바다의 야경을 보게 하는 것도, 바다를 배경으로 불꽃축제를 하는 것도 야간에 빛(조명)의 도입을 통한 관광활성화 전략이라고 할 수 있다.

---

3) 백 번 듣는 것이 한 번 보는 것보다 못하다는 뜻으로, 직접 경험해야 확실히 알 수 있다는 뜻

'낮의 바다'를 생각하는 사람들에게는 이러한 '밤의 바다'의 변신(變身)은 비일상권의 경험을 제공한다. 이러한 다양한 자극적인 체험은 해양관광목적지에서 관광객의 야간관광활동 참여를 유도한다. 주로 청각이 지배하는 밤의 세계를 시각의 영역까지 확장시켜서 관광활동의 개념을 시간을 너머 확산시킨다. 해양관광목적지의 측면에서 관광객의 관광활동 시간대를 확장하는 것은 중요한 전략이 된다. The longer stay, the more spend. 체류시간이 길어지면 관광소비가 더 많이 진작되기 때문이다. 체재시간에 비례하여 관광목적지의 지역 관광산업을 통한 지역경제에 미치는 승수효과(multipier effect)는 더욱 증가하게 될 것이다.

> '빛(光) 생각.
> 빛을 바라보는 관점4)의 변화는 관광(觀光)을 보는 관점의 변화를 이끌어낸다.
> 관점은 시점으로 이어진다. 시점은 중요하다.
> 시점5)은 사고의 전환점이 된 관점이 출발점이 된다.
> 관광에 대한 시점이 변화할 때이다.'

해양관광은 낮의 바다와 밤의 바다 모두가 그 시점의 대상이 된다.

---

4) 관점(觀點, point of view)
   사물이나 현상을 관찰할 때, 그 사람이 보고 생각하는 태도나 방향 또는 처지.
   (예: 글쓴이가 사물이나 현상에 대하여 생각하는 태도나 방향을 글쓴이의 관점이 된다)

5) 시점(視點, point of view, point de vue, perspektive(독어))
   • 어떤 대상을 볼 때에 시력의 중심이 가 닿는 점.
   • 〈문학〉 하나의 이야기가 서술자에 의해 이야기되는 방식, 또는 서술자가 작중 상황을 독자에게 전달하는 방식을 의미한다.

바다와 마주하는 독특한 모습 : 충남 서천의 마량포구

• 시선
  : 마량 방파제에 서서 시선의 방향만 바꾸면 수평선 너머 해가 뜨고 지는 모습을 동시에 볼 수 있다. 저녁엔 서쪽, 아침엔 동쪽을 보면 된다.

• 특성
  : 바다 쪽으로 튀어나온 갈고리 모양에 바다로 둘러싸인 반도(半島) 같은 독특한 지형적 특성에 기인.

• 매력
  : 색다른 경험을 위해 매년 연말이면 10만여 명이 마량포구를 방문. 매년 12월 31일부터 이듬해 첫날까지 이틀간 '마량포 해넘이·해돋이 축제'가 동시에 개최.

• 역사적 가치
  : 마량포구는 우리나라에 처음으로 성경(聖經)이 들어온 역사적 장소이기도 하다. 1816년 9월 서해안 일대 해도를 작성하던 영국 해군 함정이 닻을 내리고 마량진 첨사(僉使·조선시대 무관 계급)인 조대복(趙大福)에게 성경을 건넸다는 기록

• 관광적 가치 : 해돋이와 해맞이 동시체험 가능

• 포구 성경 전래지 기념비와 영국 범선 모형이 있는 공원, 기념관. 천연기념물 제169호로 지정된 500여 년 수령의 동백나무 80여 그루가 숲. 영화 '공동경비구역 JSA' 촬영지였던 신성리 갈대밭, 세계 5대 기후 5400종 동식물을 지닌 국립생태원

4. 바다알기⁶⁾

　20세기는 이전 세기(世紀)의 왕족과 귀족 등 특정계층의 전유물이었던 레저(leisure)와 관광(tourism)이 중산층등 일반대중으로 저변확대되는 시기였다. 이러한 사회적 격변은 바다에 대한 인식의 전환도 가져왔다.

　엘리아데(Eliade) '聖'과 '俗'이론⁷⁾에 따르면, 속(Profane)된 영역으로 인식되어져 왔던 바다, 바닷가, 그리고 해안마을들이 있는 연안역은 일상권과 분리되어 어업(어항과 포구)과 물류의 場(항구와 항만, 어항, 포구)'의 기능을 오랫동안 담당하는 변두리 영역이었다. 성(聖)스러운 영역인 도성(都城), 그래서 도시(都市)와는 구별되는 영역으로 인식되었다. 도심(都心)은 일상공간이요, 바닷가는 비일상공간이라는 이분법적 공간체계를 만들어 놓았다. 이러한 인식체계는 일상공간에서 떨어진 연안의 해양공간을 다른 국가나 지역으로 화물이나 사람을 수송하는 바닷길의 이착륙점, 또는 물류운송을 담당하는 항구, 연근해어업에 종사하는 어가들이 모인 어촌이나 어항으로만 인식되게끔 하였다. 그러나 20세기 후반 이후, 국가안보 측면에서 치열한 해양

---

6) 근원을 뜻하는 중국어 先河의 어원
　(옛날 사람들은 황허(黃河)를 바다의 근원으로 생각하여 황허(黃河)에 먼저 제사를 지내 근원을 중시함을 나타냄)
7) 성(聖) vs 속(俗) = profane vs sacred
　• 성(sacred)의 어원 sacrum
　로마 시대에 신이나 신의 힘에 속해 있는 것을 뜻. 그러나 신이 구체적으로 뚜렷하게 드러나는 것이 아니라 막연하지만 강력하게 그 힘을 느끼는 것에서 성의 실재를 인식.
　• 속(profane)의 어원 profanum
　'성전 경내 앞'을 뜻하는 라틴어에서 나온 말. 경내(fanum)에서 희생제물을 바치는 관례와 관계.
　• sacrum과 profanum은 둘 다 특별한 의미의 장소를 뜻하며, 원시인들에게는 일찍부터 공간이 항상 균질적인 것이 아니라 접근하기 어려운 성스러운 공간의 존재 인식
　（출처 : http://cafe.daum.net/_c21_/bbs_search_read?grpid=1EOGk&fldid=6CVU&datanum=17)
　• 종교적 인간에게는 공간이 균질하지 않다. 공간내부의 비균질성을 성스러운 공간과 그 주변을 둘러싸고 있는 무형태적인 공간사이의 대립을 경험함으로써 알아냄. 이 두 공간의 단절이 미래의 모든 방향을 위한 기초가 되는 고정점, 중심축을 형성. 성스러운 공간의 계시는 인간에게 고정점을 부여하고, 혼돈된 균질성 가운데서 방향성을 획득하여 '세계를 발견하고 진정한 의미에서 삶을 획득. 반대로 속된 경험은 공간의 균질성과 상대성에 머문다. 이 경우 어떤 참된 방향성도 불가능.

각축전이 전개되고, 산업동력을 찾고자 공해상에서 자원개발과 어업권을 두고서 무력충돌이 발생하게 되었다. 국가간 해양경제영역 확보 등의 이슈가 부상되면서 해양은 국가간 분쟁과 갈등이 표출되는 새로운 영역이 되었다. 1970년대의 Oil Shock가 일단락되면서 해양개발의 관심이 심해(深海)에서 연안역으로 이동되면서, 세계 각국(各國)의 해양도시가 급속한 산업화로 연안지역의 피폐화와 도시난개발(urban sprawl) 현상으로 도심의 워터프론트 재개발과 연안역(coastal area)에의 관심이 증가하였다. 도시화의 급속한 진행은 연안역을 일상권의 영역으로 간주하면서, 도시 및 지역계획이 본격적으로 진행되면서, 연안역의 가치는 새롭게 부상되기 시작하였다. 거주와 생활의 장소로서 뿐만아니라 문화와 관광의 공간으로 재인식을 하게 되었다.

21세기가 시작되면서, 이전 세기와 다르게 해양과 더불어 연안은 산업구조 재편의 결과를 가장 빠르게 보여주는 영역이 되고 있다. 연안이 기존 수산을 위한 어촌, 물류를 위한 항만 등 중요한 기능들의 축소 및 이전, 고도화 되는 과정에서 성장산업으로 부각한 해양관광산업의 거점역할을 담당하고 있다. 이제 연안은 육지의 끝이라는 개념이 아닌 '바다향유'로의 시작점이 되고 있다. 즉, 육지로의 출발점이라는 인식의 변화를 요구하고 있다. 연안은 사고전환의 중요한 지점이 되고 있다. 또한 지금까지 바다위(해상)가 주관심의 대상이었다면, 이제는 바다밑(해저)의 가치도 새롭게 인식하고 있는 중이다. 인류의 미래를 위한 새로운 자원의 존재와 그곳에 닿기위한 심해기술 및 탐사-분석-해석 기술의 통합적 발전은 인류의 미지세계 개척에 새로운 활력을 불어 넣고 있다. 다음세대인 신인류에게 기회와 가능성 영역으로 해저가 인식되고 있다.

관광측면에서도 해저체험을 지원하는 과학과 ICT기술 접목이 활발한 실정이다. 동력과 무동력, 해상에서 해저에 이르는 장비와 도구, 수용체(요트, 잠수함, 크루즈, 드론)발전은 해상에서 해저에 이르는 입체적 해양관광활동을 가능케하고 있다.

이러한 현상은 고전적 유형의 해양관광활동과 관련된 관광동기와 만족이라는 선형성에서 이제 비선형성과 테마의 비정형성으로 발전하고 있다. 새로운 해양관광목적지로 해상도시와 해저도시에 대한 관련 계획의 발표는 사고한계를 무한세계로 확장시키는데 기여한다.

바다도 바다 위도 바다 밑도 알아야 한다.

5. 바다크기

1) 해양력(sea power)

"바다를 지배하는 자가 세계의 무역로를 지배한다. 무역로를 지배하는 자가 무역을 지배한다. 무역을 지배하는 자가 세계의 부를 지배하며, 결국 세계를 지배한다."

"He who commands the sea, commands the trade routes of the world. He who commands the trade routes, commands the trade. He commands the trade, commands the riches of the world, and hence the world itself." - Walter Raleigh -

위의 글은 '바다를 지배하는 자가 세계를 지배한다'는 귀납적 추론을 가능하게 한다. 이는 해양개척의 역사를 이끄는 국가와 민족이 미래 세계를 주도한다 것을 의미한다. 21세기 새로운 번영과 생존의 키워드로 '해양'의 가치는 새롭게 재인식되고 있다. 바다는 인류의 미래를 책임질 영역으로 급부상하면서 동시에 신해양산업 개척을 통하여 미래 바다의 신성장동력을 창출할 영역으로 관심을 받고 있다.

바다의 중요성과 가치를 인식한 이는 동서고금을 막론하고 많이 있었다. 우리나라의 경우, 무역의 관점에서 서남해의 해상권을 장악하여, 당과 일본, 남방과 서역의 많은 국가의 무역을 했던, 장보고가 있다. 또한 세계해군사에 탁월한 전략가이며, 가장 위대한 지휘관인 이순신장군[8]도 있다.

---

8) "그의 이름은 서구 역사가들에게는 잘 알려지지는 않았지만, 그의 공적으로 보아서 위대한 해상 지휘관들 중에서도 능히 맨 앞줄을 차지할 만한 이순신 제독을 낳게 한 것은 신의 섭리였다. 이순신 제독은 광범위하고 정확한 전략판단과 해군전술가로서의 특출한 기술을 갖고 있었으며, 탁월한 지휘통솔력과 전쟁의 기본정신인 그칠 줄 모르는 공격정신을 아울러 가지고 있었다. 그가 지휘한 모든 전투에 있어 그는 언제나 승리를 끝까지 추구하였으며, 그 반면에 그 용감한 공격이 결코 맹목적인 모험은 아니었다는 점은, 넬슨(Horatio Nelson) 제독이 기회가 있는 대로 적을 공격하는 데 조금도 주저하지 않다가도 성공을 보장하기 위해서는 세심한 주의를 게을리 하지 않았다는 점에서는 유사하다. 이순신 제독이 넬슨 제독보다 나은 점을 가졌으니, 그것은 기계발명에 대한 비상한 재능을 갖고 있었다는 점이다." ― 영국의 해전사 전문가이자 해군중장 G. A. 발라드(George Alexander Ballard), 《The influence of the sea on the political history of Japan》

본서에서는 바다의 중요성을 가치로 인식하고 그 계기를 만들고자 '해양력(sea power)'이란 개념을 소개하고 해양관광에 적용해본다. Alfred Mahan은 그의 저서, 〈The Influence of Sea Power upon History 1660-1783〉에서 해양력은 해양경쟁력이며, 그것은 바로 국가 경쟁력이 된다고 주장하였다. 그는 무역과 평화적인 상업을 촉진시키기 위해서 해양력이 필요하다고 했으며, 그 해양력을 소유한 국가는 바다를 통제할 것이다고 했다. 이를 위해서 강력한 해군개발은 강대국의 필수요소라고 했다9). 따라서 해군력은 접근성이 높은 상대적 위치를 확보한 국가에 의해 유지되며, 긴 해안선과 좋은 항만으로 연결되어야 한다고 하면서 수에즈운하와 파나마 운하의 북쪽을 미국이 확보하는데 기여했다.

해양수산부는 2006년과 2017년 Mahan의 해군력 중심의 해양력의 개념을 산업과 연계시켜 국가간 해양력에 대한 평가를 실시하였다. 2006년 평가는 ADL10)에 의해서, 2017년은 KMI에서 수행되었다. 평가의 가장 중요한 요소는 평가지표 선정기준이 된다. 이로 인해 1차 평가와는 달리, 2차 평가에서는 6가지 선정기준을 마련하게 되었다: 대표성(해당분야의 대표성), 독립성(분야별로 독립성), 비교가능성(국가별, 연도별 비교가능성), 정책적 연관성(해당분야의 국내정책과 높은 관련성), 트렌드(기술혁신, 융복합 등 미래지향성), 자료의 가용성(자료획득 및 생산의 용이성). 아래의 표를 통하여 1차와 2차 평가 그 차이를 살펴보고자 한다.

9) "If you have a modern and powerful navy, you will become a wolrd power." -A. Mahan

10) ADL[Arthur D. Little, Inc.]

ADL은 세계 최초로 세워진 컨설팅 업체로 미국에 본부를 둔 다국적 기업으로 전 세계 30개 국가에 35개의 지사, 3,000여명의 임직원이 있으며, 세계 기술 특허를 450여 개 보유. 주로 각국 정부 기관 및 〈Fortune〉지 선정 '100대 기업'에 컨설팅 서비스를 제공하며, 비즈니스 전략 수립, 경영 리서치 대행. 특히, 나스닥 증권거래시스템 등의 개발에 중요한 역할.MIT 대학 화학공학과 교수로서 아세테이트를 처음 발견한 아서 디 리틀, 1886년 동료 로저 그리핀(Roger B. Griffin)과 ADL의 전신인 리틀 & 그리핀(Little & Griffin)창립

1차 : ADL(2006)	2차 : KMI(2016-2017)
• 11개 속성(분야) • 47개 지표	• 13개 속성(분야) • 55개 지표
• 11개 속성 : 해운, 항만,수산, 조선해양플랜트, 해양문화관광, 해양환경, 해양자원, 해양수산과학기술, 해양안전, 해양안보, 지형적조건	• 기존 11개 속성 • 신규 3개 속성 추가 (물류, 해양수산행정체계, 極地) • 기존 1개 속성 제외(지형적 조건)

특히, 해양관광분야를 평가 지표로 비교하여 아래의 표로 제시하였다.

1차 : ADL(2006)	2차 : KMI(2016-2017)
• 3개 지표	• 6개 지표
• 해양관광 수입(생산규모, 국내 방한 외국인 대상 관광수입) • 해양관광 여객수(여행자수, 국내방한 외국인 대상 관광객수) • 해양공원 수(국가지정 해양공원수)	• 인구대비 레저선박 보유 규모(명/척) • 크루즈관광객 규모(명) • 레저선박 제조업체(수) • 마리나 항만(수) • 유네스코 자연유산 등록(수) • 람사협약 연안습지 등록(수)

2차 국가해양력의 평가결과는 다음과 같이 나타났다.

	해양문화관광	해운	항만	물류	수산	해양환경	해양자원	해양수산행정체계	해양과학기술	극지	해양안전	해양안보	조선해양플랜트
네덜란드	7	17	5	1	43	2	14	26	11	21	12	30	10
노르웨이	3	10	28	14	14	4	13	15	13	1	5	19	9
독일	9	8	7	6	53	1	8	33	7	8	13	17	4
러시아		7	35	40	8	16	6	7	18	1	20	2	
미국	1	4	2	9	12	21	1	3	1	1	16	1	5
영국	2	12	10	7	35	13	4	9	3	12	2	8	
이탈리아	8	11	21	17	36	10		21	9	15	10	10	6
인도		5	29	32	4	34	10	13	16	23	25	5	15

	해양 문화 관광	해운	항만	물류	수산	해양 환경	해양 자원	해양 수산 행정 체계	해양 과학 기술	극지	해양 안전	해양 안보	조선 해양 플랜트
일본	12	2	4	12	4	26	2	5	4	8	1	4	3
중국	16	1	1	27	1	33	3	9	2	8		3	1
캐나다	5	15	17	16	23	15	5	1	6	5	7	15	
프랑스	4	18	15	10	34	5	9	18	5	15	3	7	
호주	6		14	12	32	3	12	7	8	12	6	12	
한국	20	6	6	11	13	31	7	7	10	11	19	6	2

　그 중에서 해양관광분야의 국가해양력에 주목하고자 한다.

　해양관광분야의 평가를 위해 평가대상국 선정은 총 21개국가를 대상으로 하였다: 한국, 중국, 일본, 호주, 영국, 프랑스, 독일, 스웨덴, 네덜란드, 노르웨이, 핀란드, 그리스, 이태리, 아일랜드, 폴란드, 스페인, 터키, 미국, 캐나다, 브라질, 아르헨티나. 또한 기존의 평가대상국(2006년 ADL의 평가대상국)과 앞서 선정된 평가지표의 통계자료 확보 가능성을 고려하여 최종 검토하였다.

　참고로 세계관광기구(UNWTO)는 모든 국가의 관광객 통계를 확보하고 있으나 세계크루즈협회(CLIA, 약 30개국)와 세계해양산업협회(ICOMIA[11], 22개국)는 가입 회원국의 통계만을 구축하고 있으므로 이들 국가를 1차 평가 대상국으로 선정하였다. 아울러 유네스코 세계자연유산, 람사르 협약 등록습지는 전세계 모든 국가를 대상으로 하고 있으나 평가자료의 일관성을 고려하여 6개 지표를 모두 확보가능한 국가를 최종 평가대상으로 선정하였다. 종합적인 분석결과 한국은 전체 평가대상 21개국 가운데 20위를 차지하는 것으로 나타났다.

---

11) 세계해양산업협회(ICOMIA: The International Council of Marine Industry Associations) 1966년 설립, 35개국 참가. 전 세계의 recreational marine industry 대표

국가해양력 중 해양관광력 최종 종합순위표

국가	레저선박 보유규모		크루즈관광객 규모		레저선박 제조업체		마리나항만		자연유산		연안습지	
	명/척	순위	명	순위	개	순위	개	순위	개	순위	개	순위
한국	3,883	20	1,182,000	13	22	21	32	19	1	9	10	14
중국	85,256	21	1,807,000	10	1,420	9	92	17	0	17	15	11
일본	390	16	1,407,000	12	32	20	570	8	3	4	19	8
호주	25	6	1,058,781	14	2,090	7	450	12	5	1	24	6
영국	117	9	2,806,000	6	4,400	4	565	9	5	1	69	1
프랑스	125	10	3,005,000	5	6,630	2	370	14	3	4	28	4
독일	160	12	2,145,000	9	3,560	6	2,700	2	1	9	6	15
스웨덴	11	4	604,900	15	82	19	1,500	4	1	9	17	9
네덜란드	33	7	106,000	20	4,200	5	1,160	6	1	9	33	3
노르웨이	6	1	2,717,000	8	349	11	969	7	1	9	43	2
핀란드	7	2	449,500	17	227	14	1,770	3	1	9	14	12
그리스	67	8	4,176,500	4	1,150	10	22	21	0	17	6	15
이태리	132	11	7,610,000	2	266	13	432	13	1	9	28	4
아일랜드	170	13	232,000	19	102	18	24	20	0	17	21	7
폴란드	558	17	82,700	21	150	1	1,300	5	0	17	1	21
스페인	2253	15	6,392,000	3	304	12	360	15	3	4	2	20
터키	897	18	1,790,000	11	1,550	8	67	18	0	17	5	18
미국	24	5	11,210,000	1	29,370	1	11,000	1	5	1	14	12
캐나다	8	3	2,800,000	7	4,465	3	485	11	2	7	17	9
브라질	3,436	19	596,532	16	193	15	556	10	2	7	6	15
아르헨티나	223	14	331,000	18	160	16	253	16	1	9	4	19

　우리나라의 국가 해양력 가운데서 해양관광과 관련된 순위는 평가대상 21개국 가운데 20위로 최하위에 위치해 있는 것으로 나타났다. 특히, 국민들의 해양레저활동을 지원하는 레저선박제조업체 순위가 21위, 레저선박 보유규모가 20위로, 마리나항

만 19위 등으로 나타나고 있어, 해양레저활동을 지원하는 기반시설 구축이 시급한 사항으로 지적되고 있다. 이는 또한 해양수산부와 국토교통부, 산업통상자원부를 비롯한 중앙부처의 정책적 제도적 지원과 아울러 관련산업의 참여와 투자를 유도할 다양한 대비책이 마련되어야함을 알 수 있다.

이제 해양은 생존의 문제이다!

2) '3M 시대'

미래학자인 Paul Kennedy[12]는 1993년에 발행한 그의 저서 "Preparing for the Twenty-first Century (1993)"에서 20세기와 21세기의 시대적 특징을 3M의 시대라고 정의하였다. 20세기의 3M으로는 'Missionary(기독교 선교주의)', Military(군사력)', 'Merchant(중상주의)'로 보는 반면, 21세기 3M은 Multi-capital(다국적자본)', 'Mass media(매스미디어)', 'Marines(해양)'으로 언급하고 있다.

그의 예측에 의하면 21세기는 해양의 시대가 도래한다는 것이며, 이전의 시대와 다른 해양의 시대가 시작된다는 의미일 것이다. 해양에 대한 새로운 패러다임의 변화가 시작된다는 것이며, 이것은 이전 세기처럼 그 국가의 흥망성쇠에 중요한 변수로 작용할 것임을 예견하고 있다. 이제 우리 모두가 바다를 새로운 관점에서 다시 바라보아야할 때이다.

지금부터라도 모든 인류가 해양을 새롭게 생각해야 한다.

---

12) 1945년 영국출생. 1983년 이래로 Yale University 역사학과 교수로 재직 중이며, 현재는 석좌교수로써 Yale's International Security Program 소장. 영국 Oxford University에서 박사학위 취득. 주요 저서로는 〈The Rise and Fall of the Great Powers, 강대국의 흥망〉, 〈Preparing for the Twenty-First Century, 21세기 준비〉 등. 〈the 6th World Knowledge Forum〉에서 '한국, 아시아 그리고 세계'라는 주제로 한국의 빈부격차의 양극화, 국가간 경제성장단계의 편차를 경고. 〈2012 World River Forum〉에서는 "역사로 본 세계의 강과 강대국"이란 주제로 강연.

바다&지식 : 수준원점

바다는 육지의 높이 기준이다!
1913~1916년에 청진, 원산, 목포, 진남포, 인천 등 5개소의 검조장(檢潮場 : 해수면의 높낮이를 관측하던 기관)에서 4년간 해수면 높이의 평균치 측정. 이 평균 해수면으로부터 일정한 높이의 지점을 골라 수준원점(水準原點). 이곳을 국토 높이 측정의 기준으로 설정.
• 수준원점의 해발고도 : 26.6871m.
• 등록문화재 제247호

• 소재 : 인천광역시 남구 용현동 인하대학교 교정내

(출처 : 네이버지식백과)

해양관광의 이해

*After a visit to the beach, it's hard to believe that we
live in a material world.*
- Pam Shaw -

1. 해양관광의 개념

   해양관광에 해당되는 영어단어로는 marine tourism, coastal tourism, sea tourism, ocean tourism 등등이 사용되어지지만 학문분야의 성격과 특성에 따른 관점의 차이로 인해 용어 또한 제 각기 사용되어지고 있으며, 일본에서는 blue tourism을 사용하기도 한다. 개념적으로 접근한다면, 해양관광은 바다(해상,해중,해저 포함)와 도서(島嶼), 어촌(漁村), 해변(海邊) 등을 포함하는 해양공간에 부존(賦存)하는 자원(資源)을 관광목적으로 이용 및 개발하는 모든 활동으로 이해할 수 있다. 따라서 본서에서는 해양관광에 해당되는 영어단어로 coastal and marine tourism을 사용하고자 한다.

✳ 그림 10 그리스의 산토리니 이아마을

✳ 그림 11 그리스의 산토리니 이아마을

해양관광의 정의와 관련해서 다음과 같이 3가지 관점에서 본서를 서술하였다. '목적'의 관점에서 해양관광목적지로 떠나는 것은 일상생활권에서 벗어나서 해양관련 공간에서 즐거움(pleasure)을 추구하는 행위라고 정의한다. 또한 '장소'의 관점에서, 관광목적의 행위가 발생하는 해양과 해양에 접한 지역과 커뮤니티라는 특정 장소로서 이해되어진다. '장소'는 관광목적의 행위가 발생하는 해양과 해양에 인접한 지역과 community(마을)라는 특정 공간을 가리키는 것으로 계획적 관점에서 단위공간, 단위공간과 단위공간을 연결하는 선(線)적 공간, 그리고 단위공간과 선적 공간을 연결하는 지역(area)의 개념으로 이해된다. '관광활동'의 관점에서 해양공간에 의존하거나 연관된 직·간접적인 활동을 포함한다.

관광목적지에서의 활동이나 경험이 해양이나 연안이 주가 되는 경우, 해양관광으로, 육지인 도시, 농촌, 산촌에서 활동이 주가 되는 경우 내륙관광(임시적 개념)으로 규정한다고 하면 두 유형의 관광형태를 관광개발의 관점에서 다소 쉽게 비교가능할 것이다.

🏛 해양관광 vs 내륙관광

구분	해양관광	내륙관광
안전성	격변하는 해양환경과 더불어 관광객 안전이 일차적 목표	해양보다 변화가 덜한 내륙 환경특성상 안전의 우선순위는 다소 떨어짐
시설 내구성	바다와 파도, 바람, 염해(塩害) 등에 견디기 위하여는 내구성이 매우 중요	육상의 일반적인 환경에서 견디는 수준
시설 투자비	해양환경은 육상에 비해 초기 및 과정상 지속적인 투자가 요구됨	일반적인 투자비 수준
계절성	기온, 수온 등의 영향을 많이 받아 계절성이 높음	계절성은 존재하나 성수기와 비수기의 차이가 극명하지 않음

한편, 해양관광은 다음과 같은 긍정적 부정적 특성의 양면을 모두 지니고 있다. 이는 해양관광계획 수립시 사전에 양면을 충분히 고려해야만 향후 발생할지 모를 위험에 대해 사전대응 체계(risk management)를 구축하는데 도움이 될 것이다.

📖 해양관광 특성

구분	긍정적 측면	부정적 측면
자연조건	• 자원화의 가능성이 무한함 • 육상관광자원과 연계 가능	• 기상변화에 민감 • 친수형 중심의 소극적 이용 • 접근성이 불리함
법과 제도	• 해양수산발전기본법 • 제2차 해양수산발전기본계획 • 마리나항만법제정(2009)활성화계기 • 제2차 해양관광진흥기본계획 • 해수욕장의 이용 및 관리에 관한 법률	• 강력한 규제 (개발≤보존 중심) • 행정기관간 관련 규제 중첩(해양 수산부, 국토교통부) • 관련법규 제정 미흡
자원/상품개발	• 전시관, 박물관 조성이 활발함 • 관련축제의 활성화 의지가 높음 • 체험과 교육의 융합 가능	• 계절성 • 산업활동(기반시설) 위주 • 해수욕장 중심 활동패턴
환경	• 해양생태계의 가치 극대화 가능 • 환경교육프로그램 개발용이	• 해양오염에 취약 • 해양생태계 종다양성에 민감

2. 해양관광활동 유형

바다에 대한 '의존도(dependency)'의 관점에서 해양관광활동 유형은 다음과 같이 구분될 수 있다. 해양관광과 관련된 활동의 대부분은 연안역에서 이루어진다. 따라서 하계절의 경우 연안역이 밀도의 관점에서 혼잡성(crowding)을 나타내게 된다. 우리나라는 연안관리법에 의거하여, 연안역의 공간적 범위를 설정하고 있기 때문에 그 기준에 준하여 해양관광활동 유형을 구분하고자 하였다: 연안해역 vs 연안육역.

공간적 범위에 의해 활동을 크게 3 유형으로 구분하였다: 연안해역 관광활동, 연안육역 관광활동, 연안해역과 육역의 점이지대의 관광활동.

위치적 관점에서 연안해역의 관광활동을 해상의존형, 연안육역에서 이루어지는 활동을 해양문화형, 그리고 그 점이지대에서 이루어지는 해변연관형으로 구분하였다. 이 가운데 해변연관형의 경우, 조수간만의 차이에 의한 밀물과 썰물에 따라 활동에 공간의 이동과 위치의 변화가 수반됨을 고려해야 한다. 이러한 지구과학적 조건으로 인해 해변연관형으로 명명하였다.

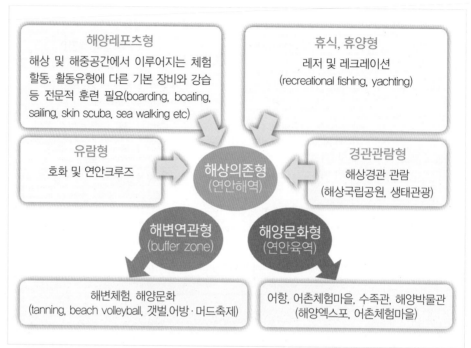

✳ 그림 12 바다의존도에 따른 해양관광활동 유형

　　해양관광활동 유형에 따라 공간별 위치별 주요 해양관광활동을 다음과 같이 세분화하여 구분할 수 있다.

구분	유형	주요 해양관광활동
해상 의존형	해양레저스포츠형	boarding : 서핑, 윈드서핑, 패들링
		diving : 스킨스쿠버, 스노클링, 씨워킹
		sailing & boating : 세일링요트, 카누, 카약, 제트스키, 모터보트, 고무보트, 패러세일링, 수상스키, 수상오토바이
	휴양형	해수욕, 바다수영
		recreational fishing
	유람순환형	크루즈, 관광유람선
	경관관람형	해상경관감상 : 해상국립공원, 해안경관 경승지 및 명승지
		해중경관감상 : 해중전망대, 관광잠수정

구분	유형	주요 해양관광활동
해변 연관형	해변스포츠형	해변스포츠(비치발리)
	휴식형	fishing pier, tanning, fading pool
	문화탐방형	어촌민속전시관, 해양역사유적지 답사
	생태관찰형	갯벌체험, 조간대수렵, 철새관찰, 습지탐방
해양문화 형	건축물방문형	수족관, 박물관
	연구조사형	해양관련연구기관
	시장형	수산물시장, 해산물전문 음식점, 어시장, 재래시장
	이벤트형	해양엑스포, 해변축제, 바다축제, 해양컨벤션
	어촌마을형	어촌체험마을, 어항 및 포구

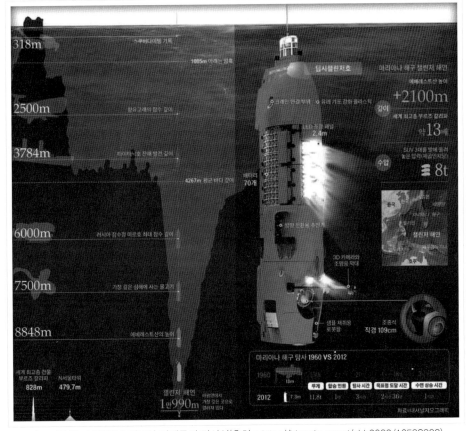

✳ 그림 13 마리아나 해구와 카메론의 탐사선(출처 : http://blog.daum.net/obk2030/16528200)

바다&知 : James Cameron 감독, 바다 탐사 도전

영화 〈타이타닉 Titanic〉과 〈아바타 Avatar〉의 감독, 제임스 캐머런 James Cameron이 바다 탐사에 도전해 관심이 집중되었다. 타이타닉 침몰 100주기 특별기획으로 시작된 탐사활동은 혈혈단신으로 잠수정을 타고 지구에서 가장 깊은 바다인 '서태평양 마리아나 해구'를 조사할 예정. 이 해구에 인간이 잠항하는 건 1960년대 이후, 처음이라고 한다. 이 탐사에 쓰일 잠수정은 캐머런 감독이 직접 설계에 참여했고, 모든 첨단 기술을 집약해 8년에 걸쳐 완성. 그는 이 도전으로 "바다 최심부에 어류가 살 수 있을까 등의 호기심을 채우고 싶다" 밝혔다.
그리고 캐머런 감독은 3월 26일(현지시간) 챌린저 해연을 탐사하고 돌아왔으며, "이번 탐사는 내가 평생 마음에 품고 있었던 꿈의 정점"이라고 소감을 밝히면서 "완전히 고립된 해저 1만990m, 다른 행성 같았다"라고 밝혔다.

(출처: KBS 뉴스, 2012.03.13. 저자 재편집)

바다에 가면 파도를 본다. 끊임없이 다가오는 파도를 마주한다.
똑같아 보이지만 매번 다른 크기와 세기로 다가온다.
우리가 보는 파도는 모두 새로운 파도이다.
해양관광이라는 이 저서도 지금은 새로운 파도이지만
다가올 다른 새로운 파도를 기대하며 기다린다.

READING MATERIALS

C. Frank, J.G. Kairo, J.O. Bosire, M.O.S. Mohamed, F. Dahdouh-Guebas, N. Koedam(2017). Involvement, knowledge and perception in a natural reserve under participatory management: Mida Creek, Kenya. Ocean & Coastal Management, 142, 28-36.

C.M. Batista, A. Suárez, C.M.B. Saltarén(2017). Novel method to delimitate and demarcate coastal zone boundaries. Ocean & Coastal Management 144, 105-119.

D.R. Green, & J.L Payne(2017). Marine and Coastal Resource Management -Principles and Practice. New York, NY: Routledge.

E. Domínguez-Tejo, G. Metternicht, E. Johnston, L. Hedge(2016). Marine Spatial Planning advancing the Ecosystem-Based Approach to coastal zone management: A review. Marine Policy, 72, 115-130.

E.K. Mbaru, & M.L. Barnes(2017). Key players in conservation diffusion: Using social network analysis to identify critical injection points. Biological Conservation, 210, 222-232.

F. Saleh, & M.P. Weinstein(2016). The role of nature-based infrastructure (NBI) in coastal resiliency planning: A literature review. Journal of Environmental Management, 183(Part 3), 1088-1098.

J.S. Abreu, C. Domit, & C.A. Zappes(2017). Is there dialogue between researchers and traditional community members? The importance of integration between traditional knowledge and scientific knowledge to coastal management. Ocean & Coastal Management, 141, 10-19.

K. Gee, A. Kannen, R. Adlam, C. Brooks, M. Chapman, R. Cormier, C. Fischer, S. Fletcher, M. Gubbins, R. Shucksmith, & R. Shellock(2017). Identifying culturally significant areas for marine spatial planning. Ocean & Coastal Management, 136, 139-147.

L. Buhl-Mortensen, I. Galparsoro, T.V. Fernández, K. Johnson, G. D'Anna, F. Badalamenti, G. Garofalo, J. Carlström, J. Piwowarczyk, M. Rabaut, J. Vanaverbeke, C. Schipper, J. van Dalfsen, V. Vassilopoulou, Y. Issaris, L. van Hoof, E. Pecceu, K. Hostens, M.L. Pace, L. Knittweis, V. Stelzenmüller, et al.(2017). Maritime ecosystem-based management in practice: Lessons learned from the application of a generic spatial planning framework in Europe. Marine Policy, 75, 174-186.

R. Cerchione, & E. Esposito(2016). A systematic review of supply chain knowledge management research: State of the art and research opportunities. International Journal of Production Economics, 182, 276-292.

R. Newell, & R. Canessa(2017). Picturing a place by the sea: Geovisualizations as place-based tools for collaborative coastal management. Ocean & Coastal Management, 141, 29-42.

S. Satumanatpan, & R. Pollnac(2017). Factors influencing the well-being of small-scale fishers in the Gulf of Thailand. Ocean & Coastal Management, 142, 37-48.

PART 02
해양관광과 사람들

낯설음이 떠나는자의 몫이듯
설레임은 찾는자의 몫이다

- 양위주 -

어느 지역의 사람들이 어디로 이동하고 있는가?

CHAPTER
04

Why do we love the sea? It is because it has some potent power to make us think things we like to think.
- Robert Henri -

1. 세계관광시장 동향과 현황

1) 세계관광시장의 동향

구분	과거	현재	미래
관광유형	종교관광, 역사관광, 문화관광	다양한 관광유형, 생태관광, 모험관광	해양관광, 우주관광
관광목적	타국의 새로운 문화와 문물에 대한 관심	비일상권으로의 탈출	미지세계를 향한 탐험, 도전
관광동기	호기심, 외경감	즐거움, 힐링	새로움, 모험심, 자존감
관광목적지	다른 나라 또는 다른 문화권	지구상의 더 멀리 떨어진 곳	심해, 해저, 해중, 우주
관광객 수	Have vs Have-not	Mass tourism, SIT	소수

관광현상은 사회현상으로 시대적 수요와 트렌드에 민감하게 반응을 하며 그 특징을 드러내면서 변화를 거듭하고 있다. 시간의 흐름을 과거-현재-미래라는 단순한 분류를 통해 관광현상을 적용하여 시대적 특징을 도출해보았다. 즉, 관광은 과거로부터 미래를 향하여 어떤 방향으로 진행되고 있으며, 어떻게 변화하였고 앞으로 어떻게 변화할 것인가에 주목하였다. 특히, 지향점을 '어디에(where)라는 장소'에 적용하

여 관광현상과 목적지(destination)의 관계에서 보고자 한다.

　육지(地上)에서 관광객이 추구했던 관광목적지는 일상생활권인 거주지로부터 "더 멀리 가고자 하는"본능(farther instinct)에 충실했던 시간이었을 것이다. 반면, 관광목적지를 바다(海洋)에 적용할 경우, "더 깊은 곳에 다다르고자 하는"본능(deeper instinct)이 비교적 잘 표현된 시간이었다고 할 수 있을 것이다.

　라이프 스타일의 관점에서 20세기의 가장 큰 변화는, 이전 세기(世紀, century)까지 왕족과 귀족등 특권계층의 전유물이었던 레저(Leisure)와 관광이 일반대중에 까지 저변 확대된 것이라고 할 수 있다. 21세기인 오늘날, 다른 큰 변화의 흐름은 시각적 감상체험과 소극적 참여활동 중심의 관광활동이 동적 다양성과 입체적 체험에 기반을 둔 직접 경험을 추구하는 관광시장의 도래이다. 관광객의 변화무쌍한 욕구를 충족시켜주는 복합형 관광목적지(해변/해상/해저리조트)와 4차산업혁명의 도래에 따른 가상현실과 가상경험을 제공하는 가상관광(virtual tourism)이 미래형 관광활동으로 출현하고 있다.

　이러한 급격한 변화는 전통적인 유교관에 얽매여 산업원료의 영역으로만 취급하던 바다에 대한 인식의 적극적 변화를 요구한다. 해양도시의 경우, 일상생활권역이 연안까지 확장되면서 도심에서 제공된 주거와 휴식을 위한 기능들이 해안에도 갖춰지게 되었다. 아울러 새로운 레저경험과 비일상성을 제공하는 관광활동을 위한 공간으로 인식되어지면서 연안역은 고급주거지로써 뿐만아니라 해양관광목적지로써도 부상하고 있다. 이러한 흐름은 폴 케네디(Paul Kennedy)가 21세기의 중요한 키워드인 3M에서 Marines(해양)을 제시한 것도 같은 이유일 것이다.

2) 세계관광시장과 관광객의 흐름

　UNWTO[1]는 2016년도 글로벌 관광시장은 지속적인 성장을 할 것이라고 전망하였다. 국제관광객의 수는 예년처럼 증가할 것이지만 과거에 비해 완만한 성장폭을 보일 예정이라고 하였다. 세계 관광활동인구의 경우, 향후 연평균 3.3%의 성장세가 지속될 것으로 전망하며, 2020년까지 14억명에서 2030년 18억명으로 증가할 것이라는

---

1)　UNWTO(2016). Tourism Highlights, 2015 Edition, p.2.

예상지표를 제시하였다. 세계 관광시장[2]에서 지역별 관광객 수 중 아시아/ 태평양지역의 비중이 2010년 22%에서 2030년 30%의 증가를 예측하였다. 또한 WTTC(2014)[3]는 관광산업이 GDP 및 고용에서 차지하는 비율이 OECD 평균 8.4%와 9.6%라고 하였다. 따라서 가까운 미래인 향후 2030년까지 지속적인 세계관광시장의 성장을 전망할 수 있다.

세계 관광시장 점유율 및 관광활동인구

	국제관광객수(단위: 백만명)							시장 점유율(%)	변화율(%)			년평균 성장율(%)
	1990	1995	2000	2005	2010	2013	2014	2014	12/11	13/12	14/13	'05-'14
세계	435	527	674	809	949	1,087	1,333	100	4.2	4.6	4.3	3.8
유럽	261.5	304.7	386.4	53.0	488.9	566.4	581.8	51.4	3.9	4.9	2.7	2.8
아시아태평양지역	55.8	82.1	110.3	154.0	205.4	249.8	263.3	23.2	6.9	6.8	5.4	6.1
북미와 남미지역	92.8	109.1	128.2	133.3	150.1	167.5	181.0	16.0	4.5	3.1	8.0	3.5
아프리카	14.7	18.7	26.2	34.8	49.5	54.4	55.7	4.9	4.8	4.7	2.4	5.4
중동지역	9.6	12.7	22.4	33.7	54.7	48.4	51.0	4.5	−5.3	−3.1	5.4	4.7

Source: World Tourism Organization (UNWTO, 2015)

3) 국내관광시장 동향과 현황

한국을 방문하는 외래관광객의 경우, 일본 엔저현상, 남북 간 갈등관계에 의한 긴장지속, 중국여유법(旅遊法)발효(2013.10.1) 등의 악조건에도 불구, 외래관광객은 2013년 1,217만명에서 2014년 약 16.6% 증가한 1,420만명 유치한 것으로 나타났다[4]. 국내관광 여행객의 경우, 2014년 기준 국내관광 여행객 수는 전년 대비 0.6% 상승한

---

2) UNWTO(2016). Tourism toward 2030.

3) source from WTTC, 2014

4) 한국문화관광연구원(2015), 외래관광객실태조사

약 3,800만 명이며, 약 24조원의 비용을 지출한 것으로 나타났다. 관광의 파급효과와 관련하여서도 관광수입은 사상 최대 실적을 기록하였으며, 생산 및 취업유발에 끼친 영향은 다음과 같다[5]. 2014년 연간 관광수입은 전년대비 24% 증가한 약 181억 달러로 사상 최대 실적을 기록하였으며, 전 산업에 33조원의 생산유발 효과와 57,6만 명의 취업유발 인원을 발생시킨 것으로 나타났다. 또한 레저문화 확산에 따라 국민 국내여행이동총량은 2010년 3.4억일에서 2023년 약 7.7억일로 증가할 것으로 전망하였다.

그러므로 세계관광시장의 지속적인 성장과 달리 우리나라의 경우, 한반도의 지정학적 위치와 동북아의 정치적 이해관계와 북한의 군사적 문제(장거리 미사일발사, 핵폭탄실험, 선전공세), THADD[6]배치문제 등등 안보적 변수가 안정된다면, 우리나라의 관광시장도 세계시장의 흐름과 유사한 패턴을 보일 것으로 예측된다.

바다 & 지식 : UNWTO

- 세계관광기구 = UNWTO
- 世界觀光機構, World Tourism Organization, 유엔의 전문 기구
- 관광에 대한 국제기구
- 본부 : 스페인 마드리드
- IP주소 :http://www.unwto.org

---

5) 한국관광공사(2015). 청사초롱 20150315.
6) 사드(THAAD, Terminal High Altitude Area Defense) 미사일 특징
   - 성격: 종말단계 상층방어 미사일
   - 사거리: 최대 200㎞(최대 요격 고도 150㎞)
   - 제원: 길이 6.17m, 직경 34㎝, 중량 900㎏
   - 최대속도: 마하8.24(음속 8.24배)
   - 가격: 미사일 1발당 110억원(1개 포대는 1조5,000억원)
   - 구성: 1개 포대는 발사대 6기로 구성, 발사대 1기당 미사일 8발/ 화력 통제 및 통신 장비 2세트, 사드레이더
   - 규모: 1개 포대

2. 해양관광시장의 동향

1) 세계 해양관광시장 동향

UNWTO(2015)가 〈Tourism Vision 2020〉을 통해서 미래 관광트렌드로 10가지 테마를 제시하였다: 모험관광, 문화관광, 도시관광, 국제회의, 테마파크, 해변관광, 스포츠관광, 크루즈, 생태관광, 농어촌 관광. 그중 '해변, 스포츠, 크루즈, 생태, 농어촌'등 6개 테마가 해양관광과 관련된 키워드로 이루어져 있음을 알 수 있다. 테러(IS 무장단체), 전쟁발발(세계대전, 중등전쟁, 영토분쟁, 인종전쟁)이나 경제관련 사태 발생 등 돌발적인 외형적 변수가 발생하지 않는다면, 세계관광시장은 완만한 성장세가 유지된다고 전제 한다면, 관광객은 방문장소 선택시 해양관광목적지와 해양관광활동에 대한 관심은 더욱 성장할 것으로 예상된다는 것이다. 20세기를 돌아보면서 1999년 BBC가 기획한 다큐멘터리 〈20세기 여가의 역사〉를 우리나라에서도 방영하였다. 보도내용에 의하면, 20세기 지구촌 관광객들이 관광목적지로 선택한 장소의 80%가 바다이었음을 볼 때, 추세연장선상에서 볼때 21세기에도 바다에 대한 선호는 지속적으로 그리고 일관되게 유지될 것으로 전망된다.

2) 우리나라 해양관광시장 동향

(1) FTA와 한류

우리나라의 경우, 인바운드 외래관광객과 관련하여 FTA체결과 한류를 통해서 해양관광시장을 검토하고자 한다. 한-중 FTA(2015.12.20. 발효)의 경우, 양국간 비즈니스가 활발해짐에 따라 비즈니스 여행객수요 증가가 전망되므로 장기적인 관점에서 해양관광에도 긍정적인 영향을 미칠 것으로 예상하고 있다. 특히, 서해의 지정학적 위치로 인한 높은 접근성, 남해와 동해가 지닌 해양관광자원의 다양성을 활용한 해양관광루트와 해양관광상품개발이 요구된다.

우리나라 바다가 지닌 독특하면서도 다양한 매력을 극대화시키는 전략적 기반으로 마리나항만의 개발이 필요로 한다. 즉, 해양관광 인프라 구축을 통해 해양레저스포츠, 해양리조트와 쇼핑과 문화 등을 도시관광과 연계하여 통합적인 접근을 한다면 우리만의 독특한 해양관광 경쟁력을 확보할 수 있을 것이다. 특히, 연관산업과 연계하여 중국 관광객, 가운데 내륙에 위치한 잠재관광객을 타겟으로 그 수요자의 특성에 맞는 마케팅 세분화 전략, 차별화된 서비스를 통한 전략적 차별화를 도모해야할 것이다.

2015년 중국인 외래관광객은 약 599만 명으로 작년 대비 2.7% 감소했지만, 이는 메르스(Mers의 여파(6~9월)에 의한 것으로 일시적인 현상으로 보고 있다. 미래에도 중국시장에 대한 의존도는 더욱 높아갈 것이다. 중국은 외래객 중 45.2%를 차지하고 있으며 2020년은 중국 관광객 1000만 명 돌파할 것으로 전망하고 있다. 그러나 2017년 THAAD미사일 배치문제로 인해 한국-중국-미국-러시아-일본-북한 간의 정치적 이해관계가 충돌하면서 중국시장 등 해외 관광객송출시장은 급감하고 있다. 특히, 북한의 장거리 미사일 발사나 핵폭탄실험 등의 문제가 지속적으로 발생하면서 관광목적지의 가장 중요한 '안전'이 담보되지 않는 것으로 알려지고 있다. 실시간 뉴스나 SNS를 통해 긴박한 상황이 알려지면서 세계관광시장에서 '위험'한 목적지로 빠르게 확산되고 있다. 때문에 향후 다각적인 외교력을 총동원하여 정치적 논리로 신속히 해결하지 않는다면, 대외 관광목적지 경쟁력은 급격하게 추락할 것이다. 동북아의 정치적 군사적 관계를 고려하여 동남아 등 관광객송출시장의 다각화와 다양화도 고려해야 할 것이다.

해양관광활성화를 위해서도 중앙정부와 광역지방자치단체는 지역성을 담은 해양관광활성화를 위하여 행정적, 제도적 지원과 더불어 관광객송출시장별로 독특한 지역별 해양관광산업을 발굴해내고, 차별화된 전략을 수립해야 할 필요가 있을 것이다.

KTO(2014)[7] 자료에 의하면, 한류가 우리나라 방문에 미치는 영향력이 약 65%를 차지한다고 한다. 우리나라 재방문 의향이 높은 한류 관광객은 우리나라 여행정보를 얻기 위해 인터넷을 사용하는 것도 압도적으로 높았다고 한다. 우리나라를 관광목적지로 방문시 고려 요인으로 한류가 작용하는 지역은 중화권(63.1%), 동남아(56%), 구미주(75.5%)로 나타났다. 연령별로는 20~30대(약 66%)에서 여행목적지 선택에 한류

---

7) 한국관광공사(2014). 한류관광시장 조사연구

가 가장 큰 영향을 미치고 있었다. 특히, 한류관광객의 경우, 인터넷을 이용한 여행정보 입수 비율이 90% 이상으로 압도적으로 높게 나타났으며, 다음으로는, 친지/친구/동료(49.0%) > 보도(22.9%)순으로 나타났다. 3년 내 재방문 의향을 보았을 때 한류관광객은 '그렇다' 비율 42.2%, '매우 그렇다' 52.1%로 나타났다.

따라서 한류가 외래관광객들에게 미치는 영향을 고려하여 중앙정부나 지자체 차원에서 해양관광 활성화를 위해 한류 연예인을 이용한 적극적인 홍보마케팅 방안을 강구할 필요가 있다.

(2) 국민의 해양관광활동 동향

우리나라 국민의 해양관광과 관련해서는 체계적인 국가통계(통계청 공인 통계자료)가 부재한 상황이다. 따라서 비교적 최근에 제시된 KMI[8]의 자료를 참고하였다. 이에 의하면, 2023년 국민 국내여행 이동총량 대비 65%인 약 5억일에 이를 것으로 전망(연평균 성장률 약 8.6%)하고 있다. 세부 활동별로는 요트·보트 등 수상레저, 스킨스쿠버 등 해중레저 및 크루즈관광 분야가 큰 폭의 상승세가 예상된다고 하였다.

🏛 해양관광객 증가전망

구분	2010년	2015년	2020년	2023년
국내여행이동총량	339백만일	554백만일	675백만일	765백만일
해양관광분야	169백만일	305백만일	406백만일	497백만일
비중	50%	55%	60%	65%

출처 : 한국해양수산개발원(KMI) 국민여행실태조사 및 해양관광실태조사('13) 인용 추정

대표적으로 크루즈관광의 경우, 다음과 같은 전망하고 있다. 특히, 남해의 경우, 기후와 더불어 해양환경과 자원성을 고려할 때, 크루즈 관광가치는 높을 것으로 예상되지만, 기항 관련하여 대규모 크루즈터미널 조성과 마리나항만 개발문제는 선결 과제로 인식된다.

---

8) 한국해양수산개발원(2013). 해양관광실태조사.

'바다'를 찾는 사람들은 누구이며, 무엇을 할까?

CHAPTER 05

The sea does not reward those who are too anxious, too greedy, or too impatient. One should lie empty, open, choiceless as a beach · waiting for a gift from the sea.
- Anne Morrow Lindbergh -

1. 해양관광객

1) 해양관광객이란 누구인가?

'해양관광객이란 누구인가'와 '누구를 해양관광객이라고 하는가'의 원론적 질문에 대한 해답은 존재론적 접근 보다는 현상학적 접근을 통한 접근이 더 유용할 것이다. 그럼에도 불구하고 향후에도 그 해답을 찾고자 하는 많은 연구자들이 도전할 것이고 도전해야만 하는 과제이다.

'해양관광'을 학문의 한 분야로써 연구하는 영역은 관광학/관광경영학 전공을 비롯하여 도시계획/지역계획 전공 등일 것이다. 그러나 본서에서는 관광학 관점에서 해양관광객을 정의해보기로 한다. 이는 관광객의 한 유형으로 해양관광객을 본다는 의미인 것이다. 집합(set)의 개념을 적용해본다면, 해양관광은 관광의 부분집합이 될 것이다. 그러나 개념적 관점에서 본다면, 해양관광은 새로운 관광현상으로 인식한다는 전제를 지니고 있다. 따라서 관광객 가운데 "해양"이라는 테마와 직간접적으로 연결된 관광객을 해양관광객으로 간주한다. 자세히 살펴보면, 해양관광객은 첫째, 관광동기나 행동의도, 방문목적이 해양과 직간접적으로 연결된 관광객이다. 둘째, 비일상권으로의 이동에 대한 목적지가 해양과 연관된 장소를 방문하는 관광객이 된다.

이렇게 조작적 정의(operational definition)를 하는 이유는 범용적으로 모든 분야에 공통적으로 적용되는 해양관광객에 대한 정의가 없기 때문이다. 이는 해양관광연구와 관련된 학문적 태동이 늦은 것도 이유가 된다.

또한 우리나라의 해안(해수욕장을 제외한 영역)이 일반인(민간인)에게 개방된 것도 비교적 가까운 최근에 일어난 일인 것도 해안을 관광목적지로 인식하기 어려웠던 이유이기도 하다. 즉, 북한과 대치된 안보상황에서 해안은 군사경계구역으로써 주로 기능이 부과되었기 때문이다. 또한 항만이나 어항구역으로 지정되어 수출입과 관련된 무역항이나 수산전진기지로 물류와 산업기능을 담당하는 곳으로 인식된 것도 해안을 관광목적지의 관점에서 접근하기 어려웠던 것도 부정할 수 없다. 그러나 그렇지 않은 외국의 선진 해양국가에도 해양관광객에 대한 개념적 정의는 찾기 쉽지 않으며, 학술적 연구도 비교적 미진한 편이다.

우리나라는 역사적으로 볼 때 장보고, 이순신 등 인물을 통해 해양강국의 이미지가 강한 것에 비해 중앙정부의 조직 편제로 '해양'이 부처로 정식출범한 것은 비교적 최근의 일이다. 즉, 1998년 해양수산부 출범이 큰 전환점이 되었다고 할 수 있다. 또한 한국해양수산개발원(KMI: Korea Maritime Institute)[9]의 해양관광·문화연구실이 갖춰진 것은 해양관광의 중요성을 인식한 국가정책에 반영하고자 하는 의지표현의 좋은 사례가 된다. 이는 기존 문화체육관광부와 한국문화관광연구원(KCTI: Korea Culture and Tourism Institute)[10], 국토교통부-국토연구원(KRIHS: Korea Research Institute for Human Settlements)[11]에서 해양관광을 연구하는 별도의 부서로써 존재하지 않고, 연구원 개개인의 관심이나 과제에 따라 특별 연구주제나 수탁과제로 수행하던 것과는 전혀 다른 무게감이라 할 수 있다.

그 모든 것에도 불구하고 해양관광이 학문적으로 최근 활발한 연구성과를 보이는 큰 이유는 우리나라의 관광학 연구에서 해양관광에 대한 연구가 비교적 최근에 관심을 지닌 연구영역으로 부상한 시의성에서 찾을 수 있을 것이다. 따라서 향후 시대와 사회문화적 수요에 대응하여 해양관광도 통합적 접근을 통해 연구영역을 심화 및 확산시킬 것으로 기대된다.

---

9) 한국해양수산개발원 http://www.kmi.re.kr/
10) 한국문화관광연구원 http://www.kcti.re.kr/
11) 국토연구원 http://www.krihs.re.kr/

(1) 해양관광객 연구

해양관광객과 관련된 연구는 공간중심의 해양관광개발에서 사람중심의 소프트파워에 관심을 가지는 관련 연구의 전환을 통해서 확산되어야 할 것이다. 해양관광목적지를 방문한 관광객들의 실태를 조사하고 행태를 관찰하게 된다면 우리는 그들이 누구인지를 파악할 수 있는 단서를 확보하게 될 것이다. 그러나 우리나라와 같이 계절적인 환경특성이 뚜렷한 관광목적지의 경우, 성수기인 하계절을 제외하고서는 일반관광객과 해양관광객은 관광목적지에서 정의하는 것은 쉬운 일이 아니다. 예를 들면, 겨울철 해수욕장을 찾은 사람을 해양관광객이라고 정의를 할 수 있는가의 문제가 따른다. 이러한 현상은 해양관광객에 대한 조사가 우리나라에서는 특정 계절에 제한되어 조사될 수 밖에 없는 연구의 한계로 작용할 수 있다. 그러나 만약 이러한 인식이 보편성을 띄게되면, 우리나라의 경우, 해양관광은 여름철에만 발생하는 계절적 현상으로 단정을 지어 정책적 편향을 유도할 수도 있기 때문에 신중하게 접근할 필요가 있다.

관광을 정의하면서, 보수적 관점에서 관광객의 성립조건을 3가지 측면에서 제시할 수 있다(양위주외 2002): 이동거리, 금전소비, 그리고 목적지에서의 활동.

첫째, 이동거리의 측면에서는 일상생활권인 주거지로부터 일정한 거리를 이동한 것으로 전제로 할 때, 과거 '걸어서 하루 정도 걸리는 거리'의 기준이 교통수단의 발달로 인해 오늘날 '거리(distance)'의 개념에서 '1박 이상의 체재가 가능한 거리'의 이동으로 바뀌면서 '체재(stay)'의 관점으로 변화되고 있다.

둘째, 금전소비의 측면에서, 관광객은 관광목적지에서 '금전적 소비'를 발생시켜야 한다. 따라서 일상권에서 소지하고 온 돈을 목적지에서 현장 결제를 통해 소비를 발생시키는 것을 전제로 한다. 따라서 목적지에서 생계의 목적이나 취업(아르바이트) 등을 통한 경제적 활동의 참여는 배제한 정의를 제시하였다. 따라서 working holiday는 관광의 범주에 포함시키지 않는다.

셋째, 관광목적지에서 다양한 관광활동참여와 더불어 숙박이 이루어져야 하는 것으로 하였다. 오늘날 교통수단의 발달과 더불어 과학기술의 비약적인 발전은 이러한 고전적 정의를 적용하는 것은 무리가 있지만, 관광객의 정의에 대해 다시한번 더 생각을 해야할 때이다.

그러므로 관광객에 대한 재 정의와 더불어 해양관광객의 성립조건에 대해서도 향후 학술적 연구가 지속적으로 수반되어야 할 필요성이 강력하게 제기된다.

2) 해양관광객들은 그곳에서 무엇을 하고 시간을 보내는가?

향후 우리나라의 해양관광객은 누구인가를 찾아가는데 있어, 좋은 단서로써 최근에 이루어진 연구결과를 참고로 그들이 왜, 무엇을, 어떻게 하였는지(해양관광활동)를 살펴보고자 한다. 다음은 KMI(2016)에서 실시한 설문조사[12]자료를 참고로 하였다. 조사결과를 통하여 2015년도 우리나라 국민의 해양관광활동의 경우, 해안지역의 방문경험은 79.99%로 나타나 국민 10명중 8명은 해양관광목적지로의 방문경험을 보였다.

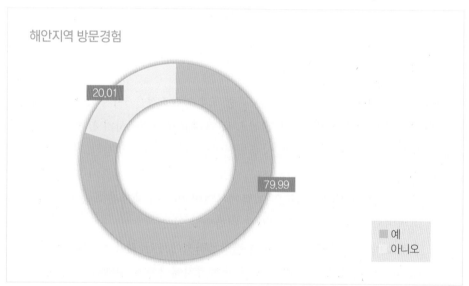

✳ 그림 1 해안지역 방문경험

방문목적으로는 휴가/휴식, 먹거리체험, 친구/선후배/친척방문, 해양레크레이션, 축제이벤트 참가 등의 순으로 나타났으며, 휴가휴식과 먹거리체험이 전체의 76%를 차지하였다.

---

12) KMI(2016), 내부자료.

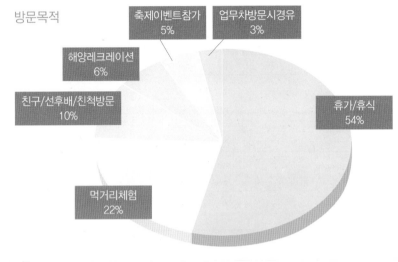

✳ 그림 2 방문목적

　방문목적지 1순위는 우리나라 최대 하계절 해양관광목적지인 부산이 18%로 가장
높게 나타났고, 다음으로 강원도가 17%, 다음이 경기/인천이 13%로 나타났다. 전북
과 경북을 제외하면 다른 광역지자체의 경우 10% 내외로 나타났다.

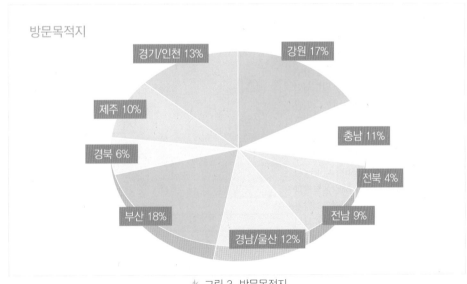

✳ 그림 3 방문목적지

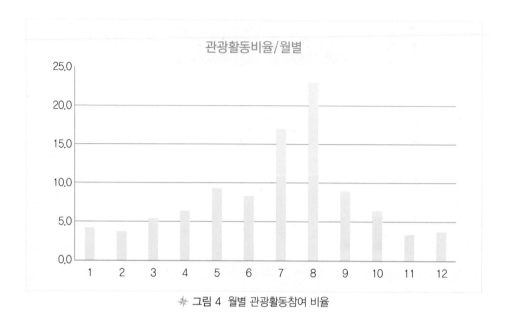

✳ 그림 4 월별 관광활동참여 비율

　월별 해양관광활동 참여 비율을 보면 8월의 23% 그리고 7월의 17%를 보이고 있는 것으로 나타나 4계절이 뚜렷한 우리나라의 경우, 해양관광활동은 7월과 8월 두달에 집중화 현상을 보이는 것을 알 수 있다.

✳ 그림 5 해양레저활동 경험

최근 지구온난화의 영향으로 해수욕장 개장시기가 앞당겨지며, 폐장시기가 늦추어지는 현상을 접하게 된다. 이로인해 해수욕장 이용객수는 향후에도 지속적으로 증가한 통계를 접할 것으로 예측된다. 이는 해수욕장에서 전형적인 해수욕 중심의 활동 이외 다양한 활동을 수용할 수 있는 공간개발과 이벤트나 축제를 통해 적극적으로 반영할 필요가 있을 것이다.

　해양관광객이 참여하는 해양레저활동은 전통적으로 행해져 왔던 해안경관감상, 해수욕/해변휴식, 해산물구매와 시식 등이 전체의 66.9%를 차지하는 것으로 나타났다. 빈도를 나타내는 통계치가 많은 정보를 제공해주지는 않지만, 정적인 활동의 참여도가 높은 것이 선호도의 문제와는 다를 수 있기 때문에 향후 이에 대한 조사도 요구되어진다. 또한 전년도 뿐만아니라 연속적인 조사를 통해 활동에 대한 참여빈도를 모니터링하여 보다 체계적이며 과학적인 해양관광대책 수립을 위한 기초적 데이터의 수집과 분석이 요구된다.

3) 해양관광객과 관광통계

　해양관광을 하는 관광객을 해양관광객이라고 정의를 한다면, 해양관광은 명확히 관광의 한 형태로 이해된다. 그런 측면에서 해양관광객은 문화관광객처럼 다른 유형의 관광객에 해당된다. 이는 해양관광객은 그들만의 고유한 특성과 행태, 그리고 특화된 관광목적지와 관광상품 등이 구성되어 있음을 의미한다. 따라서 해양관광객은 독특한 인구통계학적 특성과 소비패턴, 활동유형 등으로 차별화되어진다. 이는 경영학적 관점에서 해양관광객을 대상으로 하는 마케팅전략이 수립되어야 함을 의미한다. 따라서 해양관광목적지가 되는 도시는 방문하는 해양관광객에 대한 행태와 실태조사 및 해양관광객에 대한 수요추정을 포함하는 해양관광통계의 기반 하에서 과학적인 해양관광정책이 수립되어야 할 당위성과 필요성을 제기하게 된다. 이러한 정확하고 실질적인 통계조사를 통해 도시나 지역단위에서 합리적인 정책수립과 예산의 정확한 집행이 진행되어야 한다.

　그러나 현실적으로 광역지자체 단위에서 관광객에 대한 실태조사나 행태조사가 최초 실시된 것이 2010년도 부산광역시가 전국에서 최초이었으며, 이후 격년단위로 진행되고 있음을 볼 때 해양관광객에 대한 광역지자체나 시단위에서 체계적인 통계조사는 다소 시간이 요구되는 사업이 될 수도 있다. 이에 대한 정책제언으로 문화관광부에서 매년 한국방문 외래관광객에 대한 실태조사를 하는 것처럼 중앙부처인 해양수산부가 주도하여 국가사업으로 해양관광객에 대한 통계를 실시할 필요가 있다. 이를 통해 지속적으로 지방정부로 확산을 하는 전략이 필요할 것이다.

현재 우리나라에서 해양관광객의 지표로 주로 사용되는 것으로 해수욕객(해수욕장 이용자)수가 있다. 그러나 해수욕장을 이용한 해수욕객수에 대한 통계가 해양관광목적지의 경쟁력으로 때로는 해당 지자체의 관광매력성의 우위를 의미하는 것으로 이해되어지는 것에는 많은 문제점들이 있다고 할 수 있다. 통계의 정확성과 신뢰성의 문제가 중요한 관건이 되는데, 공교롭게도 두가지 모두를 충족시키고 있지 못한 형편이기 때문이다.

정부가 해양관광 활성화를 위해서는 우선적으로 객관적이고 과학적인 자료와 분석이 요구된다. 따라서 정확하고 신뢰할 수 있는 해양관광통계확보는 국가이든 지방정부이든 관광실태를 명확히 파악할 수 있도록 하여 행정기관뿐만 아니라 민간부문의 정책 및 투자의 효율성을 증진시키고 미래를 대비한 효율적인 자원배분을 유도할 수 있다는 점에서 매우 중요하다.

따라서 국가적 차원에서 우리나라를 방문하거나 지방정부 차원에서 해당 시도를 방문하는 내외국인들의 해양관광실태를 파악하고 분석함으로써 해양관광정책 수립 및 해양관광수용 태세 개선을 위한 기초자료를 제공할 수 있을 것이다. 이는 급변하고 있는 역동적인 세계관광시장과 관광객의 이해를 통해 해양관광시장에 대한 과학적이고 체계적인 방법 도입에 대해 당위성을 제공한다. 그 결과, 해양관광정책의 과학화와 합리화를 통한 정책추진에 기여하고, 관광환경변화에 대한 탄력적 대응으로 해양관광산업의 경쟁력을 확보하는 데에도 기여할 것이다. 이와 관련하여 몇가지 제언을 하면 다음과 같다.

첫째, 관광통계와 관련하여 현재 외래관광객 중심에서 국민관광 중심의 관광정책 변화처럼 해양관광객 또한 외래관광객의 실태와 행태조사와 더불어 국민관광객의 해양관광실태와 행태조사가 병행되어야할 것이다.

둘째, 조사기간과 관련하여 우리나라는 4계절의 자연환경적 조건 하에 있기 때문에 해양관광은 특수한 계절인 '여름'에만 행해지는 관광행태라고 제한하여 생각하기 싶다. 이는 기존의 해수욕객 중심의 해양관광에 대한 인식에서 기인한다고 할 수 있다. 따라서 해양관광에 대한 새로운 개념의 공유를 전제로 기존의 계절적 편견을 전환하기 위해서도 4계절 해양관광객에 대한 조사가 이루어져야할 것이다.

바다&知 : OO신문 / **방송뉴스... 2017년 6월15일자

"... 오늘 해운대해수욕장을 찾은 관광객은 25만명입니다. 해수욕장 개장한 첫날 부산의 7개 해수욕장 가운데, OO해수욕장은 21만명....."

1. 25만명인지 어떻게 알지?
   - 25만명인지, 23만 5천명명인지? 24만 5천명인지, 24만만 8천6백명인지, 25만7명인지에 따라 적어도 만명에서 10명의 기본단위 까지 통계학적으로 큰 오차를 유발시킨다.
2. 25만명을 어떻게 카운팅 했을까?
   - 어떤 과학적인 방법으로 카운팅을 하는가?(전수조사가 불가능, 샘플링에 의존)
3. 25만명은 누가 카운팅을 했을까?
   - 공식적인 관계기관(예:통계청) 조사자료에 근거 하는 것인지에 대한 의문
4. 관광객인지 아니면 부산시민인지 어떻게 구분했을까?
   - 관광객이라 카운팅을 한 기준은 무엇인가?
5. 해운대해수욕장은 어디까지가 해수욕장일까?
   - 해변의 백사장까지 인가? 아니면 백사장 지나 인도까지인가? 주변에 호텔에 머무르고 있는 관광객의 포함여부는?
6. '오늘'의 기준은?
   - 6월15일이면 6월14일 밤 12시:00부터 6월15일 밤 12시:00까지를 이야기하는가?
   - 해운대 해수욕장의 경우, 24시간 관광객이든 사람이든 방문을 하는 곳이므로 카운팅 시간은 중요한 문제!

4) 해양관광객과 빅데이터

(1) 해양관광의 빅데이터 적용

4차산업혁명이 관광산업과 관광목적지에 미칠 영향에 대응하기 위한 방안으로 빅데이터를 관광산업에 접목하는 시도가 다양하게 진행중이다. 특히, 관광객의 행태나 관광목적지 실태조사와 관련하여 관찰이나 전화, 메일, 우편을 통한 설문지를 통한 조사분석에서 벗어나 실제 관광객들이 실시간으로 현장에서 생성하는 다양한 정보를 관광정보로 인식하여 데이터 처리 분석하고자 하는 필요성이 강력하게 제시되고 있다. 불확실성과 리스크가 존재하는 미래사회에는 통찰력과 대응력이 매우 중요하며, 스마트화된 사회에서 경쟁력을 갖추기 위해서는 창조력이 필요한데, 이를 빅데이터를 통해 해결할 수 있다고 전망되고 있다.

빅데이터가 새롭게 등장하면서 광범위한 데이터를 처리할 수 있는 새로운 기술방법을 연구하게 되었고, 최근 페이스북, 블로그, 트위터, 유튜브 등 기업들이 고객의 사용로그와 트랜잭션로그를 기반으로 고객의 데이터를 분석하여 이를 기반으로 하는 마케팅에 관심을 보이면서 기술 연구의 필요성은 더욱 힘을 얻고 있으며 분석기술에 대한 연구는 광범위 하게 이루어지고 있다. 최근 빅데이터를 활용한 스마트 관광정보서비스를 추진하는 정책들이 구현되고 있다. 기존 통계조사의 경우, 과거 행태를 반영하기 때문에 관광이라는 시의성과 역동성을 갖춘 관광시장의 대응에는 부족한 면이 없지 않아 있었다. 빅데이터분석과 관광정책의 접목은 이런 문제해결의 좋은 사례라고 할 수 있다.

일본의 경우 관광청에서 전국을 8개 지역으로 구분하여 약 70만 명의 관광객들로부터 소셜미디어 사이트에 포스팅 된 메시지와 같은 다양한 정보들을 활용하여 빅데이터를 수집한다. 개인신상정보를 제외한 데이터를 활용하여 지도정보 제공업체와 씽크 탱크 등과 같은 민간기관의 관광 데이터베이스를 만드는데 기여하고 있다. 이렇게 구축된 데이터베이스를 통해 관광객이 어디에서 도착하고 출발하는지, 그들이 관광지에 도달하기 위해 이용한 경로 정보, 체류기간, 숙박시설 사용 여부 등이 제공한다. 관광청은 데이터 분석의 결과를 지역 정부와 여행사 등의 관광사업체에 제공하여 관광객들이 많이 이용한 데이터가 발견된 관광지를 홍보하는 전략에 활용하고, 새로운 관광명소로 홍보하고 집중 육성하는 정책수립의 기초자료로 활용한다.

또한 중국의 장쑤성의 전장시는 IBM IOC(지능형운영센터)를 도입해 대중교통 시스템을 새롭게 구축하여 양쯔강과 대운하가 만나는 교통 요충지로서 도시의 입지를 경제개발과 관광산업 육성을 위해 '스마터 전장, 스마터 관광'프로젝트를 진행 중이다.

우리나라의 경우, 부산시가 2017년 3월 빅데이터를 활용한 부산관광산업 동향분석을 발표하여, 관심을 끌었다. 비록 휴대전화와 신용카드 빅데이터라는 한계점을 지니고 있지만, 향후 관광분야에 적합한 빅데이터 분석으로 고도화하고 관계기관 및 지역 업계와 공유해 부산관광에 맞는 빅데이터 생성과 분석을 통해 시의성과 순발력을 갖춘 신속한 관광시장 활성화에 기여할 것이다.

또한 현재 ICT기업들의 하계절 빅데이터 활용법을 소개하고자 한다.

기업	활용
SK Telecom	• 피서객 빅데이터 부산시 공급 • 내비게이션 'T맵'이용자 빅데이터 지방자치단체와 여행업계 공급
Cacao	• 내비게이션 '카카오내비'이용자에게 하계절 인기 관광지 추천과 고속도로 정체를 예측하여 편의제공
직토	• 하계절 사용자 걸음수 빅데이터 금융사 공급사에 추진
와챠플레이	• 날씨에 따른 영화시청 빅데이터로 서비스 고도화
여기어때	• 여름철 숙박시설 이용현황을 빅데이터 마케팅에 활용

(2) 빅데이터분석을 적용한 해양관광통계

우리나라 최고 하계 해양관광목적지인 해운대해수욕장이 속한 부산시 해운대구는 해양관광목적지가 있는 지방자치정부에서는 최초로 빅데이터분석을 통해서 해수욕장 방문객수를 분석하여 그 결과를 제시하였다. 아래에 그 결과를 정리해보았다.

구분	내용
분석방법	• 해수욕장 피서객 수 산정방식의 신뢰성을 회복하기 위해 국내 최초로 휴대전화 기지국 기반으로 한 빅데이터 방식을 도입해 산출 • 해수욕장 일대에서 휴대전화를 켜놓은 피서객 수를 분석하고 다른 이동통신사 사용자나 휴대전화 미사용자 등 오차를 조정해 피서객 수 계산
조사기간	2017.06.01. – 2017.08.31
조사업체	SK Telecom
조사결과	• 해운대해수욕장 6,996,000여명(내국인 6,962,000여명, 외국인 34,000여명) • 송정해수욕장 2,801,000여명(내국인 2,800,000여명, 외국인 530명)

구분	내용
결론 및 제언	• 해운대구는 빅데이터 결과를 해수욕장 운영 정책과 해운대 관광정책에 적극 반영하는 한편 2018년 부터는 기존 방식으로 집계한 수치는 발표하지 않고 휴대전화를 활용한 빅데이터 집계방식만 발표할 방침. • 부산시와 해양수산부에 해수욕장 피서객 수 집계에 빅데이터 방식 전면 도입을 건의 예정

관광&지 : 빅데이터로 뽑은 '한국관광 100선'.

• 누가 : 문화체육관광부, 한국관광공사
• 무엇 : '한국관광 100선' 선정
• 어떻게 : 빅데이터 분석
• 차이 : 2012년 네티즌 인기투표 방식 진행
• 적용 : 국내관광 사업과 연계해 집중적인 홍보 및 지원 계획

광역도시별 '2015 한국관광 100선'

서울 (9곳)	서울 5대 고궁, 인사동, 북촌한옥마을, 명동거리, 남대문시장, 광장시장, 동대문디자인플라자, 북한산, 남산/N서울타워
인천 (1곳)	소래포구

경기 (8곳)	수원화성, 가평 아침고요수목원, 가평 쁘띠프랑스, 파주 헤이리 예술마을, 포천 허브아일랜드, 양평 두물머리, 용인 에버랜드, 용인 한국민속촌
강원 (15곳)	설악산, 원대리 자작나무숲, 춘천 남이섬, 평창 대관령, 양양 낙산사, 강릉커피거리, 정선 삼탄아트마인, 강릉 정동진, 오대산, 원주 뮤지엄 산(SAN), 춘천 물레길, 강릉 경포대, 강릉 오죽헌, 속초 이바이마을, 태백산
충북 (3곳)	단양팔경, 괴산 산막이옛길, 보은 속리산 법주사
충남 (3곳)	서천 국립생태원, 태안 안면도, 공주 무령왕릉, 부여 부소산성, 서산 해미읍성
대전 (2곳)	계족산 황톳길, 장태산 자연휴양림
전북 (8곳)	전주한옥마을, 군산 시간여행(근대문화유산), 부안 변산반도, 임실 치즈마을, 선운산, 내장산, 강천산, 덕유산
광주 (1곳)	무등산
전남 (9곳)	순천만자연생태공원, 담양 죽녹원, 곡성 섬진강기차마을, 보성 녹차밭, 순천 낙안읍성, 해남 땅끝 관광지, 여수 오동도, 신안 증도, 여수 항일암
대구 (3곳)	대구 근대골목, 방천시장과 김광석다시그리기길, 대구 안지랑 곱창거리
경북 (9곳)	울릉도&독도, 경주 불국사&석굴암, 안동 화회마을, 백두대간 협곡열차, 영주 부석사, 경주 안압지&첨성대일대, 문경새재 도립공원, 소백산, 고령 대가야 고분군
부산 (3곳)	감천문화마을, 태종대, 해운대 해수욕장
울산 (2곳)	반구대 암각화, 장생포 고래문화특구
경남 (11곳)	청녕 우포늪, 합천 해인사, 통영 한려수도조망케이블카, 통영 동파랑마을, 통영 장사도, 통영 소매물도, 진주성, 남해 다랭이마을, 남해 독일마을, 거제 해금강, 지리산
제주(11곳)	올레길, 성산일출봉, 우도, 사려니숲길, 지자림, 중문관광단지, 섭지코지, 쇠소깍, 산굼부리, 김영갑갤러리 두모악, 한라산

2. 해양관광목적지와 지역주민

　해양관광목적지가 전면적인 관광개발을 통해 새로운 리조트나 관광(단)지로 변화될 경우, 기존 지역주민은 단순히 주민이 아니라 관광목적지 배후지에 거주하는 지역주민이 된다. 이는 관광산업으로 인해 직간접적 영향을 받는 대상자가 된다는 것이다. 어촌이나 어항, 섬의 경우, 그들의 삶의 터전인 일상생활권이 관광매력물로 개발되므로 인해 어떻게 영향을 받는지에 관해서는 많은 사례를 통해서 제시된바 있다.

바다&知 : 해녀

'잠녀(潛女) · 잠수(潛嫂)라고도 한다. 해녀들은 특별한 장치가 없는 나잠어법(裸潛漁法)으로 제1종 공동어장인 수심 10m 이내의 얕은 바다에서 소라 · 전복 · 미역 · 톳 · 우뭇가사리 등을 채취하며, 가끔 작살로 물고기를 잡기도 한다. 해녀는 우리 나라와 일본에만 분포되어 있는데, 우리나라의 해녀는 한반도 각 해안과 여러 섬에 흩어져 있지만, 그 대부분이 제주도에 몰려 있다. 우리나라의 해녀수는 약 2만 명으로 추산되며, 거의 모두가 제주도 해녀들이다. 해녀의 발상지는 제주도로 보이며, 그 기원은 자연발생적인 생업수단의 하나로 비롯되었으리라 추측된다. 해녀들에게 특수한 혈통이 있는 것은 아니고, 오직 어렸을 때부터의 수련에 의하여 그 기량을 배워 익혀서 어로작업을 한다. 어려서부터 바다에서 헤엄치기와 무자맥질을 배우다가 15, 16세에 이르면 독립된 해녀가 되는데, 해녀생활은 대체로 60세 전후까지 이어진다. 채취물의 금채기(禁採期)가 풀릴 때에는 70고령의 노파들도 며칠 동안 작업하는 경우가 있다. 기량의 숙달 정도에 따라 해녀에는 상군(上軍) · 중군(中軍) · 하군(下軍)의 계층이 있다...'
해녀들은 스스로에게 이렇게 이야기한다고 한다. "해녀는 저승에서 돈을 벌어서 이승에서 쓴다."

(출처: 한국민족문화대백과, 한국학중앙연구원)

바다와 연해있는 거주지나 어촌마을, 연안을 해양관광목적지로 개발하고자 할 때, 기존의 일상생활권역으로 살아온 지역주민의 삶에 미치게 될 영향들, 환경적, 경제적, 사회문화적 영향에 대해 사전 및 사후 평가를 철저히 할 필요가 있다. 지역 주민들은 해양관광목적지로 개발이 완료된 이후, 그곳을 방문할 관광객들과 접촉(contact of moment)을 통하여 다양한 사회현상을 경험하게 된다. 또한 개발과정에도 다양한 영향들에 노출되어 있으므로, 개발주체나 지방자치단체들과 많은 갈등을 겪게 된다.

대부분의 경우, 관광개발로 인한 지역에 미치는 경제적 효과만 부각되어 관광개발로 인한 긍정적 영향만 관심을 가진다. 그러나 이로 인해 눈에 보이지 않을 뿐만아니라 지역사회에 오랫동안 미치는 부정적인 사회문화환경적 영향에 대해서는 관심이 미미한 편이다. 따라서 관광개발에 따른 영향들 특히 부정적인 것에도 관심을 가지어 지역 주민과 소통하는 지속가능한 개발로 실행되어야 한다. 이를 위해 다음과 같이 검토사항을 제안한다.

바다&知 : 해녀박물관

'제주도에 가장 많이 살고 있는 해녀들은 잠녀, 잠수, 잠수라고 불려졌으며, 전 세계적으로 아주 희귀한 존재로 주목 받아 왔다. 해녀들은 끈질긴 생명력과 강인한 개척정신으로 전국 각처와 일본 등지로 원정을 가면서 제주 경제의 주역을 담당했던 제주 여성의 상징. 기록상 이건(李健)의 『제주풍토기(濟州風土記)』(1629)와, 이익태(李益泰)의 『지영록(知瀛錄)』(1695), 김춘택(金春澤)의 『북헌거사집(北軒居士集)』(1670)에는 '잠녀(潛女)'로, 위백규(魏伯珪)의 『존재전서(存齋全書)』(1791)에서는 '해녀(海女)'라는 명칭이 나오고 있는데, 그 시원은 사람들의 삶과 같이 시작되었을 것으로 추정.

제주의 해녀들은 1932년, 일제의 수탈에 맞서면서 권익보호를 위해 전국 최대 규모의 항일운동을 거행하여 자존의 역사를 만들기도. 이 역사의 현장에 박물관을 건립하여 세계 문화 유산적 가치를 인정받는 해녀 문화를 전승·보존하고, 21세기 문화예술의 메카로 가꿔 나가고자...'

• 위치 : 제주특별자치도 제주시 구좌읍 해녀박물관길 26
• 연면적 4002㎡, 지하1층, 지상3층

(출처 - 해녀박물관, http://www.haenyeo.go.kr/)

첫째, 경제적 관점에서 해양관광객의 방문으로 인해 다양한 소비행태가 발생하므로 지역경제에 미치는 경제적 파급효과를 과학적으로 예측해야 한다. 해양관광목적지에서 해양관광객과 지역주민의 경우, 해양관광산업과 관련하여 지역민의 고용에 대한 경제적 효과만 지나치게 부각되어지기 때문이다.

둘째, 사회문화적 관점에서 일상생활권이 관광기능을 수행하는 장소로 전환되므로 인해 지역주민과 관광객에 발생하는 갈등의 문제를 충분히 고려해야 한다. 성수기 때 지역주민들이 겪게 되는 문제로 범죄발생에서 교통과 소음문제, 쓰레기에서 환경오염, 고유한 사회적 관습과 규범의 붕괴등은 관광시즌이 끝난 뒤에도 지역사회를 위험에 빠뜨리는 심각한 상황에 해당된다. 그러나 이러한 관광객-지역주민간의 갈등문제는 해양관광객 만의 문제가 아니라 대부분의 관광목적지가 겪는 문제에 해당될 것이다.

해양관광개발에 따른 부정적인 사회문화적 영향 이외 지역주민의 자발적 참여를 통해 관광객의 관광목적지에 대한 인식의 전환을 돕는데 기여하는 긍정적인 주민참여제도도 있다. 바다해설사의 경우가 그에 해당된다. 해양관광목적지의 관광활동을 올바르게 유도할 뿐만 아니라 관광객과 지역주민간의 지속적인 관계정립을 통해 관광만족의 극대화와 더불어 지역자연환경과 자원의 올바른 보존과 관심에도 기여하게 된다.

장소로서 해양관광목적지는 Host-Guest Relationship을 통하여 지역 주민들을 관광객들과의 문화충돌이나 문화공존의 과정을 거치게 되므로 이러한 관점에서의 연구를 통해 체계적이며 과학적인 지역주민과 관광객과의 관계에 대한 체계적이며 과학적인 연구가 지속적으로 진행될 필요가 있다.

바다&知 : 바다해설사

누구인가?

해당 어촌지역(바다)를 방문한 관광객의 이해와 감상, 체험 기회를 제고하기 위하여 역사·문화·자연자원 등 어촌 전반에 대해 전문적인 해설을 제공하는 전문가

역할?

- 어촌관광정보를 생산·확대시키며 어촌을 방문한 관광객들의 체류시간 증대, 재방문을 유도하여 새로운 관광수요를 창출하는 전문가
- 어촌자원 및 주변 환경보호를 위한 지킴이이자 지역의 어촌관광 오피니언 리더

왜? ―도입목적―

- 어촌의 고유한 인문·자연자원을 정확히 안내·설명할 수 있는 전문해설인력을 양성하여 어촌관광 활성화에 기여와 어촌관광의 질적 수준제고 필요
- 단순한 채취와 획득 중심의 어촌관광활동에서 벗어나 어촌환경을 구성하는 해양생태계와 주변 자연환경에 대한 관찰, 학습 등 전문적인 어촌관광 해설에 대한 수요 증가
- 바다의 문화, 해양과학, 바다생태계 등에 대한 전반적인 이해, 동·서·남해 해역별 특성 등에 대한 전문성을 갖춘 전문인력의 필요

역할?

- 어촌관광정보를 생산·확대시키며 어촌을 방문한 관광객들의 체류시간 증대, 재방문을 유도하여 새로운 관광수요를 창출하는 전문가
- 어촌자원 및 주변 환경보호를 위한 지킴이이자 지역의 어촌관광 오피니언 리더

활동영역?

- 어촌관광전문해설사: 아름다운 어촌 찾아가기, 어촌체험학교
- 해양과학 및 어촌관광강사: 인근학교 생태체험학습, 사무장교육, 어촌관광워크숍등
- 콘텐츠 프로바이더(contents provider): 지역해양전문 여행작가, 지역콘텐츠 제공자
- 지역어촌관광관리 주체: 지역어촌관광 활성화 주역

- 문의 : 한국어촌어항협회 어촌진흥실

READING MATERIALS

A.P. Krelling, A.T. Williams, & A. Turra(2017). Differences in perception and reaction of tourist groups to beach marine debris that can influence a loss of tourism revenue in coastal areas. Marine Policy 85, 87-99.

D. Farrell, L. Carr, & F. Fahy(2017). On the subject of typology: How Irish coastal communities' subjectivities reveal intrinsic values towards coastal environments. Ocean & Coastal Management, 146, 135-143.

D. Kochnower, S.M.W. Reddy, & R.E. Flick(2015). Factors influencing local decisions to use habitats to protect coastal communities from hazards. Ocean & Coastal Management, 116, 277-290.

D.R.M. de Lara, & S. Corral(2017). Local community-based approach for sustainable management of artisanal fisheries on small islands. Ocean & Coastal Management, 142(15), 150-162.

G. Brown, & V.H. Hausner(2017). An empirical analysis of cultural ecosystem values in coastal landscapes. Ocean & Coastal Management, 142, 49-60.

J.D. Ewalt Gray, K. O'Neill, & Z. Qiu(2017). Coastal residents' perceptions of the function of and relationship between engineered and natural infrastructure for coastal hazard mitigation. Ocean & Coastal Management, 146, 144-156.

J.S. Abreu, C. Domit, & C.A. Zappes(2017). Is there dialogue between researchers and traditional community members? The importance of integration between traditional knowledge and scientific knowledge to coastal management. Ocean & Coastal Management, 141, 10-19.

N. Boucquey(2017). 'That's my livelihood, it's your fun': The conflicting moral economies of commercial and recreational fishing. Journal of Rural Studies, 54, 138-150.

R.C. Abecasis, L. Schmidt, N. Longnecker, & J. Clifton(2013). Implications of community and stakeholder perceptions of the marine environment and its conservation for MPA management in a small Azorean island. Ocean & Coastal Management, 84, 208-219.

S.A. Moore, G. Brown, H. Kobryn, & J. Strickland-Munro(2017). Identifying conflict potential in a coastal and marine environment using participatory mapping. Journal of Environmental Management, 197, 706-718.

U. Boyer-Villemaire, P. Bernatchez, J. Benavente, & J.A.G. Cooper(2014). Quantifying community's functional awareness of coastal changes and hazards from citizen perception analysis in Canada, UK and Spain. Ocean & Coastal Management, 93, 106-120.

PART 03
해양관광을 위한
공간과 대상

'더 좋게' 보다 '다르게'라는 생각의 틀로 해양관광을 본다

해양관광목적지 공간의 이용과 개발

With every drop of water you drink, every breath you take, you're connected to the sea. No matter where on Earth you live.

- Sylvia Earle, Oceanographer -

계획적 관점에서 계획범위는 공간적 시간적 범위로 구분된다. 시간적 범위는 모든 물적계획(physical plan)이 공통적으로 지향하는 '미래세대를 위한 지속가능성'의 관점에서 이해된다. 반면, 공간적 범위와 관련하여 해양관광목적지는 '바다'를 대상으로 한다는 총론적 차원에서는 모두 동의를 한다. 그러나 각론적 차원으로 들어가면 그 바다의 지리적 경계를 어디까지 인정하느냐의 문제는 이론의 여지가 많다. 이러한 시각차이는 계획의 목표설정부터 실행계획에 이르기까지 영향을 끼친다. 관련 법률제정과 이후 관련계획의 '수립-과정-시행'의 모든 단계에 깊숙이 관여한다. 그러므로 이러한 차이를 극복하기 위해서는 결국 이용(use)과 개발(development)에 대한 기본적 개념부터 정확하게 이해되어야 함을 알게 된다.

본서에서 언급하는 '해양관광'의 공간적 영역은 해양뿐만 아니라 육지의 내수면[1]도 포함됨을 밝힌다. 그 이유는 해상레저활동의 중요한 법적근거가 되는 수상레저안전법[2]에 의하면 수상레저활동의 범위가 해수면과 내수면을 모두 포함하기 때문이다. 또한 과거 정부(2008. 2.~2013. 2.)가 추진한 한국형 녹색 뉴딜사업인 4대강사업[3]으로 인한 국가하천이 기존의 치수중심에서 이수의 개념으로 하천관리 방향이 전

---

1) "내수면"이란 하천, 댐, 호수, 늪, 저수지, 그 밖에 인공으로 조성된 담수나 기수(汽水)의 수류 또는 수면을 말한다. (출처: 수상레저안전법, [시행 2015. 11. 19.] [법률 제13287호, 2015. 5. 18., 타법개정])
2) 수상레저안전법[시행 2017. 3. 28.] [법률 제14476호, 2016. 12. 27., 타법개정]
3) 출처: 시사상식사전, PMG박문각.

면 확대된 것과 연관이 있다. 이는 해양에서 행해지는 해상레저스포츠 활동을 4대강에서 부분적으로 수용하면서 '바다'와 '하천'의 공간적 경계보다는 '활동'중심의 연장선에서 이해된다. 거슬러 올라가면, 기존 '해상레저안전법'이 '수상레저안전법'[4]으로 개칭된 것과도 유관하다. 또한 관광진흥법[5]상 관광사업 범위에 호텔업의 종류에 포함된 '해상관광호텔업'의 명칭이 '수상관광호텔업'으로의 개칭도 유사한 선례로 이해된다.

그러므로 관련법률 제정 및 개정이 최근 국내외 관광동향을 수용한 것이라 할 수 있다. 즉 공간중심에서 그 공간에서 행해지는 이용자 활동에 초점을 둔 것이라 할 수 있다. 따라서 해상에서의 관광활동 다양성을 수용하는 취지에서 법의 제정(수중레저활동의 안전에 관한 법률)과 개정이 이루어지는 것은 시의성의 반영이라 할 수 있다. 이는 최근 세계관광시장에서 해양관광목적지의 동적활동과 다양한 체험중심의 관광상품이 중시되는 것의 반영이기도 하다.

1. 해양관광을 위한 공간

광의적 개념으로 해양과 연해 있는 국가의 경우, 해양공간은 영해(嶺海)의 의미를 내포한다. 그러나 본서에서는 해역의 관점, 즉, 다양한 활동을 수용하는 관광목적지로서의 해양공간의 의미로 서술하고자 한다. 따라서 해로나 수로 등 물류공간이나 안보나 수산 등 국가적 산업적 차원에서의 공간적 영역의 개념은 제외하기로 한다.

관광목적지로써 해양공간에 대한 기본적 철학은 다음세대를 위한 지속가능한 개발(sustainable development)과 현재 세대를 위한 현명한 이용(wise use)을 지향하고자 한다. 시간적으로는 장기적 관점에서 연속성을 염두에 둔 계획적 접근을 수용하면서, 공간적으로는 해역과 육역의 통합적인 관점에서 환경친화적인 계획적 접근을 원칙으로 하고자 한다. 더 나아가 모든 해양계획의 대전제는 특정 국가의 일부지역

---

4) 국민안전처 (수상레저과) 소관
5) 문화체육관광부 (관광정책과) 소관

을 초월하여 지구적 관점에서 해양공간을 공동의 가치목표 아래 통합적 관리가 요구되는 영역임을 재인식하고 그 인식을 공유해야 할 것이다.

1) 해안선과 해양공간

해양관광의 공간적 범위를 어떻게 설정하느냐는 매우 중요한 문제이다. 중앙정부의 부처간 관할구역에 의한 문제는 행정적 측면에서 조직과 기구의 신설이나 확장과 관련되며, 재정적 측면에서는 예산배분에 관련되기 때문에 민감한 사항이다. 일단 설정되면 그 이후 중앙정부-지방자치단체-기초자치단체간의 관할과 책임, 업무조정과 사업시행에 이르기까지 광범위하게 영향을 미치게 된다.

해양관광과 관련하여 그 공간적 범위설정은 먼저 용어들의 혼재가 문제점으로 대두된다: 수제역(水際域), 연안역(沿岸域), 워터프론트(waterfront), 수변공간, 친수공간, 해안공간, 해변, 바닷가[6].

'해양공간', '워터프론트'등의 용어는 공간을 다루는 학문인 도시계획학이나 건축학, 해양토목학, 지리학, 조경학 등에서 일반적으로 사용한다. 넓고 큰 바다를 의미하는 해양의 관점에서 바다와 바다와 연해있는 육지의 부분적인 영역을 대상공간으로 설정한다. '바닷가'등은 인문학적 감성을 담은 용어이다. 대개 일반인들이 일상생활에서 통용적으로 사용하는 익숙한 단어에 해당된다. 반면 '연안공간'은 주로 해양학이나 해양토목학 등 해양환경관련 학문분야에서 주로 사용하며, 공간적으로 '해양공간'과 동일한 의미를 지닌다.

'해양공간'이라는 단어는 기능적 차원에서 다소 구체화된 용어로 이해된다. 이는 육지와 바다가 만나는 장(場)으로 해양생태계와 인간이 상호작용을 통해 소통되는 공간을 의미한다. 경관적으로 독특한 해양자원의 가치를 유지하면서, 산업적으로 중요한 생산공간의 가치를 지닌다. 따라서 해양공간은 바다를 매개체로 반드시 바다의 직간접적 영향과 관련된 해양활동이 가능한 공간을 말한다.

공간적 영역은 해변, 갯벌과 만, 습지, 삼각주 등 다양한 유형의 해양환경을 포함한다. 하천의 하구를 비롯한 자연적, 지리적 이점에서 인간활동에 다양성을 수용한 지

---

6) 박상필 외 4명(2013). 부산의 명품해양공간 조성방안, 부산발전연구원.

역이기도 하며, 해안과 하천이 만나는 지역으로 인해 해양생태계의 종다양성을 관찰할 수 있는 영역이기도 하다. 공간적 다양성은 관광·레저활동의 다양성을 반영한다.

또한 '바다'나 '바다'와 관련된 다양한 용어들은 기본적으로 육지에서 바다를 보느냐, 바다에서 육지를 보느냐, 어민과 어촌 중심인지 아니면 관광객 중심인지 등등 관점에서 다르게 사용된다. 여기에서는 계획적 관점에서 접근을 전제로 해양공간이라는 용어를 주로 사용한다. 간혹 특정 지역이나 관광매력물의 경우, 계획논리와 방향성, 그리고 목표 등의 시각에서 다른 용어로 대체될 수도 있다.

우리나라의 경우, 호화크루즈를 통한 국가간 이동을 제외하고 대부분의 해양관광목적지나 해양관광활동이 이루어지는 곳이 연안역을 중심으로 진행되기 때문에 본서에서는 물리적 공간인 연안해역의 관점에서 서술됨을 미리 밝힌다. 간혹 전체적인 맥락의 이해를 돕기 위해 연안해역의 용어도 사용될 수 있다. 그러나 해양관광의 용어와 일관성을 유지하기 위해서 가급적 해양공간이라는 용어를 사용하고자 한다.

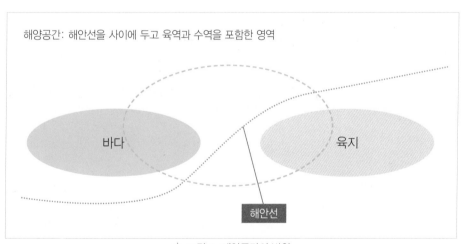

해양공간: 해안선을 사이에 두고 육역과 수역을 포함한 영역

바다　　　　육지

해안선

✴ 그림 1 해양공간의 범위

지식바다 : 해안선이란?

· 개봉 : 2002.11.22.
· 감독 : 김기덕
· 출연 : 장동근 유해진 외

한자어인 海岸線은 영어로는 coastline 또는 shoreline을 말한다. 육지면과 해수면이 교차하는 선으로, 수선(water line)또는 정선(汀線)이라고 한다. 여기에서 해수면은 조석, 파랑 등으로 끊임없이 승강(昇降)하므로 해안선의 위치는 엄밀하게 말하여 일정하지 않는다.

따라서 고조시(高潮時)의 해안선은 고조해안선(高潮海岸線), 저조시(低潮時)의 해안선은 저조해안선(低潮海岸線)이 되기 때문에 해안선은 평균해면(平均海面)과 육지와의 경계선을 말한다.

해안선은 개념적으로는 명확히 존재하지만 실질적으로 그 용어가 적용될 때에는 각기 다르게 정의되어지고 있다. 그러므로 '해안선'의 정확한 위치는 고정되어 있는 것이 아니라 각각 '지도'에 따라 다르게 사용되어지고 있다.

예를 들면 육지의 연변선인 해안선은 지도와 해도(海圖)에 따라 각기 다르게 그려진다는 것이다. 지도에서는 최대파랑이 다다를 수 있는 한계선인 반면, 해도에서는 항해 안전상 저조해안선을 육지의 연변으로 한다.

2) 해양공간의 범위

해양관광과 관련된 해양공간의 범위를 어떻게 설정할 것인가는 해양관광의 개념에서부터 해양관광활동과 해양관광매력물의 분류에 이르기까지 또한 해양관광산업, 해양관광과 관련된 행정적 제도적 측면까지 다양하게 그리고 깊숙하게 관여한다.

먼저, 해양관광활동의 공간을 연안이라 한다면, 우리나라의 경우, 연안관리법 제2조에서 "연안이라 함은 연안해역과 연안육역을 말하며, 연안해역은 바닷가와 만조수위선으로부터 영해까지의 외측한계까지의 바다를 말한다"라는 규정과 "연안육역은 무인도서, 연안해역의 육지 쪽 경계선으로부터 500m(항만, 어항, 산업단지의 경우 1km)범위 안의 육지지역"을 말하는 규정을 수용하게 된다[7]. 즉, 연안이란 해안선을 중심으로 육지방향과 수평선 방향으로 뻗은 일정 범위의 육지와 바다를 포함하는 공간으로 정의할 수 있다.

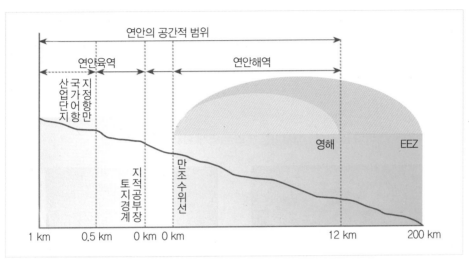

✸ 그림 2 연안관리법에 의한 연안의 공간적 범위 (자료 : 해양수산부)

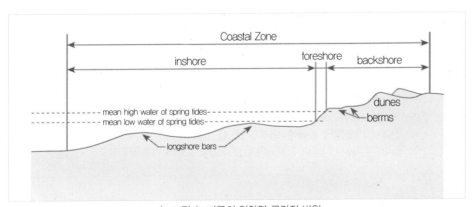

✸ 그림 3 미국의 연안역 공간적 범위

---

7) 해리(海里, nautical mile) : 항해·항공 등에서 사용되는 길이의 단위. 기호 nmile. 자오선(子午線)의 위도(緯度) 1'의 평균거리를 말한다. 국제단위계(SI)와 함께 잠정적으로 사용이 허용된 단위이며, 1929년에 협정된 1국제해리는 1nmile=1,852m이다. 배의 속도를 나타내는 노트(kn)는 1시간에 1nmile를 진행하는 속도이며, 1kn=1nmile/h=(1,852/3,600)m/s (출처: 네이버 지식백과)

반면, 미국에서는 연안역의 개념을 아래와 같이 근안(近岸, inshore)과 전안(前岸, foreshore), 후안(後岸, backshore)를 포함하는 영역을 연안역의 공간적 범위로 설정하고 있다.

한편, 홍콩에서는 지리학적 특성을 고려하여, 연안을 세분화하여 연안역의 공간적 범위를 설정하고 있다. 빈안(濱岸, offshore), 근안(近岸, nearshore), 전안(前岸, foreshore), 후안(後岸, backshore), 사구(沙丘, dune)를 포함하는 공간을 연안역으로 분류하고 있다.

바다 & 지식 : 해저화산 분화로 영해 확대(2017.06.22.)

일본 해상보안청은 도쿄(東京) 남쪽 약 1천㎞ 떨어진 해저에서 4년 전 화산폭발로 오가사와라(小笠原)제도 니시노시마(西之島) 부근 섬 면적이 커져 일본의 70㎢ 영해 확대(여의도 면적 2.9㎢의 24배)로 이어져 일을 반영한 새 해도를 이달 말 발행.

- 니시노시마에선 현재도 분화활동이 계속돼 추가로 지형이 바뀔 가능성.
- 일본 국토지리원도 2016년 10월부터 12월까지 현지조사를 바탕으로 새 해도 작성 작업 진행(26년만에 새로 작성).
- 영해 확대로 배타적 경제수역(EEZ)도 50㎢ 확대
- 해안선에서 12해리(약 22㎞)인 영해와 200해리(약 370㎞)인 EEZ는 기준이 되는 섬이 해도(선박항해시 사용)에 등재돼야 유엔 해양법 조약에 의거 국제적으로 인정받음.

해양관광의 공간적 범위를 연안역으로 설정하면 연안의 육역과 해역방향의 일정한 지리적 영역을 모두 포함하는 물리적 공간을 해양관광목적지라고 할 수 있다. 그러나 외국의 사례를 검토해볼 때 우리나라처럼 육지방향으로 500m, 또는 1,000m와 같이 일괄적인 적용은 지양하고 있는 것을 알 수 있다. 이러한 적용은 독특성과 특수성을 지닌 해양환경의 특성상 해양관광에는 적합하지가 않다. 왜냐하면, 해양관광

은 기본적으로 지역의 해양관광매력물이 지닌 개성과 정체성이 타 지역과 비교하여 비교우위와 경쟁우위를 지닐 때, 그 장소가 관광목적지로 선택되어지기 때문이다. 따라서 해양공간이 지닌 고유한 자연적 인문적 환경특성을 고려해야 하는 이유이다.

3) 해양공간과 연안

연안(沿岸, coast, 강·바다·호수에 연한 물가)은 공해(公海)상에서 자원개발과 어업권을 두고서 국가의 영해(領海) 인정을 둘러싸고 군사적 시위를 비롯한 무력충돌 등이 발생하면서 해양의 새로운 분쟁과 갈등지역으로 최근 인식되고 있다. 이는 20세기 후반 국가간 해양경제영역 확보를 위한 치열한 해양각축전이 전개되면서 가속화되었다. 또한 1970년대 Oil Shock가 일단락되면서 해양개발이 심해(深海)에서 연안역으로 관심이 이동한 것과도 연관이 있다. 이러한 맥락에서 세계 각국은 해양도시가 급격한 산업화와 도시화에 직면하면서, 연안지역의 피폐화와 공동화에 주목하여 워터프론트(waterfront) 재개발에 관심을 기울이면서 연안은 해양도시의 새로운 공간으로 거듭난 계기가 되었다.

우리나라 연안공간의 경우, 해상물류를 담당하는 항만으로서의 무역항, 원양 및 연근해 어업을 위한 수산기지로서의 어항 등 산업공간으로써 인식이 주를 이루었다. 그러나 최근 세계 각국의 연안개발에 대한 성공적인 사례가 소개되면서 연안에 대한 인식전환과 아울러 연안개발도 새로운 전환점을 맞이하였다. 특히, 12,000km의 해안선과 3,200여개의 도서를 가진 우리나라가 연안역에 대한 인식전환이 제대로 이루어진다면 해양관광산업은 미래성장동력으로써 큰 역할을 담당하게 될 것이다.

연안역의 해역은 수산 및 해운기능의 중심공간이지만, 간척을 통해 농산물 생산기능의 지원공간이 되기도 하며, 조석간만의 차이로 인해 갯벌로 바뀔 때 다양한 해양관광체험이 가능한 다목적 관광공간이기도 하다. 연안역의 육역은 일상권의 생활공간으로써 레저 및 문화의 공간이기도 하면서, 해양레저활동과 해양관광을 하는 해양문화공간으로써 기능도 동시에 수행하고 있다. 또한 산업단지로써 경제기능을 수행하는 산업공간이기도 하다. 따라서 연안역은 일상생활권의 생활공간이며, 비일상권의 해양관광목적지 공간에 해당된다. 이러한 복합적 기능수행이 가능한 것은 해안선을 경계로 바다와 육지를 포함하는 지리적 영역 그로인한 자연자원과 수생태계 등의 종다양성을 보유하고 있기 때문이다. 그러나 해양관광목적지로써 연안역은 역사적으로 해양공간이 지닌 문제점을 내포하고 있다. 본서에서는 우리나라 연안에 국한하여 검토하였다.

첫째, 해양관광목적지로써 다양한 활동을 수용하기에는 계절성의 한계가 명확하게 존재한다. 4계절의 편차가 분명한 우리나라 기후는 해양관광활동에서 중요한 요소가 되는 바다수온에 직접적인 영향을 미치기 때문에 해양관광활동의 성수기와 비수기가 엄격하게 구분된다. 따라서 해양관광목적지의 경우, 하계절 집중화로 인한 관광객 편중현상은 관광목적지의 혼잡(crowding)과 숙박 및 편의시설의 일시적 부족현상, 물가상승 등 매년 심각한 문제로 야기시키지만, 역시 매년 반복되는 사회현상이기도 하다. 해결책으로 내륙의 관광자원과 연계된 통합형 관광루트 및 관광상품 개발을 통해 계절적 한계를 극복해야 할 것이다.

둘째, 해양관광의 수요는 지속적으로 증가하고 있지만, 해양관광목적지에서의 해양관광활동은 해수욕, 해변경관감상, 수산물구매, 시식 등 단편적인 소극적 활동에 치중되어 있다. 따라서 해양레저장비와 기구를 이용한 해양레포츠 참여가 가능하도록 다양한 해양관광자원의 발굴과 개발, 그리고 해양환경을 조성할 필요가 있다. 경쟁우위를 지닌 해양관광매력물과 해양관광상품개발을 통해 경쟁력을 갖춘 해양관광목적지로 거듭날 수 있다.

셋째, 해양관광개발사업 추진시 정부-지방자치단체-민간의 통합적 연계와 소통의 부재를 들 수 있다. 먼저 중앙부처의 해양수산부, 국토교통부, 문화체육관광부가 동일 또는 유사사업의 시행과 지원으로 예산의 중복편성 문제가 있다. 또한 해양공간을 둘러싼 개발사업들이 개별 단위사업 중심으로 예산집행이 진행되어 사업의 통합적 연계가 부족한 경우가 많다. 특히, 민간투자자의 사업제안이 주요 정책으로 채택되어 집행되는 경우가 있어, 체계적인 마스터플랜수립과 기본계획에 의거한 계획적 접근을 추진해야할 것이다.

넷째, 해양관광의 인프라에 해당되는 마리나항만 조성과 다양한 교통 및 환승체계 구축을 통해 해양관광목적지로서의 전반적인 접근성 제고를 제고시킬 필요가 있다. 그리고 지역 해양관광개발의 핵심인 리조트나 테마파크 등 관광매력물의 조성을 통해서 해양관광활동과 통합적인 상품개발을 진행해야할 필요가 있다.

다섯째, 해양문화와 해양의식의 보급, 확산 위한 기반여건 부족을 들 수 있다. 따라서 국민의 해양인식제고를 위하여 다양한 해양교육을 저변 확대하여 생활을 통해 해양인식제고를 정착시킬 필요가 있다. 해양관광목적지는 먼저 지역주민의 해양에 대한 인식전환이 선결되어야 한다. 주민들 스스로가 바다에 대한 사고의 전환과 해양의 가치제고를 위한 노력들이 자발적으로 선행되어야 한다. 이를 위해서는 해양테마형 메가이벤트 유치 및 지역기반형 해양축제 개최와 브랜드화를 추진할 필요가 있다. 무엇보다 해양관광목적지의 주민과 관광객의 해양중심적 사고의 전환이 요구된다.

4) 해양공간계획과 MSP(Marine Spatial Planning)

21세기에 접어들어 중요성을 더해가는 해양공간의 미래는 이러한 시대적 요구와 현재시점의 긴급성의 배경 하에서 해양공간의 미래와 관련하여 국제회의가 개최되었다. 2006년에 개최되었던 제1차 해양공간계획 국제컨퍼런스의 주요 어젠다로 해양공간계획(Marine Spatial Planning: MSP)[8] 개념 정립 및 확산을 위한 첫 출발을 선포하였다. 그리고 2017년 3월 15~17일 3일간 개최된 제2차 해양공간계획 국제컨퍼런스에서는 전 세계 각국의 MSP 추진성과 공유 및 향후 MSP 효과적 추진을 위한 4가지 현안, 즉 MSP·제도화 과정, 생태계 기반 관리, 지속 가능한 청색 성장(Blue Growth), 이해관계자 협업과 참여 등에 대해 논의를 이끌어내는 성과를 달성하였다. 이와 관련하여, 정부간해양학위원회 수석 컨설턴트인 Charles N. Ehler는 향후 전 세계 해양문제를 해결하는데 MSP의 역할을 강조하였다. 참고로 MSP 수립 국가는 2017년 현재 60여 개국이고, 추세로 볼 때 2030년에 약 80개국이 참가할 것으로 전망하였다[9].

---

8) MSP는 해양에서 인간활동의 시·공간적 배치를 위한 해양생태계 기반의 공간할당 및 분석의 공공 정책과정(public process)을 총칭하며, 궁극적으로 해양이용의 생태적, 경제적, 사회적 목적을 달성할 수 있게 하는 과정

9) 세계 각 국가들은 MSP 도입을 위해 이미 기존 법률 및 제도를 정비하는 작업을 수행하고 있는 것으로 파악되었고, 이 작업은 일반적으로 3~4년의 기간이 소요되었다. 이와 관련하여 Ehler는 MSP과 타 분야 계획간 연계, 블루 이코노미(Blue Economy) 지원, 기 수립된 MSP Plan의 성과 평가, 국경을 넘어선 MSP(Trans-boundary MSP), 북극해 및 공해 관리에 MSP 적용 등이 MSP에서 다루어야 할 미래 도전 과제로 제시하였다.
컨퍼런스는 총 11개 세션을 통해서 전 지구적, 지역적, 국가적 MSP 이행 경험 및 현안을 논의하였다. 또한 과학적 기반의 MSP 성공사례로 영국, 스웨덴, 호주, 벨기에 사례를 소개하면서 각 국의 준비, 이행, 평가 관련 경험과 지식을 공유하였다. 또한, 인접 지역 간 협력(Cross-border cooperation in MSP), 지속가능한 청색성장(MSP towards Sustainable Blue Growth), 국가관할권을 넘어선 해양계획(Ocean planning in Areas Beyond National Jurisdictions)에 관한 주제가 활발히 논의되었다.

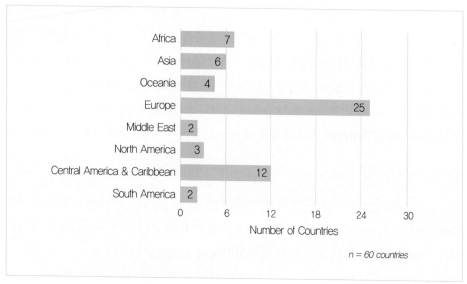

✳ 그림 4 대륙별 MSP 수립 국가수(2017)

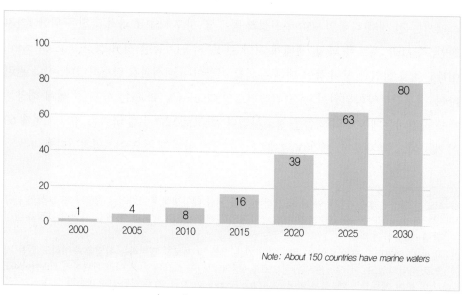

✳ 그림 5 년도별 MSP 참여국가 수

2017년 컨퍼런스에서는 2025년까지 MSP를 통해 전 세계 해역의 1/3을 관리하는 MSP 미래 목표를 제안하였다. UNESCO IOC와 DG Mare는 컨퍼런스 동안 논의된 내용을 토대로 MSP 추진을 장려하기 위해 MSP 수립 목표를 설정하고, 이 목표를 달성하기 위한 로드맵을 3월 24일 발표하였다. 이는 향후 MSP 추진을 위한 이정표가 될 것으로 예상된다.

우리나라는 이미 해양공간관리의 패러다임 전환을 준비해오고 있는 상황이다. 따라서 정부는 미래 해양 이용수요의 균형과 해양생태계 보전을 위해서 MSP의 체계적 도입 방안을 마련하해야할 단계이다. 우리나라는 2000년 초반부터 연안관리, 해양보호구역 등의 제도를 통해 공간관리 개념을 정책에 도입하고 있었다. 특히, 지난 2015년부터 EEZ까지 포괄하는 해양공간관리체제를 도입에 관심을 갖기 시작하면서 경기만 주변해역을 대상으로 MSP 시범사업을 추진하고 있는 중에 있다.

따라서 현재 추진 중인 시범사업을 통해 우리나라 해양환경에 적합한 MSP 표준 모델을 도출하고, 해양공간계획체제 구축을 위한 정보 구축, 법제도 기반 강화, 이해관계자 참여에 많은 노력을 기울여야 할 것이다.

2. 해양관광목적지 : 해양공간

해양관광을 위한 목적지, 우리는 그곳을 해양공간으로 정의하기로 한다. 해양공간의 대명사인 바다! 사람들은 왜 그리고 무엇을 하러 바다로 가는 것일까?

1) 바다, 그곳에는 무엇이 있는가?

일상권에 머물고 있는 사람을 비일상권인 바다나 해안가로 끌어들이는 것은 무엇일까? 본서에서는 바다로 끌어당기는 매력을 지닌 대상을 해양관광매력물로 정의한다. 관광매력물을 자연자원과 인문자원으로 분류하였다. 우리나라가 보유한 해양관광매력물로써 자원현황을 검토하였다.

자연 자원	해양 환경자연	해수욕장(356여개소) : 서해(110), 남해(97), 동해(147)
		어항(지정어항 415개소, 소규모 어항 2,000여개), 항만(51개)
		어장 : 각 연안지선(수산자원보호구역, 양식산란장, 회유로 등)
		유어선: 2,800여척(어선 총계: 77,000여척)
		등대(유인59, 무인503개), 무인도서(2,679개)
		아름다운 어촌(100곳)
		어촌관광지 및 어촌체험마을
		바다낚시터 : 전국연안
		해양경관지 : 해상(안) 국립공원 2,648.54㎢, 일출/일몰지, 도서(3,200여개)
		신비의 바닷길(약 13여 곳), 고래관광
	해양 스포츠	바다낚시, 낚시어선(약 4,000여척)
		윈드서핑(동호인 약3만여명)
		마리나(8개소)
	해양관광 교육·홍보	해양다이빙
		박물관, 과학관, 전시관, 수족관: 국립해양박물관, 어촌체험민속관, 목포해양유물전시관, 국토종단점
인문 자원	해양생태 체험	철새도래지 및 탐조: 국제적으로 중요한 철새 3종 이상 연안의 도래지 20여곳 갯벌: 2,815㎢ (세계 5대 갯벌의 하나)
	축제/ 이벤트	• 지역축제(연안지역별 소재 다양, 약 72개소) • 해산특산물, 주요 향토요리 • 특수어법(독살, 죽방렴), 어부림·방풍림(10개소)
	기타	관광잠수정

(출처 : 해양수산부, 2013)

3면이 바다로 둘러싸인 자연조건과 그 자연환경이 만들어낸 해양자연자원, 유구한 역사와 공존해온 사람들이 만들어낸 해양인문자원. 유사한 환경과 자원을 지닌 다른 해양국가에 비해 경쟁이나 비교우위를 지닌 자원은 많지 않지만, 명확한 차별성과 독특성을 지닌 새로운 해양관광매력물을 발굴하고 해양문화와 관련된 콘텐츠를 지속적으로 개발한다면 해양관광목적지로서의 충분한 경쟁력을 갖추게 될 것이다.

✳ 그림 6 남해 죽방렴

✳ 그림 7 독살(태안 고남 패총박물관)

2) 우리나라 사람들은 그곳에서 무엇을 했을까?

해양관광목적지를 방문한 사람들은 '그곳에서 무엇을 했을까?'와 '얼마나 많은 사람들이 얼마나 많은 활동에 참가했을까'를 아는 것은 매우 중요하다. 이는 해양관광 시장의 과거와 현재를 이해하고 미래를 전망하는데 기초자료로 활용될 수 있기 때문이다. 특히, 이러한 형태분석은 관광목적지의 경쟁력을 제고시키기 위한 중앙정부와 지방자치단체의 정책수립에 매우 중요하게 작용한다. 따라서 여기에서는 해양관광과 관련된 추세와 동향을 계획적 관점에서 접근해보고자 한다.

먼저 해양수산부(2016.01.29. 내부자료)의 해양관광진흥계획은 다음과 같은 전망을 제시하고 있다.

첫째, 웰빙 및 힐링 욕구 증대, 주5일제 정착 등에 따라 해양레저·관광활동 수요가 지속적으로 증가할 것이다.

둘째, 경관감상, 해수욕, 낚시 등 전통적 활동에서 스킨스쿠버, 요트·보트, 크루즈 등으로 다양화되고 있는 추세에 대응해야할 것이다.

셋째, 해양레저스포츠의 국민 저변 확대와 함께 산업적 측면에서 경쟁력을 강화해야할 것이다.

넷째, 관광산업은 고용유발효과[10]가 크고 문화·의료 등과 융·복합이 활발하여 창조경제의 핵심동력으로 부각됨에 따라 체계적으로 육성해야할 것이다.

다섯째, 해양관광은 전체 국내관광의 50% 수준으로, 해수욕장, 낚시 등 전통적 강세분야와 함께 해안도보여행(올레길, 해파랑길, 갈맷길), 스킨스쿠버, 서핑 등 신규분야의 증가세가 뚜렷하게 나타나고 있다. 특히, 세부 활동 별로는 요트·보트 등 수상레저, 스킨스쿠버 등 해중레저 및 크루즈관광 분야가 큰 폭의 증가가 예상된다. 관광형태의 고급화, 장기화에 따라 최근 숙박여행이 당일여행의 증가비율보다 높게 나타난다. 그러나 해양관광활동은 성수기인 7~8월에 집중(당일여행의 56.2%, 숙박여행의 81.1%)되어 계절적 편중이 심각한 것으로 보인다.

여섯째, 레저문화 확산에 따라 국민 국내여행이동총량은 2010년 3.4억일(日)에서 2023년 약 7.7억일(日)로 증가할 것으로 전망된다. 한편, 해양관광은 2023년 국민 국내여행이동총량 대비 65%인 약 5억일(日)에 이를 것으로 전망(연평균 성장률 약 8.6%)하고 있다.

---

10) 관광산업의 고용창출효과는 10억당 15.5명으로 제조업(7.9명)의 약 2배

구분	2010년	2015년	2020년	2023년
국내여행이동총량	339백만일	554백만일	675백만일	765백만일
해양관광분야	169백만일	305백만일	406백만일	497백만일
비중	50%	55%	60%	65%

✳ 그림 8 남아프리카공화국 케이프타운

　해양관광목적지에서의 관광활동과 관련하여 해수욕장 이용객의 사례를 중심으로 그 동향을 검토해기로 한다. 2015년도 전국의 해수욕장을 방문한 국민은 총 9,855만 명으로, 2011년 해수욕장 방문객인 7,522만명과 비교할 때, 4년만에 30% 이상 증가하여, 2016년도에는 해수욕장 이용객 1억명 시대(해양수산부 내부자료(2017년)를 열었다. 해수욕장을 방문해 전통적인 '물놀이'를 즐기는 것에서 나아가 역사문화·자연관광 등 다양한 콘텐츠와 결합된 수요창출과 참여형·스포츠형 등 이색적 체험을 즐길 수 있는 동적이 해양관광 정책의 필요성이 제기된다. 전반적으로 연안여객선/도서지역 관광객(1,100만명), 크루즈방문객(100만명) 등 해양관광 참여인구 증가와 관광행태의 다변화를 이루었다. 그러나 반복되는 해양레저 안전사고, 하계절 해수욕장 중심의 과밀화/혼잡화는 향후 지속적으로 풀어나가야 할 과제이다.

매력과 매력물

CHAPTER 07

Your imagination is your preview of life's coming attractions.
- Albert Einstein -

1. 매력, 매력자본, 그리고 매력대상

> ...매력은 '사람의 마음을 사로잡아 끄는 힘'으로,
> 성공의 주요 변수이자 행복의 수단, 인간관계에서 가장 중요한 역할을 한다.
> 그러므로 미래의 불확실성 속에서 살아남기 위해서는
> 능력, 외모, 배경이 아니라 매력을 갖추어야 한다... **11)**

매력(魅力)은 끌어당기는 힘을 말하며, 영어로는 attraction 또는 attractiveness로 표현된다. 매력물은 매력을 지닌 대상을 지칭하며, 일반적으로 '유인력(drawing power)'또는 '자기력(magnetic power, 자기장에서 이루어지는 힘)'을 지닌 대상(사람또는 사물)으로 인식된다. 주변에 있는 것들을 중심(core)방향으로 끌어당기는 힘을 지니면서, 중심에서 주변까지의 반경이 매력의 영향력으로써 힘의 크기(거리, physical distance)와 세기(강도, intensity)를 보여준다. 본서에서는 비일상권에 존재하면서 일상권의 잠재관광객에게 끌어당기는 영향력을 지닌 물리적 대상을 관광매

---

11) Tracy, B., & Arden, R.(2006). The Power of Charm: How to Win Anyone Over in Any Situation. (브라이언 트레이시·론 아덴(저), 김혜경(옮김)(2008). 끌리는 사람의 백만불짜리 매력, 한국경제신문사)

력물로 정의하며, 비일상권이 연안일 경우, 해양관광매력물로 부른다.

현대 자본주의 사회는 세상에 존재하는 모든 것에 가치를 매기는 물질만능주의 시대이다. 따라서 매력의 유무도 경제적 관점에서 매력자본의 의미를 적용한다면, 사회 모든 영역에서 그 영향력을 미친다고 할 수 있을 것이다.

매력은 사람에 국한된 것만은 아니다. 매력적인 자원, 매력적인 시설, 즉, 매력적인 대상은 관광매력물로서 역할을 수행한다. 장소성을 지닌 공간도 매력의 유무와 매력의 다소 등 매력의 정도에 따라 관광객들의 방문유무와 비용지불의 유무 등 그 영향의 크기를 반영하게 된다. 관광목적지가 매력을 지녀야 한다는 것은 필수조건이 된다. 관광객은 그 매력에 민감하게 반응하면서 관광목적지의 선택결정 뿐만아니라 관광목적지에서의 관광활동에 참가할 때도 목적지의 매력에 따라서 탄력적인 대응을 하는 경향을 보인다(Tourist is sensitive to attraction!).

일상권에 머물고 있는 일반인에게 자유시간과 경제적 여유가 생긴다면 결국 일상권을 벗어나고 싶다는 욕구를 가지며 비일상권에서의 경험을 희망하게 된다. 이 과정에서 잠재적 욕구가 관광동기가 되어 관광목적지로 이동을 결정하게 된다. '목적지 선택'에 중요한 요인으로 작용하는 것이 그 목적지가 가진 '매력성'이 된다. 각각의 목적지가 소유한 매력의 상대적 크기에 의해 목적지 선택결정이 이루어지며, 방문하는 관광객수에 영향을 미치게 된다. 이는 사람처럼 관광목적지가 매력적이어야 한다는 명제를 제시한다. 해양관광목적지가 지닌 매력자본은 필요충분조건이다.

예를들면, 수도권에 있는 잠재 관광객이 하계절 해양관광목적지로써 부산의 해운대해수욕장과 강원도의 낙산해수욕장을 두고서 어떤 곳을 최종 선택을 할 것인가는 결국 두 해수욕장이 지닌 고유한 매력성과 장소와 자원이 지닌 매력도가 중요한 영향을 미칠 것이다. 또한 해운대해수욕장과 낙산해수욕장을 찾은 관광객을 대상으로 인구통계학적 분석을 실시할 경우, 관광객들의 거주지에 대한 분석결과는 각각의 해수욕장이 지닌 매력도의 크기를 알려준다. 즉, 매력도가 클수록 방문객의 거주지로부터 관광목적지까지의 물리적 거리는 더 멀어질 것이라는 가설을 받아들이게 될 것이다[12].

---

12) 인간의 선택은 attraction 정도 뿐만아니라 repulsion의 정도에 의해서도 결정될 수 있음을 부정하지는 않는다. 어떤 경우는 어쩔수없이 어떤 관광목적지가 더 매력적이어서가 아니라 다른 장소보다 덜 싫어서 가는 경우도 있기 때문이다.

지식 : 매력

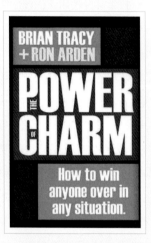

상기 두 서적의 경우, 매력의 관점에서 매력의 대상과 그 영향의 범위를 사람에게 적용한 공통점을 가지고 있다. 중심과 주변의 관계설정에서 중심에 있는 사람들이 주변에 있는 사람들을 어떻게 끌어들일 수 있는가와 끌어당김의 힘이 지속적으로 유지되기 위해서는 무엇이 필요한가의 두 주제를 다루고 있다. 전자의 경우, 끌어당기는 힘의 크기와 세기의 관점에서 어떤 사람이 매력적인가와 어떻게 매력적인 사람이 될 수 있는 가에 관한 것이다.

반면, 후자의 경우, 매력요소를 자본(capital)으로 인식하고 있다. 이러한 자본주의적 사고방식은 기본적으로 적자생존의 가치와 연계되어 있다. 매력의 다소와 유무가 생존과 직결된다는 것이다. 매력을 자본으로 보는 '매력자본'은 London School of Economics 교수 Hakim의 '에로틱 캐피털(erotic capital)'을 우리말로 번역한 용어에 해당된다. 돈이나 부동산과 같은 경제적 자본(economic capital), 문화예술에 대한 식견과 문화예술작품의 향유능력을 포함하는 문화적 자본(culture capital), 인적 네트워크와 같은 사회적 자본(social capital)과 더불어 개인이 가질 수 있는 제4의 자본으로 매력자본을 제시하고 있다. 여기에는 외모의 아름다움, 성적인 매력, 상대를 즐겁게 하는 사교 기술, 건강미가 느껴지는 활력, 사교적 표현능력, 성적능력 등 여섯 가지 요소가 포함된다고 하였다. 그런데 매력자본도 다른 현대사회의 자본처럼 공급이 수요에 비해 부족해 희소가치가 높다.

두 저서의 공통적인 결론은 매력적인 사람은 자본주의 체재 하에서 경쟁력이 높다는 것이다. 또한 매력자본은 물질중심의 현대사회에서 생존경쟁의 필수불가결한 우세요소로써 희소성과 가치성을 대표하고 있다고 주장한다.

(출처: http://www.artkoreatv.com/news/articleView.html?idxno=41295)

2. 관광매력물과 이론

1) 관광매력물시스템론(Tourist Attraction Systems)

관광매력물이란 자유재량의 시간을 지닌 잠재적 관광객을 일상생활권인 거주지에서 관광목적지까지 유인하는 "집이 아닌"장소와 공간을 구성하는 모든 유형적 무형적 요소를 정의한다. Lundberg(1985)는 관광매력물을 관광객을 유인하는 어떤 대상으로 정의하고 있으며, Lew(1987)는 관광매력물에 관찰 가능한 경관, 참가활동, 그리고 기억된 경험 등을 포함시켰다. 또한 Gunn(1979, 1980)과 Lew(1987)는 관광연구에서 관광매력물의 중요성을 강조하였다. 특히, MacCannell(1976)은 관광매력물이란 관광객, 광경(光景), 표지(標識)간의 체험적 상호관계로써 정의하면서, 하나의 관광매력물은 이러한 3가지 구성요소로 연결되는 하나의 시스템으로 인식하고 있다. 한편, Gunn(1972)은 매력물의 중심요소를 의미하는 광경을 '핵심'이라는 단어로 대체하여 사용하고 있다. 기본적으로 그는 어떤 매력물의 핵심에 해당하는 것은 장소를 구성하는 속성(attributes)들의 집합으로 대표할 수 있지만, 어떤 광경이나 대상, 사람, 이벤트 등도 핵심에 해당될 수 있다고 주장하였다.

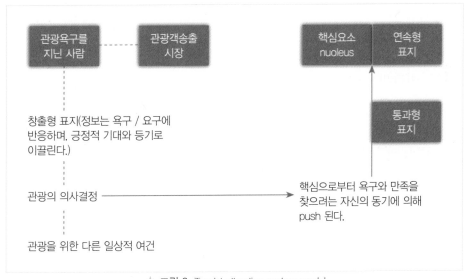

✳ 그림 9 Tourist attraction system model

그러므로 MacCannell과 Gunn의 연구결과에 의하면, 하나의 관광매력물은 3구성요소들로 구성되는 하나의 시스템으로 정의할 수 있다. 관광객 또는 인적요소, 핵심 또는 중심요소, 그리고 표지 또는 정보요소 등 이러한 3구성요소들이 유기적으로 연결될 때 관광대상은 관광매력물로 존재하게 된다. 그림 14는 매력물시스템이 실제 어떻게 작용하는가를 보여주는 것으로 관광객은 '매혹된다"끌린다"유인된다'등에 해당하는 단어상의 의미로만 적용되는 단순한 대상이 아님을 보여준다. 하나의 표지요소가 잠재적인 욕구/요구 인자와 긍정적으로 반응을 보일 때 하나의 핵심과 그 표지들을 체험하기 위해 관광동기를 지니게 된다.

(1) 관광객과 여행자(Tourist vs Traveller)

관광매력물시스템에 집합(set)의 개념을 적용하면, 관광객(tourist)은 여행자(traveller)의 부분집합이 된다. 관광객은 레저 관련 요인이 자신의 태도와 행태에 동기를 유발시켜 일상권인 거주지로부터 비일상권인 관광목적지로 직접 이동하여 물리적 거리에 의해 지리적으로 떨어져 있는 사람으로 정의할 수 있다. 일반적으로 관광객의 경우, 이동의 직접적인 목적이 즐거움(pleasure)추구가 강하다. 반면, 일정시간이 지나면 거주지로 회귀(回歸)해야한다는 전제는 관광객과 여행자의 공통분모에 해당한다.

(2) 핵심(核心, nucleus)

관광매력물시스템의 중심요소인 핵심은 관광객이 비일상권으로 방문을 시도하거나 또는 실제 방문하도록 하는 그 장소가 지닌 독특한 성격(개성, personality)과 특징을 의미한다. 물론 일상권에서 비일상권으로 이동하게끔 하는 욕구와 동기는 개인적인 성향을 보이기 때문에 핵심요소는 다양한 형태와 유형을 나타낼 수 있다. 핵심요소는 일상권에 존재할 수도 있지만, 기본적으로 일상권에서 경험할 수 없는 또는 다른 경험을 제공할 수 있는 가치의 대상이어야 한다. 비일상권으로 이동의 강력한 동기부여는 핵심요소의 상대적 영향력이기 때문이다.

그러므로 핵심은 여행기간 동안 관광목적지에서 관광객 경험에 중요한 영향을 주는 요소이다. 매력물시스템은 구성요소간 다양한 연계를 통해 조합을 형성하지만, 하나의 핵심믹스(nucleus mix)내에서 다른 핵심요소가 중요도나 상징성의 관점에서 서로 다른 상대적 정도와 크기를 지니게 된다. 즉, 어떤 매력물시스템의 핵심은 특정 유형의 개별관광객이나 단체관광객에게 다른 핵심요소보다 더 중요하게 인식되어진다. 따라서 매력물시스템내 핵심요소는 그 자체가 계층성을 지니면서 중요도에 따라 1차적, 2차적, 3차적 핵심요소를 구성하며, 로 단계별로 구분될 수 있다.

(3) 표지(標識, marker)

어떤 관광매력물 내에서 잠재적으로 핵심요소가 되는 어떤 현상과 관련된 정보의 항목으로 정의되지만 정보매체와는 명확히 구분한다. MacCannell(1976)은 off-site와 on-site 표지로 분류하면서, 표지를 분리형 표지와 근접형 표지로 구분하였다. 전자는 다시 생성형 표지[13]와 통과형 표지[14]로 세분되며, 후자는 근접형 표지[15]로 나뉜다.

모든 관광매력물은 최소한 하나 이상의 표지요소를 내포하고 있다고 한다. 표지는 관광매력물 시스템의 인적 요소(관광객)와 핵심요소를 연결하는 촉매제 역할을 한다. 그러나 어떤 매력물시스템내 표지요소들이 과다하게 많거나, 상충을 일으키거나, 부족하게 되면 매력물시스템은 불완전 모습을 띠게 된다.

이상에서 검토한 관광매력물시스템의 구조적 틀은 다양한 유형의 관광목적지에서 검증되어야 할 필요가 있겠지만, 해양관광목적지의 공간구조를 이해하는데 있어 상당한 호소력을 지닌다고 할 수 있다. 특히, 관광매력물 시스템은 해양관광목적지로 관광객을 끌어들이는 방법을 체계적으로 연구하는데 도움을 제공해줄 것이다. 또한 해양관광목적지 내부의 결절점(node)에 관한 관광객의 패턴과 본질을 이해함으로써 목적지내 단위형 관광매력물이나 매력물복합시설의 구조와 기능에 대한 전반적인 이해에 기여할 것이다. 이는 향후 해양관광목적지 개발계획을 수립할 시 유용한 분석틀로 이용될 것이다.

2) 관광목적지 디자인모형

관광목적지는 관광매력물이 하나 또는 여러 개의 조합을 통해 클러스터화된 공

---

13) generating marker : 핵심요소가 위치한 장소로 관광목적지로 출발하기 전에 얻게되는 정보
14) transit marker : 관광 도중에 얻게되는 정보
15) contiguous marker : 핵심요소에 위치

간을 이룬다. 관광목적지의 독특한 공간특성에 주목하여 Dredge(1999)는 관광목적지 계획과 디자인을 위한 공간모형을 제시하였다. 이 모형의 기본전제는 관광목적지를 방문한 관광동기가 상용여행이나 친구/친지방문보다는 순수관광의 목적이 우세한 경우를 대상으로 하고 있다. 이 모형은 기본적으로 시스템이론에 기초한다[16]. 개념적으로 하나의 관광목적지는 지역 전체 관광목적지의 부분집합적 개념으로 지역적 차원에서 통합이 가능하게 된다. 계획적 관점에서 부문별 계획이 기본계획(comprehensive plan)의 하위개념을 이루는 것과 같은 맥락이 된다. 이 모형은 다음과 같은 3가지 가정들을 기본적으로 제시하고 있다.

첫째, 관광객 송출시장과 관광목적지는 지리적으로 명확히 구분되며 실질적으로 존재하는 공간이다.

둘째, 관광목적지는 복합적이며 다차원적인 특성을 지니고 있어, 위치, 규모, 관광시장 특성 등 관광목적지 개성(personality)에 맞게 적용가능하도록 탄력적인 위계성(hierarchy)을 지닌다.

셋째, 관광개발계획수립에 적용되는 디자인모형은 관광목적지, 관광객송출시장, 결절점, 지구, 순환루트, 관문 등의 요소들로 구성되어진다.

(1) 관광목적지(tourist destination)

Leiper(1990)는 자유재량의 시간(discretionary time)동안 어떤 특징을 지닌 대상에 대한 만족(satisfaction)을 경험하기 위해 최소한 하루 동안 방문을 결정하게끔 만드는 구체적인 장소로써 관광목적지를 정의하고 있다. 따라서 관광객은 그 목적지역내 다양한 장소들을 방문할 수도 있지만, 지리적 위치가 서로 다른 곳에서의 숙박이나

---

16) 시스템이란 사전에 결정된 공통적 목적이나 목표를 달성하기 위해 하나 이상의 구성요소가 상호 기능적으로 관련된 요소(elements)들의 결합으로 정의할 수 있다. 즉, 전체를 구성하는 상호 관련된 부분들의 집합을 의미한다. 따라서 시스템은 여러 개의 독립된 구성인자가 고유의 기능을 가지며, 전체 목표를 달성하기 위해 상호 유기적으로 결합되어 있는 집합체로서 특정한 목적을 위하여 설계된 상호 작용하는 부품의 집합을 말하는 것으로 즉, 두 개 이상의 객체가 연합하여 객체 상호간의 논리적 연관성을 가지고 특정목적을 수행하는 유기체가 된다. 시스템은 다음 3가지의 중요한 부분으로 이루어져 있다.
　① 시스템이 되기 위해서는 뚜렷한 목표를 가지고 있어야 한다.
　② 그 구성인자는 상호간에 있어 유기적으로 연결되어 있어야 한다.
　③ 구성인자들은 시스템의 목적을 성취하기 위해 상호작용해야 한다.

관련된 장소는 새로운 목적지역으로 구분한다. 따라서 목적지역은 2가지 중요한 특성들이 나타나게 된다. 첫째, 목적지역의 경계는 관광패턴의 특성과 연결된다. 둘째, 방문특성에 따라 목적지역의 규모는 크거나 작을 수 있고, 또한 중복되어질 수도 있다. 그러므로 관광계획가들은 이러한 목적지계획수립시 토지이용계획에 의한 행정구역의 경계를 지나치게 의식하다보면 관광목적지의 개성을 제한할 수도 있으며, 전반적으로 관광객의 만족을 감소시켜 재방문을 방해할 수 임을 고려해야 한다.

(2) 관광객송출시장(tourist generating market)

관광객 송출지역이나 시장이라는 용어는 경영학 측면에서 잠재적 관광객들의 일상적인 거주지역을 집합적으로 언급할 때 사용한다. 이는 관광목적지가 관광객 송출시장만큼이나 다양하거나 때로는 매우 제한적일 수도 있고 이용객의 수요에 민감하게 반응한다는 의미를 내포하고 있기도 하다. 관광객은 즐거움(pleaure)이나 재미(fun), 치유(healing) 등 독특한 경험을 위한 '특별한'목적을 가지고 관광목적지를 결정한다. 일상권에서 가지고 있던 자신의 욕구(desire)와 기대(expectation)가 관광목적지에서 관광객의 동기(motivation)와 선호도(preference)로 표현되어지기 때문에 일상권인 관광객송출시장은 관광목적지에 다양한 영향을 미치게 된다. 따라서 관광계획가들은 '관광객 송출시장과 관광목적지는 상호의존적이고, 관광목적지 계획수립의 일부로서 관광객송출시장은 반드시 고려되어야만 한다'는 점을 인식 해야한다. 세계관광시장의 흐름과 동향에 대해 민감하게 반응을 하며, 지역의 관광수요창출을 위한 관광목적지가 되기 위해서 끊임없는 '준비'를 해야만 한다(Leiper, 1979; Mill & Morrison, 1985). 관광목적지의 경쟁력이 갈수록 치열해지는 이유는 선택할 목적지들이 갈수록 많아지며, 취사(取捨)의 문제가 갈수록 어려워지기 때문일지 모른다.

(3) 결절점(node)

결절점은 매력물복합시설(attraction complex)[17]과 서비스의 2가지 상호의존적 요소로 구성된다. 매력물복합시설은 관광객이 직접 방문하거나 방문을 고려하게끔 만

---

17) 관광목적지의 핵심시설로서 다양한 매력물을 특정공간에 집합적으로 수용한 시설을 뜻한다. 관광객은 이곳에서 먹고(food court, restaurant), 쇼핑하고, 쉬고, 즐기고(entertainment) 등을 동시에 할 수 있다.

드는 시설을 뜻한다. '재미있는 장소'를 의미하며, 하나 또는 그 이상의 개별적 매력물들이 집합된 공간을 가리킨다. 따라서 매력물복합시설은 관광목적지 전체의 인지도나 선호도를 제고시키는데 매우 중요한 역할을 한다. 한편, 서비스요소에는 숙박시설, 레스토랑, 기념품점이나 관광객 지원 및 편의시설 등이 해당된다. 서비스는 관광목적지내 관광객의 만족도 제고와 재방문율의 극대화에 영향을 주는 요소가 된다. 관광목적지에 중요한 경제적 가치를 창출시키지만, 관광목적지 선택시 최종적으로 영향을 미치는 결정적 요소는 아니기 때문에 보완적 특성을 지니게 된다.

일반적으로 관광목적지내 결절점의 배치는 핵심요소가 되는 매력물시스템의 수준에 따라 결정된다. 1차 결절점은 일상권에 거주하는 잠재관광객에게 알려진 핵심요소가 되며, 관광목적지를 선택하는데 있어 중요한 동기를 부여하게 된다. 2차 결절점은 관광목적지를 방문하는 중요한 동기부여가 되지는 않지만 여행전 관광객에게 알려진 핵심요소가 해당된다. 그러나 2차 핵심요소는 유사한 관광목적지들을 비교하여 선택할 때 전체적인 관광목적지의 매력에 중요한 영향을 미친다. 3차 결절점은 그 관광목적지를 방문하기 전에는 알려지지 않은 핵심요소이지만, 방문이후에 핵심요소로 인식되는 것을 말한다. 따라서 3차 매력물은 관광목적지의 방문결정에 영향을 미치지는 않지만, 개별관광의 경우, 관광목적지에서의 전체 체재기간에 영향을 미칠 수 있다.

(4) 지구(地區, district)

지구의 개념은 어떤 관광목적지에서 특별한 관광행태가 우세하게 나타나는 지역으로, 독특한 특징을 지닌 결절점이나 특정 구역에 존재하게 된다. 관광목적지의 분위기는 이러한 지구들내 관광객과 지구내 매력물간의 상호작용에 의해 응집력과 일관성에 영향을 주게 된다. 지구의 존재는 관광목적지를 방문한 관광객들의 다양한 욕구와 기대를 충족시킬 수 있는 공간으로 인식된다.

(5) 순환루트(route)

순환루트는 매력물복합시설과 서비스 지원공간을 연결하는 관광객의 이동동선을 뜻한다. Lue등(1993)은 이러한 루트는 관광목적지에서 관광동기와 관광경험의 극대화, 관광수익의 증대 등에 근거하여 조성된다고 지적한다. 특히, 관광목적지내 이동에 영향을 주는 요인으로 직접연계에 의한 이용가능성, 잠재관광루트가 지닌 경관질 (a quality of landscape), 이용되는 교통수단, 그리고 표지의 포지셔닝 등이 순환루트 선택에 영향을 준다고 하였다.

(6) 관문(gateway)

관문은 관광목적지의 지리적 행정적 경계에 위치한 출입구(出入口)를 뜻한다. 관광객의 이착륙 지점(point)이 된다. 한편, 관문은 다른 관광목적지간 순환루트를 따라 서로 다른 곳에 위치하기도 한다. 관문은 특정구역이나 지역을 나타내는 영역(領域)을 나타내기 때문에 관문경관이라는 표현도 계획적 차원에서는 사용한다.

대개 관문은 하나의 루트를 따라 특별한 관광목적지나 목적지내 매력물의 경험을 위한 진입공간이며 동시에 관광경험이후 다른 매력물이나 장소를 향해 간다는 출구공간이기도 하다. 따라서 관문은 관광목적지나 관광매력물의 개성을 나타내는 매우

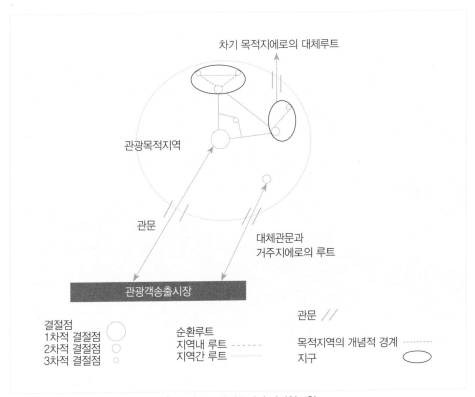

✳ 그림 10 관광목적지 디자인모형

중요한 상징공간이 된다. 관문의 존재는 관광목적지의 물리적 기능과 더불어 관광객에게 심리적인 상징성도 부여한다. 예를들면, 어떤 목적지에 도착을 알리기도 하고, 여행의 끝을 표시하기도 하고, 목적지의 전경(全景)을 제시하기도 하고, 때로는 관광객의 방향성(orientation)을 도와주기도 한다. 따라서 관문은 관광목적지 계획과 디자인에 있어 세심한 배려가 필요하다. 관광목적지의 이미지와 정체성을 부여하는 매우 중요한 역할을 하기 때문이다.

관광목적지와 관광개발

CHAPTER 08

*We are tied to the ocean. And when we go back to the
sea, whether it is to sail or to watch-we are going back
from whence we came.*
- John F. Kennedy -

관광개발의 관점에서 지역관광개발 행위의 결과에 의하여 관광객의 방문이 이루
어지는 장소를 관광목적지라 부를 수 있다. 일반적으로 관광지라고 불리지만, 법정
용어로서 관광지나 관광단지, 또는 관광특구와는 구별된다. 그러나 일반인들은 관광
자원이나 관광시설도 관광지라고 부르기 때문에 여기에서는 구분하여 그 용어를 사
용할 필요가 있다. 따라서 본서에서는 이러한 용어상의 혼란을 지양하고 일관된 논
리를 전개하기 위해 '관광목적지'를 주로 사용한다. 또한 관광목적지는 범위(range)
관점에서 시간적 거리(physical distance)와 공간적 범위(spatial scope)를 지니는 장소
이기도 하다. 특히, 관광목적지는 자연 및 인문환경과 그 속의 지역주민이나 관광객
과의 상호작용으로 공간적 특성이 드러나기 때문에 경영학적 측면에서 전략적으로
접근할 필요가 있다.

1. 관광목적지의 개념

1) 공간적 계층성과 조직적 기능

관광개발에 있어서 '관광목적지'는 중요한 개념이지만 다양한 측면에서 정의되어
진다. 사람들은 대개 자유시간과 경제적 여유, 그리고 건강이라는 3요소가 준비되었
다고 생각하면 여행을 떠난다. 즉, 비일상권으로의 여행계획을 수립하는데, 그 과정

에서 '어디로 가느냐'는 질문을 받으면, 보통 '국내'또는 '외국'이라고 답을 한다. 좀더 구체적으로 물으면 '제주도에', '프랑스에', 또는 '유럽에'라고 말을 한다. 여행사의 팜플렛이나 온라인 여행광고에도 대부분 지리적 지역적 명칭을 붙인다. 즉, '중국 장가계'또는 '동유럽 5개국'이나 'LA 라라랜드…'등을 접하게 된다.

관광객의 관점에서 도시나 국가의 명칭이 목적지(destination)를 나타내는 것은 틀림없다. 그러나 시선을 바꾸어 그 지역이나 국가의 관광산업관련 종사자들이나 주민, 또는 지역관광협회 관계자들의 입장에서는 다른 곳이 아닌 자신들이 거주하고 영업하는 곳으로 방문해야만 그곳이 목적지가 된다. 그곳에서 관광객-지역주민-관광종사원의 상호관계가 형성되기 때문이다. 최종 방문이 다른 관광목적지로 이어지면 자신들의 생업인 관광산업과는 아무런 '상관없는'일이 되기 때문이다. 따라서 목적지의 개념은 협의적 관점에서 접근할 필요가 있다. 그러므로 '관광목적지'란 개념은 3가지의 입장에서 접근해보고자 한다.

첫째, 관광객의 입장에서 관광목적지는 '인지도(cognitive maps)'로서 심상(心象)의 '이미지적 목적지'가 '실제적 목적지'로 바뀌는 곳이다.

둘째, 관광목적지의 관광산업 관련분야 종사자의 입장에서는 관광목적지내 '관광사업을 하는 구역'으로써 비즈니스를 하는 대상영역으로 인식한다.

셋째, 관광개발계획을 입안하려는 계획가나 관광행정을 집행·시행하는 공무원의 관점에서 관광목적지는 지역의 '매력적인 관광자원을 발굴하여 관광자원간 위계성을 부여하되 관광자원간 체계적인 네트워크를 구축하는 대상지역'으로 인식된다. 따라서 타 지역의 관광목적지 보다 더 매력성이 높아야 관광목적지간 경쟁력에서 우위를 차지할 수 있게 된다.

2) 관광목적지 개념

관광목적지란 특정지역의 파노라믹한 '경관조망점(viewpoint)'이 되기도 하며, 어떤 지리적 공간에 자리잡은 전통공예·공방과 같이 단순히 관광객이 모여드는 조그만 '장소'가 되기도 한다. 따라서 관광목적지는 관광개발을 위한 관광계획행위의 기본단위(unit of destination zone)가 된다. 계획(plan)은 목표(goal)를 실현하는 수단(implementation)들의 체계(orderd sequence)라고 할 수 있다. 계획과정의 기본단위로써 관광목적지의 개념은 계획목표에 따라서 공간론과 조직론적 관점에서 서로 다른 개념으로 이해되어진다. 공간론적 관광목적지란 지도(map)에 표현된 장소로서 지리적 행정적 경계를 지님과 동시에 수직적 계층성(hierarchy)을 가진 장소성의 영역 개념으로 이해된다. 예컨대, '해운대해수욕장-해운대구-부산광역시-우리나라-동북아시아-아시아'와 같이 지리적 경계가 확장됨에 따라 상대적인 크기와 범위가 수직적인 구조로 설정되는 것을 말한다. 공간론적인 관점을 표방하는 鈴木·渡辺(1984)은 관광계획을 관광목적지를 방문한 관광객에게 가장 적절한 관광체험과 서비스 제공을 도모하기 위한 총체적 수단, 또는 결정과정(decision-making process)으로 인식한다. 따라서 관광목적지의 관광계획은 체계적인 관광사업 진행을 위한 물적계획(physical plan)으로서 마스터플랜(masterplan)수립을 필수조건으로 간주한다. 그러므로 관광목적지는 관광객의 편익제공을 우선 고려사항으로 인식하며, 관광객의 만족을 극대화하기 위한 시설조성이 최종적 계획목표가 된다. 그 결과, 관광목적지 조성으로 인한 지역의 경제적 파급효과가 매우 중요하다. 여기에서 범위는 공간적 범위를 말하며, 지리학적 혹은 공학적 관점에서 접근되어진다. C. Gunn의 「clustering」[18], 「community tourism action plan」등이 공간론적 관점을 잘 기술하고 있다.

한편, 조직론적 관점에서 관광목적지의 개념은 목적지역(destination region)의 관리운영에 직간접적으로 연관된 조직들 간의 상호작용으로 규정한다. 관광조직은 관광행정 및 서비스, 관광관련 민간기업과 기구, 관광객, 지역사회의 시민이나 주민 등을 관광객을 연결하는 인터페이스(interface)로서 기능하는 사회조직의 측면에서 관광목적지를 이해한다.

Mill과 Morrison(1985)은 관광마케팅 믹스에 있어서 관광목적지 믹스(destination mix)의 중요성을 언급하면서, 관광목적지를 구성하는 지역사회도 관광목적지 관광산업의 경영대상으로 인식하고 있다. 결국 조직론적 관점에서의 관광목적지는 관광산업을 매개로 관광목적지를 구성하는 다양한 이해집단들 간의 상호관계와 상호영향을 미치는 조직체(organizational body)로 본다. 따라서 관광목적지는 살아있는 유

---

18) 관광매력물에 대한 공간배치가 서로 분리(isolated)되었을 때보다는 집적(clustered)되어 있을 때 가장좋은 기능을 나타내게 된다는 주장

기체(organic body)와 같이 주변여건에 따라 성장-발전-쇠퇴의 주기를 겪기 때문에 조직체로 공생과 공존을 위한 상호작용이 매우 중요한 것으로 인식한다.

3) 관광목적지와 지역사회

관광목적지의 지역사회는 대개 시간적 관점에서 지리적 행정적 경계 내의 구성원들이 과거부터 현재까지 동일한 역사를 공유하면서 관습과 풍습등의 인문학적 공감을 지닌 동질성을 가진 집단을 말한다. 공간적 관점에서는 해당 구성원들이 거주하는 지리적 경계를 가진 행정구역을 의미한다. 따라서 지역사회는 전통생활방식을 공유하기 때문에 독특성을 지니며, 문화적 공감이 전승되기 때문에 폐쇄성을 나타내기도 한다. 지역사회가 관광목적지로 개발되면, 외부 영향으로 인해 내부 지역사회는 여러 가지 긍정적 부정적 영향을 받게 된다. 문명의 관점에서 보면, 대부분 문화지체 현상을 경험하는 공통성이 지역사회에서 자주 관찰되는 이유가 된다. 小谷(1984)[19]은 조직론적 관점을 적용시켜, 관광목적지에 관광사업을 추진할 경우, 지역사회가 매개체가 되어야 관광목적지 진흥을 도모할 수 있기 때문에 지역사회를 중요한 계획개념으로 파악하고 있다.

계획단위로서 관광목적지의 관광개발계획 목표에 따라서 지역사회는 다르게 이해되어질 수 있다. 지역사회가 파생된 사회적 배경과 역사문화적 환경, 지역사회가 추구하는 방향과 미래에 따라서 서로 다르게 인식될 수 있다. 따라서 관광목적지는 계획개념으로써 관광목적지와 지역사회는 특정지역이 지닌 고유한 인문환경과 독특한 자연환경에 내재된 조건(inherent conditions)을 고려한 접근이 요구된다.

4) 관광목적지 선택모형[20]

Plog는 1960년대 미국인의 여행행태에 관한 연구를 시작으로 관광목적지 선택에

---

19) 관광목적지는 관광대상의 존재, 관광객의 방문, 관광기업의 대응, 관광사업효과에 대한 기대, 그리고 관리·운영주체의 존재(관광사업으로서 대응) 등 5가지의 요건들로 구성되며, 모든 구성요건들이 충족된 지역을 관광목적지로 정의한다.

20) 안희자 외2인(2012). 우주관광객의 동기: Maslow와 Plog 모형의 적용, 관광연구논총 24(3), 103-122.

있어 '모험성(venturesomeness)'의 개념을 활용한 사이코그래픽 모델(psychographics model)을 체계적으로 정립하였다(Plog, 1968, 2001, 2002). 관광목적지는 모험성의 정도에 따라 역'U'자형(逆U字型) 곡선의 스펙트럼을 나타내며, 관광객의 선택유형을 의존형(dependables, psychocentrics), 모험형(venturers, allocentrics), 그리고 중간형 (midcentric)으로 구분하였다. 기본전제는 유사한 인구통계적 특성을 지닌 집단을 표본추출 했을 때 일반적인 정규분포곡선을 가정하였다(Plog, 1974). Plog의 모험성 이론의 핵심은 관광객 개개인의 성향과 성격, 라이프스타일에 따라 관광목적지에 대한 선호가 다르며, 이는 관광목적지 선택행동에 영향을 미치는 요인들로 연관성이 높다는 것이다.

어떤 유형의 관광객들은 모험적인 성향이 강하여, 낯선 곳에 대한 호기심이 높아서 남들이 가지 않은 장소를 선호한다. 반면, 다른 유형의 관광객들은 낯선 곳에 대한 두려움으로 인해 이질적인 곳을 선호하지 않는 경향을 보이면서, 자신에게 익숙한 일상권과 유사한 관광목적지를 선호하고 실제로 그러한 관광목적지를 선택하는 행동을 보인다(Plog, 1974; 1979; 2004)는 것이다[21]. 전자의 경우, 모험형을, 후자의 경우, 의존형에 해당되지만, 대부분의 관광객들은 중간형에 속한다고 한다.

그러나 Plog이론은 이후 후속 연구결과들에 의해 실증적 타당성 측면에서 문제가 제기되었다(Litvin, 2006; Griffith & Albanese, 1996)[22]. Smith(1990)[23]의 미국과 캐나다 관광객을 대상으로 한 비교연구 결과에서는 모험성 정도에 따라 선택이나 선호하

---

21) Plog, S.(1974). Why Destination Areas Rise and Fall in Popularity. Cornell Hotel and Restaurant Administration Quarterly, 14(4): 55-58.
Plog, S.(2001). Why destination areas rise and fall in popularity: An update of a Cornell Quarterly classic. Cornell Hotel and Restaurant Administration Quarterly, 42(3): 13-24.
Plog, S.(2002). The power of psychographics and the concept of venturesomeness. Journal of Travel Research, 40(3): 244-251.
Plog, S.(2004). 『Leisure Travel : A marketing handbook』, Upper Saddle River, NJ: Pearson Prentice Hall.
22) Litvin(2006). Revisiting Plog's motel of allocentricity and psychocentricity. one more time, Cornell Hotel & Restaurant Administration Quarterly, 47(3): 245-253
23) Smith. S. J.(1990). A test of Plog's allocentric/psychocentric model: evidence from seven nations. Journal of Travel Research, 28(4): 40-43.Songshan Huang, S. & Hsu, Cathy. (2009). Travel motivaton: linking theory to practice. International Journal of culture, tourism and hospitality research, 3(4): 287-295

는 관광목적지의 유형에는 차이가 없는 것으로 나타났다. 즉, 관광객은 각자 처한 다양한 여건(conditions)에서 다른 동기를 지닌채 관광을 간다는 것이다(Andreu et al., 2005). 이에 반해 McKercher(2005)[24]는 관광객은 독특한 관계 속에서 관광목적지를 결정하는 것이므로, 관광목적지는 Plog의 모험성 수준에 따라 다양한 단계에서 존재한다고 주장하였다. 그러나 Plog 모형은 관광객의 동기를 전적으로 설명하는데 한계가 있지만, 관광객의 성향과 관광목적지 유형을 설명하는 좋은 모델임에 틀림없다. 특히, Litvin(2006)의 연구결과는 Plog 모형은 관광객들이 실제 선택한 관광목적지 보다는 이상적으로 생각하는 관광목적지 선택에 더 유효하게 적용되는 모델이라고 주장하였다.

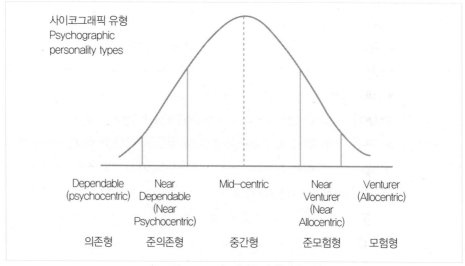

✳ 그림 11 Plog's 관광목적지 선택모형

---

24) McKercher, B.(2005). Are psychographics predictors of destination life cycles?. Journal of Travel & Tourism Marketing, 19(1): 49-55

Plog모형을 관광객의 유형에 따라 관광목적지와 관광객간의 관계에서 정리하면 다음과 같은 특성을 볼 수 있다.

구분	Venturer(Allocentric)	Mid-centric	Dependable (Psychocentric)
관광객 수	극소수	관광객 > 목적지역주민 (성수기)	관광객 > 목적지수 용력
관광목적지까지 물리적 거리	Farthest from home	Middle ranged	Near to home
관광경험	비일상적 경험우세	일상생활권 보다는 비일상적인 다양한 경험에 비중	일상생활권과 유사한 경험
문화충돌	높음(고유한 자연·역사· 문화적 환경)	관광목적지의 구체적 장소에 따라 다르지만 전반적으로 수용	낮음
타겟 관광객	• 여행경험 많음 • 30-40대 전문직종사자 • 모험성추구	• 보통의 여행경험 • 30-50대 중산층 • 다양성추구	• 낮은 여행경험 • 실버 및 어린이 • 안전성추구

5) 관광목적지 생애주기 이론

관광목적지는 살아있는 생명체와 같이 생애주기곡선을 반영한다. 본서에서는 이것을 관광목적지라이프사이클(Tourist Destination Life Cycle)로 부른다. 이 주기곡선은 관광목적지가 시간(X축)이 경과함에 따라서 방문하는 관광객수(Y축)의 변화를 보여주고 있다. 중요한 곳은 사이클이 정점(頂点)에 이르기 전 그 다음의 조치를 어떻게 준비하느냐에 따라 생명의 연장(延長)도 생명의 종언(終焉)도 고할 수 있다는 것이다.

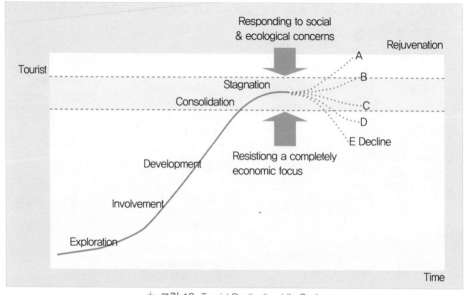

※ 그림 12 Tourist Destination Life Cycle

2. 관광개발의 개념

1) 관광개발의 개념

관광개발이 지닌 중요한 학술적 의의는 관광학연구를 통해서 축적된 지식과 경험의 이론적 결과를 실제 대상(지)에 적용하는데 있다. 따라서 관광개발은 과학과 ICT 기술의 발전, 사회가치관의 변화, 관광시장의 니즈(needs)를 흡수·반영하면서 시대적 수요와 사회문화적 요구, 시장의 동향을 계획목표에 반영하여 관광개발 대상지역에 구현해야 한다. 관광개발계획에서 유연한 탄력성과 시의적절한 대응력이 요구되는 이유이다. 이는 계획시행 과정에서 조정 작업이 필요하며, 추진과정에서 균형이 중요한 이유가 된다. 만약 균형감을 잃어버린 계획을 실행한다면, 이는 과학과 경험을 적당히 이용하는 독단주의(dogmatism)적 개발론으로 전락할 소지가 있다.

한편, 관광사업 측면에서 관광개발의 개념은 일정한 시간에 특정한 공간에서 관광사업의 진흥을 목적으로 하는 행위로 정의할 수 있다. 여기에서 '공간'이란 관광객에게 관광체험을 제공하는 목적지(destination)로써 관광사업자의 경우 기업경영을 통한 이익창출의 대상지역이 된다. 관광행정조직의 경우, 공공서비스를 위한 시스템을 구축하는 지역으로서 모든 행정력의 결집체가 융합되어 종합적인 관광기능이 원활하게 진행되는 행정구역 된다. 각기 다른 의미를 지니지만 궁극적 으로 관광개발을 통해 경쟁력을 갖춘 관광목적지를 구현하는데 있다.

그러므로 좁은 의미의 관광개발이란 지역개발에 따른 편익을 추구하면서, 그 지역이 지닌 독특한 관광자원을 적극 활용하여 관광매력물로 발전시키면서 개발대상지가 더 나은 사회문화환경을 갖춰 재방문이 일어나도록 하는 계획행위라고 할 수 있다. 반면, 광의의 관광개발은 협의의 개념을 매개로 해당 지역사회의 보이지 않는 기대(expectation)를 수용하면서 관광객송출시장의 역동적인 수요를 사전에 예측하며 계획행위에 반영하며, 목적지 뿐만 아니라 지역과 국가전체로 경제적 문화적 환경적 파급효과를 미치는 것을 포함된다.

2) 관광개발에의 접근

관광개발은 관광학 분야에서 가장 관심이 집중되는 연구영역이 된다. 특히, 지역개발은 다양한 학문분야의 연구자들 참여가 가능하며, 계획과정은 정해진 시간과 한정된 공간적 범위 안에서 다양한 대안들 가운데서 최선의 계획안을 최종대안으로 도출해가는 계획행위이다. 따라서 목적지에 실제 적용할 독특한 매력물들을 발굴하는 노력이 요구된다. 매력물이 관광목적지의 경쟁력을 결정하기 때문이다. 따라서 관광목적지 매력물들간의 체계적인 네트워크 구축은 지역주민의 편익과 관광객의 만족을 극대화시키는 행위이기도 하다.

일단 관광목적지가 개발되면, 국가적 차원에서는 이웃하는 국가나 타 국가의 목적지 보다 경쟁우위나 비교우위를 점하는 목적지로 홍보되어야 한다. 관광목적지를 방문한 관광객의 소비로 인해 국가경제 발전을 위한 외화획득, 지역진흥을 위한 경제개발에의 경제적 파급효과로 나타나기 때문이다. 또한 도시나 지역 차원에서는 타도시나 지역에 비해 매력성이 높아야 방문한 관광객의 소비지출이 지역경제성장과 지역발전에 기여할 수 있게 된다. 기업의 입장에서는 관광소비가 발생하여 자사제품과 서비스 구매를 통한 매출증가로 기업이익과 종사원, 지역주민의 삶의 질적 개선으로 이어지는 다양한 승수효과를 창출할 수 있다.

결론적으로 관광개발은 계획적 행위이며 지역관광개발을 실행하기 위해서는 지역주민-기업체-자치단체-국가 등 모든 직간접적 이해관계자들을 동시에 고려해야 한다. 한편으로 법적·제도적 기반을 토대로 객관적이며 비판적인 지식과 경험이 축적된 전문가의 적극적인 참여가 요구된다. 합리적 논의과정과 참여, 검정과정을 통해서 관광개발은 지역사회가 추구하는 합목적적이며 체계적인 개발이념 혹은 계획이념을 구현할 수 있다. 또한 국가적으로 사회적으로 합리적인 적정계획의 실현에 도달할 수 있다.

3) 관광개발의 목표

관광개발이 진행될 지역의 관광목적지는 다음과 같은 관광개발목표를 추구해야 한다.

- 관광개발로 인한 이익은 지역주민의 경제적 수준제고를 위해 지역사회에 부분적으로 재투자 및 환원되어야 한다.
- 기반시설조성으로 인해 지역주민의 삶의 수준(Quality Of Life)의 질적 제고가 수반되어야 한다.
- 해당지역의 사회문화적 맥락을 고려하여 관광개발 과정에 지역주민의 의사와 철학이 개발과정에 반영되도록 다양한 소통채널이 확보되어야 한다.
- 지역주민과 (지방)자치정부의 문화적, 사회적, 경제적 철학과 일치하는 주민참여형 관광개발 프로그램이 추진되어야 한다.
- 지역사회의 역사와 문화 등 인문환경적 배경을 바탕으로 한 관광기념품이나 문화관광콘텐츠를 발굴해야 한다.
- 다양한 관광매력물 발굴을 통하여 관광객 만족을 적정화시켜 재방문 수요를 지속적으로 창출시켜야 한다.
- 지속가능한 관광개발을 추구하되 미래세대를 위해 개발가용지를 확보해야 한다.
- 관광개발로 인한 지역의 환경적 폐해가 최소화되어야 하며, 생태적 교란이나 자연파괴가 발생하지 않도록 철저한 주민참여형 환경모니터링 시스템을 도입해야 한다.

4) 관광개발에 따른 편익과 손실

지역관광개발이 계획단계를 거쳐 실행단계로 진행되면, 계획전 단계에서 예상된 문제점들보다 더 심각한 문제점들이 발생되는 경우, 지역사회는 오랫동안 그 폐해로 인해 고통을 감당해야만 한다. 관광개발로 인한 다양한 편익에 대해서는 이론의 여지가 없다. 그러나 부정적 영향도 수반됨을 명심해야 한다. 심지어 관광개발론자들도 관광개발이 그 지역에 '절대적인 축복'이 아님을 인정하고 있다. 이익이 생기면 반드시 손실도 따른다. 그러나 그 결과는 양적으로 균등하지 않다. 질적으로도 균형을 유지하지도 않는다.

어떤 경우에는 관광개발 결과, 초창기에 큰 경제적 편익을 창출했지만, 시간적 사회적 여건변화에 따라 관광목적지와 지역사회에 심지어 지방자치단체나 국가에 이르기까지 오히려 더 심각한 손실을 초래하는 경우도 있다. 일본의 오션돔이나 역대 올림픽개최 도시들이 메가이벤트를 위해 조성한 관광목적지나 도시의 테마파크와 복합시설 등은 그 사례가 된다고 할 수 있다.

무분별한 개발, 부적합한 개발, 과도한 개발, 중단된 개발 등은 환경에 쉽게 피해를 끼치게 된다. 합리적인 계획수립과정을 통하여 개발을 진행하다가 외부여건의 급격한 변화 등으로 개발행위가 취소되거나 중단되는 경우도 발생한다. 이런 곳은 시간 경과에 따라 방치되어 폐허로 변하기도 하고, 범죄의 온상이 되기도 한다. 그러므로 관광개발 행위의 결과, 지역사회나 도시, 국가에 미치는 긍정적 효과와 더불어 부정적 영향이 수반될 수 있음을 인정하며 장점 뿐만 아니라 사전에 예상되는 문제점들을 충분히 고려하여 민-관-산이 합의점을 도출한 상태에서 합리적인 계획을 진행해야 한다.

구분	긍정적 효과	부정적 영향
경제적 관점	· 고용기회창출(노동집약적 관광산업) · 외환공급발생 · 소득증대 · GNP증가 · 경제구조의 다변화 · 높은 승수효과(multiplier effect) · 정부 세입증대	· 물가상승 초래 · 계층간 지역간 경제개발의 불균형 발생 · 부동산 투기유발 · 지역간 개발 불균형

구분	긍정적 효과	부정적 영향
사회적 관점	• 기반시설(infrastructure)조성 • 지역의 상업·산업성장 • 지역관광개발로 인한 다양한 관광상품·관광자원개발 • 삶의 질적수준 향상 • 관광목적지에 대한 우호적 이미지 창출 • 국가간 지역간 이해 및 평화증진 • 지역민에게 레저및레크레이션 기회향상	• 사회문제(치안, 방범 등 안전문제)발생증가 • 강력범죄 발생빈도 증가 • 성매매 산업 발생 • 가족 및 사회계층 붕괴 • 전통적 가치관의 위협 • 고유한 삶의 방식에 대한 침해 • 질병발생(전염병) 등 방역상 문제야기 • 소음과 교통문제야기
문화적 관점	• 역사문화유산에 대한 자긍심 향상 • 지역문화에 대한 향토심 제고 • 지역사회전통과 관습에 보존 강화 • 언어·사회문화·계층·인종·정치·종교적 장벽의 해소	• 지역사회내 관습과 미풍양속 변질 및 붕괴 • 고유한 문화유산의 상업화 • 문화전승의 위협 • 지역사회의 고유한 상징체계의 붕괴
환경적 관점	• 자연환경보호와 보존운동 • 고유한 환경자원에 대한 인식제고	• 자원에 대한 과잉수요 유발 • 계절감(seasonality) 상실 • 자연환경의 악화 • 환경오염 초래

지역관광개발은 어떠한 형태로든 반드시 어떠한 대가(price)를 수반한다. 계획전이든 계획과정에든 아니면 계획이후이든, 치러야 할 대가가 때로는 매우 크기 때문에 계획전 단계에서 합리적이며 과학적인 계획, 주민참여를 통한 지속적인 소통, 환경모니터링, 행정적 지원, 법적 제도적 지원 등이 통합적으로 진행되어야만 한다.

5) 관광개발 추진방식

지역 관광목적지 개발을 추진할 때 대개 4가지 유형으로 진행될 수 있다.

첫째, 공공주도형 방식. 중앙정부나 지방자치단체, 정부투자기관 등이 개발을 위한 시행주체가 된다. 공공성은 높으나 정권교체나 정부정책의 변화라는 정치적 여건에 직면할 때, 계획의 연속성에 문제가 발생하거나 계획의 전면수정 또는 취소 등의 극단적인 상황이 초래될 위험도 있다. 또한 예산의 효율적 배분이 국가적 긴급상황이나 재난발생시 지원 중단이나 지원유보 등의 상황도 일어날 수 있다.

둘째, 민간주도형 방식. 민간기업이나 개인이 영리를 목적으로 개발가용지 확보 이후 토지이용계획에 의해 공간별로 관광매력물을 조성한다. 관광시장의 수요에 즉각적인 대응이 가능한 장점이 있다. 수익성을 우선으로 하기 때문에 초기의 대규모 투자가 용이하지 않으며, 단계적 투자를 통해 이익환수 이후 재투자를 추진하기도 한다. 개발대상지역의 역사나 관습등의 인문환경의 전승과 자연환경의 보전 같은 문제에는 낮은 관심도를 보여 지역주민과의 갈등을 초래하는 경우가 있다.

셋째, 지역주민 주도형 방식. 지역주민, 상가번영회, 지역관광협회 등이 컨소시엄을 형성하여 투자하는 형태로 관광개발에 참여한다. 주로 소규모 관광개발에 적합하며, 위험도는 낮지만, 개발완료 이후 이해당사자간 수익배분에 따른 갈등이 발생하여 재투자시기 등과 관련된 의견조율이 되지 않을 경우, 관광목적지 전체가 위험에 직면할 수 있다.

넷째, 제3섹터형 방식. 1섹터인 공공기관의 공공성과 2섹터인 민간부문의 수익성을 통합목표로 공동자본의 투자를 통해 참여하는 형태이다. 이론적으로 민간부문의 전문성과 효율성, 공공부문의 공익성과 행정적 제도적 지원성을 통해 개발의 극대화가 가능하다. 그러나 대부분의 제3섹터 추진방식은 우리나라에 성공사례가 많지 않다. 가장 큰 문제는 물리적 결합은 이루었지만, 계획추진과 사업과정에서 화학적 융합으로 발전되지 못한 이유이다.

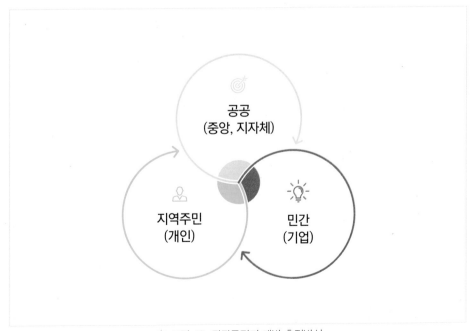

✹ 그림 13 관광목적지 개발 추진방식

3. 해양관광개발

1) 해양개발

해양개발에 대한 논의에 앞서 다음과 같은 기본전제를 지닌 관광개발이 진행되어야만 한다. '해양개발이 진행되더라도 해양환경생태계는 자연순환과 자정(自淨)기능의 시스템을 유지해야만 한다.' 해양개발이란 해양을 환경적으로 지속가능한 상태를 유지관리하면서 현세대는 다음세대를 위하여 현명한 해양이용을 추구하는 행위로 보고자 한다. 해양개발은 해양이 인류생존의 필요불가결 요소임을 늘 기억한 상태에서 진행되어야만 한다.

해양개발은 다음과 같은 다양한 의의를 지니고 있다. 해양공간의 다차원적 개발에서 부터 해수 및 해양에너지 자원 발굴, 장기적인 광물자원과 식량자원의 안정적 확보, 타 분야에로의 응용과학·기술개발, 선도산업으로서 국가 및 지역경제 발전에 기여, 해양환경생태계의 지속적인 모니터링에 이르기까지. 해양개발은 다음과 같이 분류가 가능하다.

구분	대상		이용형태
해역	해양자원 (가시적)	산업자원	석유, 천연가스, 메탄 하이드레이트[26], 망간단괴, 열수광상, 심층수, 기타
		경관자원	수중경관, 해양생태계
		생명자원	어류, 조류, 포유류 등 해양생명체
	해양에너지 (비가시적)		역학적 에너지(해류, 조석, 파랑, 풍력), 열에너지(온도차), 물리화학적 에너지(염분차)
	해양공간		생활공간(The World, Dubai), 생산·산업공간(해양플랜트), 교통·물류공간(Kansai Airport), 레저스포츠공간, 증·양식공간(바다목장), 수중레저활동지역
육역	워터프론트		buffer zone, 다목적 이용공간개발(mixed use development)

---

25) 일명 '불타는 얼음'이라고 불리며, 자원이 지닌 장점은 연소시 이산화탄소 발생량이 기존의 석탄, 석유의 절반에 불과한 청정에너지원으로, 매장량이 많고, 독점되어있지 않고 넓게 분포되어있다. 또한 기존 천연가스의 시설들을 거의 그대로 사용 할 수 있고, 석유자원이 매장되어있는지를 알 수 있는 표시물 역할을 한다는 것이다. 단점은 채굴 시 메탄가스가 유출 될 경우 지구온난화에 미치는 영향이 이산화탄소의 20배이며, 채굴기술이 어렵고, 폭발시 거품발생과 함께 부력상실 후 침몰(배, 비행기)시킬 수 있다. 우리나라는 2007년도에 샘플 채굴 성공(합작), 울릉도 남쪽에 60억톤 매장확인, 독도의 매장가능성 높다고 한다.

2) 해양관광개발

해양관광개발이란 해양개발의 하위 개념으로써 해양공간의 효용가치를 극대화하기 위하여 관광매력물인 해양관광자원·시설을 개발하는 행위에 해당된다. 즉, 어떤 해양관광목적지의 자연환경이나 문화자원의 가치를 새롭게 발굴 및 재인식하여 그 대상에 인위적인 노력과 기술, 그리고 자본투입과정을 거쳐 관광동기를 유발시키는 관광적 가치를 지닌 대상으로 조성하는 행위가 된다. 성공적인 해양관광개발은 지역발전을 통하여 지역 및 국가에 다양한 경제적 파급효과를 유발시킨다. 해양관광개발의 목적은 다음과 같다.

첫째, 연안육역과 해역의 새로운 관광공간 창출을 통한 관광목적지 개발이다.

둘째, 해양자원의 부가가치를 창출한다. 즉, 기존 및 신규 해양자원의 발굴을 통하여 관광매력물로 발전시켜 자원의 부가가치를 창출하여 계속적인 해양관광수요를 유발시키는데 있다.

셋째, 지속가능한 개발(sustainable development)과 현명한 이용(wise use)를 통한 해양생태계 보호·보존·관리로 지역주민-관광객-자연의 공생과 상생을 도모하는데 있다. 이를 위해 기본적으로 육상기인 오염물질과 해상오염물질 등 해양환경오염으로부터 연안생태계를 보호하는 적극적 해양환경모니터링이 요구된다.

넷째, 해양관광객의 안전에 있다. 해상에서의 다양한 해양관광활동 경험을 위해 해양관광매력물을 조성한다. 기본적으로 안전우선을 전제로 해양안전·방재시스템 개발과 비상시 해상재난구조 시스템을 구축해야 한다.

다섯째, 지역경제 활성화 및 지역개발에 있다. 해안도시를 비롯하여 어촌·어항 지역의 고용창출·소득증대·세수입증대등 경제적 파급효과를 통한 지역개발을 촉진하여 지역경제 활성화를 도모하는데 있다.

따라서 해양관광개발은 다음과 같은 특성을 지니고 있다.

첫째, 육지에서 행해지는 지역관광개발과 구별되어진다. 예를 들면, 해양관광개발은 해양자원의 자연적 조건에 대한 높은 의존도를 보이고 있기 때문에 일본의 경우, 해양관광활동과 그에 상응하는 자연적 조건을 다음과 같이 제시하고 있다.

관광활동	자연적 조건	
해수욕	• 사장연장 500m 이상 • 여름기간이 2주간 이상되는 지역 • 안전하고 청결한 수영 영역 확보	• 수온 23~25℃ 이상 • 樹林地 형성
요트·보트	• 灣(bay)形이고, 넓고 안정되며, 일정수준 이상의 정온수역 • 수온 25℃ 이상	
유어(遊魚)	• 풍부한 어패류	• 안전한 수역
피한(避寒)	• 겨울의 평균기온 7℃ 이상 • 조망이 좋고, 온천지역 확보	• 樹林地
피크닉	• 樹林地 또는 草地 • 기복이 있는 완만한 경사지 : 20% 이상	• 좋은 조망
해변관광	• 매력있는 관광자원 • 다양하고 특이한 관광이용·편의시설	• 좋은 조망

둘째, 개발입지에 따른 지역사회와 갈등 양상이 육지의 개발행위에 비해 광범위하게 영향을 미친다. 해양관광(단)지나 관광시설 조성시 공유수면 매립이 수반되는 경우, 국가 전체의 연안관리 차원에서 판단을 필요로 하기 때문에 지역주민과의 긴밀한 협조와 참여가 전제되어야 한다. 그러나 일단 연안개발이 진행되면, 그 과정에서 파생되는 갈등의 양상이나 영향은 육역과 해역 양방향 모두 영향을 고려해야 한다. 또는 개발 이후 관광객(guest)과 지역주민(host)과의 사회문화적 접촉에 따른 연안관광개발의 부정적 영향이 가속화될 가능성도 인식해야 한다.

셋째, 해양공간에서 이용영역간 민원이 발생한다. 동일한 해상공간에서 수산의 양식기능과 해양레저스포츠 활동기능간의 상호마찰이 생긴다. 양식장(미역양식시기 : 9월말 10월초-4월과 5월 수확 종료)시설 설치와 철거의 미이행으로 법정 기간 이외 해양공간에서의 해양레저활동과의 마찰로 민원이 발생할 수 있다. 또한 불법양식행위(양식시설 지역이외 항로에 설치)로 인하여 선박과 레저보트의 안전 운항에 위험을 초래하는 경우도 있다.

넷째, 해양관광목적지로의 접근성 확보에 제약이 발생한다. 관광객송출시장에서 해양관광목적지까지의 접근성 제고를 위해 관광기반시설 구축은 매우 중요한 문제이다. 선박항로·도로 등의 정비뿐만 아니라 교통기반시설(선착장, 계류장, 여객터미널) 확보도 시급한 문제이다.

다섯째, 해양관광활동은 기본적으로 기상여건의 안전성을 전제로 하고 있기 때문에 기후와 기상정보 등에 대한 예보기능을 제고시키도록 기상청의 긴밀한 협조관계가 구축되어야 한다.

여섯째, 해양자원의 생태적 특성을 지니고 있다. 환경변화에 민감한(sensitive) 연안육역과 해역의 생태계가 공존하고 있기 때문에 도시팽창(urban sprawl)으로 인한 해상으로의 오염기인물질의 유입을 철저히 모니터링 해야한다. 연안육역의 환경오

★ 그림 14 해양보호구역 지정현황 (자료 : 해양관리공단)

염 가속화와 해양의 과다한 산업자원채취, 물류이동, 해은 해양오염원을 유발시키며, 연안해역의 민감도를 저하시키고 있다. 특히, 해양자원은 수질에 민감하게 반응하므로 해양수질과 육지에서 유입되는 수질관리를 통한 연안수질관리가 전제되어야 한다.

일곱째, 해양관광목적지에 고유한 자원을 활용하여 방문한 관광객들의 관광행태를 통합적으로 관리한다. 해양관광목적지의 지리학적 위치와 자연환경적 특성을 고려하여 그 지역에 고유한 해양자원을 발굴하여 관광매력물로 개발(예: 외도, 청산도)하는 과정이 요구된다. 이는 내륙의 도심에서 경험할 수 없는 독특한 생활문화를 관광자원으로 개발(어촌체험마을)하거나 지역에 고유한 역사와 사회풍습이나 관습을 자원으로 개발(해양축제)것도 포함된다.

4. 해양관광개발계획

해양관광목적지가 관광객의 지속적인 방문을 유지하기 위해서는 목적지의 다양한 자원이나 시설들의 통합적 '개발'또는 '이용'을 전제로 체계적인 접근이 요구되며, 채널간 다양한 논의 과정과 소통과정이 필요하다. 이러한 조율과 조정의 계획적 과정을 거친 이후 정부나 지방자치단체의 예산지원, 또는 민간자본 투입이 구체화되어진다. 해양관광목적지 개발에는 상당한 시간이 소요될 뿐만아니라 국내외 정치적·경제적·사회적 환경변화에 의해 민감하게 영향을 받기 때문에 개발행위는 피드백 과정을 통하여 철저한 관리와 감리가 요구된다. 따라서 개발계획의 한계점인 불확실성을 감소시키기 위해서 중앙부처 차원에서 국토와 지역에 대하여 장기적 또는 중기적 계획을 체계적으로 수립하여 법정계획의 위치를 확보하므로 그 실현가능성을 높일 수 있다. 따라서 정부는 기본계획에 의거, 지역에 따른 예산의 적절한 분배와 균형, 지역개발의 균형, 산업간 고도화와 차별화, 체계적 관리와 운영 등을 위한 행정프로세스의 계속적인 점검과 추진을 실행에 옮기고 있다.

이상의 목적과 과정을 충족시켜주는 행위가 '계획(plan)'에 해당된다. 계획을 통하여 매력적인 해양관광목적지나 차별화된 해양관광산업 등에 대한 비전을 수립할 수 있다. 관광은 행정의 총결합체에 해당된다. 문화체육관광부의 '문화와 관광', 해양수산부의 '해양과 수산', 국토교통부의 '국토와 교통', 기획재정부의 '예산', 산업통상자원부의 '산업'등등 중앙행정기관 17개부처가 통합적 차원에서 에너지를 결집시킬 때 국가를 대표하는 명품 해양관광목적지가 탄생하며, 비교우위를 지닌 차별화된 신성장동력산업으로서 해양관광산업의 위상을 확보할 수 있을 것이다.

1) 해양관광개발계획과정

개발계획과정은 다음의 6단계에 의해 단계별로 진행된다.

- 목표와 목적을 정의한다(Defene goals and objectives)
  : 새로운 해양자원발굴을 통한 해양관광매력물 창출로 지역의 관광발전을 도모한다.
- 관광시스템을 확인한다(Identify the tourism system: resources, organizations, markets). (관광자원, 관광조직(기구), 관광마켓)
  : 관광민간기구나 시민단체의 참여, 관광시장의 동향과 관광객송출시장의 수요를 반영한다.
- 대안을 제시한다(Generate alternatives)
  : 미래 해양관광목적지의 다양한 시나리오 가정 하에서 개발 이전과 이후의 시나리오를 고려하여 여러 가지 대인을 제시한다.
- 대안을 평가한다(Evaluate alternatives)
  : 대안평가 요소를 도출하여, 전문가 델파이조사, 유사사례분석, 지역주민 참여 등의 방법 등을 도입하여 객관적 평가를 추진한다.
- 대안을 선택하여 시행한다(Select and implement)
  : 최고의 대안은 시간과 재정의 한계에 직면할 수 있다. 따라서 현실적으로 최적의 대안(optimized plan)을 선택하게끔 한다.
- 모니터링과 평가를 실시한다(Monitor and evaluate).
  : 주민참여형 개발을 추진하되 지속적인 여론수렴과 계획환경의 역동성을 반영하도록 해야한다.

2) 해양관광개발계획적 구성요소

해양관광계획의 대상이 되는 구성요소는 다음과 같이 관광매력물과 장소로 구분될 수 있다. 관광매력물이란 관광객의 관광욕구를 충족시키기 위한 추상적 요소를 뜻하는 반면, 장소는 관광목적지라는 지리적 공간을 말한다. 일반적으로 해양관광계획은 다음과 같이 5가지 영역으로 구분된다: 계획본질, 접근방법, 실행, 결실맺기 그리고 성과.

첫째, 계획본질 실현. 이는 대상지인 해양환경과 그 환경에 적합한 개발목적을 도출해낸다.

둘째, 접근방법 선택. 통상적이며 관례적 접근, 주관-주최-추진주체와 지역주민간의 상호작용적 접근, 통합적 접근, 시장지향적인 방법, 공급주도형 방법 등으로 구분된다.

셋째, 실행. 관광시스템의 구성요소를 분리해서 구분하는 것으로 시작하여, 관광시장과 관광상품에 대한 통합적인 전략적 선택을 한다.

넷째, 결실맺기. 관광계획이 성공적인 결실을 맺기 위해서는 파트너십, 지역사회(주민)의 참여가 요구된다.

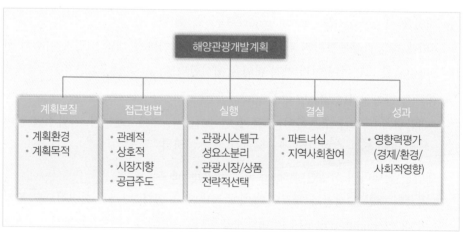

✸ 그림 15 해양관광계획영역

다섯째, 성과. 해양관광개발에 따른 사전 및 사후 영향력을 평가(경제적 파급효과, 해양환경적 영향, 사회적 영향)한다. 그러나 해양관광개발의 계획적 구성요소들은 수직적 관계라기보다는 수평적이다. 한 단계가 끝나면 전단계는 더 이상 진행되지 않는 것이 아니라 단계별로 계속해서 환류과정(feedback)을 통해서 수정-보강 과정을 거치기도 한다. 또한 계획환경의 변화에 의해 전반적으로 모든 과정이 재수정 되는 경우가 발생하기도 한다. 예를들면 우리나라의 경우, 새만금개발계획 프로젝트가 대내외 경제적 정치적 사회적 환경변화로 인해 마스터플랜이 여러 번 수정되는 상황이 발생하였다.

3) 해양관광개발계획과 해양관광매력물의 개발유형

관광개발계획이 적용되는 공간적 범위가 연안육역과 연안해역으로 설정되는 계획을 해양관광개발계획으로 정의하였다. 따라서 해양관광개발계획은 기본적으로 연안역의 특정 공간을 매력적인 환경특성과 가치를 지닌 대상으로 조성하는데 그 목적이 있다. 따라서 해양관광개발계획을 통한 해양관광목적지개발의 대상이 되는 자원이나 시설을 해양관광매력물로 정의한다. 해양관광매력물은 관광시장의 동향을 반영하며, 해양관광객의 수요를 창출시키거나 시대적 트렌트에 민감하게 반응하면서 탄력적으로 대응해야 한다. 해양관광매력물은 개발유형에 따라 다음과 같이 구분할 수 있다.

🏛 해양관광매력물 개발유형

구분	특징	이용행태	해양관광목적지
자원 창조형	• 새로운 공간조성과 매력 물조성 • 부동산가치 창출 • 안전성 최우선 • 초기 거대자본투입 • 철저한 프로젝트관리	• 창조적 개발과 이용	• The World, Dubai

자원
재생형
	• 기존 공간에서 자원 발
	  굴후 활용
	• 소프트웨어적 솔루션에
	  의한 다양한 콘텐츠개발
		• 생활자원의 관광상품
		• 마을전체가 관광목적지
		• 주민중심의 사업진행
			• 감천문화마을, 부산

자원
연계형
	• 해양자연환경적 특성 기
	  반화
	• 연안의 다양한 해양활동
	  을 적극적으로 수용하는
	  다목적 복합해양레포츠
	  공간개발
		• 공간별 상이한 이용행태유도
		• 분산적 이용을 통한 지역 전
		  체의 목적지 이용율 제고
		• 특정지역의 고밀도 이용지
		  구 설정
			• Languedoc Roussillon,
			  France
			• Marina Del Rey, US

구분	특징	이용행태	해양관광목적지
자원 보전형	• 경관가치가 높은 해양경 관지역 및 해중경관지역 • 관상용 활동중심이지만 일부 공간을 공개하여 레 크레이션 활동 수용공간 확보	• 전체 지역 중 특정 목적지 에서의 해양관광활동허용과 최소한 개발행위로 제한	• Everglade National Park, US
자원 보존형	• 자연보호가치가 높은 생 태보호지역 • 학술연구 등 제한적 활동 허용	• 생태보호가 전제된 최소한 이용 • 법적규제 통한 접근제한, 부 분적 개방	• Galapagos Island, Chile

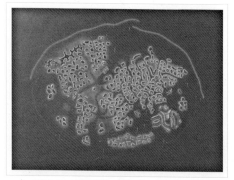

✷ 그림 16 두바이의 더월드(The World, Dubai)

✷ 그림 17 더월드의 섬(A Island, The World)

✷ 그림 18 갈라파고스섬 위치[27]

✷ 그림 19 갈라파고스섬(Galapagos Islands)

---

26) source from worldatlas.com

상기 분류표에 의한 관광매력물 개발유형의 경우, 자원창조형에서 자원보존형으로 갈수록, 관광목적지에서의 해양관광활동은 소극적인 상태를 유지하며, 출입과 관련해서도 부분적 허용만 가능케 하여 통제한다. 해양관광목적지 자연환경의 보호를 최고 목표로 지향하기 때문에 관광활동으로 인한 해양생태계의 교란을 최소화하려는 목적이 우선이다. 또한 현재 자원가치가 다음세대까지 지속가능성을 유지하는 것이 관광목적지의 최우선 정책이 된다. 일반적으로 이러한 해양관광목적지는 기존 도심이나 시가화구역으로 부터 물리적 거리가 상당히 이격되어 있기 때문에 해당 해양관광목적지까지의 접근성은 상당히 제한적인 경우가 많다. 전반적으로 체류 시간도 제한적이며 해양관광활동도 수동적이며 소극적으로 허용하는 경우가 많다.

4) 해양관광 관련계획과 관광개발계획

우리나라의 경우, 관광개발계획은 중앙부서에서 수립하는 10년 주기의 법정계획과 지방자치단체에서 수립하는 5년주기의 법정계획을 근간으로 하고 있다. 중앙정부의 관광개발과 관련되는 계획은 장기계획으로 문화체육관광부의 관광개발기본계획, 국토교통부의 국토계획, 그리고 해양수산부의 해양수산발전기본계획 등이 중심이 된다. 반면에 관광관련 계획 가운데 권역별개발계획은 광역지방자치단체가 수립하는 계획으로 장기계획인 기본계획에 의거하여 권역별로 수립하는 중기계획으로 시도지사(특별자치도지사 제외)가 수립하지만, 최종적으로 문화체육관광부장관의 조정과 행정기관의 장과 협의를 거쳐 확정하게끔 되어 있다.

(1) 해양수산발전기본계획

법정계획으로서 국가 해양계획 수립 및 새로운 해양정책의 비전을 제시하는 장기계획으로 정부는 2000년 해양수산분야의 최상위 종합계획인 제1차 해양수산발전기본계획(OCEAN KOREA 21: OK21)('00)을 마련하여 추진하였다.

「해양수산발전기본법」 제6조에 따라 정부는 10년마다 「해양수산발전기본계획」(이하 '기본계획') 수립하며, 현행 「제2차 해양수산발전기본계획(2011~2020)」은 제1차 기본계획 시행 완료에 따라 향후 10년간에 걸친 해양에 대한 장기적 국가정책 및 전략의 재수립이 필요하여 2차 해양수산발전기본계획(2011-2020)을 '10.12월 수립하였다. 최근, 해수부 재출범 이후의 변화된 정책환경과 정책수요 등을 반영하여 해양수산정책의 중장기 비전·목표 재정립[27]에 대한 필요성이 대두되어, 2016년 4월 현재, 제2차 해양수산발전기본계획 수정계획 수립을 위한 연구용역을 공고하였다.

연구의 범위와 관련하여 시간적 범위는 2011년 ~ 2020년(단, 현황조사는 최근 시점 기준)이며, 내용적 범위는 「해양수산발전 기본법」 제6조 제2항을 기본으로 하고 있으며, 다음과 같은 내용을 포함하고 있다.

- 해양 및 해양자원의 합리적인 관리·보전, 개발·이용 및 해양산업의 육성(이하 "해양개발등")에 관한 정부의 기본구상 및 추진목표
- 해양의 관리 및 보전 등에 관한 사항
- 해양수산자원의 관리·보전·개발 및 이용 등에 관한 사항
- 해양수산업의 육성에 관한 사항
- 해양수산의 발전기반 및 환경보전의 추진에 관한 사항
- 해양수산전문인력의 양성에 관한 사항
- 도서의 관리 및 보전에 관한 사항
- 해양안전 증진에 관한 사항
- 그 밖에 해양개발등의 종합적·계획적 추진에 관한 사항

(2) 해양관광진흥기본계획

2004년 해양수산부가 수립한 '제1차 해양관광진흥기본계획'이 2013년으로 시효가 완료되고, 정부조직법 개편에 따라 해양레저스포츠업무가 재출범한 해양수산부로 이관되었다. 따라서 해양관광뿐만 아니라 해양레저스포츠 활성화 중장기 대책을 포함한 '제2차 해양관광진흥기본계획' 수립이 필요하게 되었다[28]. 본 계획은 「해양수산발전기본법」[29] 제6조에 따른 해양수산발전기본계획의 하위계획이며, 동법 제28조에

---

27) *대부분의 10년 단위 법정계획은 5년마다 그 내용을 재검토하여 정비·변경

28) * (법적근거) 「해양수산발전기본법」 제28조

29) 해양수산발전기본법
   (제6조) 정부는 해양산업(해운, 항만, 수산, 해양관광 등 포괄)의 진흥에 관한 사항 등을 포함한 해양수산발전기본계획을 10년마다 수립
   (제28조) ① 정부는 해양관광의 진흥에 관해 필요한 시책을 마련·시행하여야 함
   ⑤ 해양수산부장관은 해양에서의 레저스포츠 활동을 지원·육성하기 위하여 해양레저스포츠진흥계획을 수립·시행하여야 한다.

따른 해양관광 진흥시책 수립을 위한 기본계획으로 동법 제28조 제5항의 해양레저
스포츠진흥계획을 포괄하여 수립하는 계획의 성격을 지니고 있다.

해양관광진흥기본계획 비전, 정책목표, 전략과제(자료: 해양수산부, 2014)

비전	품격과 매력이 넘치는 동북아 해양관광허브 실현

정책 목표	• 해양레저문화 확산을 통한 국민행복 실현 : '23년까지 해양여행이동총량 5억일 달성 • 해양레저·관광산업 육성을 통한 창조경제 발전 : '23년까지 해양관광분야 신규일자리 3만5천개 창출

전 략 과 제	세 부 추 진 과 제
휴식과 회복이 있는 행복한 바다관광	• 해수욕장의 사계절 이용 촉진 • 해양치유관광 육성 • 해양휴양공간 조성·정비 • 노후항만의 해양친수공간화
체험과 학습이 있는 즐거운 바다관광	• 생태관광 활성화 • 해양레저스포츠 저변 확대 • 마리나산업 고도화
문화와 예술이 있는 아름다운 바다관광	• 해양문화자원 발굴 및 산업화 • 해양문화시설 확충 • 해양문화도시 브랜드 개발
생활 속 이야기가 있는 정겨운 바다관광	• 어촌의 관광자원화 • 테마가 있는 연안 조성 • 섬관광 활성화
세계인이 찾아오는 글로벌 바다관광	• 동북아 크루즈 허브 실현 • 국제 마리나 네트워크 구축 • 여수박람회장의 국제해양관광허브화 • 국제대회 및 행사 참여·유치

계획의 범위와 관련하여, 시간적 범위는 2014년~2023년(10개년)의 장기적 계획이지만, 경기변동 및 사회·문화적 변화에 민감한 관광분야 특성을 고려, 5년마다 수정 계획 수립을 검토하고 있다. 공간적 범위는 대한민국의 주권이 미치는 영해, 관할 해역 및 바다와 인접한 연안지역으로 설정하고 있다. 내용적 범위는 해양에서의 관광 및 레저스포츠 활동을 지원하기 위한 인프라 및 콘텐츠 확충, 이를 위한 법·제도·정보기반 조성 및 권역별 발전전략 등 해양레저·관광정책 전반을 대상으로 하고 있다.

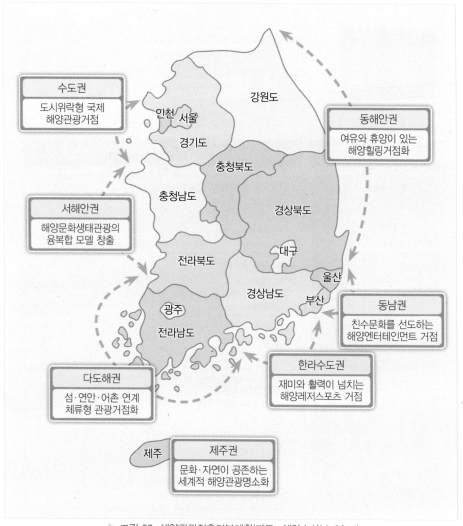

✳ 그림 20 해양관광진흥기본계획(자료: 해양수산부, 2014)

(3) 국토계획

국토개발과 보전에 관하여 종합적·장기적인 정책방향을 설정하는 국가의 최상위 국토계획이다. 1963년에 제정된 국토건설종합계획법에 따라 1972년부터 3차에 걸쳐 국토개발을 진행해 왔다. 제3차까지 '국토종합개발계획'이었는데, 제4차부터 '국토종합계획'으로 명칭이 바뀌었으며, 개발만을 강조하기보다 개발과 환경의 조화 및 관리에 중점을 두었다[30]. 제4차 계획은 2003년에 확정하여 2000년부터 2020년까지 추진되는 것을 계획적 환경의 급격한 변화를 반영하기 위해 이후 2번에 걸쳐 수정계획을 제시하였다. 현재 진행 중인 제4차 국토종합계획 수정계획(2011-2020)은 제4차 수정계획(2006-2020)을 대체하고, 향후 수립될 각종 공간계획의 기본이 되며, 각 부문별 계획과 지역계획, 광역경제권 계획등은 본 계획의 기본방향과 조화를 이루어야 한다.

제4차 국토종합계획 수정계획은 초광역개발권의 개발방향을 제시하는 것을 특징으로 삼고 있다. 특히, 내륙에서 해양에 대한 중요성을 인식하여 해양개발과 더불어 동북아시아 및 환태평양권을 포함하는 광역방향을 제시하고 있음을 주목할 필요가 있다. 이는 21세기 관광개발방향을 세계관광시장의 역동성과 다변화를 고려하여 다양한 해양관광개발에 대한 가능성을 고려한 것으로도 이해할 수 있다. 특히, 동북아 크루즈시장의 성장세를 반영한 남해안선벨트개발이 초국경 네트워크구축을 위한 대표적인 해양관광개발이라고 할 수 있다.

해양관광매력물 개발유형

구분	개발방향
동해안 초광역개발권 (에너지·관광벨트)	• 에너지 산업벨트 구축 　:산업간 연계강화를 통한 기간산업 고도화 • 국제관광거점 기반 조성 및 창조산업 육성 • 인프라 확충 및 환동해권 교류협력 강화
서해안 초광역개발권 (신산업벨트)	• 국제비즈니스 거점 침 환황해 협력체계 조성 　:초일류 첨단 산업벨트 구축 　:글로벌 해양·문화 관광벨트 조성 • 역내외 연계 인프라 구축

30) 출처:시사경제용어사전, 2010. 11.

구분	개발방향
남해안 초광역개발권 (선벨트)	• 세계적 해양관광·휴양지대 조성 • 글로벌 경제·물류거점 육성 • 통합 인프라 및 초국경 네트워크 구축 • 동서 통합 및 지역발전 거점 육성
남북교류·접경벨트 (평화에코벨트)	• 남북한 교류협력단지 조성 • 비무장지대 생태자원 보전 및 녹색관광 육성 • 통일대비 접경지역 개발 촉진 및 지역경제 활성화

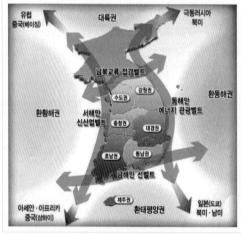

✦ 그림 21 제4차 국토종합계획 수정계획
(자료: 국토교통부)

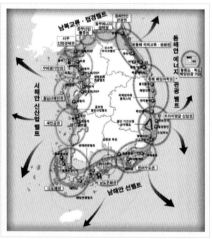

✦ 그림 22 제4차 국토종합계획 수정계획
(자료: 국토교통부)

(4) 관광개발기본계획

　　문화체육관광부에서 수립하는 법정계획으로서 10년 주기에 해당되는 종합계획이다. 관광진흥법 제49조에 의거, ‘“문화체육관광부장관은 관광자원을 효율적으로 개발하고 관리하기 위하여 전국을 대상으로 다음과 같은 사항을 포함하는 관광개발기본계획(이하 “기본계획”이라 한다)을 수립하여야 한다’고 명시되어 있다. 관광개발기본계획은 기본적으로 다음의 사항을 포함해야 한다: 전국의 관광 여건과 관광 동향(動向)에 관한 사항, 전국의 관광 수요와 공급에 관한 사항, 관광자원 보호·개발·이용·관리 등에 관한 기본적인 사항, 관광권역(觀光圈域)의 설정에 관한 사항, 관광권역별 관광개발의 기본방향에 관한 사항, 그 밖에 관광개발에 관한 사항.

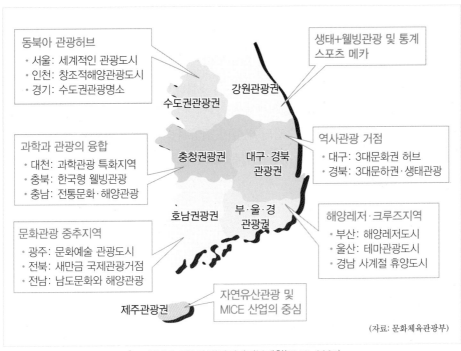

동북아 관광허브
• 서울: 세계적인 관광도시
• 인천: 창조적해양관광도시
• 경기: 수도권관광명소

생태+웰빙관광 및 통계
스포츠 메카

수도권관광권

강원관광권

과학과 관광의 융합
• 대천: 과학관광 특화지역
• 충북: 한국형 웰빙관광
• 충남: 전통문화·해양관광

충청권관광권

대구·경북
관광권

역사관광 거점
• 대구: 3대문화권 허브
• 경북: 3대문하권·생태관광

호남권관광권

부·울·경
관광권

문화관광 중추지역
• 광주: 문화예술 관광도시
• 전북: 새만금 국제관광거점
• 전남: 남도문화와 해양관광

해양레저·크루즈지역
• 부산: 해양레저도시
• 울산: 테마관광도시
• 경남 사계절 휴양도시

제주관광권

자연유산관광 및
MICE 산업의 중심

(자료: 문화체육관광부)

✳ 그림 23 제3차 관광개발기본계획(2012-2021)

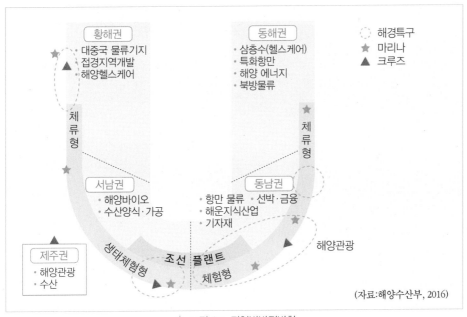

황해권
• 대중국 물류기지
  접경지역개발
  해양헬스케어

동해권
• 삼척수(헬스케어)
• 특화항만
• 해양 에너지
• 북방물류

◌ 해경특구
★ 마리나
▲ 크루즈

체
류
형

체
류
형

서남권
• 해양바이오
• 수산양식·가공

동남권
• 항만 물류 · 선박·금융
• 해운지식산업
• 기자재

해양관광

제주권
• 해양관광
• 수산

생태체험형

조선 플랜트
체험형

(자료:해양수산부, 2016)

✳ 그림 24 권역별발전방향

125

제3차 관광개발기본계획은 '글로벌 녹색한국을 선도하는 품격 있는 선진 관광'을 계획의 비전으로 설정하고 있다. 향후 10년 동안 한국관광의 글로벌 경쟁력을 확보하고, 관광산업을 저탄소 녹색성장의 중심 동력으로 육성하는 것을 목표로 전국을 7대 광역권으로 설정하고 있다: 수도관광권, 충청관광권, 호남관광권, 제주관광권, 부울경관광권, 대구경북관광권, 강원관광권. 그러나 제4차 국토계획과 달리, 내륙의 행정단위를 중심으로 권역이 수립되어 있어 해양관광의 측면에서 동해, 서해, 남해 등 해양공간에 대한 중요성에 대한 언급은 없으며, 개발방향도 제시되어 있지 않고 있다.

해양관광매력물

해양관광매력물은 일상권역에서 일상생활을 하는 잠재관광객을 비일상권역인 해양공간으로 이동하게끔 하는 대상이다. 그들의 의식적 및 무의식적 관광동기를 유발하는 것으로 그 자체가 매력적 가치를 소유하는 유·무형의 대상으로 정의한다. 다양한 유형의 관광대상이 해양관광매력물로 자리매김할 수 있다. 이전에는 관광대상을 관광자원이나 관광시설로 구분하기도 하였으나, 본서에서는 관광매력물로 부르기로 한다. 무형적인 대상은 검토대상에서 제외되며, 유형적인 대상만을 포함하고자 하였다. 특히, 본서에서 검토한 관광매력물의 경우 과거에는 단위시설이나, 교통수단, 또는 생활공간에 불과하였으나 오늘날 그 자체가 관광목적지가 되어 관광객의 방문목적지가 된 사례도 반영하였다. 여기에서는 우리나라의 현황과 동향을 검토한 뒤 외국사례를 중심으로 해양관광매력물 분석을 검토하였다. 본서에 반영한 해양관광매력물 대상은 다음과 같다: 어촌체험마을, 케이블파크, 케이블카, 마리나, 등대, 피어, 수족관.

1. 어촌체험마을

최근의 관광트렌드가 직접참여를 통한 관광활동이 강조되면서 어촌체험마을은 해양관광목적지로 새롭게 인식되고 있다.

1) 개요

어촌체험마을은 지역에 특화된 전통과 관습, 자연환경과 주거형태 등 도심중심의 일상생활에서 경험하기 어려운 독특한 라이프 스타일과 생활의 단편을 경험할 수 있는 해양광목적지이다. 도심의 외곽지역이나 낙후된 장소로 인식되던 주유형 공간이 아니라 다양한 체험활동과 해양레저스포츠 기능을 동시에 제공하는 다목적 해양공간으로 자리잡고 있다. 교통수단의 발달로 접근성의 문제가 해결되면서 어촌체험마을은 지역특화된 연안환경과 고유한 인문환경이 형성한 독특한 어촌·어항문화를 관광콘텐츠로 개발하면서 체류형 관광목적지로 전환을 모색하고 있다. 이는 어촌의 지역주민 고령화, 어획과 양식 중심의 전통적인 수산활동에 대한 한계를 극복하는 데 있어 해양관광은 어촌 활성화와 지역경제에 새로운 활력이 되고 있다. 해양관광을 통한 산업다각화와 지역발전의 동기부여 등은 이제 지구촌 해안마을의 공동의 관심사가 되고 있다.

우리나라 어촌·어항의 경우, 해양관광목적지로 거듭나기 위해 정부와 지방자치단체, 협회의 공동지원과 마을주민(어촌계)의 자발적 참여를 통해 다양한 변화를 시도하고 있다. 특히, 전국의 어촌체험마을에 관한 전반적인 마스터플랜은 해양수산부에서 주도하고 있지만, 산하기관인 한국어촌어항협회[31]에서 실무적으로 어촌의 발전을 위해 현장에서 다양한 노력을 기울인 결과이다.

(1) 어촌과 어항의 개념

어촌과 어항의 개념을 이해하기 위해서는 관련 법적 정의를 검토해볼 필요가 있다. 어촌·어항법(시행 2016.11.30., 법률 제14244호, 2016.5.29., 일부개정) 제2조에

---

31) 한국어촌어항협회에서는 제1차 어촌종합개발사업 완료대비 새로운 방향의 제2차 어촌종합개발계획 수립(2016.03-2016.12)을 추진중이다. 주요내용으로는 어촌 개발방향 및 유형별 모델구축, 사업권역 선정 및 권역별 개발투자계획 등을 포함하는 것으로 향후 어촌개발의 방향에 대한 마스터플랜의 성격을 지니고 있다고 할 수 있다. 또한 동 협회는 제2/3차년도 어촌어항관리시스템 구축(2016.01-2016.12)도 준비중인데 이는 어촌경제의 핵심공간인 어항의 6차산업화 등 어항의 부가 가치 제고를 위한 노력 및 선진 지식사회 구축에 따른 어항정보의 체계적 관리를 위한 시스템 마련코자 한다. 주요 내용은 어항정보(기초 및 부가정보 및 이용실태정보)DB 확대구축, 99개 어촌 대상 기초정보(어촌체험마을 정보)DB구축, 국가어항 기초정보 및 이용실태 정보를 이용한 통계서비스 등을 목표로 하고 있다.

따르면 "어촌"이란 「수산업·어촌발전기본법」 제3조 제6호에 따른 어촌을 말한다. 여기에는 ""어촌"이란 하천·호수 또는 바다에 인접하여 있거나 어항의 배후에 있는 지역 중 주로 수산업으로 생활하는 지역으로, 읍(邑)·면(面)의 전 지역이나 동(洞)의 지역 중 「국토의 계획 및 이용에 관한 법률」 제36조제1항제1호에 따라 지정된 상업지역 및 공업지역을 제외한 지역이 해당된다.

한편, 어항은 어촌·어항법에 의거, "천연 또는 인공의 어항시설을 갖춘 수산업 근거지"로서 제17조에 따라 지정·고시된 것을 말하며 그 종류는 다음과 같다.

가. 국가어항: 이용 범위가 전국적인 어항 또는 섬, 외딴 곳에 있어 어장(「어장관리법」 제2조제1호에 따른 어장을 말한다. 이하 같다)의 개발 및 어선의 대피에 필요한 어항
나. 지방어항: 이용 범위가 지역적이고 연안어업에 대한 지원의 근거지가 되는 어항
다. 어촌정주어항(漁村定住漁港): 어촌의 생활 근거지가 되는 소규모 어항
라. 마을공동어항: 어촌정주어항에 속하지 아니한 소규모 어항으로서 어업인들이 공동으로 이용하는 항포구

어항(fishing port)은 어선이 안전하게 출입·정박하고 어획물의 양륙, 선수품의 공급 및 기상악화시 어선이 안전 대피할 수 있는 어업활동의 근거지로서 배후지에 인접하여 어업종사자들의 주거기능을 지원하는 생활공간이 존재하는 경우와 그렇지 않는 경우로 구분된다. 일반적으로 우리나라의 경우, 도시 소재 어항의 경우, 어항과 어촌은 분리되어 존재하는 경우도 있다.

상기 내용을 반영하면, 해양관광의 관점에서 어촌이나 어항은 관광목적지로써 수산물[32]이나 수산자원[33]을 기반으로 관광객의 방문을 촉진시키는 해양관광매력물을 조성하여 관광활동을 지원하는 공간이 되며, 그 결과 지역경제에 다양한 관광승수효과를 유발시키는 목적지역이 된다.

---

32) 7. "수산물"이란 수산업 활동으로 생산되는 산물을 말한다.(수산업·어촌 발전 기본법 [시행 2017.3.21.] [법률 제14605호, 2017.3.21., 타법개정] 제3조)
33) "수산자원"이란 수중(水中)에 서식하는 수산동식물로서 국민경제 및 국민생활에 유용한 자원을 말한다.(수산업·어촌 발전 기본법 [시행 2017.3.21.] [법률 제14605호, 2017.3.21., 타법개정] 제3조)

　　해양관광 관점에서 어촌체험마을은 생활기능과 어업기능이 공존하는 어항과 어촌이 공존하는 장소로써 방문한 관광객들에게 다양한 어촌체험의 기회를 관광활동으로 제공하는 목적지가 된다. 어촌체험마을이 관광매력물이 되는 이유가 된다.

　　따라서 어촌이나 어항을 관광목적지로 개발한다는 것은 특정 지역을 관광목적지로 개발할 때 요구되는 계획적 접근이 동일하게 적용되어짐을 의미한다. 어촌어항발전기본계획수립[34]은 이러한 관점에서 이해되어진다.

(2) 현황

　　해양수산부 자료에 의하면, 2015년 우리나라 전국 어촌체험마을을 방문한 국민이 100만명을 넘었다고 한다. 단순한 방문이 아닌 체험객에 대한 집객수가 100만5천702명, 체험소득은 총 270억 5237만원. 마을당 평균 체험객 1만명을 유치해 평균소득 3억여원을 올린 셈이다. 2014년 대비 체험객과 체험소득이 각각 14%(88만명), 21%(224억원) 증가를 보였다. 우리나라의 어촌체험관광은 일반적으로 3가지 종류의 프로그램을 제시하며, 동해와 남해, 서해 등 지역에 따라 차이가 존재한다.

---

34) 어촌어항법 제4조(어촌·어항발전기본계획의 수립)
　　① 해양수산부장관은 제3조에 따른 기초조사 및 정밀조사 결과를 바탕으로 어촌의 소득증대와 어촌·어항의 합리적인 개발 및 이용을 위하여 5년마다 어촌·어항발전기본계획(이하 "기본계획"이라 한다)을 수립하여야 한다. 〈개정 2013.3.23.〉
　　② 기본계획에는 다음 각 호의 사항이 포함되어야 한다. 〈개정 2013.3.23.〉
　　　1. 어촌·어항의 종합적·체계적 발전을 위한 중기·장기 정책방향
　　　2. 어촌·어항의 연도별 개발 및 관리·운영에 관한 사항
　　　3. 어촌종합개발사업에 관한 사항
　　　4. 어항개발사업에 관한 사항
　　　5. 다른 법률에 따른 어촌지역 개발사업 등에 관한 사항
　　　6. 그 밖에 해양수산부장관이 필요하다고 인정하는 사항
　　③ 해양수산부장관은 기본계획을 수립하려면 미리 시·도지사, 시장·군수·구청장 및 관계 전문가의 의견을 듣고 관계 중앙행정기관의 장과 협의하여야 한다. 기본계획을 변경하려는 경우에도 또한 같다. 〈개정 2013.3.23.〉
　　④ 해양수산부장관은 기본계획을 수립 또는 변경하였을 때에는 그 내용을 고시하여야 한다. 〈개정 2013.3.23.〉

구분	내용
기초 프로그램	• 생활체험: 주민들과 함께 어촌생활을 체험할 수 있는 관광마을을 육성하여 어민들의 소득향상에 도움이 될 수 있도록 추진
선택 프로그램	• 어업 체험: 갯벌체험, 통발낚시, 지인망·어선어업, 갯바위낚시, 해산물채취, 미역말리기, 어시장견학 등 다양한 어촌마을의 생활을 관광객들이 경험할 수 있도록 함
옵션 프로그램	• 레크레이션: 스쿠버다이빙, 해수욕, 조개잡이, 비치발리볼, 모터보트, 보딩과 서핑 등 • 예술·문화체험: 민속, 전설등을 이용한 스토리텔링 투어, 풍어제 등 축제, 전시관, 박물관 등 • 건강육성체험: 모래욕과 모래사장, 해수온천, 민간건강요법 등

바다 & 지식 : 한국어촌어항협회(http://www.fipa.or.kr)

• 성　　격: 특수법인(어촌·어항법), 공공기관(공운법), 보조기관(정부지원)
※ 2007년도부터 기타공공기관으로 지정(공공기관의 운영에 관한 법률)

• 설립근거: 어촌·어항법 제57조
※ 1987.6 (사)한국어항협회 출범, 1994.3.30 특수법인 전환(舊.어항법 제38조),
2005.12.1 한국어촌어항협회로 명칭 변경

• 목　　적: 어촌 및 어항의 개발 및 관리, 어장의 효율적인 보전 및 이용, 관련 기술의
개발·연구, 관광 활성화 등을 효율적으로 수행하기 위함

• 주요기능(어촌·어항법 제58조 및 정관 제5조)
　– 어항시설물 안전점검·유지·보수 및 준설에 관한 위탁업무
　– 어촌·어항 및 어장에 관한 조사·연구 및 정보화
　– 어촌·어항 및 연안수역의 정화·정비·조사와 관련된 사업
　– 어촌종합개발사업 및 어항개발사업 용역업무
　– 어촌관광 활성화 사업
　– 귀어·귀촌 활성화 지원업무
　– 국가·지방자치단체 또는 공공단체가 위탁하는 사업

특히, 한국어촌어항협회는 어촌체험마을의 해양관광활성화를 위해 '바다여행 (http://www.seantour.com)'포털을 운영하고 있다. 협회의 어촌진흥실의 역할을 통해 어촌체험마을과 해양관광에 대한 관계를 볼 수 있다.

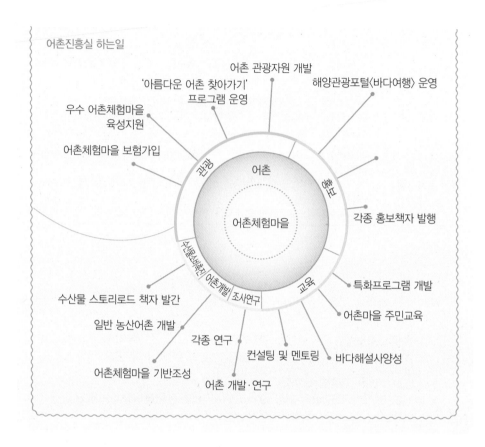

또한 해양수산부 자료에 의하면 2016년 4월 현재, 전국에 어촌체험마을로 지정된 곳은 102개 마을로, 부산 3, 인천 3, 울산, 3, 경기 9, 강원 7, 충남 8, 전북 7, 전남 26, 경북 7, 경남 21, 제주 8곳으로 전남이 가장 많은 것으로 나타났다.

해양수산부 산하 어촌어항협회에서는 매년 어촌체험마을 활성화를 위해 '어촌체험마을 전진대회'를 실시하고 있다. 이는 어촌체험마을 운영 과정에서 발생되는 갈등 해소, 업무불편 개선, 주민역량 강화 등 우수한 운영 사례를 발굴, 전파하여 운영 노하우를 공유하고, 어촌체험마을 서비스 수준을 향상시켜 방문객 만족도 제고를 목표로 하고 있다. 선정방법은 어촌체험마을 운영전반에 대한 서류심사(조직체계, 주민교육, 보험, 자매결연, 자원/시설/홈페이지 관리, 홍보실적 등)와 문제해결사례 발표를 통해 체험마을 운영 중 발생된 문제점을 해결하기 위한 노력과 그 결과 등을 다각도로 심사하여 수상마을(대상, 최우수상, 우수상, 장려상)을 선정하고 있다.

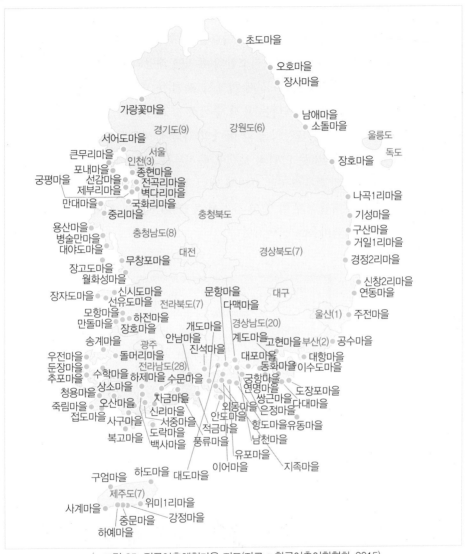

✳ 그림 25 전국어촌체험마을 지도(자료 : 한국어촌어항협회, 2015)

2) 사례분석: 카시마(Kashima, 鹿島), 사가현(Saga Prefecture, 佐賀縣), 일본

Gatalympic : 갯벌올림픽의 발상지

해양관광매력물의 발굴과 개발은 '개발'과 '보존'이라는 상호 모순적인 키워드라는 생각을 하게 한다. 해양관광의 핵심이 되는 '바다'는 인간이 만들어낸 것이 아니라 자연이 인간에게 제공해주는 '선물'이다. 바다를 소중하게 생각하고 깨끗하게 이용하는 것은 인간이 바다에 할 수 있는 최소한의 예의에 해당되며, '선물'받은 자로서의 마음가짐일 것이다. 이러한 인식의 전제 하에서 '갯벌'을 보았다. 도시팽창으로 인해 도시의 확장을 위한 남겨진 땅이라는 육지 중심적 사고의 틀을 깨고 갯벌의 숨겨진 가치를 찾아내었다. 갯벌은 육지의 끝과 바다의 시작에 해당되는 점이지대로 본 것이다. 보존과 개발의 끊임없는 이념적 분쟁에 종지부를 찍고, 갯벌의 순수한 가치를 회복하고 갯벌의 보존을 최우선으로 하면서 갯벌과 인간의 공존을 모색하였다. 갯벌을 해양관광목적지로 거듭나게 한 일본 사가현(佐賀縣) 카시마(鹿島)시는 갯벌의 가치를 재발견한 어촌체험마을로 선택하였다.

※ 그림 26 카시마시(鹿島)의 위치

※ 그림 27 그림 카시마 가타림픽 공식웹사이트(http://www.gatalympic.com/)

(1) 개요

갯벌을 해양관광자원으로 활용하여 도시와 어촌의 교류에 성공한 사례로 주목받는 카시마시는 일본 규슈(九州) 북서부 사가현에 위치한 작은 어촌마을이다. 일본에서 조수간만의 차(7m 이상)가 가장 큰 연안해역을 지닌 아리아케해(Sea of Ariake, 有

明海)를 배경으로 넓은 갯벌을 형성하고 있는 카시마는 전통적으로 수산업에 종사한 어민들 중심으로 형성된 어촌이었다. 주민들에게 바다는 어획을 위한 공간이라는 생각 이외 바다를 활용하는 다른 특별한 방안은 없는 상태였다. 그러나 1984년 사가현 종합개발계획에 의거, 신간센(新幹線, しんかんせん) 건설계획이 발표되면서, 카시마시는 고속전철로도 연결되지 않는 오지의 어촌으로 전락할 위험에 처하게 되었다. 정부의 개발계획으로부터 배제되었다는 박탈감은 김 양식으로 근근이 생활하던 어민들을 크게 낙담시켰다[35].

점점 낙후되어가는 지역을 더 이상 방치하지 말고, 주민들 손으로 활성화시켜보자는 공동체의식의 발로로 '카시마포럼(Kashima Forum)'이 조직되었다. 이를 계기로 '교통소외'된 낙후 지역이라는 지역의 부정적 이미지 극복과 동시에 지역홍보 및 지역경제 활성화를 포럼의 설립목적으로 수립하였다. 여러 차례의 포럼개최를 통하여 최종적으로 제안된 해양관광콘텐츠가 갯벌을 활용한 메가이벤트 개최였다. 이는 1985년 제1회 '가탈림픽(GATALYMPIC)' 개최로 결실을 맺었다[36].

'가탈림픽'은 갯벌의 일본어 '카다(干潟)'와 '올림픽(Olympic)'의 합성어로 갯벌에서 진행되는 올림픽을 의미한다. 포럼은 어민·공무원·기업가·각종 단체 등이 직간접적으로 참여 및 후원하고 있으며, 현재 800여 명의 주민들이 참여한다. 산업간-지역간-민·관 사이의 장애를 허물고 상호협력을 바탕으로 향토애 고취, 지역 자긍심을 갖는 인재 육성, 활력과 지속을 테마로 지역 만들기 차원에서 시도하여 전 세계적인 관심을 이끌어내었다[37]. 특히, 제6회부터는 가탈림픽을 통해 갯벌상품을 일본은 물론 외국에 홍보하기 위해 지역 팬, 전국 팬, 도시 어린이 팬, 외국인 팬을 확보하기 위한 '4F 전략'을 수립하였다. 초기에는 주민들 중심의 작은 운동회 정도로 논의되었지만 전 세계인이 참여하는 올림픽을 꿈꿔보자는 사고의 전환이 오늘날의 가타림픽으로 발전한 것이다[38].

---

35) http://www.ohmynews.com/NWS_Web/View/at_pg.aspx?CNTN_CD=A0000414258

36) http://www.ohmynews.com/NWS_Web/View/at_pg.aspx?CNTN_CD=A0000414258

37) http://www.ohmynews.com/NWS_Web/View/at_pg.aspx?CNTN_CD=A0000414258

38) http://www.ohmynews.com/NWS_Web/View/at_pg.aspx?CNTN_CD=A0000414258

카시마는 해양관광목적지의 경쟁력 차원에서 주변 해양관광목적지와 비교해보면, 카라츠(唐津)처럼 푸른 소나무에 하얀 백사장이 있는 것도 아니었고, 오키나와(沖繩)처럼 푸른 바다와 하얀 모래가 있는 것도 아니었다. 기껏해야 김 양식을 하고 짱뚱어와 숭어 그리고 새우를 잡는 갯벌이 전부였다. 독특한 해양관광자원을 갖지 못했다고 생각했던 포럼은 '조석간만의 차이가 7m 이상으로 일본에서 최고인 갯벌을 팔아보자'는 사고의 전환을 통해 성공적인 어촌관광목적지로 자리매김함으로써 지역경제도 활성화할 수 있었다[39].

✤ 그림 28 카시마시의 김 양식(1955년)

✤ 그림 29 제28회 가탈림픽(GATALYMPIC) 메인스타디움(2012년)

(2) 운영과 이벤트

- 위치 : Nanaurakaihin Sports Park (Michinoeki Kashima)
- 썰물(low-tide) 때 갯벌이 드러나서 다양한 운동경기가 가능한 운동장으로 변신
- 개최 : 5월말
- 최초 300명의 선수들이 참가한 6개 이벤트로 시작하여 지금은 2,000명 이상이 참가하는 12개 이벤트로 증가

✤ 그림 30 공식 마스코트

39) http://www.ohmynews.com/NWS_Web/View/at_pg.aspx?CNTN_CD=A0000414258
그림 28 http://www.ohmynews.com/NWS_Web/View/at_pg.aspx?CNTN_CD=A0000414258
그림 29 http://news20.busan.com/controller/newsController.jsp?newsId=20120605000114
(참고: 이승우(2009). 어촌의 잠재적 가치 창출을 위한 명품 관광어촌 조성 방안에 관한 연구. 한국해양수산개발원.)

● 행사주체

🏛 가탈림픽 실시 주체 등

테마(Theme)	행정구역	시읍면	실시 지구	실시 주체
갯벌 올림픽	사가현(佐賀縣)	카시마(鹿島)	나나우라지구(七浦)	나나우라지구 진흥회

● 연도별 관광객 수 등

🏛 가탈림픽 연도별 관광객 수 등

구　분	관광객 수	경기 참가자	경기 종목	외국인 참가
제 22회(2006년)	25,000	1,400	9	205(19개국)
제 23회(2007년)	35,000	1,500	10	222(19개국)
제 24회(2008년)	35,000	2,000	12	196(12개국)
제 25회(2009년)	35,000	1,600	12	139(14개국)
제 26회(2010년)	22,000	1,200	11	86(11개국)
…	…	…	…	…
제34회(2018년)	35,000(추정)	2,000	12	–

● 2010년도 관련 예산 : 6,500천엔(한화 약 7,100만원)
● 수입 : 협찬금 4,500, 시교부금 560, 경기참가료 600, 차입금 500, 기타
● 지출 : 홍보비, 교류비, 총무비, 물산전 등 경비, 운영경비, 사무국비 등[40]

주요 프로그램[41]

● 가타 자전거 경주 : 가타 자전거 경주는 갯벌 위에서 폭 45~60cm 널빤지 위를 자전거로 달리는 경기이다. 이 경기에 사용되는 자전거는 브레이크가 없어 널빤지

---

40) http://jpn-fukuoka.mofat.go.kr/webmodule/common/download.jsp?boardid=3817
&tablename=TYPE_LEGATION&seqno=018048fe504b026fe8021fa2&fileseq=04cff1fcffe307bff0ffbff6

41) http://jpn-fukuoka.mofat.go.kr/webmodule/common/download.jsp?boardid=3817&tablename=
TYPE_LEGATION&seqno=018048fe504b026fe8021fa2&fileseq=04cff1fcffe307bff0ffbff6

의 끝까지 달려가면 자연의 품, 갯벌로 빠져든다는 것이 특징이다. 어른(고교생 이상), 어린이(중학생 이하)를 별도로 나누어 경기를 진행한다.

- 인간 짱뚱어 25m 경주 : 갯벌 스키를 타고 하는 게임으로 어른 20명씩 5레이스 (100명), 어린이 30명씩 3레이스(60명)로 진행된다.
- 가타 타잔 : 높은 크레인에서 늘어뜨린 로프에 매달려 멀리 점프하는 게임이다.
- The Gatalympic(장애물 넘어 목표지점에 도달하기) : 100m 개인 복합 릴레이 경기로 총 4개의 존(zone)으로 나누어 진행된다. A존은 평지 갯벌 달리기, B존은 장애물 건너기, C존은 가타 스키타기, D존은 널빤지 위 달리기이며 어른 50명씩 2레이스, 어린이 50명씩 2레이스가 진행된다.
- 갯벌 여자스모대회 : 갯벌 한가운데 스티로폼을 두고 그 위에서 상대편이 갯벌로 떨어질 때까지 경쟁하는 경기이다.
- 어린이 보물찾기 : 초등학교 저학년생 이하를 대상으로 갯벌이 얕은 지역에서 보물(color ball)을 찾는 경기이다. 약 100명 정도가 참가하며 보물은 상품 교환 장소에서 상품과 교환할 수 있다.
- 미니 가탈림픽 : 수학여행학생, 일반 단체를 대상으로 가탈림픽 인기 3종목을 대상으로 4~6월까지 개최하는 프로그램으로, 체험 전에 아리아케카이(有明海) 생물과 바닷물의 조수 현상 등을 설명해주면서 오감으로 체험할 수 있는 프로그램도 제공하고 있다.

가탈림픽 외의 간석지 체험 프로그램

간석지 체험에는 1년에 1회 개최되는 갯벌올림픽과 더불어 갯벌체험학교로 구성된다. 2001년부터 시작된 갯벌체험학교는 대학교수(전문가)로부터 바다해설을 듣고 아리케해에 서식하는 해양 동·식물을 관찰하는 환경교육·체험활동이다.

개최 효과(경제적 효과)

2010년도 기준으로 단기적 효과는 관광객 동원을 통한 소비증대 효과가 2,495,718천엔, 개최경비 효과가 190,632천엔으로 총 2,626,350천엔으로 나타났고, 시설설비에 의한 정부자본형성의 효과(장기적 효과)가 1,593,879천엔으로 나타났다. 또한 기타 파급효과로서 대중매체에 의한 선전효과가 337,680천엔, 물산관 등 판매액이

848,645천엔, 수학여행 증가로 인한 수익이 56,605천엔으로 총 1,242,930천엔으로 나타났다[42].

(3) 결론

나나우라지구진흥회는 갯벌체험을 위한 해양관광활동 포인트를 '도역녹도(道驛鹿島·Station of the Kashima Road)'라 명명하고 이곳에 갯벌체험장, 갯벌전망관, 식당, 갯벌특산품 전시판매소, 지역 농수산물 판매소, 체육관, 온수샤워 시설, 주차장, 공중전화 박스 등을 편의시설까지 마련하였다. 그리고 갯벌체험 활동뿐만 아니라 기념품 판매, 특산물 및 농수산물 판매를 통해 연간 26억 원 가량의 수익을 창출하고 있다. 특히, 농수산물 판매소는 이 지역 농촌부인회에서 운영하고 있는데 양파, 고구마 등 각종 채소를 비롯하여 꽃게, 장뚱어, 참새우 등 인근 갯벌에서 생산되는 다양한 수산물을 전시·판매하고 있다[43].

카시마시 갯벌관광이 상업적으로 성공할 수 있었던 중요한 요인 가운데 하나는 아리아케해 갯벌을 상징하는 장뚱어를 브랜드화하여 강렬한 지역 이미지를 창출하였다는 점이다. 카시마시의 주요 가로경관이나 갯벌체험 시설물의 디자인에 일괄적으로 적용한 일관된 노력을 통해서도 나타난다[44].

한편, 카시마시는 또한 2002년부터 초등학교 3학년 이상 학생들을 대상으로 1주에 3시간 이상 환경교육을 실시하도록 규정하고 있다. 카시마시의 교내 환경교육 프로그램은 주로 갯벌과 바다오염, 하천오염, 쓰레기 문제, 재활용 등 학교 주변의 자연환경을 대상으로 실시되고 있다. 시교육위원회는 환경교육 전문가를 파견하고 이를 지원하는 역할을 담당하고 있다. 또한 카시마 시의 84개 자치구 대표들로 구성된 '환경위생추진협의회'는 지역주민들을 대상으로 직접 환경교육과 홍보활동도 실시하고 있다.

카시마시는 갯벌에서 수산물을 채취하는 체험만 강조하는 것이 아니라 갯벌환경

---

42) 한국문화관광연구원 https://www.kcti.re.kr/web_main.dmw?method=view&contentSeq=2957

43) 한국문화관광연구원 https://www.kcti.re.kr/web_main.dmw?method=view&contentSeq=2957

44) 한국 문화관광연구원 https://www.kcti.re.kr/web_main.dmw?method=view&contentSeq=2957
그림 6 각주 10)과 출처가 동일함

과 교육을 연계한 환경프로그램 개발, 외국인이 참여하는 갯벌올림픽을 테마로 어촌체험관광에 성공한 사례를 보여주었다. 피부색이 다른 외국인들이 갯벌 올림픽에 참여하여 경기가 진행됨에 따라 피부색이 회색으로 통일되고 마음이 함께 하는 갯벌올림픽은 갯벌을 활용한 해양관광매력물 가운데서도 단연 창의성이 높은 프로그램이다.

또한 당일 모든 행사는 스태프만 800여명에 이르는데 모두 자원 봉사자들의 참여로 진행되게끔 한 것도 성공적인 운영전략이라고 할 수 있다. 더불어 실행위원장 등 핵심 스태프를 매년 교체해 많은 주민들이 행사를 추진하면서 지식과 경험을 공유하여서 마을 전체의 관심 제고 뿐만아니라 책임있는 주민참여를 유도해내고 있다. 22회까지 가탈림픽에 참여한 관광객만 100만 명에 이르며, 부모의 손을 잡고 참여했던 아이들이 이제 자원봉사자나 핵심 스태프로 행사를 주관하고 있어 이벤트의 역사성을 지속적으로 대(代)를 잇는 전승으로 연결하고 있다.

한가지 주목할 것은 행사 마지막날 오전 11시 무렵에 시작되는 행사는 결승전 경기를 끝으로 오후 3시경에 마무리되며 시설물과 설치된 구조물도 당일 동시에 철거된다는 점이다. 이렇게 자연의 순리대로 갯벌을 다시 바다에게 내어준 뒤, 가벼운 발걸음으로 돌아갈 수 있게 해주는 '착한 이벤트'이기도 하다.

한때 개발논리에 의해 버려진 땅에 가까웠던 갯벌이 간척사업으로 관심대상이 되었다가 이제는 갯벌을 다시 복원하자는 움직임이 일본 뿐만아니라 갯벌을 지닌 해양국가나 도시에서 새롭게 주목받고 있는 지금, 카시마시의 선택은 오늘날 해양관광의 새로운 사고의 전환점을 마련한 것으로 주목받는다.

해양관광은 자연환경의 개발이나 이용이 수반된다. 그러나 그 공간적 범위를 어느 정도로 선정할 것인지에 대한 문제는 추진사업의 수익창출과 관련된 경제적 효과만을 고려해서 판단해서는 안 된다. 미래 세대가 이용할 환경과 자연을 손상시키지 않고 현재 세대의 필요를 충족시켜야 한다는 '세대간의 형평성'을 고려해야 한다. 또한 자연환경과 자원을 이용할 때는 자연의 정화능력 안에서 오염물질을 배출하여야 한다는 '환경 용량(environmental carrying capacity) 내에서의 개발'을 의미하는 '지속가능한 개발'이 전제되어야 한다. 카시마시의 사례가 이러한 공생과 공존의 철학을 앞세워 미래 해양관광개발에 있어 긍정적인 롤 모델이 될 것이다.

카시마시의 아리아케해 갯벌보전을 위한 다각적인 정책사업은 20여 년 전 지역개발의 중심에서 소외되었던 한 작은 도시가 갯벌관광의 메카로 새롭게 거듭나 지구촌 어촌마을의 새희망을 준 사례로 인식된다[45].

사고의 전환이 얼마나 중요한지 보여주는 대표적인 사례이다. 또한 '없는 것을 바라지 않고, 현재 있는 것의 가치를 재발견'하여 소중함을 참 의미를 해양관광으로 연계시킨 것은 시사하는 바가 매우 크다.

✳ 그림 31 가타 타잔

✳ 그림 32 가타 줄다리기

✳ 그림 33 장애물 경주

✳ 그림 34 여자스모대회

✳ 그림 35 어린이 보물찾기

✳ 그림 36 행사장 전경

✳ 그림 37 이벤트

45) 한국문화관광연구원 https://www.kcti.re.kr/web_main.dmw?method=view&contentSeq=2957

❋ 그림 38 가타 자전거 경주

❋ 그림 39 '짱뚱어'를 형상화한 시설물

❋ 그림 40 2017년도 행사 포스터

바다 & 알기 : 어촌알리기 – 청사포

부경대학교가 부산 해운대구에 위치한 도시어촌 '청사포'를 알리기 위한 마을신문을 발간해 주목받고 있다. 부경대 글로벌해양관광연구소(소장 양위주 경영학부 교수)는 최근 청사포 마을신문 '청사포구' 창간호를 발간하고 마을 알리기에 본격적으로 나섰다.

이 신문은 '청사포 요즘 뭐하노?', '청사포의 하루', '청사포 사람들의 일상' 등 코너를 통해 청사포 마을의 변화상과 일상의 모습들을 알리고 있다.

부경대 글로벌해양관광연구소가 청사포 마을신문을 발행하고 나선 것은 부산시가 추진하는 '행복한 도시어촌 청사포 만들기' 사업을 주관하며 관광마을로 거듭나고 있는 청사포를 소개하기 위해서다.

청사포 마을은 이 사업을 통해 특산물 미역을 상품화 하는 '청사포 마켓' 설립과 쌈지공원 조성, 방파제와 등대 꾸미기 등을 추진하며 평범했던 어촌마을에서 '행복한 도시어촌'으로 거듭나는 중이다.

연구소는 특히 이러한 변화상을 신문에 소개하는 데 주민들이 주체적으로 참여할 수 있도록 지원하고 있다. 이 신문의 지면을 채우는 '기자'가 바로 청사포 마을 주민들인 것. 앞으로 매달 마지막 날에 신문이 발행될 계획이다.

양위주 소장은 "주민들이 신문발행에 직접 참여하면서 마을에 대한 자부심도 높아지고, '행복한 도시어촌 청사포 만들기' 사업도 활발해지고 있다"며 "앞으로 주민들을 대상으로 신문 편집, 제작 등을 교육해 자체적으로 제작할 수 있는 시스템을 마련하는 것이 목표다"고 말했다.

한편, '행복한 도시어촌 청사포 만들기' 사업은 부산시가 국토해양부의 지원을 받아 2009년부터 2013년까지 추진하는 것으로, 부경대 글로벌해양관광연구소가 올해 사업 주관 기관으로 선정돼 활발한 활동을 펼치고 있다.

(출처: 경남도민일보 2012-12-27)

2. Cable Park

> 내수면 수상레저스포츠의 핫 아이템

케이블파크는 메인시스템인 케이블 리프트를 비롯한 시설물과 수상구조물을 이용하여 웨이크 보드, 웨이크 스케이트, 수상스키 등 수상레저스포츠를 하도록 구성된 수상레저 복합단지에 해당된다. 동남아 일부 국가에서는 주변에 호텔 등 숙박시설을 조성하여, 복합 해양리조트로 조성된 곳도 있으며, 미국의 경우, 주변에 골프장이나 인공해변 등 다른 관광매력물을 조성하여 복합 레크레이션공간으로 개발되어 관광목적지로서 주목을 받고 있다.

장점으로 수상레저 참가시 발생하는 위험성이 낮아 안전측면에서 뛰어나다. 또한 얕은 수심에 유속이 없을 뿐만 아니라 장마나 외부 기상여건의 변화에 영향을 받지 않고 즐길 수 있다. 또한 주간 뿐만아니라 야간에도 참여할 수 있는 장점이 있다. 단점으로 계절성이 뚜렷한 우리나라의 경우, 동계절인 결빙기간이나 영하의 날씨에는 이용에 제한이 가해질 수 있다. 케이블파크의 경우, 국제규격을 갖춘 경기장의 경우, 정기적인 국제대회[46) 유치를 통하여 지역의 이미지 제고에 기여할 수 있다.

1) 동향

케이블파크는 2015년 현재, 전세계 30여개국 약 300여곳이 조성되어 있다. 유럽과 미국이 시장을 선도해가는 가운데 최근 동남아시장이 급부상하고 있다. 2016년 현재 유럽시장은 독일과 프랑스가 주도하고 있으며, 독일이 60여개 운영중이다. 미국시장은 70여개의 케이블파크가 조성되어 있으며, 동부나 서부지역보다 오히려 남부지역이 주요 목적지로 인식되고 있다. 아시아 시장은 2010년 이후 특히, 동남아를 중심으로 급성장하고 있으며, 필리핀의 경우, 국가주도로 계획 및 관리를 하고 있다.

---

46) IWWF(International Wakeski & Wakeboard Federation) World Championships과 관련하여 2년에 한 번씩 개최되는 the Cable Wakeboard World Council(CWWC)에서 케이블웨이크보드와 케이블웨이크스케이트 분야에서 world championships를 조직하고 있다.

✳ 그림 41 케이블파크 분포 현황

2) 사례분석 : Camsur Watersports Complex(CWC), 필리핀[47]

아시아 최고의 케이블파크, 리조트로 만나다

✳ 그림 42 전체 경관

✳ 그림 43 배치도

---

47) 홈페이지 www.cwcwake.com 자료를 부분적으로 발췌

(1) 개요

아시아 최초로 세계수준의 시설을 갖춘 수상스포츠복합단지로 평가를 받는다. 정부의 지원 아래, 필리핀을 '수상레저스포츠의 메카'로 육성하고자 하는 국가전략을 반영한 곳이다. 2006년에 조성되었으며, Cadlan의 Provincial Capitol Complex에 위치하고 있다. 전체 면적은 6만㎡이며, 6-point cable ski system을 보유하고 있다.

장점으로는 인근에 white sand beaches 등 뛰어난 해양관광매력물을 보유하고 있어, 수상레저 스포츠와 연계된 다양한 해양관광 프로그램 참여가 가능하다. 온난한 기후대에 케이블파크기 위치하고 있어, 연중 이용 및 운영가능하다. 우수한 시설에 비해 가격도 저렴하여 많은 관광객들이 방문하는 해양관광목적지로 평가받고 있다. 특히, 다양한 숙박시설의 제공은 관광객의 체재일수 증가(장기간 휴가보내는 외래관광객 증가)에 기여하고 있다. 전반적으로 케이블파크는 친환경시스템을 구비하고 있어, 시설이나 장비에서 배출되는 오염원을 차단하고 있다. 또한 수상레저활동시 발생하는 물결이 수면 아래 산소공급을 지속적으로 발생하여 내수면의 전반적인 수질개선을 지원하고 있다.

✳ 그림 44 케이블파크 모습

(2) 시설운영

인공호수로 조성된 케이블 파크는 wakeboarding, wakeskating, wakeskiing, kneeboarding 등 다양한 수상레저활동이 가능하도록 디자인되어 있다. 또한, 초급 중급 고급 등 실력과 수준에 따라 난이도를 달리하는 시설을 구비하여 이용자들의 다양한 선택이 가능하게끔 설계되었다. 개인이나 가족 뿐만 아니라 단체이용도 편리하게끔 구성되어있다. 또한 대형수영장과 다양한 유형의 숙박시설(The Ecovillage, The

Governor's Mansion, Cabanas, Containers, 고급빌라, suites) 등을 조성하여 장기체류
도 가능한 리조트 형태로 조성하였다.

✦ 그림 45 케이블파크 주변 숙박시설

시설별 운영시간과 관련하여, 주중인 월요일부터 목요일까지 오전 8:00부터 오후
7:00까지 full cable와 winch park 이용이 가능하다. 주말인 금요일부터 일요일까지
오전 8:00부터 오후 7:00 까지 full cable, 오전 8:00부터 오후 9:00까 winch park 이용
이 가능하다.

이용료와 관련하여 wakeboarding의 경우, 125[48]/시간, 370/반나절, 610/일, 500/야간(17:00-21:00)로 책정되어 있다. cable membership rates(wakeboarding 무제한)의 경우, 5,000/2주, 6,750/1개월, 8,500/3개월, 16,500/6개월, 27,000/1년으로 제공된다. 또한 어린이를 위한 aqua park(Lago Del Ray 8:30-18:00)의 경우, 120/시간, 280/반나절, 380/일, 50,000(일일 독점 사용) 이용료를 적용하고 있다.

✴ 그림 46 아쿠아 파크

swimming pool의 경우, 월요일부터 목요일까지 오전 8:00부터 오후 7:00까지, 금요일부터 일요일까지 오전 8:00부터 오후 9:00까지 개장하며, 아동(10세이하) 130, 성인 150, 야간사용 100 이용료로 가격전략을 책정하고 있다.

✴ 그림 47 수영장

✴ 그림 48 케이블파크 내부

---

48) 필리핀 화폐단위 PHP(필리핀 페소)이며, 2017년7월1일자 100 PHP = 2,268 원

보트렌탈의 경우, boat/Paddle과 board/kayak single의 경우, 100/시간, 또한 kayak double의 경우, 150/시간으로 가격이 제시되어 있다.

(3) 결론

케이블파크는 연안에 면해 있지 않는 내륙에 위치한 지방자치단체를 중심으로 수상레저스포츠를 도입하여 관광활성화를 통한 지역개발전략에서 비롯되었다. 미국이나 유럽, 동남아에 조성된 사례들과 달리, 우리나라는 몇몇 지역에서 도입되었으나, 규모면에서 또는 수준면에서 소규모에 불과하며, 복합관광목적지의 개념이 아니라 일부 수상레저스포츠만 가능한 시설로 조성되어 있어 경쟁력은 매우 취약하다고 할 수 있다. 따라서 필리핀의 사례처럼 장기적인 마스터플랜을 수립하되 관광목적지 개발의 개념을 적용하여 종합수상레저스포츠단지로 접근하는 것이 대안이 될 수 있다. 조성전 계획단계에서부터 철저한 지역환경분석과 수요분석을 통해서 핵심시설인 케이블파크 이외, 주변의 자연 및 인문환경을 통합한 독특한 관광매력물을 연계개발하여 수상레저스포츠와 엔테테인먼트의 시설복합 및 집적화를 목표로 복합관광목적지로 접근할 필요가 있다.

3. 케이블카

> 저 높은 곳에서 바다를 보다. 그리고 바다 너머 새로운 바다를 본다.

케이블카는 오랫동안 삭도라 불리었다가 최근에는 궤도라는 용어를 적용하고 있다. 영어로는 cable car, cableway, ropeway, airtram, airway, skyway, sky cruise, tram, gondola 등등으로 불리운다.

삭도(索道)란 동아줄 삭(索), 길 도(道)를 나타내는 용어로써 공중에 와이어로프(wired rope)를 가설하고 운반기구를 매달아 사람이나 화물을 운반하는 장치로써, 케이블카, 리프트, 곤돌라 등을 총칭한다. 삭도는 가공삭도(架空索道 : Aerial Ropeway)

를 줄인 말로서 공중에 설치한 와이어 로프에 운반기구 를 매달아 화물을 옮기는 교통수단을 지칭한다.

삭도의 종류는 국가별로 차이가 있겠지만, 우리나라의 경우 현행 법률(궤도운송법)[49]에서 왕복식 삭도, 자동 순환식 삭도, 고정 순환식 삭도, 그리고 견인식 삭도로 구분하고 있다.

가공삭도는 운반기구의 용도, 밧줄구조, 운전방식 등에 따라 여러 가지로 분류한다. 첫째, 용도에 따른 분류는 여객 삭도, 화물 삭도, 둘째, 밧줄구조에 따른 분류는 단선식 삭도, 복선식 삭도, 그리고 다선식 삭도, 셋째, 운전방식에 따른 분류로 왕복식 삭도, 순환식 삭도로 구분한다.

1) 개요

유럽의 케이블카 역사를 보면, 1616년 크로티아인 파우스토 베란지오(Fausto Veranzio)에 의해 세계최초의 공중케이블카가 디자인된 이후, 1644년 그단스크(Gdańsk)의 아담 위브(Adam Wiebe)가 만든 것이 세계최초의 운행 사례가 되었다고 한다. 그리고 약 230년 지난 19세기 후반에 이르러 유럽과 미국을 비롯한 산악지역의 광산채굴이 성행하면서 광석과 광부 운반수송용 케이블카가 본격적으로 도입되기 시작했다. 기존의 산업용 용도에서 벗어나 교통기능을 제공하는 목적으로 1907년 세계 최초의 케이블카가 도입되었다. 과거 교통체증의 해결이나 대체 교통수단의 측면에서 최근 케이블카 그 자체가 관광유인력을 지닌 관광매력물로써 인식되는 추세이다[50].

우리나라 최초의 케이블카는 1962년 5월12일 서울에 개통된 남산케이블카이다. 이후 2017년 현재까지 전국 46개 업체가 150여개의 케이블카를 운영하고 있다. 특히, 1995년 지방자치시대가 도래한 이후 최근 10년 각 지방자치단체가 지역관광산업의 진흥목적으로 경쟁적인 케이블카 도입을 시도하고 있으며, 현재 계획 중인 것만 하더라도 수십여개에 달한다. 구체적으로 살펴보면 다음과 같다.

---

49) 궤도운송법 시행규칙 제2조

50) http://www.webzinesean.kr/html/main/view.php?idx=213&keyword=&keyfield=&s_category=23

📖 국내 케이블카 조성업체 현황(단위: 개소)

구분	계	서울	부산	대구	광주	경기	강원	충북	충남	전남	전북	경남	경북
업체수	46	1	1	3	1	9	13	1	1	4	4	4	3
관광용	21	1	1	3	1	3	3	–	–	2	2	3	3
스키용	19	–	–	–	–	5	10	1	–	–	2	1	–
기타	6	–	–	–	–	1	–	–	1	2	1	1	–

(출처 : 교통안전공단(2016년12월말)

국내 케이블카는 2016년12월말 기준 전체 총 46개 업체가 운영 중이며, 관광용으로 21개업소, 스키장용 곤돌라로 19개업소, 그리고 기타 6개업소가 운영중에 있다. 관광용 케이블카는 충청도를 제외한 전역에서 분포되어 있으며, 스키용은 주로 강원도와 경기도에 집중되어 있음을 알 수 있다. 본서에서는 사례분석을 위해 북극해에 위치한 노르웨이의 Tromsø 케이블카를 대상으로 분석하였다.

2) 사례분석 : Tromsø Cable Car, 노르웨이

북극을 품다, 여름에는 백야현상을, 겨울에는 오로라를 보다

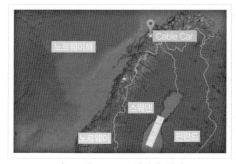

✷ 그림 49 노르웨이내 위치

✷ 그림 50 트롬쇠 케이블카

(1) 개요

● 공식 명칭 : 피엘헤이센(Fjellheisen)

- 영문 표기 : 트롬쇠 케이블카((Tromsø Cable Car)
- 위치 : Sollivegen 12, 9020 Tromsø, Norway
- 좌표 : 69°27.5"N 18°09.2"E
- 길이 : 752m
- 형태 : 복선식(Bi-cable)구조
- 시공사 : Brødrene Jakobsens Rederi[51]
- 개시 : 1961년 2월 22일
- 소유권 : Skips AS Nordfisk[52]
- 운영주체 : 우텔리브스비옌(Utelivsbyen AS)[53]

⊘ 입장료

🏛 케이블카 입장료 (단위 : 크로네)

구분	편도가격	왕복가격
성인	NOK 110	NOK 170 (KRW 22,700)
아동	NOK 50	NOK 60 (KRW 8,000)
가족 (2+2)	–	NOK 350 (KRW 46,700)
단체 (20인 이상)	–	NOK 150 (KRW 20,000)
학생, 군인	–	NOK 110 (KRW 14,700)

⊘ 운영시간

🏛 케이블카 운영시간

일자	시간	마지막 운행시각
5월 15일 – 8월 15일	10:00 – 01:00	00:30
8월 16일 – 5월 14일	10:00 – 22:00	21:30
30분 주기로 운행 / 결혼식, 기타 이벤트, 날씨에 따라 운영시간 변동		

---

51) 극지방 탐험, 원정, 낚시 부문에서 선두를 달리는 현지 운송업체
52) 케이블카, 스키 리프트 업체
53) 케이터링, 식음료 업체

◎ 입장객(관광객)수

북극지방에 위치한 지리적 특성으로 트롬쇠 방문은 대부분 하절기인 6월에서 8월에 집중된다. 특히, 2016년 7월의 경우, 최근 7년간 가장 많은 방문객이 트롬쇠 케이블카를 찾았고 총 28,000명에 달하는 관광객이 이용한 것으로 기록되었다. 매출 역시 관광객 수와 마찬가지로 하절기인 6월부터 8월에 큰 비중을 두고 있다. 가장 많은 관광객들이 방문했던 2016년 7월에는 375만 크로네(한화 약 5억 원)의 매출을 달성하였다.

(2) 특징

◎ 캐빈의 특징

트롬쇠 케이블카의 제조사는 1960년 Brødrene Jakobøsens Rederi사가 착공하여 1961년 2월 22일 정식 개통하였다. 시공사의 상징인 북극곰과 바다표범 그림이 캐빈에 그려져 있다. 총 2대의 케이블카가 운영되며, 길이는 752m, 운행시간은 약 4분이며, 1대 당 최대 수용인원은 28명이다. 1시간에 약 360명이 이용할 수 있다.

- 제조회사 : Brødrene Jakobøsens Rederi
- cabin 대수 : 2대
- 길이 : 752m
- 운행시간 : 약 4분
- 캐빈 최대 수용인원 : 28명/1대
- 시간당 최대 운송인원 : 360명/시간
- 승강장 최고 높이 : 해발 421m

출처: 하단 각주 참조54)55)

✳ 그림 51 북극곰과 바다표범이 그려진 케이블카

▷ 승강장(terminal)

2개의 승강장으로 구성되어 있으며, 하단 승강장은 교외지역인 트롬스달렌 지역에, 상단 승강장은 해발 421m에 위치한 스톨스티넨 산에 위치하고 있다. 케이블카를 승선한 4분간 동안 관광객들은 트롬쇠의 파노라믹한 도시 및 해양경관을 조망할 수 있다. 상단 승강장의 야외 전망 테라스에서는 도시와 노르웨이해, 그리고 섬들, 피오르드(해안선 안쪽으로 들어온 깊은 빙하 계곡에 바닷물이 채워져 형성된 계곡56)) 등 북극의 해양자연경관 감상이 가능하다.

▷ 특징

트롬쇠 케이블카는 특히 하계절에 관광객들로 붐빈다. 노르웨이, 스웨덴, 핀란드 등 북유럽에서 한여름 관찰할 수 있는 한 밤중의 태양, 백야현상을 보기 위한 크루즈 관광객들의 해양관광목적지가 되기 때문이다. 반면, 동계절에는 오로라가 관측 가능하다. 이곳에 위치한 승강장 레스토랑에서는 식음료를 즐기며 북유럽의 북극해 해양경관을 감상한다. 또한 결혼식, 생일파티, 미팅 등을 진행하거나, 소규모의 재즈페스티벌도 열리는 등 다양한 크고 작은 이벤트들이 개최되기도 한다.

---

54) https://www.hurtigruten.com/

55) 출처 http://www.nordnorge.com/EN-nord-troms/?News=472

56) ⓒ QA International2012 www.ikonet.com

✷ 그림 52 상단 승강장에서 볼 수 있는 풍경 및 이벤트

(3) 역사와 가치

트롬쇠 케이블카는 트롬쇠 해협을 지나는 트롬쇠 브리지(Tromsø Bridge)[57]의 개통을 기념하여 건설되었다[58]. 1958년에 케이블카 건설을 시작해서, 트롬쇠 브리지가 개통되고 몇 달 후인 1961년 2월 22일 공식 개장을 하였다. 스칸디나비아항공과 협력(sponsorship)을 통해 노르웨이와 해외 관광산업 관계자들과 기자들을 대상으로 FAM투어를 개최하였다. 개통식에 학생들을 참여시키기 위해 휴교를 하기도 하였다.

✷ 그림 53 트롬쇠 브리지의 전경

---

57) 트롬쇠가 위치하고 있는 트롬쇠야 섬과 본토를 연결하는 다리 [출처] 두산백과
58) http://terms.naver.com/entry.nhn?docId=1382965&cid=40942&categoryId=31931

그러나 1979년 화재발생 이후 오랜 복구작업을 거쳐 1992년도 재개장 하였다. 2015년 9월부터 2016년 4월까지 6천 8백만 크로네(한화 약 89억 5천만 원)를 투자, '현대화'작업을 진행하여 새로운 곤돌라, 기계장치, 새로운 휠체어 리프트를 도입하였으며, 상단 승강장에 파노라마 테라스를 확장하였다.

✳ 그림 54 새로 도입한 케이블카의 모습

역사적 가치로는 트롬쇠 해협을 지나는 트롬쇠 브리지의 개통을 기념하여 건설되었다는 것이다. 문화적 가치로는 유럽 내 오로라(aura) 관측 지역에 존재하는 유일한 케이블카라는 점이다. 환경적 가치는 북극의 피오르드 지형을 관측할 수 있는 우수한 해양경관조망지점을 제공한다는 것이다.

3) 결론

해양도시들은 세계관광시장에서 해양관광목적지로 브랜드를 구축하기 위해 바다를 매개로 도심관광을 활성화시키는 전략을 구축하면서 다양한 해양관광매력물 개발에 투자를 하고 있다. 도시경쟁력 제고 차원에서 도시의 기반시설이며 동시에 교통수단의 기능을 수행하는 케이블카는 도시민의 랜드마크이며, 관광객의 체류시간 증대에 기여한다.

케이블카는 최근 가장 많은 관심을 받고 있는 관광매력물로 자리매김하고 있다. 해양관광목적지의 관광매력물로써 케이블카는 비교 및 경쟁우위를 지닌 확실한 대안으로 높은 경쟁력을 지니고 있으며, 관광목적지의 지속가능한 개발에도 기여한다. 케이블카의 가치를 새롭게 인식해야할 때이다.

4. 마리나

> 해양관광목적지의 꽃, 해양관광의 멀티플레이어가 되다.

1) 개요

마리나는 해양관광의 전진기지이며, 리조트형 해양관광목적지의 핵심시설로 위상을 지니고 있다. 해양관광산업의 핵심산업으로 마리나산업의 중요성은 마리나가 지닌 특징과 무관하지 않다. 마리나산업은 융·복합 산업으로 지역경제에 다양한 경제적 파급효과를 나타내는 해양관광산업의 결정체에 해당된다. 마리나산업은 선진국을 비롯하여 개발도상국에 이르기까지 정부주도하에 개발이 진행되는 경우가 많다. 막대한 초기 투자비용 뿐만아니라 공유수면 점용과 관리의 법적 전제하에 개발이 진행되기 때문이다.

최근 우리나라에서도 마리나항만 수정계획(해양수산부, 2015)을 발표했다. 소득여건의 개선으로 자유시간 증가와 레저활동에 대한 수요가 점차 높아지면서, 연안에서의 독특한 해상레저스포츠에 대한 관심도 증가하는 것으로 보고 있다. 그러나 해양관광활동 참여인구의 지속적인 증가는 세계적인 추세이며, 새로운 일자리 창출이 일어나기 때문에 정부에서 종합적인 대책을 강구하여 실행에 옮기는 것은 당연한 시대적 요구이며 사회현상이라 할 수 있다. 이를 통해 풍부한 해양관광자원과 마리나항만의 연계개발을 통하여 지역경제발전 국가경쟁력 제고 및 경제발전에 기여할 것으로 전망된다(해양수산부, 2015).

다만 문제점으로 연안의 지방자치단체간 중복 투자를 방지하고, 시설수요에 부합
된 적정수준의 마리나항만 개발유도를 위해서 국가차원의 법정 기본계획의 수립이
우선시 된다. 또한 해양관광 육성 및 연관 산업과의 유기적 체계 구축 및 국가의 전
략적 기간산업으로써 마리나와 마리나산업에 대한 인식의 전환이 요구된다. 여기에
서는 사례분석대상으로 일본의 라구나 마리나를 분석하였다.

2) 사례분석 : Laguna Manina(ラグーナマリーナ)[59], 일본

" 프리미엄 마리나를 통한 복합해양관광목적지 "

레크레이션 시설과 수영장을 포함하여 쇼핑, 레저, 오락이 모두 가능한 첨단 종합
해양레저 복합시설로서 일본 중부권을 대표하는 마리나로 인식된다. 또한 마리나와
더불어 인공해수욕장까지 조성된 미래형 해양레저 관광목적지라고 할 수 있다.

일본 중부권 거점도시인 나고야 연안에 위치한 일본 중부지방 최대의 마리나라는
입지의 특성상 계류비용도 높다. '경제력이 있는 자를 위한 호화 마리나'라는 이미지
가 강하며, 고가의 신형 요트들이 많이 정박해있다. 또한 계류장별 여유 공간이 충
분하여 입출입시 충돌위험이 낮으며, 회전시 어려움이 적어 일본산 요트 보다 북미
유럽산 요트들이 많은 비중을 차지하고 있다.

✴ 그림 55 라구나 마리나 위치

---

59) http://www.lagunamarina.co.jp, http://www.marinajapan.jp/index.html

(1) 개요

◎ 물리적 특징

- 위치 : 일본 혼슈(本州) 아이치현(愛知縣) 나고야(名古屋) 남동쪽 매립지
- 총면적 : 350,000㎡
- 소재 : 아이치현 가마고오리시 카이요우쵸 2-1(〒443-0014 愛知縣 蒲郡市 海陽町 2丁目1番地)
- 설립(운영개시) : 2001년 4월 1일
- 개발 기간 : 1995년 사업시작/ 1997년 매립완료/ 2001년 마리나 건립/ 2005년 종합해양레저시설 완공
- 재원(투자규모, 사업비) : 980억엔(매립비용, 테마파크, 쇼핑센터 포함)
- 개발 주체 : 아이치현, 가마고오리시 51%, 금융권 기업 등 49%
- 개발 운영 : 라구나 마리나가마고오리개발주식회사(ラグナ蒲郡開発株式会社)

◎ 운영방식(2015년 현재 운영시간)

- 운영 : 주식회사 라구나 마리나(LAGUNA MARINA CO., LTD.)
- 운영시간 : 09:00-17:00(5월1일~9월30일의 공휴일은 08:00-18:00)
- 매출 : 100억엔(2010년)
- 조직현황 : 운영부서-마리나 사업부 / 인원-8명(수리시설, 판매시설, 레스토랑 등의 인원 제외)
- 회원이용 요금
- 해상 : 등록비-54,000엔 / 이용료-구획 및 berth(길이F×폭m)에 따라 차등(S면: 237,600엔~615,600엔, M면: 648,000엔~1,451,520엔, L면: 1,350,000엔~2,430,000엔)
- 육상 : berth(길이F×폭m)에 따라 차등(이용료: 259,200엔~1,404,000엔)
- 크레인사용료 : 길이에 따라 차등(1회 이용: 5,400엔~41,040엔, 연간 이용: 112,320엔~351,000엔)

(2) 주요 시설 및 특징

◎ 주요 시설

- 부지 50,000㎡ / 건축연면적 7,000㎡
- 요트장 시설 : 클럽하우스, 수리공장, 로커, 페스티발피아(festiavalpia)

- 기반 시설 : 부지확보 매립(1997년 매립완료)/방파제: 직립소파식(直立消波式)[60] 길이 350m, 420m(2개)
- 계류 시설 : 오너용: 150척/ 방문객용: 30척/육상 21,336m까지 가능 200척
- 지원 시설 : 크레인 2대(무인 조정 가능)/급유 시설(경유 2, 휘발유 1)/ 수리시설 (수리조선소)

◈ 운영 시설

- 클럽하우스 : 2층 건물(판매시설, 사무실, 샤워실, 회원라운지, 회의실)
- 서비스시설 : 선원 로커, 급유 시설, 급수·충전 시설, 레스토랑, 페스티발피아
- 주차장 : 요트 전용 300대(전체 3,000대 수용)
  ※ 시설 주변에는 1992년 미국 월드컵에 첫 도전 한 "일본 도전 JPN-26"전시 및 '바람의 기념비"
- 연계시설 : 테마파크, 쇼핑센터, 스파 시설, 맨션, 해변녹지&슬립웨이[61], 학교(해 양 학원)

✤ 그림 56 해상에서 본 라구나 마리나 전경

◈ 특징

　라구나 마리나가 위치한 가마고리 지역은 지리적으로 깊은 내만 지형이 형성되어 있어 비교적 정온해역에 해당된다. 이로 인해 하구나 항구에 무료로 정박하는 곳이 많아 고가의 요트가 아닌 경우, 요트나 선박들이 대부분 마리나를 잘 이용하지 않는 특징도 있다[62].

---

60) (해양과학용어사전) 소파 기능을 가지는 직립제 방파제. 전면이 연직인 벽체로 만들어 파에너지를 반사하는 시공법으로 사용재료가 적게 들고 제체를 투과하는 파가 없다는 장점으로 하부지반이 견고해야하고 반사파의 영향이 크다는 단점이 있다.
61) 항구나 접안장에 형성되는 구조물(경사면)로 요트를(육지⇔바다) 이동할 때 이용
62) http://www.yachtpia.com「라구나의 요트들」

철저한 수익성을 목표로 시행된 라구나 마리나사업은 육상에 150척, 해상에 200척가량 요트 계류가 가능하지만 마리나산업이 더 활성화될 미래수요를 반영하여 안쪽으로 1,000석 규모의 계류 공간도 사전 확보해 놓은 상태이다[63]. 수익사업으로 '야마하 보트면허교실'강습 장소로 활용하며, 야마하 보트대여 클럽 'Sea-Style'운영으로 보트가 없는 면허취득자에게 대여하고 중고 보트도 전시 판매하고 있다. 회원제 '해상구조서비스 시스템'인 BAN의 협력 마리나로서 구조 요트선박의 출동에서 견인, 구조활동에 이르기까지 해상안전을 지키는 스테이션으로 중요한 역할을 수행하고 있다. 종합 해양레저거점으로서 풍부한 서비스를 모두 갖춘 라구나 마리나는 지역의 자생적인 요트클럽과 활발한 요팅 활동에 참여하고 있다. 또한 '라구나 마리나 일루미네이션'행사는 11월4일부터 이듬해 1월 4일까지 계류 중인 요트에 크리스마스 전등을 장식하여 저녁시간에 점등하는 이벤트인데, 매년 아름다운 마리나경관을 촬영하기 위해 매스컴과 관광객들이 방문하는 대표적인 관광매력물로써 라구나 마리나의 브랜드 가치를 확산시키는데 기여하고 있다.

3) 역사 및 가치

⊘ 개발목적 및 추진 과정

1960년대 후반 무렵까지 가마고리시 오오츠카해안 해수욕장은 많은 해수욕객으로 붐비는 해양관광목적지이었으나, 1959년 '이세만 태풍(伊勢湾台風)'과 '국도 23호 우회도로 개통', 주변지역의 대규모 택지조성 등의로 인하여 해수욕객 감소를 초래하였다. 1985년 시의회에서 '바다의 카루이자와 구상'이 제시되었고, 1987년에 '종합보양지역정비법(일명 리조트법)'이 시행되면서 1991년부터 본격적인 해양관광목적지 개발이 시작되었다. 가마고리시 오오츠카 해변 약 1,200,000㎡(나고야 돔 25개 분량)을 매립하여 마리나와 수상스포츠 파크, 페스티벌 마켓, 리조트, 아파트, 별장 건설이 추진되었다. 아이치현 가마고리시, JR 도카이, 도오타 자동차, 야마하 발동기 등 민간 기업 9개사에서 출자한 제3섹터형 '가마고리해양개발'이 설립되어 전체적인 개발계획을 주도하면서 체계적인 계획들이 추진되었다(명칭 '러그 넉스 아일랜드 가마고리').

---

63) blog.naver.com/swnam65 바다에 쓰는 수필, 본관 1층 전시 모형

1999년 1월 18일 명칭을 '라구나 가마고리'로 변경하고 2001년 4월 1일 중부 지역 최대 규모의 마리나 '라구나 마리나', 2002년 4월 25일 테마파크 '라구나 시아이', 5월 16일 '페스티벌 마켓'이 개장하면서 '라구나 가마고리'의 주요 시설이 완성되었다. 매립지 내에 인공수로를 조성하여, 개별 별장을 건설하여 보트 등으로 이동할 수 있도록 할 (하우스텐보스 사례와 동일)계획 예정이었지만, 현재(2015년 2월) 시에서 계획 검토 중이다.

2014년 8월 1일, HIS가 설립한 주식회사 '라구나 텐보스'는 '가마고리 해양개발'에서 '라구나시아'(행사, 관광 명소, 놀이공원, 수영장사업), '라구나 페스티벌 마켓'(음식점, 기념품 판매부문), '해수 요법'(온천시설 부문)을 인수하여 명칭도 '라구나 텐보스'로 변경하였다. 나가사키현 사세보시에 있는 테마파크 '하우스 텐보스'와 자매시설이 되었다. 또한, 2016부터 2017년도에 걸쳐 해양학원 북쪽 160,000㎡ 예정지에 200개의 '스마트 호텔'건설을 계획하고 있다.

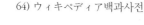 그림 57 라구나 마리나 일루미네이션

주요 이슈

라구나 마리나의 개발운영을 맡고 있던 '가마고오리 개발주식회사(ラグナ蒲郡開発株式会社)'도산. 개장 전에 부채 탕감을 받은 일본 최초의 회사로 당시 모든 부채는 도요타자동차가 맡고, 아이치현과 민간기업이 140억원 증자를 감행하였지만 계속되는 누적 경상수지 적자로 인해 결국, 2015년 1월 주주총회에서 해산 결의하고, 2월18일자로 나고야 지방법원 토요하시 지부에 의해 특별 청산 개시 결정을 받아 최종 도산처리되었다(부채: 313억9100만엔)[64].

---

64) ウィキペディア백과사전

◯ 가치

환경적 가치로는 주변에 나고야, 가마고리, 도요하시 등 배후에 인구밀집 도시가 인접하여 잠재적인 요트등 해양레저 수요가 풍부하다. 특히, 나고야만은 자연적으로 형성된 대형 만(灣)으로 최대의 해양레저 환경을 갖추고 있어 잠재적으로 해양관광객이 방문하여 해양레저를 하기에 최적의 목적지이다. 문화적 가치로는 일본 중부지방 최대의 마리나로써 종합해양관광목적지를 지향하고 있으며 육상시설에는 대형 놀이기구가 랜드마크 역할을 하고 있다. 클럽하우스, 수영장, mall, 식당가, 뷰티샵, 리조트 뿐만아니라 워터프론트 주상복합단지가 개발되어 있어 마리나등 해양경관을 활용한 활용한 부동산개발이 지역의 투자가치를 높여주고 있다.

주변에 관광매력물로 나고야항 수족관(名古屋港水族館)[65], 나고야시 과학관(名古屋市科学館, Nagoya Science Museum)이 위치하고 있어 육상과 해상을 연계하는 다양한 패키지형 투어도 가능하다.

4) 결론

해양선진국의 경우 마리나가 요트 계류장의 기본 역할에 충실하면서 클럽하우스, 테마파크, 수족관, 해양박물관, 숙박시설 등과 연계한 종합해양레저 환경을 갖춘 해양관광목적지로 인식되고 있다. 그러나 우리나라의 경우, 대부분의 마리나는 체육시설로 인식되며, 지방자치단체의 시설관리공단에서 관리하고 있는 실정이다. 민간기업의 투자와 참여를 통한 마리나산업의 육성은 세계적인 트렌드임을 감안할 때, 현재 우리나라의 마리나정책은 해양관광 경쟁력제고에 기여하는 방향으로 조정이 요구된다. 세계마리나산업의 역동적인 트렌드에 대한 탄력적 대응을 갖추기 위해서 마리나를 종합적인 해양관광목적지로 인식하여 다양한 복합매력물을 조성하고 지역의 랜드마크로 브랜드화를 추진할 필요가 있다. 또한 계절적 한계를 지닌 우리나라의 자연환경을 고려하여 하계절 이외 마리나에서 다양한 해양관광활동을 수용할 복합매력물의 개발과 아울러 지역주민의 레저참여기회 확대를 위한 교육기능도 제공하며, 해양축제의 거점과 같은 역할을 수행할 필요가 있다.

---

65) http://www.nagoyaaqua.com

[참고 : 이용요금]

1. 해상계류장

① 해상계류장 구역 도면

❋ 그림 싱글 바스

❋ 그림 더블 바스

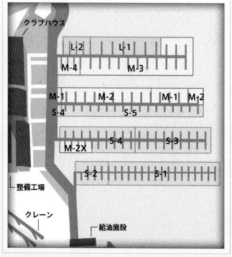

② 사용료 (단위: 엔, m)

구획	요금	길이	폭	구획	요금	길이	폭
S–1	237,600	50이상~6미만	3.0 미만	M–1	1,026,000	120이상~13미만	4.3미만
	313,200	60이상~7미만		M–2	734,400	100이상~11미만	4.3미만
	378,000	70이상~8미만			928,800	110이상~12미만	
S–2	270,000	50이상~6미만	3.0 미만		1,134,000	120이상~13미만	
	345,600	60이상~7미만		M–2X	881,280	100이상~11미만	4.3미만
	432,000	70이상~8미만			1,114,560	110이상~12미만	
S–3	453,600	80이상~9미만	3.8 미만		1,360,800	120이상~13미만	
	540,000	90이상~10미만		M–3	1,209,600	130이상~15미만	4.6미만
S–4	496,800	80이상~9미만	3.8 미만	M–4	1,451,520	130이상~15미만	4.6미만
	572,400	90이상~10미만		L–1	1,350,000	150이상~17미만	5.1미만
S–5	540,000	80이상~9미만	3.8 미만	L–2	1,620,000	150이상~17미만	5.1미만
	615,600	90이상~10미만		L–3	2,030,400	170이상~20미만	5.5미만
M–1	648,000	100이상~11미만	4.3 미만	L–4	2,430,000	170이상~20미만	5.5미만
	842,400	110이상~12미만		–	–	–	–

※ 급수 및 전기 공급 가능(S-1~4, M-1은 전기 공급 안됨)

2. 육상계류장

① 도면

✳ 그림 육상계류장

✳ 그림 크레인(무인조정 가능)

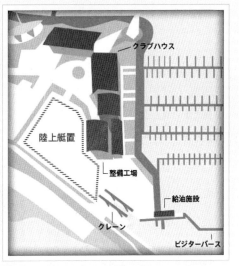

② 사용료 (단위: 엔, m)

길이	폭	요금	길이	폭	요금
5이상~6미만	2.6미만	259,200	10이상~11미만	4.0미만	648,000
6이상~7미만	2.8미만	334,800	11이상~12미만	4.1미만	756,000
7이상~8미만	3.0미만	410,400	12이상~13미만	4.3미만	1,134,000
8이상~9미만	3.6미만	486,000	13이상~14미만	4.6미만	1,242,000
9이상~10미만	3.8미만	561,600	14이상~15미만	4.6미만	1,404,000

3. 크레인 사용료 (단위: 엔, m)

길이	1회	년간계약요금	길이	1회 요금	년간계약요금
탑재정	5,400	–	11이상~12미만	15,120	196,560
8미만	8,640	112,320	12이상~13미만	17,280	224,640
8이상~9미만	9,720	126,360	13이상~15미만	27,000	351,000
9이상~10미만	10,800	140,400	15이상~17미만	34,560	–
10이상~11미만	12,960	168,480	17이상~20미만	41,040	–

크기	1일	6시간 이내	크기	1일	6시간 이내
5미만	2,550	1,700	12이상~13미만	6,630	4,420
5이상~6미만	3,060	2,040	13이상~14미만	7,140	4,760
6이상~7미만	3,570	2,380	14이상~15미만	7,650	5,100
7이상~8미만	4,080	2,720	16이상~16미만	8,160	5,440
8이상~9미만	4,590	3,060,	16이상~17미만	8,670	5,780
9이상~10미만	5,100	3,400	17이상~18미만	9,180	6,120
10이상~11미만	5,610	3,740	18이상~19미만	9,690	6,460
11이상~12미만	6,120	4,080	19이상~20미만	10,200	6,800

4. 주요시설

※ 수상오토바이 이용 금지

✹ 그림 클럽하우스

✹ 그림 수리공장

✹ 그림 급유시설

✹ 그림 JPN-26

✹ 그림 중고요트전시장

✹ 그림 라구나 마리나 조감도

5. 등대 (Lighthouse)

> 등불은 어둠을 밝힌다

1) 개요*

등대의 가장 중요한 기능은 항행지원이다. 즉, 야간에 바다를 항해하는 선박의 안전지원이 등대의 가장 중요한 존재 이유가 된다. 인류 최초의 배가 바다에서 항해를 시작한 이래 수천년에 걸쳐 등대는 그 고유한 역할을 수행해왔다. 그러나 오늘날 인공위성과 같은 첨단과학기술을 기반으로 한 장비와 시설도입으로 등대의 항행지원시설로써 고유한 기능은 대체되고 있는 실정이며, 이러한 상황은 무인등대 운영의 가속화를 촉진하는 계기가 되었다.

한편 항로표지[66]로써 등대는 일반인의 접근이 어려운 지리적 장소에 위치해 있는 경우가 많다. 등원의 조도를 높여 야간 해상선박으로부터 등불식별을 용이하게 하여 안전을 확보하는 것이다. 또한 등대주변의 다른 광원을 지닌 직간접적 조명이나 인공조명의 간섭을 최소화하는 기능상의 이유도 있다. 20세기 초반까지도 기술적 측면에서 등불의 재료와 반사경의 기술력 한계로 인해 등대의 위치는 기존 도심에서 이격되어 존재하였다. 따라서 등대의 관리와 운영을 위해 등대지기가 필요했던 이유이며, 등대지기를 위한 관사와 주거기능이 등대의 주요시설로 갖춰진 이유였다.

---

66) 항로표지 : 해상교통 인프라 확대, 항만공사 및 해양레저활동 증가 등에 따라 2016년도 기준 최근 8년간 무인등대, 등부표 등 항로표지가 138% 증가
  * 등대에 관한 자세한 연구는 (양위주(2015) 등대-해양관광매력물 프로젝트. 동양출판사) 참고

구분	2008	2009	2010	2011	2012	2013	2014	2015
유인등대	41	39	39	39	37	37	37	38
무인등대	827 (143)	868 (145)	890 (149)	907 (156)	935 (166)	964 (171)	993 (182)	1,029 (189)
기타표지 시설	1,485 (1,288)	1,623 (1,257)	1,645 (1,369)	1,685 (1,373)	1,743 (1,537)	1,789 (1,672)	1,771 (1,739)	2,189 (1,797)
합계	2,353 (1,431)	2,530 (1,402)	2,574 (1,518)	2,631 (1,529)	2,715 (1,703)	2,790 (1,843)	2,801 (1,921)	3,256 (1,986)

*출처 : 해양수산부 행정자료 / ( )는 사설 항로표지시설 숫자임 (단위 :개소)

　그러나 오늘날 도시의 팽창과 새로운 관광목적지를 추구하는 이해관계의 부합은 등대에도 적용되고 있다. 등대의 위치는 기본적으로 육지의 끝단이나 섬 등 기존 생활권과 지리적으로 물리적 거리가 이격된 곳에 있어, 과거에는 이러한 공간적 위치가 접근성 제약으로 작용하였으마 지금은 등대와 주변 자연경관이 오히려 매력적인 해양경관 조망지점을 형성하고 있다. 이는 등대경관이 관광매력물로써 부가가치를 창출시키며 해양관광목적지로 위상을 잡는데 중요한 기능을 제공하고 있다.

　또한 무인등대화는 기존 등대 공간이 관광체험의 중요한 목적지로 적용되는데 일조하고 있다. 기존 관사를 숙박시설이나 기념품가게나 레스토랑으로의 전환이나 등대의 박물관 추진, 등대주변의 해양공원화등이 등대의 관광목적지로 인식전환을 돕고 있다. 이러한 등대의 관광매력물 전환의 트렌드 가운데 간과하지 말아야할 것은 등대가 지닌 역사적 가치를 어떻게 보존하는가의 문제이다. 특히, 어떤 등대의 경우, 유엔문화유산으로 지정을 받아 보존 건축물로의 가치가 인류의 문화유산에 지정될 만큼의 역사적 가치를 인정받고 있는 현실도 직시해야 한다. 이는 미국이나 유럽의 많은 국가들이 등대의 관리와 운영을 정부가 아니라 지역의 역사단체나 협회에 권한을 위임하는 이유가 된다.

2) 사례분석 : Les Eclaireurs, 칠레

> 　　　　세상의 끝, 그곳에서 발견한 빛은 새희망으로 되살아난다

　'무한도전'에 방영된 칠레의 '세상의 끝' 푼타 아레나스(Punta Arenas). 그러나 관

광목적지로써 '꼭 방문해보고 싶다'라는 호기심을 자극한 것은 홍콩영화 해피투게더(원제:Buenos Aires 1997)에 잡힌 한 장면(scene)에서 비롯되었다. 등대를 배경으로 연출된 감각적인 장면은 많은 사람들의 기억에 자리 잡았다. 아르헨티나와 칠레의 남쪽에 위치한 비글해협에 위치한 등대 Les Eclaireurs. 이 등대는 우슈아이아(Ushuaia) 바다 입구를 지키고 있으며, 과학기술의 발전으로 현재 원격 및 자동화로 운영이 되고 있다. 일반 대중에게는 공개가 되지 않는다. Les Eclaireurs는 프랑스어로 '깨우침을 주는 사람'이라는 뜻을 지니고 있다.

> "거기 등대가 있는데 실연당한 사람들이 많이 간대!.
> 슬픔을 다 버리고 온대!. 넌 여기서 유일한 친구였어. 목소리를 녹음해줘.
> 기념으로 가지고 싶어. 사진은 싫거든. 네 슬픔을 세상 끝에 묻어둘게"
>
> – 영화 '해피투게더'가운데 –

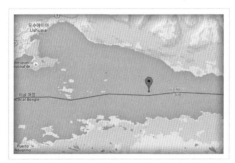

✳ 그림 58 Les Eclaireurs 등대의 위치 (지도)

✳ 그림 59 Les Eclaireurs 등대 주변환경

✳ 그림 60 Les Eclaireurs 등대 전경

(1) 개요

◎ 물리적 현황

- 위치 : 아르헨티나 우수아이아로 부터 9.3km(5마일) 북동쪽
- 좌표 : 54°17″S 68°2″W
- 최초점등 : 1920년 12월 23일
- 건축재료 : 벽돌
- 타워형태 : 원통형
- 높이 : 11m
- 렌즈 : 자료 없음
- 광달거리[67] : 13.9km
- 등원 : 전기(태양전지 패널 사용)
- 매 10 초마다 해상 22.5m 위를 비춤

◎ 주요시설

등대 주변에는 가마우지와 갈매기 등 해양조류들이 서식하고 있다. Les Eclaireurs 등대 관광투어는 우수아이아에서 출발한다. 우수아이아의 관광인프라로는 우수아이아 국제공항, 크루즈터미널, 다수의 숙박시설, 박물관, 식당, 병원 등이 있다.

◎ 운영주체, 운영방식

Les Eclaireurs등대는 무인등대로써 원격조종되는 자동화시스템을 갖추고 있다. 등대가 위치한 섬으로의 출입은 금지되어 있으며 심지어 등대지기와 함께라도 입장이 불가하다.

여기에는 칠레-아르헨티나간의 역사적인 군사분쟁 발생지역이었기 때문에 군사적 목적으로 출입제한을 실시하고 있기 때문이다. 현재 등대는 아르헨티나령이며, 해군 수로 서비스(Servicio de Hidrografía Naval)에 의해 관리 및 운영되고 있다.

---

67) 광달거리(Range, 光達距離). 등대의 빛이 도달할 수 있는 거리. 기상상태에 크게 영향받는 것이 특징. 등화의 광도·대기의 투과율 및 관측자의 눈에 대한 가시조도 등 3요소에 의해 결정. [출처: 공길영편. 선박항해용어사전). 한국에서 가장 광달거리가 큰 등대는 오륙도등대 죽도등대 울기등대로 약 74㎞.

✳ 그림 61 우슈아이아 항구 전경

(2) 역사 및 가치

〉 역사

  등대건축은 1918년 12월19일부터 1919년 1월23일 까지 비교적 단기간에 조성되었다. 건축목적은 비글 해협을 항해하는 선박의 안전한 가이드역할인 항행지원이 주 목적이었다. 최초 건축과 관련된 스토리로 1918년 4월경 외교관 Vicente Fidel López 가 비글해협에 등대 설치 가능성에 대하여 검토하라는 명령을 받았으며, 그해 연말에 바로 착공을 시작한 것이 현재의 Les Eclaireurs 등대가 되었다. 비글 해협은 영국의 왕립군함 HMS Beagle호(영국 해군의 체로키급 브리그선(brig). 비글 이름은 사냥개 비글에서 유래, 특히, 비글호는 두 번째 항해인 1831년 찰스 다윈이 참여한 것으로 유명하다.[68])에서 명칭이 유래하였다. 원래 이 땅은 파타고니아(patagonia)남부

---

68) https://en.wikipedia.org/wiki/HMS_Beagle

티에라 델 푸에고(Tierra del Fuego) 원주민들의 영토였다고 한다. 그러나 백인에 의해 비글해협이 발견된 후, 대략 일년 만에 침략을 당해 그 원주민들은 멸족되었다고 전해진다.

이슈와 문제

등대가 위치하는 비글해협은 역사적으로 정치적으로 복잡한 문제들이 얽혀있는 분쟁지역이었다. 남미대륙 남단의 비글해협 주변의 섬의 영유권을 둘러싼 칠레-아르헨티나간의 100여년에 걸친 장기간의 영토분쟁 사건이었다. 결국, 양국은 1984년 1월에 분쟁의 조기해결을 내세운 평화우호선언에 서명하였고, 동년 10월 18일에 비글해협의 국경획정에 관한 조약의 의정서에 서명한 뒤, 1986년 11월 29일에 3섬

✳ 그림 62 크루즈 침몰사건
(출처 : https://es.wikipedia.org/wiki/Monte_Cervantes#/media/File:Monte_Cervante_Naufragio.JPG)

을 칠레령으로 하는 내용을 포함한 평화우호조약에 최종 서명하였다. 드디어 비글해협에 평화의 시대가 도래한 것이다.

사고와 관련하여 1930년도 독일 국적 MV Monte Cervantes 크루즈(20,000톤, 길이 159.7m, 14.5노트, 크루 325명) 침몰사건이 있었다. 당시 '남반구의 타이타닉'이라고 불린 MV Monte Cervantes 크루즈가 1930년 1월 24일 밤 12시40분경 항해 도중 해도에 나타나지 않은 바위와 충돌하여 Les Eclaireurs 등대 부근에서 침선한 사건이 발생하였다.

가치

우수아이아는 "세상의 땅끝마을"이라는 이미지와 함께 전세계 사람들에게 관심을 받는 해양관광목적지 이다. 방문한 관광객들은 '지구의 최남단 도시방문', 역사적인 '비글 해협 유람', '남극의 펭귄', 바다코끼리, 바다사자 등 다양한 해양동물 관찰 등 매력적인 해양관광경험에 참여할 수 있다. 또한 우수아이아에서 12㎞ 정도 떨어진 곳에 독특한 해양경관을 선사하는 티에라델푸에고 국립공원(Parque Nacional Tierra del

✳ 그림 63 티에라델푸에고 국립공원

✳ 그림 64 비글해협에 서식하는 동물들

✦ 그림 65 우슈아이아 이비자클럽 전경

Fuego)이 위치하고 있어 생태관광 참여도 가능한 경쟁력도 지니고 있다. 약 20㎢ 면적의 빙하활동에 의해 형성된 산과 하천, 호수 등이 빙하와 어우러져, 빙하 지형을 관찰하기에 좋은 생태관광목적지로 인식된다.

자연경관은 광대하고 아름다울 뿐만 아니라 공원 안의 폭포와 숲, 늪지대를 가로지르는 산책로에서는 산책과 캠핑 등을 즐길 수 있어서 관광자원으로의 매력도가 높다. 더불어 공원에는 원주민인 야마나족의 생활상을 보여 주는 유적도 많이 남아 있어 역사문화관광활동의 참여도 가능하다[69].

(3) 결론

티에라 델 푸에고 관광청(2015)에 의하면, 2015년 2월까지 우슈아이아 지역을 방문한 크루즈 관광객은 71,581명으로 추산되지만, 크루즈 관광객수는 향후에도 계속 증가할 것으로 전망하고 있다.

'세상의 끝', '지구 끝', '땅끝'이라는 감각적인 단어와 이미지가 풍부한 해양자원과

---

69) http://terms.naver.com/entry.nhn?docId=2074435&cid=43965&categoryId=43965&expCategory Id=43965

더불어 연출된 해양관광목적지. 그리고 영화의 배경, 호화유람선의 침선, 100년의 전쟁과 우호조약 등 풍부한 역사적 스토리를 지닌 등대는 다양한 관광시장의 수요를 충족시켜주는 문화관광 요소도 겸비한 해양관광목적지이다.

특히, '끝'이라는 물리적 거리로 인한 접근성의 한계를 극복하는 많은 해양관광매력물은 관광시장에서 경쟁우위 요소를 지니고서 해양관광목적지로써 위상을 나타내고 있다.

바다 & 지식 : IALA

IALA(International Association of Marine Aids to Navigation and Lighthouse Authorities, 국제항로표지협회(과거명칭 International Association of Lighthouse Authorities))

홈페이지 : http://www.iala-aism.org/

① 비영리재단

② 1957년 설립, 항해 전문성 수집과 자문 제공

③ 목적: 운항에 대한 지원의 개선과 조화를 통하여 전 세계를 운항하는 선박의 안전과 효율적인 운항을 지원

④ 모토 : "Successful voyages, sustainable planet."

⑤ 전 세계 80여 국가에 항해지원 관련 기술적 협력, 정보공유, 개선사항에 대한 조정 등 항해서비스 지원을 하는 대표기구

⑥ 총회(The General Assembly) 매 4년마다 개최, 24개국 협의체(The Council of 24 members) 매 2년마다 개최.

⑦ 4개의 Committees

• ENAV - e-Navigation;

• ARM - Aids to Navigation Requirements and Management - concentrating on management issues experienced by members;

• ENG - Engineering and Sustainability - concentrating on the engineering aspects of all aids to navigation and their impact on the environment, the Committee is also in charge of overseeing the IALA activities regarding the preservation of historic lighthouses and equipment;

• VTS - Vessel Traffic Services - concentrating on all issues surrounding VTS

기후적 한계가 존재하지만 특정 계절을 선호하는 목표시장에 대한 고려와 다양한 해양생물, 남극의 이미지를 연계하는 해양관광상품은 지구촌의 많은 관광객들을 불러일으키는 관광목적지로서 높은 관광가치를 보유하고 있다. 특히, 지구촌 끝에서 젊음을 발산하는 클럽의 존재는 우슈아이아의 또 다른 감춰진 매력이라고 할 수 있다.

6. pier

> " 육지에서 뻗어 나올수록 바다와 더 가까워지는 매력 "

1) 개요

피어는 일정한 간격으로 설치된 기둥(pillars)이나 파일(piles)에 의해 지지된다. 연안해역의 해상방향으로 돌출된 인공구조물로써 주요기능은 낚시용, 보트계류장, 방파제, 부두의 역할을 수행한다. 영어권에서는 Jetty, dock라는 단어와 유사하게 사용된다. 일반적으로 pier의 용어는 북미지역이나 호주에서는 항만의 부두로써 선박으로부터 화물을 선적하는 공간의 의미로 사용하였다. 반면, 유럽에서는 동일한 기능을 수행하는 단어로 port를 사용하고 있다. 따라서 유럽에서의 pier의 의미는 빅토리아 양식의 오락기능을 수행하는 피어(pleasure pier)로써 이미지가 강하게 남아있다.

피어 건축의 목적은 지역에 따라서 매우 다르게 나타나며, 대개 교량(bridges), 계류 및 선착장, 보도(walkways), 공원, 바다낚시 등의 장소로 이용된다. 규모는 다양하며, 구조는 단순한 목재구조물 형태에서부터 1,600미터 이상의 복합구조물 외관에 이르기까지 다양한 건축재료와 다양한 외관을 가진다.

✴ 그림 66 피싱피어

✴ 그림 67 Navy Pier, 시카고

✴ 그림 68 Scheveningen Pier, 네덜란드

일반적으로 피어의 유형은 3가지로 분류한다: 작업용 피어(working piers), 놀이공원용(pleasure piers), 낚시용 피어(fishing piers).

바다 & 지식 : the world's longest pier, Progreso Pier

출처 : NASA(2014)

- 특징 : 세상에서 가장 긴 피어
- 길이 : 6.5km(4miles)
- 위치 : 멕시코 유카탄주
- 멕시코 걸프만(the Gulf)에 면해 있음
- 용도 : 선박 하역용
- 분류 : working pier
- 역사 : 1985년 대형선박 하역을 위해 2km연장
- 현재 : 크루즈선박 기항지로서 매 100여척의 크루즈와 344,000명의 크루즈 승객들이 이용하는 명소

작업용 피어(working pier)는 보트계류장이나 선착장, 주차장, 여객터미널, 전차선로, 전철역, 보행자 통로 등 교통기능을 주로 수행하는 경우에 해당된다. 피싱피어(fishing pier)는 Fishing(낚시)과 Pier(피어)의 합성어에 해당된다. 육지로부터 바다까지 긴 다리(잔교)를 설치하고 끝부분에는 넓은 공간을 만들어 바다낚시가 가능하도

바다 & 지식: 미국의 중요한 역사적 피어들

스틸피어 (Steel Pier)

뉴저지주 애틀란틱시 위치. Pleasure Pier. 소유주는 Steel Pier Association. 개장년도 1893년. 개장기간 4월01 –10월30일. 다양한 오락시설 분포. 길이 300m.

퍼시피가 피어 (Pacifica Pier)

캘리포니아의 서쪽의 San Mateo County 위치. Fishing Pier. 퍼시피카(Pacifica)시에서 운영. 개장년도 1973년. 옛날에는 주변 하수처리시설 때문에 열악한 낚시환경. 현재는 최적의 낚시장소로 유명. 길이 400m.

Redondo Beach Pier

캘리포니아 Redondo Beach에 위치. 삼각형으로 이루어진 구조로 인하여 '끝이 없는 피어(Endless Pier)'라 명명. Pleaure Pier이며, 내부에는 쇼핑시설. 레스토랑 위치.

179

록 한 곳이다. 해상 인공구조물을 설치하여 낚시객을 유치하기 위해 설치한 낚시구조물로써 시설의 안전성 및 환경오염의 문제에 대처하기 유리하지만, 초기투자비 및 시설의 운영비용이 다소 높게 소요되며, 기상이나 해상환경의 변화에 의해 유지관리의 어려움이 따른다. 놀이공원용 피어(pleasure pier)는 피어상판에 놀이공원이 조성되어 있어 복합엔터테인먼트 기능을 수행하며, 해양관광목적지로서 기능을 수행한다.

2) 사례분석 : Busselton Jetty, 호주

세상에서 가장 '긴'목재 피어

✳ 그림 69 Busselton Jetty

✳ 그림 70 위성지도 모습

(1) 개요

▷ 물리적 현황

- 위치 : Busselton, Western Australia
- 좌표 : 33.6369˚S 115.3401˚E
- 길이 : 1,841 m(남반구에서 가장 긴 목재 피어)
- 소재 : 목재
- 유형 : 작업용 피어(working pier)
- 운영시간 : 24시간
- 요금 : 16세 이하 무료, 17세 이상 A$3
- 높이 : 마지막 끝 지점의 수심은 대략 8m

주요 시설

2001년 4월에 개장한 피어는 전체 길이가 약 2㎞(1,841m)이며, 해안선에서 연안 육역 방향으로 50m에서 시작된다. 공식운영 시간은 오전 8시30분부터 오후 6시까지로 되어 있으나, 24시간 개방되어 있다. 매표소, 기념품가게, 박물관(피어의 역사와 정보 제공), 계류장까지 전형적인 피어의 기능을 제공하고 있다. 특히, 보트 모형의 관광해설센터(Interpretive Center)가 있으며, 방문한 관광객들의 편의제공을 위해 제티 트레인(Jetty Train)을 운영하고 있다. 제티 트레인은 재단장 공사를 마쳐 2011년 복원 되어 현재까지 운행 상태에 있다. 소형기차로 관광해설센터(Interpretive Center)에서 출발하여, UWO(The Underwater Observatory: 수중전망탑)가 위치하는 지점까지 약 1.7km에 달하는 기차 선로를 45분 동안 운행한다. 기차는 총 50개의 좌석을 가진 승객용 차량과 유모차나 짐(cargo) 등을 실을 수 있는 화물용 1량이 있다. 기차는 매 정시마다 운행되며 기상여건 악화시 운행을 중단한다. 기차 요금은 3세 이하는 무료, 14세 이하는 A$6, 15세 이상은 A$12, 가족요금은 2명의 성인과 2명의 아이를 기준으로 되어 있으며 요금에는 Jetty Day Pass와 출발지점으로 돌아오는 것까지 포함이 되어 있다.

기차종착지에는 2003년 12월에 개장한 수중전망탑인 UWO(높이 13m, 폭 9.5m)가 있다. 해저 1층에는 작은 기념품가게가 운영되며 약 8m에 달하는 나선형 계단을 내

✳ 그림 71 UWO(출처 : expedia.com.au)

려가면 11개의 창문을 통해서 300여종의 해양생태계를 관람할 수 있다. 열대어와 산호도 볼 수 있으며, 장애우를 위한 리프트도 운영된다. 1회 투어시 총 42명의 제한된 인원만 관람가능하며, 요금은 14세 이하 A$15, 15세 이상은 A$32, 가족요금은 기차와 동일하게 구성되어 있고, 요금에는 기차무료탑승과 Jetty Day Pass, 40분의 가이드 해설이 포함된다. 또한 UWO에는 해저에서 나는 소리를 청취할 수 있는 hydrophone이라 불리는 2개의 마이크로폰이 설치되어 있어, 인터넷을 이용하여 해저의 Snapping Shrimp가 내는 소리도 청취할 수 있을 뿐만아니라 2개의 웹캠으로 UWO에서 서로 다른 방향의 영상도 관찰할 수 있다.

이슈

1978년 4월 4일 사이클론(태풍의 다른 이름) Alby는 호주의 서부와 남부해안에 막대한 피해를 끼쳤다. Jetty도 심각하게 훼손되었다. 이후 지역주민들이 주정부를 상대로 예산투입을 설득하여 보수비용을 책정 받았다.

민간부문에서도 1987년 〈The Jetty Preservation Society〉를 조직하여 2001년까지 약 1,400만원 정도 기금을 모금하였다. 1999년 12월 화재로 인해서 Jetty의 65m 정도가 소실되었고, 약 9억원 상당의 피해를 입었다.

❊ 그림 72 Jetty train

✹ 그림 73 여왕의 바론 릴레이 모습

✹ 그림 74 수영대회 모습

2001년 〈The Busselton Challenge〉라는 새로운 공동체를 설립하여, 6개월만에 이전 기금모금 속도 보다 빠른 속도로 단기간 약 2억원을 모금하는 성과를 발휘하였다. 2004년 사이클론에 의한 피해가 다시 발생하였지만 프로젝트는 계속 추진되었고 2011년 보수공사 프로젝트가 완료되었다.

영연방[70](Commonwealth of Nations, 英國聯邦) 축제의 일환으로 올림픽 성화 봉송과 유사한 여왕의 바톤 릴레이(The Queen's Baton Relay)[71] 메가이벤트가 개최되는데, 2006년 2월 바톤이 버셀톤 제티를 지난 후 스쿠버 다이버가 바톤을 들고 UWO를 지나는 모습이 TV로 중계되어 전 세계에 해양관광목적지로 이미지가 각인되었다.

---

70) 오스트레일리아·뉴질랜드·캐나다·몰타·말레이시아·싱가포르·방글라데시·인도·스리랑카·키프로스·나이지리아·가나·시에라리온·감비아·케냐·우간다·탄자니아·말라위·잠비아·보츠와나·스와질란드·레소토·세이셸·모리셔스·바하마·자메이카·도미니카·세인트루시아·세인트빈센트·그레나딘·바베이도·트리니다드토바고·가이아나·사모아·통가·키리바시·투발루·피지·나우루·솔로몬·파푸아뉴기니 등이며, 구성국은 영국 본국과 대등한 지위에 있는 주권국가이고, 그 집합체를 영국연방이라 한다. 구성국은 구(舊)영국제국의 식민지에서 독립한 나라이기 때문에 그밖의 다른 독립국가에서는 볼 수 없는 특수한 관계로 맺어져 있다. 일반적으로는 코먼웰스(Commonwealth)를 영국연방이라 부르지만, 구성국 중에는 오스트레일리아·뉴질랜드·캐나다와 같이 영국 본국과 국왕을 같이하는 군주제 국가도 있고 인도·가나와 같이 공화제 국가도 있어 엄밀한 의미에서는 연방이라는 표현이 정확하다고 볼 수 없다. 아일랜드공화국이 1948년에, 짐바브웨가 2003년에 탈퇴했다. 한편 남아프리카공화국은 1961년에 탈퇴했으나 1994년에 재가입했고, 파키스탄은 1972년에 탈퇴하고 2004년에 다시 가입했다. 2006년 기준으로 영국연방에는 53개국이 가입되어 있다(출처: 네이버지식검색).

71) 영국이 주관하는 The Commonwealth Game의 개막에 앞서 진행되는 세계적인 이벤트로써 릴레이(계주)를 통하여 여왕(엘리자베스)의 메시지를 전달하는 상징적 의미. 첫날 London의 Buckingham Palace에서 여왕이 첫 번째 주자에게 바론을 위탁함으로써 시작한다.

해양스포츠이벤트로는 매년 12월에는 철인 3종경기를 개최하는데 처음에는 제티를 따라서 약 3.8km 수영을 한 후, 울창한 숲길을 따라 180km를 자전거로 질주 한 후, 마지막에는 해안선을 따라 42.2km를 달리는 행사. 1996년에 시작된 이벤트는 이틀에 걸쳐서 7만원 정도의 참가비를 내면 참가조건 없이 참여가능하다. 매년 약 2,000명 이상의 경쟁자들이 동참한다. 또한 이와 별도로 1,841m의 제티를 한 바퀴 도는 수영 대회등도 개최된다. 문화이벤트로 2005년부터 버셀톤에서 개최된 호주서부 유일의 뮤직 페스티벌인 사우스바운드(Southbound)는 다양한 공연과 연극 등 참여 기회를 제공해준다.

◎ 운영 주체 및 운영 방식

제티의 운영주체인 BJECA[72]는 향후 5년간 Jetty 활동과 관련하여 미래전략계획을 발표하여 단체의 목적과 활동에 대하여 구체적 방향성을 제시하였다. 사이클론 Alby 이후 버셀톤 제티의 파괴와 훼손으로부터 보호, 유지 및 관리를 위한 기금모금을 목적으로 하는 것, BJECA 구성원은 버셀톤 제티의 가치를 알고 보호에 힘쓰는 사람이면 누구나 참여가능하다고 한다.

BJECA는 버셀톤시와 긴밀하게 협력하지만 독자적인 운영과 관리를 실행한다. 다만, 버셀톤시는 호주 주정부로부터 라이센스를 받아서 BJECA와 버셀톤피어에서 단위사업을 진행하는데, 연간 약 6억5천만원 정도의 관리기금모금에 기여한다. 소형기차, 수중전망대 등의 운영은 모두 BJECA에 의해서 진행되며, 시공무원 및 BJECA의 간부들로 이루어지는 Busselton Jetty Advisory Committee가 시와 시의회에 자문을 한다.

(2) 역사 및 가치

◎ 역사

Busselton/Vasse 지역은 농업을 주요 산업으로 매년 농산물 재배와 수확을 통해 수출하는 전통적인 산업구조를 바탕으로 한다. 1839년 주지사 Hutt은 지오그라프만(Geographe Bay)의 Vasse를 화물선적장으로 지정하면서, 버셀톤 지역에서 부두의

---

72) BJECA(The Busselton Jetty Environment and Conservation Association)민간단체로서 버셀톤 지역주민들에 의해 형성된 비영리 조직

✳ 그림 75 버셀톤 제티 관광 안내소

필요성을 제기하였다. 1851년 주정부에 부두유치 타당성에 대한 공식적인 요구서를 제출했으며, 이후 1853년 지역주민들의 지속적인 요구로 Jetty건설이 시작되었다.

1865년 선박정박이 가능한 구역에 약 176m 길이의 Jetty건설을 1차적으로 시작한 뒤, 1875년 131m의 추가공사가 진행되었고, 이후 90년의 기간에 걸쳐서 오늘날 약 1.8km까지까지 확장된 Jetty의 모습을 갖추게 되었다. 100년 이상 동안 피어의 목적과 기능을 충실히 수행한 Jetty는 한때 5,000척 이상의 선박출입이 가능한 부두로서 그 기능도 수행하였지만, Jetty는 공식적으로 1973년 정부방침에 의해 공식적인 부두로서의 기능을 정지하였고, 오늘날 피어로써 기능만을 수행하고 있다.

정부예산의 축소와 1978년 Alby의 피해로 인해 Jetty의 복원 및 유지 보수를 위한 기금은 민간단체와 지역주민에 의해 주도적으로 추진되었다. 1987년과 2003년 사이, 민간단체인 BJECA가 피어기능을 중심으로 Jetty에 대한 마스터플랜을 수립하여 실행에 옮기고 있다. 기차도입을 통한 교통서비스기능 확보, UWO와 관광해설센터(Interpretive Center) 건축을 위한 자금모금도 플랜의 일환으로 이해된다. 2009년 재단장을 위한 재정비공사를 개시하여 2011년 2월 약 270억원을 들인 피어보수공사를 완료하였다.

✴ 그림 76 글로체스터 나무

〉〉가치

2014년 CNN이 '세상에서 가장 예쁜 피어'로 선정하였다. 또한 '세상에서 가장 긴 목재형 피어'로서 선정되기도 했다. 또한 호주 서부지역에서 '사진찍기에 가장 좋은 해변'으로도 선정되어 우편엽서에도 자주 등장한다. Jetty는 UWO 건축을 통해 해저생태계 관찰을 가능하게 하므로 해양환경의 입체적인 이용을 가능케 했다는 점에서 주목을 받고 있다.

관광과 해양레저스포츠 목적지로서 최근 각광을 받고 있으며 서핑, 스쿠버다이빙 등의 다양한 해양레저활동에도 어울리는 해상여건을 제공하고 있어 향후 종합적인 해양관광목적지로서 가치 제고가 기대된다. 호주 서부지역 최대 도시인 퍼스(Perth)에서 자동차 거리로 1시간 30분에 위치하며, 프리미엄 와인을 생산하는 마가렛 리버(Margaret River)로 가는 길목에 위치하고 있어, Jetty는 해양관광체험뿐만 아니라 다양한 관광체험의 연계도 가능하다는 측면에서 Jetty의 관광경쟁력은 매우 높다.

〉〉관광 환경

제티가 위치한 버셀톤 시는 인구 2만명의 소규모 도시이다. 연안해역의 수심은 비교적 낮고 만(灣)의 입구가 넓은 초승달 모양을 형태를 지닌 지오그라프 만에 있다. Jetty는 매년 약 40만명 이상의 관광객이 방문하는 해양관광목적지로 주목을 받고 있다. 뛰어난 해양경관과 야간경관을 지닌 경관감상 목적지로서 뿐만아니라 다양한 이벤트도 개최지로서 Jetty는 다양한 부가가치를 창출하고 있다. 입구에는 관광해설센터 기능을 하는 등대, 각종 식당과 편의시설, 숙박시설, 미끄럼틀, 클라이밍이 가능한 소규모 엔터테인먼트시설에 이르기까지 다양한 매력물을 갖춘 해양공원이 위치하고 있다.

도심에는 다양한 역사적 문화적 유산들이 산재해있다. 1881년에 건축되어 2001년
도 역사적 가치를 인정받아 국가사적지로 등록된 Weld Hall, 호주서부에서 가장 오
래된 석조 교회인 St. Marys Church of England등이 관광매력물로 관광객의 관심을
받고 있다. 또한 버셀톤과 인접한 도시로는 번버리(Bunbury), 팸버튼(pemberton),
마가렛 리버 등이 위치하는데, 번버리 해안에서는 돌고래관찰이 가능하여 고래관광
목적지로 유명하다. 팸버튼은 글로체스터 나무(Gloucester Tree)가 유명한데 61m 높
이로 원래 숲을 감시하는 소방전망대였지만 지금은 새로운 관광체험을 제공해주는
관광매력물이 되고 있다. 마가렛 리버는 세계적 수준의 와인 농장에서 와인을 비롯
한 현지 예술품과 공예품 등을 구입할 수 있다.

(3) 결론

　호주 서부를 방문하는 관광객들은 버셀톤을 해양관광목적지로 인식한다.
Busselton을 방문하는 관광객들은 대부분 버셀톤 제티를 방문하게 된다. 제티의 아
름다운 이미지와 민간단체의 지속적인 관리, 시와 주정부의 예산지원 등은 오늘날
제티를 세계적인 피어로 포지셔닝하는데 기여하고 있으며, 다양한 부가가치를 창출
하는데 일조하고 있다.

미국의 피어들 : working pier vs fishing pier

벨 스트릿 피어 (Bell Street Pier)
• 워싱턴주 시애틀 위치. 유람선, 크루즈, 페리 등이 정박하는 선착장의 역할을 하는 피
　어(working pier). 다양한 편의시설 구비.
• 홈페이지: http://www.portseattle.org/Pages/default.aspx

크리스탈 피어 (Crystal Pier)

- 캘리포니아주 샌디에고 위치. 샌디에고의 랜드마크 기능. 아름다운 해안경관을 연출하는 전형적인 피싱피어(Fishing Pier). 캘리포니아의 낚시꾼들 사이에서는 가장 인기 있는 피어. 다양한 종류의 어종들을 낚시. 피어에는 피서용 숙박시설 보유.
- 크리스탈 피어 동영상: https://www.youtube.com/watch?v=AXQ5xtS1Mqo

산타크루즈 부두 (Santa Cruz Wharf)

- 미국 캘리포니아주 산타크루즈에 위치. Pleasure Pier로써 다양한 오락기능 수행. 1914년에 조성. 길이는 836.68m. 축제, 공연, 결혼식 등의 다양한 이벤트 개최.
- 홈페이지: http://www.cityofsantacruz.com/visiting/santa-cruz-wharf

피어 7 (Pier 7)

- 캘리포이나주 샌프란시스코 만에 위치. 낚시와 일반적인 산책을 제공하며, 해상공원. 바다와 햇살과 함께 휴식기능을 제공하는 고전적인 형태의 피어.
- 피어 7 의 동영상: https://www.youtube.com/watch?v=8dr5RW3TcEM

7. 수족관*

> 땅에서 느끼는 해저 파라다이스

1) 개요

수족관의 정의는 물속에 사는 생물을 모아 놓고 기르는 설비로 되어 있다. 기능은 물에 사는 생물을 그들의 생태 조건에 적합한 환경 속에서 기르고 진열하여 그들의 생태나 습성 따위를 여러 사람이 관찰할 수 있도록 한다.

「동물원 및 수족관의 관리에 관한 법률」 제2조(정의)에 따르면, "수족관"이란 해양생물 또는 담수생물 등을 보전·증식하거나 그 생태·습성을 조사·연구함으로써 국민들에게 전시·교육을 통해 해양생물 또는 담수생물 등에 대한 다양한 정보를 제공하는 시설로서 대통령령으로 정하는 것을 말한다. 또한 "해양생물"이란 「해양생태계의 보전 및 관리에 관한 법률」 제2조제8호에 따른 해양생물을 말한다. "담수생물"이란 「야생생물 보호 및 관리에 관한 법률」 제2조제1호에 따른 야생생물 중 강, 호소(湖沼) 등 물에 사는 생물을 말한다. 현재 우리나라 법률에 의거[73] 적용 대상인 수족관은, 2017년 5월 30일 현재, 해양생물 또는 담수생물을 전체 용량이 300㎥ 이상이거나 전체 바닥면적이 200㎡ 이상인 수조에 담아 보유 및 전시하는 시설을 말한다.

역사적으로 1830년 프랑스 보르도(Bordeaux)에 세계최초의 수족관이 개관되었다. 그로부터 20년 후인 1850년에 프랑스 파리에 있는 동물원내 두 번째 수족관이 탄생하였고, 3년후인 1853년에 영국 런던 동물원내 수족관 피시하우스가 개관되었다. 여기에는 유리수조를 이용한 수족실이 생겼기 때문에 이것을 세계최초의 수족관으로 인정하는 사람도 있다.

우리나라는 1977년에 부산시 용두산공원에 있었던 해양수족관이 최초이었으며,

---

73) 동물원 및 수족관의 관리에 관한 법률 시행령 제2조 제2항
* 자세한 내용은 (양위주(2005). 해양관광개발을 위한 해양수족관의 이해. 동양출판사.) 참고

해양관광 Coastal and Marine Tourism

그 후 1984년 순수 우리 기술에 의해 제작된 남산 서울타워해양수족관이 개관되었으며, 이후 63 씨월드, 코엑스, 아쿠아 플라넷, 부산시라이프 등등이 생겼다.

수족관은 육상에서 바다와 바다속 해양생태계를 접할 수 있는 좋은 매력물이다. 과거 전시 중심에서 최근 체험중심의 콘텐츠 도입이나 야간개장, 이벤트, 그리고 내부 다양한 편의시설을 갖춤으로 인해 복합해양관광매력물로서 기능을 수행하고 있다. 여기에서는 유럽 최대의 민물고기 수족관인 사라고사 수족관을 사례대상으로 검토하였다.

2) 사례분석 : 사라고사 수족관(Acuario Fluvial de Zaragoza), 스페인

> 유럽 최대의 민물고기 수족관

● 홈페이지 : http://www.acuariodezaragoza.com/

✳ 그림 77 홈페이지 첫화면

(1) 특징

- 주소 : Avda. JoséAtarés, s/n, 50018 Zaragoza[74], 스페인
- 시설 : 지하 포함 5층 건축물
- 지하 : 여과시설, 검역시설(수족관 생물의 질병 보호 및 치료)
- 1층 : 출입구, 강당, 기념품점
- 2층 : 관람객 교육을 위한 교실
- 3층 : 전시실과 사무실
- 4층 : 레스토랑
- 구성 : 43개의 수조(전 세계의 민물고기 전시), 60개 담수탱크(수달등 관찰), 별도의 13개 테라리움(Terrarium, 곤충, 양서류, 파충류 전시)
- 면적 : 7,692㎡ / 수조용량 : 3,000톤
- 개장 : 2008년
- 개발기간 : 2004.01월 - 2008.06월
- 건축비용 : 2,200만유로(약 350억원)[75]

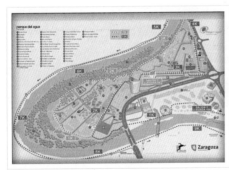

✳ 그림 78 2008 엑스포 행사장

✳ 그림 79 수족관 전체모습

- 운영주체 : 스페인 정부
- 디자이너 : 알바로 플라추엘론(Alvaro Planchuelo)

---

74) 스페인 북동부에 있는 사라고사 주의 주도. 지중해에 인접한 발렌시아에서 북쪽으로 약 300킬로미터, 수도 마드리드에서 북동쪽으로 300킬로미터 위치

75) http://article.joinsmsn.com/news/article/article.asp?total_id=3067478&cloc=

- 기본 개념 : 판게아(Pangaea)[76]에서 아이디어 구상
- 건축목적 : 물의 중요성을 각성시키며, 멸종 어류 홍보를 통해 지구의 수생태계를 살리자는 의미
- 이용료 : 어른 35유로(약 5만6000원) / 어린이 21유로(약 3만원)
- 영업시간 : 오전 10:00 - 오후 8:00

(2) 역사와 과정

⊙ 추진과정

✳ 그림 80 세계엑스포 개최지

---

76) 지질학적 시간으로 볼 때 고생대와 중생대에 있던 하나의 커다란 초대륙, 즉, 지구는 현재처럼 대륙이 분리되어 있었던 것이 아니라 한 덩어리로 되어 있었음

스페인 사라고사시가 2008년 세계엑스포[77] 개최지 선정. 당시(2003년) 프랑스에서 실시된 2008년 세계엑스포 개최지[78] 투표에서 사라고사 시는 이탈리아 트리에스테, 그리스 테살로니카시와 경쟁 끝에 개최지로 낙점되었다. 사라고사의 접근성이 중요한 영향을 끼친 것으로 알려져 있다. 스페인 제5의 도시로 자체 공항을 보유하고 있으며, 수도 마드리드와 경제 중심지인 카탈루냐 지방과도 고속전철로 연결, 이번 엑스포 유치를 통해 산업, 문화, 관광 중심지로 개발되어 스페인 중동부 경제권 핵심으로 부상을 도모하고 있다. 그리고 2008년 도시를 관통하는 에브로강(Ebro)을 모티브로 한 "물과 지속가능한 발전"의 테마 속에서 수족관이 탄생하게 되었다. 방문객 800만, 관광수익 1억3500만유로의 경제적 효과를 예측하였고 사라고사 지역경제 활성화에 큰 역할을 할 것으로 전망하였다[79].

77) 사라고사 2008 세계박람회(2012년 여수 엑스포 '살아있는 바다, 숨 쉬는 연안' 주제)
   • 기간 : 2008년 6월14일 ~ 9월14일
   • 참가국 : 100여개 국가
   • 관람요금 : 어른 35유로, 어린이 21유로
   • 전시내용 : 지구촌 물 기근 실태에 관한 입체영상과 전시물 / 물과 관련된 각종 과학지식를 설명하는 영상과 조형물 / 세계 주요 강 모습을 본 떠 만든 수족관 / 물관련 각종 공연, 음악회, 세미나
   • 개최 이후 시설 : 엑스포장에는 편의시설로서 congress center(심포지움과 국제회의 가능), Information Center, 은행, 분실물센터, 사이버센터, 보건소, 화장실 등 각종 시설 구비. 특히, 중앙서비스센터에는 리셉션과 물품보관소, 우체국, 탈의실, 소방서 등의 시설이 입주하였으며, 옥외광장은 주차장과 행사장 등으로 활용되었다. 엑스포 이후에는 문화과학공원, 컨벤션센터 및 시민공원으로 탈바꿈하였으며, 물과 관련된 박물관, 연구소, 아쿠아리움 및 물 관련 국제기구의 입주공간으로 제공.
78) 엑스포에 관하여
   • 등록 박람회와 인정 박람회의 두 종류
   • 모두 국제박람회기구(BIE)가 공인한 엑스포
   • 등록 박람회는 대체로 5년마다 열리며 대규모이고 전시기간은 6개월, 최근의 등록 박람회는 2000년 독일 하노버, 2010년 중국 상하이, 2015년 이탈리아 밀라노에서 개최, 2020년에는 아랍에미리트 두바이에서 열릴 예정
   • 인정 박람회는 등록 박람회 사이에 열리는 중규모의 박람회로서 전시기간도 보통 3개월로 등록박람회보다 짧다. 인정 박람회는 1993년 대한민국 대전, 1998년 포르투갈 리스본, 2005년 일본 아이치, 2008년 스페인 사라고사, 2012년 대한민국 여수에서 개최
79) http://blog.daum.net/roadmate/1789732
   그림 78 https://www.google.co.kr/url?sa=t&rct=j&q=&esrc=s&source=web&cd=1&ved
   그림 79 http://article.joinsmsn.com/news/article/article.asp?total_id=3183427
   그림 80 http://www.tripadvisor.co.kr/Attraction_Review-g187448-d1059156-Reviews-River_Aquarium
   그림 81 http://www.tripadvisor.co.kr/Attraction_Review-g187448-d1059156-Reviews-River_Aquarium

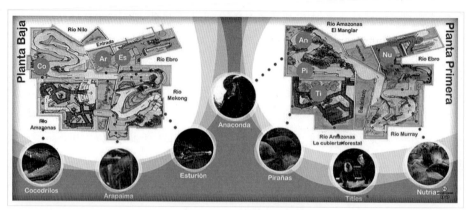

✴ 그림 81 수족관 동선과 주요시설

⊙ 주요 시설 및 특징

유럽 최대의 민물고기 수족관(the largest river aquarium in Europe)인 만큼 100% 친환경적으로 건설되었으며, 행사장 전기는 모두 태양열과 풍력 등 재생에너지를 이용해 공급되고, 홍보책자와 가방 등은 모두 재활용 제품으로 만들었다고 한다.

수족관의 수조는 전 세계 강의 근원을 나타내기 때문에 '세계의 강'이라 불린다. 그리고 수족관은 각각의 대륙을 대표하는 5개의 강을 주제로 한 5개의 전시 구역으로 구분되어 있다: 아프리카의 나일강(the Nile), 아시아의 메콩강(the Mekong), 남아메리카의 아마존강(the Amazon), 오스트레일리아의 머레이강(the Darling Murray), 그리고 사라고사 세계박람회장을 스쳐 흐르는 에브로 강(the Ebro). 각각의 전시 구역에는 300여 종의 5,000여 마리가 생활. 수조 '세계의 강'은 전 세계 강의 기원을 의미하는 동시에 5개의 강에 사는 생물을 둘러보는 관람 동선의 출발점이 된다.

나일 강은 길이 6,671킬로미터로 전 세계에서 가장 긴 강이며, 지중해로 흘러든다. 하구는 폭이 너무 넓어 바다처럼 보인다. 나일 강은 인류 문명의 발상지일 뿐만 아니라 많은 생물들의 보금자리이다. 나일악어, 독특하게 생긴 물고기 구경, 나비고기, 쥐돔, 복어 등이 기다리고 있다.

메콩 강은 히말라야에서 발원하여 남중국해로 흘러드는 동남아시아에서 가장 긴 강이며, 강의 상류는 경사가 심한 계곡이다. 이 곳 에서는 야자수처럼 강 주변에 서식하는 식물도 볼 수 있으며, 메콩 강이 흘러드는 인도양과 태평양의 경계에 잘 발달된 산호초에 사는 화려한 해양 생물을 만날 수도 있다.

아마존 강은 수량으로 보면 세계에서 가장 큰 강이다. 매년 바다로 흘러드는 전 세계 강물의 약 20퍼센트를 차지한다. 이곳에서는 아마존 강 민물에 사는 아마존 가오리를 볼 수 있어, 가오리는 바다에 사는 물고기 종류라는 고정관념을 깨준다. 또한 피라냐 떼, 카이만악어, 세계에서 가장 큰 뱀 아나콘다 등을 볼 수 있다.

머레이 강은 달링 강과 합쳐져 인도양으로 흘러드는 오스트레일리아 대륙의 중요한 수계이다. 이곳에서는 바다 가재, 쏠배감펭, 해마, 나비고기, 양쥐치, 놀래기 등이 구경거리이다.

마지막은 사라고사 세계박람회가 열렸던 사라고사를 가로지르는 에브로 강 전시관이다. 에브로 강은 스페인에서 가장 유량이 풍부한 강이다. 이곳에는 관람객을 위한 좌석이 구비되어 있어 수달이 헤엄치거나 노는 모습을 여유 있게 즐길 수 있다.

⊙ 이후 평가들

엑스포 개최 목적으로 조성된 수족관인 만큼 엑스포 당시와 이후(2008/2009)를 중심으로 평가를 검토하였음을 밝힌다. 입장객수의 변화 및 매출과 관련하여 엑스포 조직위 발표와 이후 실제 발표를 비교해본다.

관광객 방문

	International Tourism Receipts					
	US$				Local currencies	
Rank	billion		Change (%)		Change (%)	
	2009	2010*	09/08	10*/09	09/08	10*/09
1 United States	94.2	103.5	−14.7	9.9	−14.7	9.9
2 Spain	53.2	52.5	−13.7	−1.2	−9.0	3.9
3 France	49.4	46.3	−12.7	−6.2	−7.9	−1.3
4 China	39.7	45.8	−2.9	15.5	−2.9($)	15.5($)
5 Italy	40.2	38.8	−12.0	−3.6	−7.2	1.4
6 Germany	34.6	34.7	−13.2	0.1	−8.5	5.3
7 United Kingdom	30.1	30.4	−16.3	0.8	−1.3	1.7
8 Australia	25.4	30.1	2.5	18.6	10.3	0.8
9 Hong Kong (China)	16.4	23.0	7.5	39.5	7.0	39.8
10 Turkey	21.4	20.8	−3.2	−2.1	−3.2($)	−2.1($)

- 행사기간(=엑스포 운영기간인 6월14일-9월 14일까지 93일간)중 관람객 총 320만 명 방문
- 방문객 : 엑스포 행사장 방문 관람객 총 320만 명(85.7%는 내국인 / 14.3% 외국인), 방문횟수 750만회. (실제 발표)
- fact : 스페인은 연간 7,000만 명의 관광객이 방문하는 관광대국인 만큼 엑스포 관람객은 더 많을 것으로 추정. 최근 공식자료에 의하면, 2008년도 당시 방문객은 총 6,500만명, 자원봉사자 15,000명, 수입 13,000,000유로(2,300억원)
- fact : 2008년 엑스포 개최이후 2009년도 방문 관광객 감소. 올림픽, 월드컵과 더불어 세계 3대 메가이벤트의 파급효과 확인[80]

(3) 결론

방문객들의 평가와 관련하여 tripadviser(2017년10월21일 기준)를 보면, 5점 만점에 5점 부여(40%), 4점(45%), 3점(13%), 2점과 1점(각각 1%)로 비교적 만족도가 높은 수족관으로 나타난다. 리뷰가 많은 편은 아니지만, 일단 방문을 하면, 만족도가 좋은 것으로 나타난다. 또한 방문시 인기 시간대는 토요일 오후 12시와 오후 6시 전후인 것을 나타나며, 관람객들은 평균 2시간 정도 머무르는 것으로 나타났다.

홈페이지와 관련하여 접속 후 관련 정보를 취득하고자 할 때, 스페인어만 지원되기 때문에 수족관을 알고 이해하는데 어려움이 있다. 향후 타 국가의 잠재적 관광객들에게 방문매력을 유도하기 위해서는 다른 외국어 지원기능이 보강될 필요가 있다. 또한 기본적으로 홈페이지는 SNS 중심의 홍보효과에 치중하다보니 이미지는 많은 반면, 아쿠리엄에 관심있는 연구자나 실무자를 위해 수족관의 구조, 관람객, 매출 등 등의 데이터와 수족관 생물에 관한 자세한 자료를 이용할 수 있는 별도의 공간을 제공했으면 한다.

한국의 수족관과 달리, 관람객이 직접 수족관의 생물과 소통할 수 있는 공간이나 부분적 전시가 필요하며, 또한 특정 시기별로 이벤트를 개최하여 관람객의 지속적인 방문을 유도할 홍보전략이 요구된다.

---

80) http://blog.daum.net/roadmate/1789732

바다 & 지식 : 세계에서 가장 큰 수족관? (출처: 네이버 지식검색)
기준에 따라서 다르며, 아래의 순위는 보유한 물의 양(단위: 갤런)

01위: 조지아 아쿠아리움
(6.3백만 갤런)
02위: 두바이몰 아쿠아리움
(2.64백만 갤런)
03위: 오키나와 츄라우미
아쿠아리움(1.98백만 갤런)
04위: 스페인 발렌시아
아쿠아리움(1.85백만 갤런)
05위: 터키 투르쿠아주
(1.32백만 갤런)
06위: 캘리포니아 몬테레이 베이
아쿠아리움(1.2백만 갤런)
07위: 남아공 두반 우샤카
마린 월드
(1백만 갤런 이상)
08위: 상하이 오션 아쿠아리움
(1백만 갤런 이상)
09위: 이탈리아 제노아 아쿠아리움(1백만 갤런)
10위: 서호주 아쿠아리움(0.8백만 갤런)

READING MATERIALS

양위주(2015). 등대-해양관광매력물 프로젝트. 동양출판사.

양위주(2005). 해양관광개발을 위한 해양수족관의 이해. 동양출판사.

B. Rulleau, & H. Rey-Valette(2017). Forward planning to maintain the attractiveness of coastal areas: Choosing between seawalls and managed retreat. Environmental Science & Policy, 72, 12-19.

C. Wei, X. Dai, S. Ye, Z. Guo, & J. Wu(2016). Prediction analysis model of integrated carrying capacity using set pair analysis. Ocean & Coastal Management, 120, 39-48.

F. McCormack(2017). Sustainability in New Zealand's quota management system: A convenient story. Marine Policy, 80, 35-46.

G. Anfuso, A.T. Williams, G.C. Martínez, C.M. Botero, & J.A.C. Hernández(2017). Evaluation of the scenic value of 100 beaches in Cuba: Implications for coastal tourism management. Ocean & Coastal Management 142, 173-185.

J. Ansong, E. Gissi, & H. Calado(2017). An approach to ecosystem-based management in maritime spatial planning process. Ocean & Coastal Management, 141, 65-81.

K.A. Fraser, V.M. Adams, R.L. Pressey, & J.M. Pandolfi(2017). Purpose, policy, and practice: Intent and reality for on-ground management and outcomes of the Great Barrier Reef Marine Park. Marine Policy, 81, 301-311.

K. Gee, A. Kannen, R. Adlam, C. Brooks, M. Chapman, R. Cormier, C. Fischer, S. Fletcher, M. Gubbins, R. Shucksmith, & R. Shellock(2017). Identifying culturally significant areas for marine spatial planning. Ocean & Coastal Management, 136, 139-147.

L. Mabon, J. Kita, & Z. Xue(2017). Challenges for social impact assessment in coastal regions: A case study of the Tomakomai CCS Demonstration Project. Marine Policy, Volume 83, 243-251.

L.G. de Araujo, F. de Castro, R.R. de Freitas, M.A.R. de Mattos Vieira, & C.S. Seixas(2017). Struggles for inclusive development in small-scale fisheries in Paraty, Southeastern Coast of Brazil. Ocean & Coastal Management, In Press.

M.J. Bishop, M. Mayer-Pinto, L. Airoldi, L.B. Firth, R.L. Morris, L.H.L. Loke, S.J. Hawkins, L.A. Naylor, R.A. Coleman, S.Y. Chee, K.A. Dafforn(2017). Effects of ocean sprawl on ecological connectivity: impacts and solutions. Journal of Experimental Marine Biology and Ecology, 492, 7-30.

M. Ramesh, & N.D. Rai(2017). Trading on conservation: A marine protected area as an ecological fix. Marine Policy, 82, 25-31.

P. Ma, G. Ye, X. Peng, J. Liu, J. Qi, & S. Jia(2017). Development of an index system for evaluation of ecological carrying capacity of marine ecosystems. Ocean & Coastal Management, 144, 23-30.

P.F.M. Lopes, L. Mendes, V. Fonseca, & S. Villasante(2017). Tourism as a driver of conflicts and changes in fisheries value chains in Marine Protected Areas. Journal of Environmental Management, 200(15), 123-134.

R. Feng, X. Chen, P. Li, L. Zhou, & J. Yu(2017). Development of China's marine functional zoning: A preliminary analysis. Ocean & Coastal Management, 131, 39-44.

S. Perkol-Finkel, T. Hadary, A. Rella, R. Shirazi, I. Sella(2017). Seascape architecture - incorporating ecological considerations in design of coastal and marine infrastructure. Ecological Engineering, In Press.

S.A. Moore, G. Brown, H. Kobryn., & J. Strickland-Munroa(2017). Identifying conflict potential in a coastal and marine environment using participatory mapping. Journal of Environmental Management 197, 706-718.

PART 04

해양관광산업과
제4차산업혁명

Tourist is smart.
How would the tourists spend their own money?

해양관광산업 알기

Management means the development of people,
not the direction of things.
- Bob Proctor -

1. 사업과 산업

1) 사업과 관광사업

'사업(事業, business)은 물건이나 용역을 고객이나 다른 사업체에 판매할 수 있을 만큼의 경제적 자유를 누릴 수 있는 국가 안에 존재하는 법적으로 인식되는 조직체나 활동으로 정의되어 있다. 법적인 측면 즉, 우리나라 공정거래법적인 측면에서 볼 때 사업이라 함은 경제행위를 계속하여 반복적으로 행하는 것을 의미한다. 이는 어떤 경제적 이익의 공급에 대하여 그것에 대응하는 경제적 이익의 반대급부를 받는 행위를 말하고, 반드시 영리를 목적으로 하지 않아도 된다. 또한 사업자의 업무가 법령에 의해 규정되어 있는지의 여부 및 그 목적의 공익성 여부는 사업자성의 판단과는 관계가 없다.'[1]

사업의 정의를 관광사업[2]에 적용해보면, 우리나라의 경우, 관광사업의 법적 근거는 관광진흥법이 된다. 관광진흥법상 관광사업의 정의(관광진흥법 제2조)는 "관광

---

1) 출처: 위키백과
2) 관광사업의 종류(관광진흥법 제3조) : 여행업, 관광숙박업, 관광객이용시설업, 국제회의업, 카지노업, 유원시설업, 관광편의시설업

객을 위하여 운송·숙박·음식·운동·오락·휴양 또는 용역을 제공하거나 그 밖에 관광에 딸린 시설을 갖추어 이를 이용하게 하는 업(業)"으로 되어 있다. 또한 관광사업자는 동법에 의거, "관광사업을 경영하기 위하여 등록·허가 또는 지정(이하 "등록 등"이라 한다)을 받거나 신고를 한 자"로 정의하고 있다.

사업과 관광사업의 용어 정의를 검토해볼 때, 관광진흥법상 관광사업의 개념은 수정 및 보완이 필요한 시점으로 간주된다. 그 근거로는 관광진흥법상 관광사업으로 분류된 관광사업의 종류는 기본적으로 외화획득을 통한 국가경제 부흥이라는 국가 전략적 차원에서 관광사업의 진흥이 이루어졌기 때문이다. 이는 관광진흥법이 이전 관광사업법에서 변경된 것에서도 알 수 있다. 관광업은 일반적인 영리추구 보다는 국익차원 즉, 공적 측면이 강조된 태생적 존재이유가 있다. 1970년 이후 오늘에 이르기까지 국가적 차원에서 지속적인 관심과 관리 하에 관광사업을 주도적으로 진행해 온 측면이 있다. 관광진흥이 국가 및 지역경제 활성화의 중요한 전략으로 인식되고 있기 때문이다. 이러한 이유로 국가나 지방자치단체는 국비나 도비(시비)를 투입하여 관광발전에 노력을 기하고 있다.

그러나 세계관광시장은 갈수록 치열해지는 경쟁체재를 구축하고 있으며, 새로운 관광매력물은 끊임없이 나오며, 흥미와 재미를 갖춘 관광콘텐츠는 계속 시장에 출시되고 있는 상황이다. 더하여 제4차산업혁명은 관광분야에서 뿐만 아니라 모든 산업 분야에서 패러다임의 변화와 더불어 새로운 산업간 협치와 융합을 주도하고 있는 상황이다. 이러한 시대적 환경은 관광을 사업적 관점이 아니라 산업적 관점으로 인식을 요구하며, 이러한 측면에서 관광진흥법의 개정도 신중하게 검토되어야 할 것으로 판단된다.

2) 산업과 관광산업

산업(産業, industry)은 인간의 생활을 경제적으로 풍요롭게 하기 위하여 재화나 서비스를 생산하는 활동이며, 재화를 생산하는 경제 활동 조직(출처 : 위키백과)으로 정의하고 있다. 따라서 생산하는 재화의 종류에 따라 산업의 종류를 분류할 수 있다. 가장 일반적으로 분류하는 1차, 2차, 3차 산업은 클라크의 분류방법에 해당되며, '제4차산업'은 이후에 만들어진 용어가 되겠다. 산업계에는 여러 가지 업태가 존재한다.

이들 각각의 업태에는 개별 업종들이 다양하게 분포되어 있다. 같은 기업체에도 그 소속 업종이 다르며, 그 자체도 여러가지 다른 점이 있다. 그래서 업종이 어떤 것이냐에 따라 기업체로서의 특성이 있게 되고, 경영관리나 연구방법, 또는 관리방법의 종류나 이용방법에 있어서도 업종간에 여러 가지 특색이 있게 된다.

이러한 개념적 정의에 근거할 때, 관광산업은 업태별/업종별로 1차 산업부터 4차 산업에 이르기 까지 광범위하게 존재하는 산업의 형태를 띠고 있다. 또한 관광산업은 방문하는 관광객의 목적지의 선택과 이동이라는 행위가 수반되기 때문에 목적지의 고유한 시·공간적 특징을 반영하고 있다. 이는 관광산업의 행위가 지역의 독특한 특성을 소유한다. 따라서 그 지역의 관광산업에 대한 이해는 그 지역에 대한 이해로 귀결되는 이유가 된다. 그러므로 국가나 지방자치단체가 관광사업 보다 관광산업적

그림 장보고시대 해상 실크로드

측면에서 관광진흥정책을 수립해야 하는 근거가 된다. 또한 모든 국가에 국가내 모든 지방자치단체에 공히 공통적으로 통용되는 관광산업의 정의나 분류가 존재할 수 없는 이유가 된다. 따라서 국가나 지방자치단체가 관광진흥을 추진할 때 법적 근거가 필요하며, 이는 또한 관광진흥법상에서 관광사업이 아니라 관광산업으로 법적정의가 재정립되어야 하는 이유가 된다.

2. 해양관광산업의 이해

1) 해양관광산업의 기본정보

해양관광산업을 이해하기에 앞서, 우리나라 해양공간을 구성하는 연안육역과 연안해역(도서)에 거주하는 인구와 어가[3]에 대한 기본적인 정보를 알 필요가 있다. 왜냐하면 관련 정보가 해양관광산업의 산업적 기반여건을 구성하기 때문이다. 해양수산부에서 발행한 해양수산 핵심통계·참고자료(2016.06)는 전반적인 이해에 도움이 된다.

먼저 산업조사에 가장 기본이 되는 인구조사결과에 의하면, 전국 228개 시·군·구 중 연안에 위치한 시·군·군는 74개로 전체의 약 32.5%에 해당된다. 또한 연안인구는 전국 인구의 전체의 27.4%인 14,108천명이 거주하는 것으로 나타났다. 다음의 자료는 어가(漁家)인구에 대한 구체적인 통계수치이다.

---

3) 어가란 1년간 판매를 목적으로 1개월 이상 해수면에서 어선어업, 맨손어업, 나잠어업(해녀), 기타 어로어업, 양식어업을 경영하거나 해수면에서 직접 어획하거나 양식한 수산물 판매금액이 120만 원 이상인 가구.

🏛 어가인구에 대한 개요 (단위 : 천가구, 천명, %)

구분		2000	2005	2010	2011	2012	2013	2014	2015
어가		81.6	79.9	65.8	63.3	61.5	60.3	58.8	54.9
어가 인구	계	251	221	171	159	153	147	141	129
	15세미만	33	24	17	13	12	11	10	9
	15–29세	48	31	19	16	14	12	10	10
	30–59세	118	103	78	71	66	63	58	54
	60세이상	52	63	57	59	61	61	63	57
농가인구		4,031	3,434	3,062	2,962	2,912	2,847	2,752	2,569
농가인구대비 어가인구		6.2	6.4	5.6	5.4	5.3	5.2	5.1	5.0
총인구		47,008	48,138	49,410	49,779	50,004	50,220	50,424	50,617

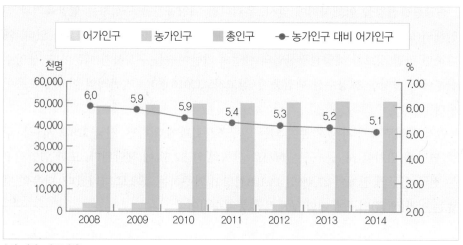

출처: 어업조사(통계청)

   통계청 조사결과에 의하면, 2015년말 어가인구는 129천명으로 전체인구의 0.3%, 농가인구의 5.0% 수준으로 농가인구 대비 어가인구의 비율은 2005년 6.4% 이후 완만한 감소 추세를 나타냈다. 연령대별로는 30세미만이 18.6천명(14.4%), 30세이상 60세미만 인구는 53.5%(41.6%), 60세이상의 인구는 56.5천명(44%)으로 갈수록 노령화가 심화되는 것으로 나타났다. 이러한 현상은 해양산업의 기반이 되는 어가인구의 노령화로 산업경쟁력이 약화됨을 인하여 산업구조조정에 대한 필요성을 제시하고 있다. 특히, 어가인구의 노령화는 기존의 수산업 중심에서 해양관광산업으로의 해양산업 전반에 대한 산업고도화 등 산업재편의 필요성을 제공한다.

산업별 가치 및 외형적 측면에서, 해양수산 전체의 총부가가치는 80.6조원(총 GDP의 6.2%), 총산출액 152.4조원(총산업의 4.2%)를 나타났다. 해양수산 관련 기초 통계와 관련하여 어가수는 54.9천가구, 어가인구는 19천명, 어업법인은 1,013개, 7.1천명으로 나타났다. 다음 자료는 해양관광과 연관된 공간과 시설의 규모, 인프라 관련 통계들을 보여준다.

🗂 공간·시설의 규모

공간·시설		규모
해양 관할 면적	총면적	443,838㎢(국토의 4.5배)
	내수면	37,709㎢
	영해	49,182㎢
	EEZ	288,045㎢
	대륙붕	68,902㎢
도서		3,358개(3,757㎢, 유인도 482, 무인도 2,876(해수부 소관 2,646개, 환경부 소관 230개))
해안선		14,962km
갯벌		2,487.2㎢(서해안 2,084.5㎢, 남해안 402.7㎢)
해수욕장		254개('15년 개장 지정해수욕장)
해양보호구역		24개소(485.005㎢) (습지보호구역 13(231㎢), 해양생태보호구역 11(253㎢)
항로표지		5,242기(등대포함)
어촌·어항	어장	443천㎢
	어촌	7,493개 리(里)
	어항	1,004개소(국가 109, 지방 284, 정주 611)
해양	거점형 마리나항만4)	9개소5)(후포, 방아머리, 웅천, 명동, 운촌, 왜목, 덕적도, 고군산, 진하)

---

4) 마리나 항만 개발예정지 58개소 및 마리나 항만구역 7개소
　• 운영(4) - 김포, 목포, 충무, 중문
　• 개발 중(3) - 제부, 왕산, 후포
5) 거점마리나 9개소 중 설계, 협상 등 추진 6개소
　• 울진 후포, 안산 방아머리, 당진 왜목, 여수 웅천, 부산 운촌, 창원 명동

공간·시설		규모
해운·물류	연안여객	15,381천명(60개사, 112항로, 169척)
	국제여객	2,617천명(23개사, 22항로, 29척) 항로 : 한·중(16개), 한·일(4개), 한·러(2개) 여객 : 한·중(1,440천명), 한·일(1,134천명), 한·러(43천명)
	크루즈	승객수 874천명(23개사, 31척, 410회 입항) 제주(285회, 623천명), 부산(71회, 160천명), 인천(53회 90천명), 기타(1회, 1천명)

위의 해양관련 인프라에 대한 자원을 검토할 때, 해양관광을 위한 기반시설이나 자원의 다양성 측면에서는 양적으로는 충분한 경쟁력을 확보하고 있다고 할 수 있다. 그러나 통계수치에 나타나지 않는 정성적인 부분과 관련하여 해양공간이나 해양시설 등은 매력성의 측면에서 질적 업그레이드와 서비스품질 향상을 필요로 한다.

한편, 기후는 해양관광의 중요한 요소이며, 해양관광활동에 직접적인 영향을 미치는 요인이다. 우리나라의 지리적 위치는 뚜렷한 4계절성과 하계절 기간의 단기성이라는 특징을 지니고 있기 때문에 기본적으로 지중해나 캐러비안해의 해양관광목적지와는 근본적으로 해양환경이 차이가 있음을 인지하여야 한다. 따라서 우리나라 기후와 해양환경에 적합한 해양관광매력물의 발굴, 육상 관광매력물과의 연계성을 바탕으로 해양관광산업의 다변화와 융합화를 추진할 때 비로서 해양관광목적지로서 경쟁 및 비교우위을 지닐 수 있을 것이다.

2) 해양관광산업의 개념

(1) 개념정립의 필요성

'해양관광산업'의 개념 검토에 앞서, 최근까지 '관광산업'에 대한 법적 정의도 통일된 정의도 없는 실정임을 먼저 밝힌다. 그럼에도 불구하고, 관광산업은 '굴뚝없는 산업', '황금알을 낳는 산업'등으로 불리웠으며, 성장동력산업이니 신성장동력산업이니, 창조산업이니 하는 수식어가 붙어 사용되고 있다. 정부나 지방자치단체는 관광객 방문증가가 국가와 지역경제에 크게 영향을 미친다고 하면서 관광산업발전을 목표로 다양한 관광정책을 수립하고 실행에 옮기고 있다.

관광산업이 미치는 파급효과는 지역사회와 국가의 다양한 영역에까지 나타나는 것은 사실이다. 따라서 관광산업의 경제적 효과와 사회환경적 영향을 사전에 분석한 뒤, 과학적인 결과를 토대로 관광정책수립에 반영되어야 한다. 이런 이유로 관광산업에 대한 정확한 개념의 정립과 산업분류가 요구되었다. 통계청은 이러한 산업적 수요에 대응하여 관광산업의 중요성을 인식하고 관광산업의 국가경쟁력을 제고시키기 위해 2014년 한국표준산업분류의 경제부문 특수분류에 관광산업을 포함시킨 것은 매우 의미가 있는 일이다.

그러나 정부나 지방자치단체 차원에서 관광과 관련된 여러 예산이나 재정 지표들은 기본적으로 관광객의 수를 기반으로 하는 경우가 많다. 또한 관광정책수립과 실적평가도 관광객수 특히, 외래관광객수에 민감하며, 전년도 외래관광객 방문수가 여러 곳에서 중요지표를 사용되고 있는 실정이다. 특히, 최근 중국 관광객 유치를 위해서 다각도로 노력하는 가운데서 동일한 현상이 반복되고 있다. 따라서 문화체육관광부를 중심으로 관광산업통계에 대한 중요성을 인식하여 과학적인 수치기반 관광정책을 수립-시행할 필요가 있다.

관광산업이 지닌 이러한 한계를 사전에 인지하지만, '관광산업'이 지닌 개념상의 한계에도 불구하고 본서에서는 해양관광산업에 대한 개념을 정립해야할 필요성을 느낀다. 이는 정부나 지자체, 또는 유관산업 부문이나 연구분야에 따라 혼재된 개념을 명확히 할 필요가 있기 때문이다. 또한 향후 세계관광시장의 치열한 경쟁구도와 해양을 둘러싼 복잡한 국가간 역학관계, 특히 해양국가들의 영해에 대한 사고의 전환등을 고려할 때 해양관광산업이 지닌 역동성을 반영하여 그 개념의 정립이 지금 필요한 시기이며, 국가해양력을 제고시키는데 있어 매우 시의성이 높다고 판단된다.

(2) 개념정립의 중요성

산업구조는 경제발전이나 생산력에 따라 차이를 나타내지만 오히려 소득수준의 향상과 시장수요의 구조변화에서 더 높은 연관성을 지니게 된다. 소득 향상으로 인한 산업별 노동인구의 변화가 이에 해당된다. 즉, 소득수준이 높아질수록 서비스 생산부문에 대한 수요가 급격히 증가, 이에 따라 서비스산업은 높은 성장을 나타내게 마련이다. 대표적인 서비스산업인 관광산업이 국가나 지역에 따라 산업의 정의나 분류가 달라지는 것도 이러한 이유에 근거한다. 이러한 특성은 해양관광산업에도 적용된다. 해양관광산업은 해양에 인접한 지역적 특성에 기반을 둔 그 지역의 고유한 산업형태를 고려하여 개념적 정의와 분류가 필요하다. 관광산업의 개념적 승계를 통해서 해양관광산업이라는 용어에 적용하고자 한다. 또한 해양관광사업은 해양관광산업의 개별 분야에서 행해지는 공익적 또는 비공익적 활동으로 정의하고자 한다. 모든 국가나 국가내 모든 지방자치단체에 공통적으로 적용되는 하나의 용어의 정의, 또는 통일된 분류방식의 제시는 쉽지 않은 일이다. 표준산업분류를 기반으로 한 지역특화된 산업의 고려에 대한 여지가 필요하다.

바다 & 누리기 : 8 amazing underwater attractions from CNN

- LIME Spa at Huvafen Fushi, Maldives
- Jules' Undersea Lodge, Key Largo, Florida, United States
- Miami Seaquarium Sea Trek Reef Encounter, Florida, United States
- Sea Restaurant at Anantara Kihavah Villas, Maldives
- Museo Subacuatico de Arte (MUSA), Yucatan Peninsula, Mexico
- Underwater suites at Atlantis, The Palm, Dubai
- Hotell Utter Inn, Vasteras, Sweden
- Ithaa Undersea Restaurant, Maldives

해양관광산업분류

Our work is the presentation of our capabilities.
- Edward Gibbon

CHAPTER
11

    해양관광산업을 이해하기 위해서는 먼저 해양관광의 개념정립부터 이루어져야 한다. 해양관광은 시대적·사회적 산업수요를 감안하여 산업고도화를 추구하며 제4차 산업혁명의 속도와 흐름에 탄력적으로 대응태세를 갖추어야 한다. 관광산업이 산업고도화 과정을 통해서 구조재편을 한 것처럼 해양관광산업도 유사한 대응전략을 강구해야할 것이다.

    본서에서 해양관광산업과 관련해서 두가지 관점에서 접근을 하고자 한다.

    첫째, 경제적 측면에서 산업적 관점을 검토하고자 한다. 이는 한국표준산업분류의 승인을 목표로 해양관광산업을 표준산업으로 분류를 하는 것이다.

    둘째, 계획적 측면에서 해양관광의 개념적 시각을 확장시킨 의미에서 해양관광산업의 개념을 검토하는 것이다.

    전자는 관광산업이 한국표준산업분류에 포함된 것처럼 해양관광산업도 승인작업과 승인 이후 개정작업의 관점에서 표준산업분류와의 관계에서 해양관광산업을 검토한다. 반면, 후자는 지금까지 정부나 공공기관에서 수립된 법정계획을 중심으로 해양관광산업의 개념적 검토를 도모하는 것이다.

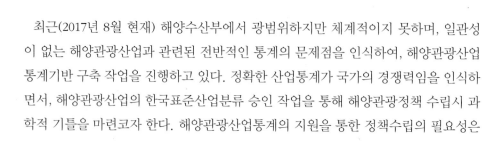

1. 경제적 측면 : 한국표준산업분류와 해양관광산업

최근(2017년 8월 현재) 해양수산부에서 광범위하지만 체계적이지 못하며, 일관성이 없는 해양관광산업과 관련된 전반적인 통계의 문제점을 인식하여, 해양관광산업 통계기반 구축 작업을 진행하고 있다. 정확한 산업통계가 국가의 경쟁력임을 인식하면서, 해양관광산업의 한국표준산업분류 승인 작업을 통해 해양관광정책 수립시 과학적 기틀을 마련코자 한다. 해양관광산업통계의 지원을 통한 정책수립의 필요성은 예전부터 제기되어 왔지만, 현실적인 문제들로 인해 더디게 진행된 바 금번 해양관광산업 통계기반 구축은 시의적절한 대응으로 판단된다.

관광 관련 국가정책이 문화체육관광부를 중심으로 진행되는 반면 해양관광 관련 정책은 해양수산부에서 수립하고 있다. 관광정책은 관광산업통계를 기반으로 수립되었지만, 해양관광산업통계의 부재는 해양관광정책의 타당성과 신뢰성 제고에 필수적인 부분임을 인식한 결과로 생각된다.

해양관광의 소관업무는 현재 정부조직하에서는 해양수산부가 주무부처가 된다. 그러나 해양관광은 해양레저의 하위개념으로 인식되고 있다. 또한 소관부처도 해양 정책실 산하 해양레져과의 담당업무 중 하나로 분류되어 있는 상황이다.

이러한 현실 하에서 해양관광산업의 한국표준산업분류 승인작업은 향후 해양관광과 해양관광산업의 위상정립에 중요한 전환점이 될 것으로 판단된다. 이를 통하여 세계최고의 고부가가치산업으로 인식되고 있는 관광산업과 해양관광산업의 산업적 포지셔닝과 밸런스는 국가정책적 차원에서 뿐만아니라 향후 국제산업 경쟁력 차원에서도 매우 중요한 일이 될 것이다.

1) 한국표준산업분류의 알기(http://kssc.kostat.go.kr)

먼저 한국표준산업분류에 대한 전반적인 이해가 있어야 한다. 한국표준산업분류는 사업체가 주로 수행하는 산업활동을 그 유사성에 따라 체계적으로 유형화(분류)한 것으로 국가산업의 기준이 되는 중요한 지표가 된다. 한국표준산업분류는 1963년 3월 경제활동 중에서 우선 광업과 제조업 부문에 대한 산업분류를 제정한 이래로 2017년도 1월 까지 총 10차걸쳐 개정이 진행되었다. 최신 개정 내용은 다음과 같다.

첫째, 제10차 개정의 특징은 미래 성장산업, 국가 기간산업, 동력산업 등의 지원·육성정책에 요청되는 통계작성을 위해 관련 분류를 신설, 세분하였으며, 저성장·사양산업 관련 분류는 통합한데 있다.

둘째, 부동산 이외 임대업, 수도업, 기계 및 장비 수리업은 국제분류를 충실히 반영하기 위해 소속 대분류를 이동하였으며, 전체 분류 항목 수는 제9차 개정분류와 대비하여 중분류 1개, 소분류 4개, 세분류 8개, 세세분류 51개가 순증되었다.

한국표준산업분류(KSIC) 개요

분류목적	• 생산단위(사업체단위, 기업체단위 등)가 주로 수행하는 산업 활동을 그 유사성에 따라 체계적으로 유형화 • 통계법[6]에 의거하여 통계자료의 정확성 및 국가 간의 비교성을 확보하기 위하여, 유엔에서 권고하고 있는 국제표준산업분류를 기초로 작성한 통계목적분류 • 통계목적 이외에도 일반 행정 및 산업정책관련 법령에서 적용대상 산업영역을 결정하는 기준으로 준용
생산단위의 산업결정방법	• 생산단위의 산업 활동은 그 생산단위가 수행하는 주된 산업 활동(판매·제공되는 재화 및 서비스)의 종류에 따라 결정[7]
산업분류의 분류원칙	• 생산단위는 산출물뿐만 아니라 투입물과 생산공정 등을 함께 고려하여, 그들의 활동을 가장 정확하게 설명한 항목에 분류 • 산업활동이 결합되어 있는 경우에는 그 활동단위의 주된 활동에 따라서 분류하며, 활동단위는 대분류를 결정하고, 순차적으로 중, 소, 세, 세세분류 단계 항목을 결정
분류구조 및 부호체계	• 분류구조는 대분류(1자리, 영문대문자), 중분류(2자리 숫자), 소분류(3자리 숫자), 세분류(4자리 숫자), 세세분류(5자리 숫자)의 5단계로 구성 • 분류는 대분류 21개, 중분류 77개, 소분류 232개, 세분류 495개, 세세분류 1,196개로 구성

개정 개요
• 한국표준산업분류는 1963년 3월 경제활동 중에서 우선 광업과 제조업 부문에 대한 산업분류를 제정하였고, 1964년 비 제조업부문에 대한 산업분류를 추가로 제정하였으며, 이는 유엔 통계처 (UNSD)의 국제표준산업분류(1차 개정 : 1958년)에 기초하여 작성
• 이와 같이 제정된 한국표준산업분류는 국내 산업구조 변화를 반영하기 위하여 그동안 9차례에 걸쳐 개정한 바 있으며, 2017년 1월 13일에 제10차 개정분류를 고시(통계청 고시 2017-13호) (2017년 7월 1일 시행).

---

6) 표준분류 이용 시에는 통계법 제22조 ③항에 의거 표준분류의 내용을 변경하거나 요약·발췌하여 발간할 수 없으며, 표준분류의 내용을 사실과 다르게 전달할 수 없다.

7) (산업결정 우선순위) 주된 산업 활동은 산출물(재화 또는 서비스)에 대한 부가가치(액)의 크기에 따라 결정되어야 하며, 부가가치의 측정이 어려운 경우 산출액 또는 종업원 수 및 노동시간, 임금, 설비의 정도 등을 고려하여 결정

한국표준산업분류는 산업의 시대적 동향과 시대적 요구를 반영하는 자료가 된다. 특히, 한국표준산업분류는 유엔 통계처(UNSD)의 국제표준산업분류를 반영하고 있다. 따라서 해양관광산업의 정의 및 범위를 체계적으로 정립하여 사업 분류체계를 구축함으로써 통계작성 및 산업분류의 기준을 명확히 함과 동시에 타산업통계와의 비교 가능한 분류체계를 구축하게 된다. 특히 한국표준산업분류체계의 기준을 수용함으로써 향후 특수산업분류로 승인이 가능하도록 작성하여 공신력을 확보할 수 있다. 그러므로 해양관광산업이 한국표준산업분류 승인된다는 것은 향후 우리나라 해양관광산업의 새로운 위상정립이며, 향후 국가간 그리고 국내 해양도시간 해양관광산업 경쟁력을 비교분석하는 데 있어 중요한 지표로 사용될 것이다.

2) 한국표준산업분류 승인과 해양관광산업

해양관광산업의 한국표준산업분류 승인을 위한 작업은 쉬운 일이 아니다. 이를 위해서는 사전에 해양관광 관련 각계각층의 전문가와 현업 사업관계자, 담당공무원이나 연구기관 등의 의견수렴의 통합적 과정을 거치면서 충분한 논의가 진행되어야 할 것이다. 또한 삼면이 바다인 한국의 지리환경적 특징과 이를 배경으로 형성된 사업체들의 특수성을 어떻게 표준산업분류에 반영할 것인가도 고민해야할 것이다. 몇 가지 선결되어야 할 사항을 제시하고자 한다. 한국표준산업분류는 산업적 동향을 반영하여 개정작업이 진행되기 때문에 다음의 내용은 향후에도 지속적으로 고려되어야 할 것이다.

첫째, 해양관광의 개념적 정의를 명확히 해야 한다. 해양관광은 개념정립 과정에서 물리적 거리, 지리적 공간의 범위, 행정단위, 사업체의 특징, 해양관광활동 유형, 해양관광자원 특징 등의 특성에 따라서 개념정의는 달라질 수 있다.

둘째, 해양관광의 개념적 정의가 명확하지 않기 때문에 해양관광산업의 정의를 설정하기가 쉽지 않다. 다양한 개념은 통계자료가 지닌 고유한 특성인 정확성을 모호하게 만든다. 따라서 해양관광산업의 개념정립 또한 한국표준분류에 의거하여 개념정립을 할 필요가 있다.

셋째, 관광산업이 한국표준산업분류의 특수분류에서 포함되어진 바 해양관광산업도 선행사례를 검토할 필요가 있다. 특히, 관광산업과 산업연관성을 고려할 때 해양관광산업의 표준분류 작업은 아래의 관광산업 표준분류를 참고할 필요가 있다.

관광산업의 표준산업분류 목적은 '관광정책을 수립하기 위한 기초조사의 기준을 마련하기 위해 제정'이라고 명확히 규정을 하고 있다. 이는 산업통계를 기반으로 한 정책수립의 필요성과 중요성을 정확히 제시하고 있음과 아울러 정책수립은 근간은 통계에서 비롯되어야하는 당위성을 제시하고 있다. 그리고 그 근거로 세계관광기구(UNWTO)와 유엔통계위원회가 공동 작성한 국제관광표준분류(Standard International Classification of Tourism Activities)를 기초로 국내산업의 특성을 반영하여 작성하였다고 되어 있다.

따라서 관광산업의 포괄범위로 "건설업, 자동차판매업, 운수업, 숙박 및 음식점업, 부동산 및 기계장비 임대업, 여행사 및 기타 여행 보조업 등을 포함"한다고 명시되어 있다. 이러한 관광산업의 표준산업분류의 선례를 참고로 해양관광산업의 표준분류 승인작업을 고려할 필요가 있다.

넷째, 해양관광산업은 바다의 직접적 영향을 받는 연안에 접한(연안해역) 환경적 지리적 특성을 우선 고려대상으로 한다. 그러나 해양관광목적지에서 이루어지는 관광활동의 특수성과 다양성으로 인해 목적지의 사업체가 제공하는 관광상품과 서비스(해양관광활동)의 경우 기존 관광산업과의 중복성이 존재한다. 이는 향후 해양관광산업의 경제적 파급효과분석시 정확한 계수산정을 어렵게 할 수 있다.

다섯째, 해양관광은 기본적으로 도서를 포함하나 연안관리법을 적용할 경우, 연안 육역의 무인도서(無人島嶼, 크고 작은 섬들)만 해당이 된다. 이는 특정 도서 특히, 제주도의 경우, 제주도내 해양관광산업의 분류는 상당히 문제가 될 수 있다. 제주도는 제주특별자치도로써 광역행정단위에 해당되기 때문에 제주도 전체를 포함시킬 것인지가 문제가 된다. 또한 특정 물리적 거리 이내의 사업체만 적용할 경우, 육지의 일반 시도에 적용되는 연안육역의 물리적 거리를 적용할 수 있느냐의 문제가 있다. 왜냐하면, 제주도는 섬 전체가 한국최고의 해양관광목적지라는 인식이 국민들에 의해 보편화된 상황에서 특정 거리를 기준으로 해당범위내의 사업체만 해양관광사업체로 인정하는 것은 논리를 떠나 현실적으로 상당한 문제의 소지가 발생할 수 있다.

여섯째, 해양관광산업은 특정지역과 특정 환경에서 발생한 재화나 서비스만 공급하는 사업체들이 존재할 수 있다. 이는 통계법에 의거하여 통계자료의 정확성 및 비교성을 확보하기에 어려울 수도 있기 때문에 기본 전제를 무시하게 된다. 비교성을 위해서 타 지역이나 장소에서 유사한 사업체의 존재여부가 중요하게 작용한다.

일곱째, 해양관광산업은 계절적 편차(성수기 vs 비수기)가 매우 크기 때문에 산업 종사자인 사업체[8]의 산출물(생산된 재화 또는 제공된 서비스)의 특성이 지속성을 반영하지 못한 한계가 있다.

여덟째, 2017년 5월, 새정부가 출범하면서 제4차산업혁명위원회를 신설하였다. 제4차산업에 대한 인식과 확산은 타 산업에도 영향을 미치면서 한국표준산업분류의 또 다른 개정작업에 대한 압력을 가할 것으로 생각된다. 제4차산업혁명의 특징으로 급속도로 발전하는 과학기술과 인공지능, 빅데이터, 로봇 등을 중심으로 한 초연결, 융복합, 초지능 등과 함께 빠른 속도와 광범위한 영향을 어떻게 신속하고 정확하게 해양관광산업분류에 접목할 것인가의 문제가 있다. 제4차산업혁명은 쓰나미처럼 빠르게 다가오기 때문에 속도가 너무 빨라서 관련 법제도가 미처 이를 따라오지 못하는 지체현상이 발생할 여지가 있다.

해양관광의 개념적 정의가 명확하지 않는 현실을 감안할 때, 해양관광산업의 표준산업분류도 용이한 일이 아님은 틀림없다. 그럼에도 불구하고 해양관광산업의 한국표준산업분류 승인작업은 매우 뜻깊은 작업임에 틀림없다. 급변하는 국제정세와 세계산업구조의 급속한 재편을 고려할 때, 향후에도 해양관광산업의 한국표준산업분류도 지속적인 개정의 여지를 두게 될 것이다. 따라서 이상의 고려사항은 향후에도 동일하게 적용될 것이며, 이러한 계속적인 작업을 통하여, 해양관광산업의 정확한 한국표준산업분류산업으로 발돋움할 것이다.

---

8) 사업체 단위는 공장, 광산, 상점, 사무소 등과 같이 산업활동과 지리적 장소의 양면에서 가장 동질성이 있는 통계단위이다. 이 사업체 단위는 일정한 물리적 장소에서 단일 산업활동을 독립적으로 수행하며, 영업잉여에 관한 통계를 작성할 수 있고 생산에 관한 의사결정에 있어서 자율성을 갖고 있는 단위이므로 장소의 동질성과 산업 활동의 동질성이 요구되는 생산통계 작성에 가장 적합한 통계단위라고 할 수 있다. 그러나 실제 운영면에서 사업체 단위에 대한 정의가 엄격하게 적용될 수 있는 것은 아니다. 실제 운영상 사업체 단위는 "일정한 물리적 장소 또는 일정한 지역 내에서 하나의 단일 또는 주된 경제활동에 독립적으로 종사하는 기업체 또는 기업체를 구성하는 부분 단위"라고 정의할 수 있다. 한편, 기업체 단위란 재화 및 서비스를 생산하는 법적 또는 제도적 단위의 최소결합체로서 자원 배분에 관한 의사결정에서 자율성을 갖고 있다. 기업체는 하나 이상의 사업체로 구성될 수 있다는 점에서 사업체와 구분되며, 재무관련 통계작성에 가장 유용한 단위이다. (출처: 한국표준산업분류 제19차 개정분류해설서)

3) 해양관광산업의 한국표준산업분류

한국표준산업분류에서 해양관광산업과 연관된 산업은 '해상운수업', '숙박 및 음식점업'정도만 포함될 수 있어 해양관광산업의 범위와 기준을 표준화 할 수 있는 별도의 분류체계가 요구된다. 따라서 해양관광산업의 동향을 고려할 때 해양관광산업의 정의 및 범위를 체계적으로 정립하여 산업 분류체계를 구축함으로써 통계작성 및 산업분류의 기준을 명확히 함과 동시에 타 산업통계와의 비교 가능한 분류체계를 구축하는 것은 매우 중요한 일이다. 한국표준산업분류체계의 기준을 따름으로써 향후 특수산업분류9)로 승인이 가능하도록 작성하여 공신력을 확보하는 것이 필요하다.

본서에서는 관광산업과의 산업연관성을 고려하여 기본적으로 관광산업의 분류체계를 수용하는 방향을 검토해보고자 한다. 아래의 산업분류는 기본적으로 해양수산부의 내부자료(2017)을 근거로 작성한 개인적 연구결과임을 밝힌다.

관광산업특수분류를 적용할 경우, 해양관광산업의 대분류는 다음과 같이 구분 가능하다: 핵심 해양관광산업, 상호의존 해양관광산업, 부분적용 해양관광산업, 그리고 해양관광 지원산업. 이러한 대분류를 근거로 중분류-소분류의 분류방식을 제시하였다. 분류의 기준은 기본적으로 해양관광의 산업적 영향력의 관점에서 해양관광의 영향력 크기를 기준으로 하여 대-중-소로 구분하였다.

첫째, 핵심 해양관광산업은 전적으로 해양관광객에 의존하는 산업으로써 해양관광산업의 산업적 영향력이 가장 큰 산업임과 아울러 해양관광산업을 개념적 특징을 반영하는 산업으로 규정한다. 산업분류시 관광산업특수분류시 관광진흥법10) 제3조 관광사업의 종류를 기본으로 한 것처럼 해양관광산업도 해양관광산업의 특수성과 지역성을 반영하여 다음과 같이 분류하였다.

---

9) 산업특수분류 제정은 본 과업의 영역이 아니며, 산업특수분류체계 구축까지가 본 과업의 영역임
10) 관광진흥법 [시행 2017.7.18.] [법률 제14525호, 2017.1.17., 타법개정]. 문화체육관광부 관광정책과 국제관광기획과

핵심해양관광산업특수분류

대분류	중분류	소분류
핵심 해양관광 산업	해양관광 쇼핑업	면세점
		외국인전용 관광기념품 판매업a
		관광 인증 쇼핑업
	해양관광 운송업	해양관광 수상운송업
		해양관광 육상운송업
	해양관광 숙박업	해상숙박업
		연안숙박업
	해양관광 음식점 및 주점업	해상 및 연안 식당업
		해상 및 연안 주점업
	해양MICE업	MICE기획업
		MCIE전시 및 체험업
	마리나업	마리나시설운영업
	해양문화, 해양레저스포츠업	해양박물관 및 전시관 관리 운영업
		해양레저스포츠시설운영업
		해양공원 및 해양유원시설 운영업
		해상낚시 지원업
		수중레저스포츠 운영업
		기타 분류 안된 해양문화관련 서비스업
	카지노업	외국인 전용 카지노업

둘째, 상호의존 해양관광산업 분류는 핵심 해양관광산업에는 포함되지 않지만, 핵심산업을 보조하기 위해 동반되는 산업으로 해양관광인프라 건설업, 해양관광 제조업, 해양관광 소매업, 해양관광 보험 및 금융서비스업으로 분류하였다.

상호의존 해양관광산업특수분류

대분류	중분류	소분류
상호의존 해양관광 산업	해양관광 건설업	해양관광 종합건설업
		해양관광 토목건설업
		해양레저스포츠 시설 건설업

대분류	중분류	소분류
상호의존 해양관광 산업	해양관광 제조업	크루즈 및 요트, 보트 제조업
		해양레저스포츠 장비 제조업
		해양레저스포츠 용품 제조업
		해양레저스포츠 의류 제조업
	해양관광 및 해양레저스포츠용품 소매업	해양레저스포츠 의복 소매업
		해양레저스포츠 용품 소매업
		해양레저스포츠 기타 운송장비 소매업
	해양관광 보험 및 금융서비스업	보험업
		환전소

셋째, 부분적으로 해양관광객에 의존하는 산업으로 해양관광 부분쇼핑업, 해양관광 부분운수업, 해양관광 부분숙박업, 해양관광 부분음식점 및 주점업, 해양관광 기타서비스업으로 분류하고자 한다.

🏛 부분적용 해양관광산업특수분류

대분류	중분류	소분류
부분적용 해양관광 산업	해양관광 비인증 쇼핑업	관광 비인증 쇼핑업
	부분해양관광 운송업	부분해양관광 육상운송업
		부분해양관광 수상운송업
	부분해양관광 숙박업	부분해양관광 연안숙박업
부분적용 해양관광 산업	부분해양관광 음식점 및 주점업	부분해양관광 음식점업
		부분해양관광 주점업
	부분해양관광 공연장업	부분해양관광 공연장업
	부분해양관광 기타 서비스업	해양관광 정보 및 전문기술 서비스업
		해양관광 콘텐츠제작 서비스업
		기타 해양관광 서비스업

넷째, 해양관광산업을 지원하기 위한 부문으로 해양관광 연구개발업, 해양관광관련 공공기관, 해양관광관련 교육서비스업, 해양관광 단체로 분류하고자 한다.

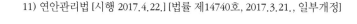 해양관광지원산업특수분류

대분류	중분류	소분류
해양관광 지원산업	해양관광 연구개발업	해양관광연구개발업
	해양관광 공공기관	해양문화 및 해양관광행정
		관세행정
		외무행정(비자발급 및 영사업무)
		해양경찰
	해양관광 교육서비스업	해양관광교육기관
		기타 해양관광 및 해양레저스포츠 교육기관
	해양관광단체	해양관광 및 해양레저스포츠 단체
		해양관광관련 국내외기관

4) 해양관광산업 표준분류작업 승인 과정과 이후

이상에서 제시한 해양관광산업의 표준분류(안)에 의거하여 최종 승인 과정이나 승인 이후 고려해야할 몇가지 제언을 논의하고자 한다.

첫째, 한국표준산업분류는 분류단위가 사업체가 된다. 산업분류는 사업체 단위의 관점에서 산업분류가 이루어지기 때문에 수요-공급의 차원에서 보면 공급적 측면을 반영하게 된다. 반면, 기존 해양관광정의는 대부분 수요측면 즉, 수요자인 관광객의 관점에서 개념적 정의가 시도되었다고 할 수 있다. 따라서 향후 공급적 측면에서 해양관광의 정의와 해양관광산업의 정의가 명확히 제시될 필요가 있다.

둘째, 해양관광의 개념을 정립하는 과정에서 법제적 측면과 행정적 측면의 반영에 대한 지속적인 요구가 있어왔다. 즉, 개념정립시 관련 법률적 검토가 전제에 대한 요구에 해당되며, 이는 정부부처나 지방자치단체의 담당부서에서 예산집행시 중요한 근거가 되기 때문이다. 해양관광에 영향을 미치는 2개의 법률, 연안관리법과 수중레저안전법을 통해서 해양관광의 개념적 측면을 검토해보고자 한다.

먼저, 연안관리법의 적용을 고려할 때, 연안해역과 달리 연안육역의 경우, 500m 이내의 일괄적인 물리적 거리의 적용은 문제의 소지가 있다. 따라서 물리적 거리와 관련해서는 연안관리법[11] 제2조에 의하면, "연안"이란 연안해역(沿岸海域)과 연안육

---

11) 연안관리법 [시행 2017.4.22.] [법률 제14740호, 2017.3.21., 일부개정]

역(沿岸陸域)으로 구분한다. "연안해역"은 바닷가[12]와 바다[13]를 말하며, "연안육역"은 무인도서(無人島嶼)와 연안해역의 육지쪽 경계선으로부터 500미터[14] 이내의 육지지역[15]으로서 연안통합관리계획[16]에서 정한 지역을 대상으로 한다.

그러므로 연안관리법에 의거할 때, 연안육역과 연안해역의 물리적 거리이내에 포함되는 사업체는 해양관광산업 관련 종사자로 규정할 수 있다. 그러나 해당 사업체가 제공하는 상품과 서비스의 경우, 해양관광산업과 직접적으로 연관이 없는 일반 사업체의 경우, 인정유무의 문제, 또는 연안육역에서 500m 이외 지역에 있지만, 해양수족관이나 워터파크, 리조트 등의 해양관광사업체의 경우, 인정유무의 문제등도 고려대상이 된다. 또한 도서(島嶼)는 해양관광의 중요한 목적지 임에도 불구하고 제주도(제주도특별자치도), 거제도나 가덕도 등의 경우, 연안육역 500m 이외에서 사업 중인 해양관광사업체라 할지라도 물리적 거리 밖의 사업체에 해당되기 때문에 인정문제의 소지가 있다. 또한 연안해역에서 하천은 제외대상(하천법 제2조 제2호)에 포함되지만, 감조하천[17]의 경우는 충분히 고려대상이 된다. 감조하천은 기본적으로 하

---

12) 공간정보의 구축 및 관리 등에 관한 법률」 제6조제1항제4호에 따른 해안선으로부터 지적공부(地籍公簿)에 등록된 지역까지의 사이

13) 간정보의 구축 및 관리 등에 관한 법률」 제6조제1항제4호에 따른 해안선으로부터 영해(領海)의 외측한계(外側限界)까지의 사이

14) 「항만법」 제2조제1호에 따른 항만, 「어촌·어항법」 제2조제3호가목에 따른 국가어항 또는 「산업입지 및 개발에 관한 법률」 제2조제8호에 따른 산업단지의 경우에는 1천미터

15) 「하천법」 제2조제2호에 따른 하천구역은 제외한다

16) 제6조(연안통합관리계획의 수립) ① 해양수산부장관은 연안을 종합적으로 보전·이용 및 개발하기 위하여 제30조에 따른 중앙연안관리심의회의 심의를 거쳐 10년마다 연안통합관리계획(이하 "통합계획"이라 한다)을 수립하여야 한다. 〈개정 2013.3.23.〉
② 해양수산부장관은 통합계획을 수립하려면 미리 시·도지사, 시장·군수·구청장(자치구의 구청장을 말한다. 이하 같다) 및 관계 전문가의 의견을 듣고 관계 중앙행정기관의 장과 협의하여야 한다. 〈개정 2013.3.23.〉
③ 해양수산부장관은 통합계획을 수립하려는 경우 관계 행정기관의 장에게 필요한 자료의 제출을 요청할 수 있다. 이 경우 요청을 받은 관계 행정기관의 장은 특별한 사유가 없으면 요청에 따라야 한다. 〈개정 2013.3.23.〉

17) 하천구배가 작고 대규모의 강일수록 감조 구간이 길며, 양쯔강에서는 1,000km 상류지점인 우한까지 그 영향이 미친다고 한다. 상류를 향할수록 감조의 정도는 약해지지만 강폭이 좁은 곳에서는 조석 에너지가 집중되어 하류보다 감조도가 증가되는 경우도 종종 있다. 극단적인 경우, 폭이 좁은 하류수위가 밀물 때 높아져 상류방향에 폭류를 이루는 경우도 있다. 특히 썰물 때 반대로 하류방향의 폭류가 생긴다 (출처:네이버 지식백과).

루에 두 번씩 규칙적으로 발생하는 조석의 영향을 받아 하천이 연안해역으로 유입되기 때문에 해양에 의해 직접적으로 영향을 받는다. 따라서 감조하천 주변의 사업체는 고려대상이 된다. 특히, 대표적인 감조하천으로 금강, 영산강, 섬진강 등이 있으며, 이들 하천변의 사업장은 다시 생각할 여지가 있다.

반면, 연안관리법과 달리 수상레저안전법[18]을 적용할 경우, 해수면과 내수면[19]을 포함하는 수상의 적용과 관련하여 개념적용의 문제가 있다. 해수면은 문제가 되지 않으나, 내수면의 적용은 문제의 소지가 있게 된다. 예를 들면, 연안관리법의 연안육역에 위치한 인공섬이나 인공으로 조성된 담수에서 하는 해양레저스포츠 상품이나 서비스를 제공하는 사업체의 경우, 해양관광산업분류에 포함여부가 문제될 수 있을 것이다.

셋째, 행정단위에 의한 분류의 적용이다. 즉, 동해, 남해, 서해와 연해 있는 지방자치단체(광역도는 제외), 기초지방자치단체(시,군,구), 제주특별자치도에 예외)에 존재하는 사업체는 모두 해양관광사업체로 인정하는 경우이다. 이는 가장 단순한 분류 방법이지만, 표준산업분류 본래의 취지인 산업의 특성파악이 어려운 현실적 측면이 존재한다.

이상의 내용을 검토할 때 현재로는 물리적 거리의 개념을 고려하는 것이 합리적으로 보이지만, 제4차산업혁명으로 인한 급속한 산업구조재편은 물리적 거리에 의한 사업체 분류는 부족한 면이 없지 않다.

결론적으로 해양관광산업은 기본적으로 해양을 기반으로 이루어지는 산업활동을 대상으로 한다. 이는 해양관광의 특수성과 독특성에 바다에 기인한다. 바다를 배경으로 형성되거나 산업활동이 이루어지는 지방자치단체의 경우, 도시의 역사만큼 바다와 직접 간접으로 공유하면서 성장과 발전을 거듭해왔다. 따라서 이들 행정단위에 포함되는 광역지방자치단체 및 기초지방자치단체들이 수집한 기존 해양관광관련 통계에 대한 분석과 그 결과를 충분히 고려하여 반영할 필요가 있다. 이들의 오랜 경험과 지식을 기반으로 그들이 현장에서 오랫동안 고민한 흔적의 결과요, 실제 현장

---

18) ([시행 2017.7.26.] [법률 제14839호, 2017.7.26., 타법개정, 해양경찰청(수상레저과)
19) 상레저안전법 제2조(정의) "7. "내수면"이란 하천, 댐, 호수, 늪, 저수지, 그 밖에 인공으로 조성된 담수나 기수(汽水)의 수류 또는 수면을 말한다"

에서 습득한 지식과 경험을 통해 수집한 해양관광산업의 현장을 해양관광산업분류에 반영할 필요가 있다.

2. 계획적 측면 : 통합적인 접근을 통한 해양관광산업분류

표준산업분류에 대한 경제적 접근방식과 달리 지금까지 진행된 대부분의 해양관광산업에 관한 연구결과는 계획적 차원에서 개념적 접근만 시도되었다. 이는 중앙정부나 관련 산하 연구기관, 지방자치단체를 중심으로 정책수립 차원에서 정책의지를 반영한 연구결과를 제시하다보니 개별적 수요에 따라 해양관광산업의 개념적 접근만 제시되었을 뿐, 해양관광산업의 산업분류는 이루어진바가 거의 없다. 특히, 표준산업분류 기준으로 볼 때 '대분류'에 해당되는 산업들을 제시한 것이 대부분이었으며, 중-소-세분류 등으로 연구결과가 제시된 바는 전혀 없었다. 따라서 기존 연구결과를 검토해 보면, 다음과 같은 문제점을 내포하고 있다.

첫째, 해양관광산업의 분류 방식이 정부나 지방자치단체에서 시행하는 해양관광사업의 수요에 맞춰 수요자 중심의 분류방식을 채택하였다. 이로 인해 지역별 또는 행정단위별 해양관광산업의 분류방식도 상이한 결과를 초래하였다.

둘째, 중앙부서나 지방자치단체 내 조직간 부서간 행정적 또는 제도적 차원에서 통합적인 개념을 적용한 산업분류가 이루어지지 않고 부서간 업무별로 업무맞춤형 산업분류를 적용하였다. 이로 인해 해양관광산업의 개념적 정의도 산업분류방식도 해당부서 마다 행정수요에 따라서 연구자에 의해서 일관성이 없이 다양한 분류가 존재하고 있음을 볼 수 있다. 이러한 개념적 혼재 현상은 해양관광의 개념 정의가 명확히 구축되어 있지 않음도 원인이 될 수 있다.

상기 검토를 통해서 해양관광산업의 표준산업분류 승인이 더욱 중요함을 알 수 있다. 그러나 여기에서는 지금까지 정부나 지방자치단체에서 수립한 관련 법정계획들을 분석하므로써 해양관광산업의 개념을 통합적으로 이해하는데 좋은 계기를 마련코자 한다. 특히, 해양관광을 주관하는 해양수산부에서 해양관광산업을 어떻게 정책에 적용하고 있는가를 검토하므로써 해양관광산업의 개념을 검토해보고자 한다.

1) 해양관광산업과 해양관광진흥기본계획

계획적 차원에서 해양관광산업의 개념을 검토하기 위해 먼저 해양수산부가 수립한 제2차 해양관광진흥기본계획(2014-2023)을 대상으로 한다. 결론적으로 본 계획에서는 해양관광산업에 대한 명확한 정의가 존재하지 않을 뿐만아니라 '해양관광산업'의 분류체계도 없으며, 분류도 되어 있지 않다. 그러나 정부의 주관부처에서 수립한 장기계획의 중요성을 반영하여 해양관광과 해양관광산업의 미래 청사진을 검토한다는 측면에서 그 계획이 담고있는 '해양관광산업'의 개념을 도출하는 것은 매우 중요한 작업이라 판단된다.

본 계획의 정책목표는 '해양레저·관광산업'육성을 통한 창조경제 발전으로 2023년까지 해양관광분야 신규일자리 3만5천개 창출로 되어 있다. 이를 위해 해양관광자원의 관리 및 개발방향을 산업화 단계에 적합한 맞춤전략 마련을 제시하고 있다.

해양레저·관광을 고부가가치 산업으로 육성하기 위해서는 분야별 산업화 단계에 따른 전략 수립 필요하다고 하면서 1단계(기반구축)로 신산업분야 지원을 위한 물적·인적·제도적 기반 조성, 정부주도 시범사업모델 개발·보급을, 2단계(시장활성화)로 시장세분화를 통해 신규수요 확대를 유도하고 규제완화 등 시장활성화의 장애요인 제거를, 3단계(복합산업화)로 기존 산업과의 융복합을 통한 신산업 분야발굴을 위한 연구개발 지원을 제시하고 있다. 이를 위해서 전략별 추진과제를 설정하고 있는데 산업적 관점에서 해양관광산업의 개념을 도출하고자 한다.

첫째, 해양관광산업으로서 **해양헬스케어산업**. 해양헬스케어산업 육성기반을 마련하기 위해서 해양건강치유사 제도 도입, 해양치유센터 조성·운영 등 해양헬스케어산업 육성을 위한 법적근거를 마련[20](2016년)하였다. 또한 정책 지원체계를 강화하고 민·관 협력체계 구축을 위한 '(가칭)해양헬스케어협의회'의 구성을 추진하였다. 그리고 2016년부터 해양헬스케어 교육 프로그램 개발 및 전문교육기관 지정 등 해양헬스케어 전문인력 양성을 추진하려고 한다. 무엇보다 산업의 활성화를 위한 일환으로 '해양헬스케어단지'조성을 들 수 있다. 이는 해양자원을 이용한 치유·재활 서

---

20) (산림청) 산림치유지도사, 산림치유 프로그램의 범위, 전문인력 양성기관 지정 등을 규정한 「산림문화·휴양에관한법률」 제정(2013. 3) 시행중

비스와 해양레저·관광 기능을 결합한 복합레저단지인 '해양헬스케어 시범단지'조성 (2020년까지 4개소)하며, 해양헬스케어 관련 업·단체, 여행사 등 대상 팸투어 실시, 국제행사 유치·참가 등 대외 홍보를 통해 해외 관광객 유치 추진하려 하고 있다.

둘째, 해양관광산업으로서 **마리나산업**. 마리나산업 고도화를 위해 마리나항만 등 인프라 확충, 관련 서비스 및 제조역량 강화 등 전방위 노력을 하는 것이다. 이는 기존 마리나산업 육성정책이 마리나항만 개발을 중심으로 하고 있어 마리나 수익모델 창출에 한계에 직면한 것과 마리나항만 적기 개발을 위한 투자여건 개선, 서비스업 활성화 등 현장 애로해소 및 지원강화로의 정책전환 필요성에서 제시되었다.

셋째, 해양관광산업으로서 **해양문화콘텐츠산업**. 스토리텔링에 활용 가능한 해양 문화자원 발굴 및 산업화 지원을 통해 해양관광의 매력도를 증진시키고자 하는 취지로 제시되었다. 추진배경을 보면 문학·미디어 등 문화콘텐츠는 연안 자연자원과 연계하여 관광 매력도를 증진하고, 해양문화자원은 그 자체로 관광자원으로 활용가능하기 때문이다. 또한 양질의 엔터테인먼트 및 문화콘텐츠 소비욕구 증대에 대응하기 위해서는 해양문화자원의 발굴 및 콘텐츠화 필요한 실정이다.

넷째, 해양관광산업으로서 **크루즈산업**. 크루즈 국내 기항 유치를 위한 기반 마련과 국적 크루즈선 육성 등을 통해 동북아 크루즈 허브국가로 도약을 목표로 동북아 크루즈 허브를 구축하고자 목표를 설정하고 있다. 추진배경으로 크루즈 관광은 2000년 이후 매년 10%이상 급성장해왔으며, 최근 외국 크루즈선의 국내 기항이 급격히 증가[21]하면서 관심이 고조되고 있다. 크루즈관광산업은 고용창출효과가 크고 해운·조선·항공·관광 등 연관산업 견인효과가 커서 미래형 고부가가치 산업으로 주목하고 있다.

이상에서 제2차 해양관광진흥기본계획을 검토한바 해양수산부에서 해양관광산업의 범주에 4가지 유형을 포함하는 것으로 사료된다: 해양헬스케어산업, 마리나산업, 해양문화콘텐츠산업, 크루즈관광산업. 그러나 해당산업에 대한 정의 없이 해당산업을 진흥시킬 개별사업 들만 나열되어 있다. 따라서 향후 제3차 계획을 수립할 때, 산업과 사업의 명확한 개념정의를 근거로 한 표준산업분류에 근거한 개별사업도출과 추진전략이 구체적으로 마련되어야할 것이다.

---

21) 2008년 88회 7만명 →2013년 414회 79만명 (5년간 기항횟수 5배, 관광객 11배 증가)

2) 해양관광산업과 해양수산발전기본계획

우리나라 해양관관광산업 육성정책은 해양수산부 출범과 더불어 '해양수산발전기본법'의 해양관광진흥과 관련된 조항들이 포함되면서 본격적으로 추진되었다고 볼 수 있다. 이는 제1차, 제2차 '해양수산발전기본계획'의 수립에 의해서 해양관광진흥을 위한 정책과제들이 제시되면서 활성화되었다. 그러므로 해양관광정책 분야에서 자세히 다루겠지만, 해양수산발전기본계획에서 해양관광산업의 개념을 검토하는 것은 매우 의의가 있다.

(1) 해양관광산업과 제1차 해양수산발전기본계획(2002-2013)

본 계획은 정부의 개별 부처에서 산발적으로 추진해오던 해양 관련 업무를 하나로 포괄하는 한편, 해양의 보전과 지속가능한 개발·이용에 관한 새로운 청사진을 제시한 계획이다. 21세기 접어들어 지난 10년간 중앙행정기관(9부, 3청)에서 해양수산분야 7개 분야의 총 211개 사업을 추진한 것으로 해양수산부를 중심으로 수립된 계획에 해당된다.

본 계획에서 해양관광을 해양산업의 한 분야로서 인식하고 있음에 주목할 필요가 있지만, 해양관광산업으로서 명확한 산업적 관점에 대해서는 인식이 부재한 상태이었다. 그러나 고부가가치 신해양산업으로서 해양관광 활성화를 위한 단초를 마련했다는 점에서 의의가 있다. 당시 민관합동으로 '여수세계박람회'유치를 위해 다각적인 유치활동을 전개하여 BIE총회[22]에서 여수유치를 확정하기 위한 홍보전략으로 해양에 대한 관심제고 차원에서 해양관광개념을 본 계획에 접목시킨 것으로 생각된다.

이를 위해 다양한 해양문화 확산 프로그램 보급과 관련하여 해양관광활성화를 위한 해양관광진흥기본계획을 수립하고 해양관광사업 세부실천계획을 수립 시행하고자하는 정책적 배려의 결과였다고 할 수 있다. 그러나 아쉬운 것은 해양관광사업을

---

22) 국제박람회기구(國際博覽會機構, Bureau International des Expositions, BIE)는 세계박람회 개최를 원활하게 수행하기 위해 활동하는 국제기구이다. 프랑스 파리에 본부를 두고 있고, 각 나라별로 1~3명의 대표단으로 구성하여 1년에 두 번 총회를 개최되는데, 임시총회가 열리기도 한다. 총회에서는 주로 박람회 일정 확정, 등록 여부 확정, 협약의 해석 및 보완 등이 논의된다. 현재 157개 BIE 회원국으로 구성되어있다.

산업과 연계시켜 발전시키지 못한 측면이 있으며, 개별사업단위가 아닌 국가 산업적 차원에서 해양관광산업의 국가나 지역에 미치는 파급효과와 연계된 산업적 분류와 개념도출이 이루어지지 않은 것은 아쉬운 점이다. 향후 해양관광과 해양관광산업의 중요성을 인식하는 계기를 제공했다는 측면에서는 의의가 있다.

(2) 해양관광산업과 제2차 해양수산발전기본계획(2014-2023)

본 계획에서 해양산업의 대분류에 해양관광산업을 포함시킨 것은 의의가 있는 일이다. 참고로 해양산업의 경우, 국내 경제비중과 관련하여 창출되는 연간 부가가치 총액을 2005년 기준 21조원, 산출액 기준으로 약 70조원, GDP 총액의 약 8% 점유율을 제시하여 그 중요성을 부각시켰다. 한편, 해양관광산업은 해운, 항만, 조선 등 해양관련 산업의 전반적 발전에도 불구하고, 해양에너지와 해양생명공학산업과 더불어 초기 성장단계로 진단하고 있다. 그러나 우수한 IT기술과 인력을 활용할 경우, 해양관광산업은 고부가가치 미래산업으로 육성이 가능하다고 전망한다.

본 계획에서는 해양산업을 수산업, 해운산업, 항만산업, 조선산업, 해양관광산업의 5개 산업으로 대분류한 것은 제1차 계획과의 차이이며, 해양산업에서 해양관광산업의 위상을 반영한 것으로 사료된다. 특히, 본 계획의 분류방식은 국가해양력을 평가한 ADL(2006)의 분류방식을 준용하고 있음을 주목할 필요가 있다. 즉, 국가해양력 평가에서 해양관광이 중요한 평가항목에 포함됨을 시사하고 있다. 이는 해양관광이 국가경쟁력 평가의 중요한 지표가 됨을 의미한다. 이 보고서에 따르면 우리나라의 해양관광에 대한 국가경쟁력은 2006년 기준 세계 22위로 2020년에는 세계 15위권을 목표로 전망하고 있다.

본 계획의 수립과정에서 국내외 해양의 패러다임 변화와 관련하여 기후변화·자원문제의 대두, 과학기술력 확보를 통한 신산업육성, 삶의 질 추구에 따른 생활패턴의 변화, 동아시아의 경제성장에 따른 물류산업의 변화 등 4가지 요인들을 반영하였다. 특히, 삶의 질 추구에 따른 생활패턴의 변화는 소득수준 향상 및 웰빙문화의 확산, 해양을 활용한 레저관광의 수요 증가를 전망하고 있다.

여기에서 해양관광을 해양레저와 통합하여 해양관광레저산업으로 인식하고 있음을 주목할 필요가 있다. 이는 해상에서 이루어지는 해양레저활동을 해양관광산업으로 인식하지만, 해양레저산업의 산업규모나 파급효과 차원에서 독립적 개별산업 보다는 해양관광산업의 연관산업으로 인식하고 있다. 그러나 해양관광산업에 대한 명확한 개념과 산업분류에 대한 전제없이 해양레저산업을 통합하여 해양레저관광산업[23]이라는 용어를 사용하여 신산업처럼 제시한 것은 국가해양력 평가와 연계시켜 볼 때 산업분류시 중요하게 고려되어야 할 정확성, 비교성, 위계성, 체계성 등에는 미흡하다고 할 수 있다.

기본계획으로서 본 계획은 해양관광산업의 진흥과 그에 의한 따른 일자리 창출, 지역경제발전에 기여라는 결과와 밀접하게 연관되어 있음을 고려할 때, 해양관광산업에 대한 정확한 산업분류에 대한 방향은 제시될 필요가 있다. 결론적으로 본 계획은 해양관광산업의 복합적 육성방안 마련과 관련하여 그 필요성을 제기만 하였고, 해양관광산업에 대한 명확한 개념정의나 표준산업분류의 필요성이나 산업분류의 관점이 제시되지 못한 아쉼이 있다.

3) 해양관광산업과 지방자치단체

관광산업은 지역적 환경특성을 반영한다는 전제 하에 해양관광산업 또한 그 지역성(locality)과 지역정체성(identity)을 반영한다. 이러한 맥락에서 우리나라의 대표적인 해양도시인 부산광역시의 사례를 통하여 해양관광산업의 개념을 검토해보고자 한다. 특히, 2010년과 2016년에 수립된 '부산광역시 해양산업육성종합계획'의 검토를 통해서 해양관광산업과 지방자치단체의 지역성과 정체성이 계획적 관점에서 어떻게 해양관광산업을 반영하고 있는지를 분석해보고자 한다.

2010년도 계획에 의하면, 선진국에 있어서 해양관광 참여율을 전체 관광 참여율의 40%~50% 수준으로 파악하면서, 해양관광활동의 거점으로 해변친수공간(워터프론트), 해수욕장, 마리나, 크루즈터미널 등을 언급하고 있다. 해양관광의 중심활동으로

---

[23] 해양레저관광산업과 관련하여 다음과 같은 내용이 계획에 포함되어 있다. '... 현재 해수욕장 위주의 국내 해양레저관광산업은 마리나 개발과 함께 요트등 각종 고급 레저선을 이용한 선진형 해양레저로 전환될 것을 예상, 세계3대 크루즈 선사의 동북아 기항 결정으로 크루즈 산업의 활성화가 예상되어, 이를 위한 항만시설 등의 기반시설과 관련 관광상품 정비 필요, 국민소득 증대 인구 고령화 등 여건변화로 기존의 단순 관람형에서 레저 문화 생태가 어우러진 체류형으로 변모, 해양관광은 해수욕 해변경관감상 및 수산물 시식등 단편적 활동에서 벗어난 체험형 환경친화형 활동으로 전환추세...'

해수욕, 레저보트, 윈드서핑, 스킨스쿠버 및 크루즈 활동 등을 제시하여 선진국 수준으로 향상시키겠다는 정책의지를 반영하고 있다. 이러한 배경 하에 향후 해양관광산업을 해양레저스포츠산업과 크루즈관광산업의 결합으로 정의를 내리고 있다.

반면, 2016년도 계획에 의하면, 부산해양산업조사(2010~2014) 결과를 토대로 해양산업을 해운항만물류산업, 수산업, 조선·해양플랜트산업, 해양관광 및 레저 스포츠산업, 해양과학기술산업, 기타로 구분하고 있다. 해양관광산업의 경우, 해양레저·스포츠업, 해양관광 관련 숙박 및 음식점업, 그 밖의 관련 서비스업 등 3개로 분류해 놓았다. 이는 2010년도 계획에서 검토한 해양관광산업의 개념 접근과는 상당한 차이가 있다.

본 보고서에는 또한 해양관광산업에 대한 주요 성과를 3개 전략과제 도출을 통하여 분석결과를 제시하였다. 즉, 해양관광 인프라 확충, 수상레포츠 체험시설 정비 및 아카데미 운영, 다각적인 해양크루즈 사업 추진을 바탕으로 세부추진과제와 주요 실적을 통하여 해양관광산업을 분석하고 있다. 이는 지금까지 서술한 해양관광산업의 산업적 관점에서의 분석이나 타 산업과의 영향관계 등에 대한 접근과는 차이가 있다.

결론적으로 2010년도 계획과 달리 2016년도 계획에서는 해양관광산업의 산업분류를 체계적으로 제시했을 뿐만아니라 그 근거로 해양산업조사[24]를 기반으로 하고 있음은 해양관광산업의 위상제고와 더불어 부산광역시의 지역적 특화산업으로 성장동력산업으로 해양관광산업의 중요성을 제시했다는 측면에서 의의가 있다.

4) 결론

이상에서 검토한 관련 계획에서 해양관광산업의 개념을 도출하여 다음과 같이 표를 작성하였다. 중앙정부의 해양수산부와 지방자치단체의 부산광역시의 관련 계획들을 검토한 결과, 해양관광산업에 대한 개념이 산업적 관점에서 산업분류가 명확히 되어 있지 않음을 알 수 있다. 그러나 부산광역시가 해양산업조사를 기초로 해양관광산업을 분류한 것은 계획적 차원에서 매우 의미가 있는 것으로 판단된다.

---

24) 참고로 부산시 해양산업조사에 의하면, 해양레저·스포츠업의 분류에는 유람선업, 해양레저장비도·소매업, 해양레저장비 임대업 및 스포츠서비스업, 수족관업, 낚시장운영업 등이 포함된다. 다음 숙박 및 음식업에는 숙박시설운영업, 음식점업 등이 포함되며, 그 밖의 해양관광관련서비스업에는 크루즈 및 여객터미널운영 및 관리업, 기타해양관광관련 서비스업이 포함되는 것으로 나타났다.

관련 계획		해양관광산업
제2차 해양관광진흥기본계획		해양헬스케어산업, 마리나산업, 해양문화콘텐츠산업, 크루즈관광산업
제1차 해양수산발전기본계획		-
제2차 해양수산발전기본계획		해양레저산업, 크루즈산업, 쇼핑업(크루즈관광객), 관광식당업(해산물취급 식당), 여행업(해양관련 관광상품 판매)
부산광역시 해양산업육성종합계획	2010년	해양레저스포츠산업+크루즈관광산업
	2016년	해양레저서비스산업, 마리나산업, 크루즈산업

해양관광산업은 해양산업의 하위개념이지만, 전반적으로 해양산업에 대한 명확한 산업적 분류가 일관되어 있지 않음은 향후 이에 대한 법적 제도적 측면에서 시급히 개선되어야 할 사항으로 지적된다. 정부의 예산편성과 재정지원, 관련법률과 제도의 정비가 기본적으로 산업적 관점을 반영하여 시행됨을 고려할 때 해양관광산업의 산업으로의 인식은 시의성을 요한다고 할 수 있다. 해양관광산업의 분류를 제시하기에 앞서 다음과 같은 기본조건이 충족되어야할 것이다.

첫째, 해양관광산업은 국가 및 지방자치단체의 관련 법정계획에 의거, 계획적 위계성과 연관성을 지니고 있어야 한다.

둘째, 지역경제 활성화 정책수립시 경제적 파급효과가 구체적으로 명시한 해양관광산업 기반형 해양관광정책을 수립해야 한다.

셋째, 해양관광산업은 표준산업분류에 의해 대-중-소-세..분류의 위계적 차원에서 산업적 구분 즉, 명확한 업태-업종이 반영되어야 하며, 지역의 특수성을 고려하는 것은 중요한 사항임을 인식해야 한다.

정부와 지방자치단체의 기존 법정계획들을 검토한 결과, 계획적 측면에서 해양관광산업을 다음과 같은 대분류를 제시하고자 한다: 크루즈산업, 마리나산업, 해양레저스포츠산업, 연안 숙박업, 연안음식점업, 해양전시컨벤션산업, 레크레이션낚시업.

여기에서 레크레이션낚시업(가칭)의 제안은 다음과 같은 이유에 기인한다. 먼저, 해양수산부의 수산분야 수산일반(어가 및 어가인구 / 어선 및 어업권 현황 / 어항) 분야에서 어선 및 어업권 현황에 포함된 낚시업 규정 조정이 필요하다는 것을 전제로 한다. 이는 낚시를 수산업의 한 업종으로 보는 관점을 바꾸어 레크레이션이나 관광활동으로 바다나 민물 낚시를 즐기는 낚시이용자의 시각을 반영해야 한다는 것이다. 이는 어촌의 경제활성화와 직접적으로 관련되기 때문이다. 즉, 기존 어가의 어선을 임대해서 하는 어업권의 관점이 아니라 레크레이션 낚시의 관점에서 접근할 필요가 있다. 향후 어선이 아닌 요트나 보트의 도입과 사용에서부터 관련 법률의 전반적인 조정이 필요한 사항이 될 것이다.

낚시인의 현황을 살펴보면, 2015년 기준 약 738만명 수준으로 추정된다. 낚시 관련 단체 중 11개 단체가 중앙정부 사단법인으로 등록되어 있다. 따라서 지속적인 성장을 보이고 있는 낚시업을 레크레이션낚시로 규정하여 해양관광산업분야로 포함시켜 산업적 관점에서 접근할 필요가 있다.

구분	1990	1995	2000	2005	2010	2015
낚시인구	325	400	500	573	652	738
조사단체	한국갤럽	환경부	해수부	한국갤럽	세종대	(예측)

해양관광산업과 제4차산업혁명

CHAPTER

12

There has never been a time of greater promise, of greater peril.
- Klaus Schwab -

학문 분야마다 연구자들마다 3차와 4차산업혁명의 용어 정의가 다양하고, 산업의 분류에 따른 개념의 적용도 다르며, 인식의 차이가 큰 것도 사실이다[25]. 그러나 분명한 것은 1차, 2차, 3차 등 산업을 지칭하는 용어와 혁명이란 용어가 존재하는 한, 그리고 인류가 존재하는 한, 산업과 산업혁명의 형태는 지속될 것이며, 이는 향후 5차… n차 등을 지칭하는 산업혁명의 용어로 대체되어 출현할 것이다.

슈밥(Schwab)은 4차산업 혁명[26]이 도래했다고 주장하는 반면, 리프킨((Jeremy Rifkin,1945~)은 3차산업혁명[27]이 시작되었다고 주장하고 있다. 산업에 대한 관점에 따라 분야에 따라 산업혁명을 보는 서로 다른 시각이 존재하고 있는 것이다. 리프킨은 경제 패러다임 변화의 관점에서 3차 산업혁명이란 용어를 사용하고 있는데, 그의 저서 〈The Third Industrial Revolution; How Lateral Power is Transforming Energy, the Economy, and the World〉에서 근거하고 있다. 그가 제시한 '3차 산업혁명'은 다음의 기본적인 전제를 지니고 있다: 새로운 커뮤니케이션기술은 새로운 에너지 양식(energ regimes)인 재생가능한 전기(renewable electricity)로 집중될 때, 근본적인 경제적 변화가 발생한다는 것이다.

---

25) "왜 4차가 아닌 3차 산업 혁명인가". '사회 혁신' 없는 '기술 혁신'은 재앙이다.(출처 http://www. pressian.com/news/article.html?no=133469)

26) Klaus Schwab(2016), World Economic Forum(WEC) 설립자&의장

27) The Third Industrial Revolution; How Lateral Power is Transforming Energy, the Economy, and the World(2011, Palgrave MacMillan)에서 유래

1. 산업혁명의 이해

산업혁명	1차	2차	3차	4차
해당년도	18세기 1784(1780) →	19세기~20세기초 1870(1900) →	20세기후반 1968(1965, 1970) →	2015년 – (오늘날 →)
기반동인	증기기관기반 동력	전기를 통한 에너지원 변화	컴퓨터와 인터넷 기반 산업기술의 전파속도 증가	IoT/AI/CPS/BD 기반
혁명	기계화혁명	대량생산혁명	지식정보혁명	만물초지능혁명
문명적 특징	* 유형(물리적 형태)의 물질 중심 문명 * 개별적 소유, 전체적 통제의 전체주의			* 무형의 데이터 중심 문명 * 공유, 홀로서기(개 별적 개체주의)
생산/소비	개별적 형태로 분리되어 존재			상호유기적 연결형태
공간적 (영역)특징	물질영역		정보통신(cyber)영역	초영역[28]
에너지	석탄, 증기기관	석유, 내연기관	재생가능에너지 (태양력, 풍력, 조력, 지력 등)	수소저장기술
keywords	mechanization, water power, steam power	mass production, assembly line, electricity,specialization	computer and automation, internet	cyber physical systems, block chain[29]

---

28) 네트워크 상의 데이터 가상 화폐인 '비트코인(Bit coin)'이 온라인 상에서 움직이는 순간 오프라인
에 있는 물질 재화의 이동이 동시에 이동

29) * 4차 산업혁명시대를 지탱하는 것은 정보의 공유와 저장 그리고 보안성이고, 그것은 고도의 네트
워크, 메모리 용량, 정보 보안 기술에서 기반하고 있으며 그 기술이 4차산업혁명을 구현하는 바
탕에 정보를 연속적으로 누적하면서 쌓아올리는 '블록체인(blockchain)' 기술
* 4차산업혁명의 토대가 되고있는 블록체인기술은 P2P기술을 기반. 오래 전 부터 우리가 파일공
유 프로그램으로 널리 사용해왔던 P2P기술은 'Peer'와 'Peer'의 연결, 즉 중개(仲介) 서브가 없이
개인 PC간을 직접연결시켜주는 분산병렬(分散竝列)형 네트워크 기술
* 지금까지 세상의 권력구조를 해체하는 형태로 전개
* 디지털 메모리 기술의 비약적인 발전과 네트워크망의 발전으로 개인 컴퓨터의 저장용량과 네트
워크접속 성능은 가공할 수준으로 확장. 이러한 환경에서 모든 DATA를 일정규격으로 단순화 시
키면서도 해킹이 불가능하도록 암호화 할수있는 '해시함수(hash function)'를 이용하여 블럭체인
기술 탄생

산업혁명	1차	2차	3차	4차
특징	• 증기기관을 활용한 영국의 섬유공업의 거대산업화 • 가내수공업 사라지며, 농촌경제 타격	• 전기동력에 의한 대량생산체계와 노동력 절감	• IT기술의 발달로 생산라인의 자동화 • 인터넷과 스마트혁명으로 글로벌IT기업부상	• 제조업의 디지털화 • 인간,사물,공간을 초연결 초자동화 초지능화하여 디지털 물리적 생물학적 영역의 경계가 사라지면서 기술이 융합되는 산업구조사회 시스템혁신 • 소규모 작업장, 집 등 다양한 사업에 도전하는 창업자 증가
소비자	• 기계생산제품 시대 전환 • 대량생산가능	• 대량생산의 대중화 • 대량소비 시대 개막	• 오프라인/온라인 경계 • 온라인쇼핑 • 홈쇼핑 개막	• 자가주문에 생산-소비 • 생산-소비현장의 경계모호
발전된 대표적 산업	섬유산업, 제철산업	자동차산업 중화학공업	• 탈산업화 • 금융자본주의 • IT산업	산업융합화: ICBP산업
경제구조	수직적 구조	중앙집권적	• 협업경제, 분산자본주의 • 글로벌화 국제화	개별경제

　　여기에서는 산업혁명의 관점에서 해양관광산업을 검토해보고자 한다. 18세기 증기기관에 의한 에너지원을 동력으로 하던 공장의 기계화는 20세기 초 석유 동력의 내연기관과 조우해 2차 산업혁명을 일으켰고, 그 결과로 나타는 공장의 전기화는 대량생산 제품의 시대를 열었다. 미국의 경우, 뉴딜정책으로 인프라스터럭쳐 구축을 위해 미국 전역에 고속도로가 건설되어 수많은 가구가 몇년전만 해도 고립된 시골 마을로 치부하던 교외 지역의 새로운 공동체로 이주하기 시작했고, 수천 킬로미터의 전화선, 라디오, 텔레비전이 등장하여 광범위한 커뮤니케이션을 창출했다. 그러나 다국적기업이나 기업의 지배구조 변화는 다양한 산업발전을 이룩하였지만 20세기 말부터 시작된 에너지원인 석유 고갈을 초래하였다. 석유는 화석연료 사용과 더불어 이산화탄소 배출등으로 환경오염을 그리고 지구온난화를 가속해왔다. 이와 같은 이유로 새로운 형태의 산업혁명이 요구 되었고 리프킨을 대표로한 학자들이 3차 산업

혁명이란 제목을 가지고 인터넷 커뮤니케이션 기술과 재생 가능한 에너지의 결합을 요구 하였다.

　　3차 산업혁명은 전통적인 대규모 공장의 개념을 벗어나 자신의 가정과 직장, 공장에서 직접 녹색 에너지를 생산하여 지능적인 분산형 전력 네트워크, 즉 인터그리드로 서로 공유하는 특징을 나타낸다고 주장한다[30].

　　리프킨은 3차산업혁명의 다섯가지 핵심요소를 다음과 같이 제시하고 있다. ① 재생 가능 에너지로 전환한다. ② 모든 대륙의 건물을 현장에서 재생 가능 에너지를 생산할 수 있는 미니 발전소로 변형한다. ③ 모든 건물과 인프라 전체에 수소 저장 기술 및 여타의 저장 기술을 보급하여 불규칙적으로 생성되는 에너지를 보존한다 ④ 인터넷 기술을 활용하여 모든 대륙의 동력 그리드를 인터넷과 동일한 원리로 작동하는 에너지 공유 인터그리드로 전환한다.(수백만 개의 빌딩이 소량의 에너지를 생성하면 잉여 에너지는 그리드로 되팔아 대륙 내 이웃들이 사용할 수도 있다.) ⑤ 교통수단을 전원 연결 및 연료전지 차량으로 교체하고 대륙별 양방향 스마트 동력 그리드상에서 전기를 사고팔 수 있게 한다.

산업혁명	1차	2차	3차	4차
비고	• 가내수공업에서 기계를 이용한 공장생산체제개막 • 노동력 효율 대폭 증가	• 컨베이어 벨트를 이용한 분업화로 작업표준화와 단순화 • 생산은 기계, 조립은 노동자 • 작업효율성을 강조한 과학적 관리 기법 도입	• 공작기계, 산업용 로봇등 IT를 이용한 공장 자동화시스템화시대 • 생산성 혁명(기계에 의한 조립) • 유통체계 혁신	• 공장자동화에 투입된 기계, 로봇과 달리 기계가 능동적 판단을 통해 작업수행. 기존 소품종 다량생산에 다품종 다량생산도 다품종 소량생산도 가능 • 드론등 물류시스템의 혁신 • AI의 시장분석을 통한 물량등 생산관리

30) 출처: http://www.thethirdindustrialrevolution.com/

산업혁명	1차	2차	3차	4차
사회적 현상	• 왕족 귀족 지배체재가 붕괴되고 부르주아계급탄생 • 선거법개정, 노동자계급 • 자본주의 사회주의 발생 • 영국에서만 발생 • 육체노동감소	• 신제국주의 • 1차 2차 세계대전 • 미국과 독일을 시작으로 미국 유럽으로 확산	• 국가 국민 주권의 개념 모호 • 개인적 차원에서 물질적욕구 충족시키는 산업활동 • 사치품시장규모 확대 • IT발달로 시간과 공간의 초연결화 • 1인기업가능 • 육체노동급감 • 인간소외 대두	• 인간과 기계의 경계희미 • 인간의 개념모호 • 현실과 가상의 경계도 모호 • 새로운 욕구와 가치추구, 존재론적 의미추구
최초적용	• 와트의 증기기관을 개량하여 만든 기계식 설비 • 최초의 기계식방직기, 영국	• 최초의 컨베이어 벨트. 미국 신시내티 도축장 • 컨베이어시스템의 최초 도입은 1910년, Henry Ford 하일랜드파크공장	• 최초의 PLC[31] (084, MODICON: MOdular DIgital CONtroller)	• Industry 4.0[32]

---

31) PLC: Programmable Logic Controller)란 산업현장에서 기계제어에 많이 사용되는 것으로, 산업 플랜트의 자동 제어 및 감시에 사용하는 제어 장치. PLC는 입력을 프로그램에 의해 순차적으로 논리 처리하고 그 출력 결과를 이용해 연결된 외부장치를 제어한다. 순차제어(sequential control)에 사용되는 대표적 장치
   • 1968년 GM Hydra-Matic(자동차 트랜스미션 디비전)에서 엔지니어 Edward R. Clark이 작성한 백서에서 처음 언급

32) industry 4.0의 도식화(출처 : 저자재작성)

	Industry 3.0		Industry 4.0	
소품종 대량생산	일반공정	→	모듈공정	다품종 대량생산
	중앙·집중식 제어		자율·분산제어	
Mass Production	유선통신		무선통신	Mass Customization
	순차·고정설비		가변·유연설비	
	실시간프로세스 파악불가		실시간 프로세스 추적	

산업혁명	1차	2차	3차	4차
관광	• 중산층 관광참여 • 관광목적지에서의 관광활동과 공간이용은 계급화	• 전계층의 관광참여 • 인종간 계층간 이용활동과 관광목적지 공간이용은 차별화 • 1−2차세계대전, 식민지 • 북미지역을 제외한 지구촌은 관광의 암흑기	• 지중해 해양관광 목적지 개발 • 관광의 자유화, PASSPORT 사용에 지문인식 도입 • 국지전, 인종(종족간)갈등, 이념대립과 종교전쟁으로 특정 지역을 제외한 관광활동 제한 • 관광의 '안전'의 중요성 • 다양한 SIT관광상품개발 • 국가 또는 지방자치단체의 발전전략으로 관광산업 육성을 정책화 (정치적으로 관광의 융성기)	• 민간인의 우주관광(달착륙, 행성)시대 본격적 개막 • AR 등 가상관광 활성화 • 국가간 경계(border)가 모호해지면서 PASSPORT없는 관광시대 도래

　　그러나 2011년 이후 한동안 전 세계에 신선한 충격을 준 리프킨의 '3차 산업혁명'이란 용어는 우리 사회에서 아주 빠르게 4차산업혁명이란 용어로 대체되고 있다. 2016년 초 다보스 포럼(Davos Forum)[33]에서 클라우스 슈밥(Klaus Schwab)[34] 회장이 발표하면서 이후 혁신적 산업의 대명사, 일상화된 저성장 상황에서의 성장 키워드로 인식, 막연한 미래가 아닌 현실적 미래로 인식을 강요하고 있는 실정이다. 이미 경험하고 있는 '모바일 혁명', 알파고가 보여준 '인공지능', '로봇공학'에 대한 인식 전

---

33) 세계경제포럼(WEF;World Economic Forum)을 일컫는 말. 1981년부터 매년 1~2월 스위스의 고급 휴양지인 다보스에서 회의를 하기 때문에 일명 '다보스회의' 라고도 불림. 세계의 유명한 기업인·경제학자·저널리스트·정치인 등이 모여 세계경제에 대해 토론하고 연구하는 국제민간회의로 지난 1971년 독일 출신의 하버드대 경영학교수 클라우스 슈바브(Klaus Schwab)에 의해 만들어져 독립적 비영리재단 형태로 운영되고 있고 본부는 제네바 위치. (출처: 시사상식사전, pmg 지식엔진연구소, 박문각)

34) 출생1938년 3월 30일, 독일소속 세계경제포럼(회장).프라이부르흐대학교 경제학 박사. 1998 슈밥재단 설립. 1996~1998 유엔개발계획 부의장. 1972~2002 스위스 제네바대학교 기업정책과 교수. 1971~ 세계경제포럼 회장

환, 그리고 빅데이터, 블록체인, 사물인터넷, 3D 프린팅 등 4차산업혁명이 가져올 생활과 산업변화는 이미 '현실적 미래'가 되고 있다. 전 세계적으로 인공지능과 사물인터넷(IoT: Internet of Things) 등 정보통신기술(ICT: Information Communication Technology)이 기존 산업과 융합해 새로운 가치를 창출하는 '제4차 산업혁명'의 물결이 밀려오고 있는 현 시점에서, IBCA(IoT, Big Data, Cyber Physical System, Artificial Intelligence) 플랫폼을 활용한 해양산업 내 변화와 흐름을 읽고, 새로운 해양가치 창출을 위한 미래전략 모색하려는 노력들이 전 세계적으로 이루어지고 있다.

세계해양포럼(World Ocean Forum)이 2016년10월10일-13일 부산에서 개최되었다. 개최목적은 첫째, 4차 산업혁명의 단계에 진입한 현 시점에서 IBCA 플랫폼을 활용한 해양산업 내 변화와 흐름을 읽고, 새로운 해양가치 창출을 위한 미래전략 모색하며, 둘째, 인류의 미래 먹거리 창고이자 블루오션인 해양산업에 대한 인식을 새롭게 하고, 국내 해양산업의 발전 도모, 셋째, 동북아를 비롯한 주요 선진국의 2016년 해양산업발전 전망을 공유하고, 함께 만드는 지속가능한 미래 해양 발전 강구하며, 업계 전반의 정보교류와 비즈니스 플랫폼 구축이었다.

결론적으로 해양산업이나 해양관광산업의 접근은 기존의 고전적 산업분류나 접근방법에서 시대의 변화를 수용하는 새로운 관점으로의 전향적인 변화를 모색해야할 시점이다.

2. 제4차산업혁명의 해양관광산업 융합

관광의 기본적인 전제는 일상권에서 비일상권으로의 이동이다. 즉, 관광동기에 의해 목적지로 출발하는 것에서부터 관광은 시작된다고 할 수 있다. 관광산업은 일상권에서 관광목적지로의 교통수단을 이용하는 것에서부터 다시 일상권으로 돌아올 때까지 관광객의 모든 활동과 관련된다고 할 수 있다. 해양관광산업은 관광의 활동영역이 연안의 육역과 해역 모든 것에 관련이 될 때 해양관광산업의 범주에 포함된다.

그러나 제4차산업혁명은 VR(가상현실)과 AR의 결합에 의한 MR의 실현, 블록체인의 사용으로 인한 관광소비의 변화 등 다양한 경제적 사회적 환경변화로 인해 산업에 대한 기본적 틀의 대변혁을 예고하고 있다. 기본적으로 관광에 대한 개념적 정의를 재고해야할 시점이며, 이는 또한 해양관광산업의 개념과 분류에 대해서 전향적인 신사고의 접목이 요구되는 시점이기도 하다.

제4차 산업혁명은 생산기술의 진보가 아니라 데이터 수집 방식과 해석 기술을 생산방식에 접목하였다는 것이 그간의 산업혁명과는 확연히 다른 점이다. 제4차산업혁명의 중요한 요소는 빅데이터, 클라우드, 인공지능이다. 즉, 사물인터넷(IoT)을 통해 획득한 빅데이터를 클라우드에 저장하고 인공지능(AI)을 통해 분석, 활용해 이를 생산방식에 지속적으로 피드백하여 생산 방식을 개선해나간다는 개념이다.

해양관광산업에서 중요한 관광객의 소비와 관련된 행태분석은 관광학계와 업계의 가장 큰 난제이었다. 산업수요 조사시 대두된 정확한 통계의 자료와 분석이 큰 문제이었다. 그러나 4차산업혁명의 빅데이터 기반기술은 해양관광목적지까지 관광객의 이동경로를 추적하여 소비규모, 소비장소, 소비경로 등 소비행태의 분석를 가능하게 할 것이다. 이러한 빅데이터를 통한 관광수요분석은 국가와 지방자치단체의 해양관광정책수립에 시의성과 더불어 신속한 탄력적 정책개발을 가능케 할 것이다. 향후 해양관광산업 기업들의 관광 대응전략도 탄력적이며, 즉각적으로 대응태세 구축을 가능케 할 것이다.

제4차산업혁명이 해양관광산업에 어떻게 영향을 미칠것인가의 문제는 지속적인 관찰과 데이터의 축적을 통해서 미래예측에 지속적으로 반영되어야 할 것이다. 주목할 것은 이런 ICT와 과학기술에 기반은 둔 산업혁명은 해양관광객의 개념부터 해양관광산업의 산업분류, 해양관광객의 소비패턴이나 행태와 관련된 빅데이터 수집과 분석, 해양관광산업의 경제적 영향관계에 이르기 까지 광범위하게 걸쳐 기존과 다른 사고의 전환을 강요할 것이다라는 것이다.

현재 존재하는 산업 중 미래에 사라질 산업이 있는 반면 새로운 유형의 신성장산업도 출현할 것이다. 이는 새로운 유형의 해양관광산업의 출현도 새로운 소비패턴과 관광행태를 보이는 해양관광객도 출현할 것임을 시사한다. 이전 시대 이전 세기, 사람 중심의 수요창출형 산업구조가 이제는 특정수요를 가진 개인이나 집단에 의해 규모와 상관없이 공급창출형 산업구조로 전환을 할 전망이다.

바다 & 지식 : 10 Sea-oriented Animations from the Author

Title	Production	Date
Little Mermaid (인어공주)	Walt Disney Pictures	1989.11.14
Little Mermaid 2 (인어공주 2)	Walt Disney Pictures	2000.09.19
Finding Nemo (니모를 찾아서)	Disney & Pixar	2003.06.06
Shark Tale (샤크 테일)	Dreamworks	2004.10.01
벼랑위의 포뇨	미야자키 하야오	2008.12.17
Oceans (오션즈)	Un Film De Jacques Perrin et Jacques Cluzaud	2010.01.27
A Turtle's Tale : Sammy's Adventure	nWave Pictures	2010.12.16
Ice Age 4 (아이스에이지 4)	20th FOX	2012.07.26
Finding Dory (도리를 찾아서)	Disney & Pixar	2016.07.06
Robinson Crusoe (로빈슨 크루소)	Studio Canal & nWave Pictures	2016.08.17

READING MATERIALS

A. Dedeke(2017).Creating sustainable tourism ventures in protected areas: An actor-network theory analysis. Tourism Management, 61, 161-172.

A. Cerqua(2017). The signalling effect of eco-labels in modern coastal tourism. Journal of Sustainable Tourism 25, 1159-1180.

C. Trave, J. Brunnschweiler, M. Sheaves, A. Diedrich, & A. Barnett(2017). Are we killing them with kindness? Evaluation of sustainable marine wildlife tourism. Biological Conservation, 209, 211-222.

E. Atmodjo, M. Lamers, & A. Mol(2017). Financing marine conservation tourism: Governing entrance fees in Raja Ampat, Indonesia. Marine Policy, 78, 181-188.

J.L. Loerzel, T.L. Goedeke, M.K. Dillard, & G. Brown(2017). SCUBA divers above the waterline: Using participatory mapping of coral reef conditions to inform reef management. Marine Policy, 76, 79-89.

M. Voyer, K. Barclayb, A. McIlgorm, & N. Mazurc(2017). Connections or conflict? A social and economic analysis of the interconnections between the professional fishing industry, recreational fishing and marine tourism in coastal communities in NSW, Australia. Marine Policy 76, 114-121.

O. Pérez-Maqueo, M.L. Martínez, & R.C. Nahuacatl(2017). Is the protection of beach and dune vegetation compatible with tourism? Tourism Management, Volume 58, 175-183.

P. van Beukering, S. Sarkis, L. van der Putten, & E. Papyrakis(2015). Bermuda's balancing act: The economic dependence of cruise and air tourism on healthy coral reefs. Ecosystem Services, 11, 76-86.

S. Grafeld, K. Oleson, M. Barnes, M. Peng, C. Chan, & M. Weijerman(2016). Divers' willingness to pay for improved coral reef conditions in Guam: An untapped source of funding for management and conservation? Ecological Economics, 128, 202-213.

S. Lucrezi, M. Milanese, V. Markantonatou, C. Cerrano, A. Sarà, M. Palma, M. Saayman(2017). Scuba diving tourism systems and sustainability: Perceptions by the scuba diving industry in two Marine Protected Areas. Tourism Management, 59, 385-403.

Y. Huang, & V.R. Coelho(2017). Sustainability performance assessment focusing on coral reef protection by the tourism industry in the Coral Triangle region. Tourism Management 59, 510-527.

PART 05
해양관광 정책과 법률

법률은 해양관광의 근간을 마련하고,
정책은 해양관광에 생기를 불어 넣는다.

해양관광관련 행정과 정책

CHAPTER
13

The sea will grant each man new hope, and sleep will
bring dreams of home...
- Christopher Columbus -

1. 해양관광 정부부처

행정은 정책의 종합적 결정체라고 한다. 여기에서는 해양관광행정을 담당하는 정부의 부서에 대해 알아보고자 한다.

해양관광을 담당하는 중앙정부의 주관부처는 해양수산부이다. 조직과 담당업무를 검토하는 것은 해양관광 관련 정책이 어떤 경로를 통해서 추진되는지 그 절차를 이해하는데 도움이 될 것이다. 중앙정부의 관광정책이 문화관광부를 중심으로 수립되는 반면, 해양관광이나 해양문화와 관련된 정책수립은 해양수산부에서 이루어진다.

해양수산부 조직도는 다음과 같다. 기본적으로 1장관-1차관-3실3국(44과3팀)-2단(3개 책임운영기관: 국립수산과학원, 해양수산인재개발원, 국립해양측위정보원) 체재를 유지하고 있다. 정부조직은 정권의 국정철학에 따라 조직개편 등 변화의 가능성은 있고, 최근 그러한 조직개편을 경험한 바가 있다.

현 정부의 해양관광과 관련된 업무는 해양정책실 산하 해양산업정책관 관할 해양레저과에서 주로 담당을 한다. 해양레저과에서는 현재 9명의 담당관이 다음과 같은 담당업무를 각각 맡고 있다.

● 해양레저
● 해양레저스포츠

- 해양관광진흥기본시책 수립 및 시행 해양관광 실태조사 및 정보 통계 관리 해양 관광 학술 연구단체 지원 해양레저과 예결산 업무 해양치유관광 활성화 기반조 성 및 지원 해양레저관광 정보기반 구축
- 마리나, 수중레저법
- 해수욕장 관리 해안누리길 이용활성화 해양관광벤처창업지원 우수해양관광상 품개발
- 해양관광개발
- 해수욕장법 등
- 마리나 업무
- 해양레저스포츠

상기 담당업무를 검토할 때, 업무분담과 관련하여 특정 업무에 치우쳐 있음을 알 수 있다. 특히, 해양관광산업 관련 담당업무가 없는 것은 해양산업정책관의 부서명 과 일치되지 않을 뿐만 아니라 해양관광산업의 세계적 동향을 고려할 때, 업무분담 이나 인원보강을 통한 조직의 개편이 필요할 것으로 사료된다.

또한 세계관광시장의 급변하는 현실을 고려할 때, 다양한 해양관광목적지와 해양 관광매력물, 해양관광콘텐츠 개발은 시대적 요구임을 인식해야 한다. 따라서 해양관 광산업의 표준산업분류 등의 시의성 등을 전반적으로 고려할 때 해양수산부 산하 해 양관광 관련 담당조직의 확대와 인적자원의 보강 및 충원 등의 작업이 국가산업 경 쟁력 차원에서 그리고 국가해양력 제고 차원에서 신중히 고려되어야할 것으로 판단 된다.

✳ 그림 1 해양수산부 홈페이지

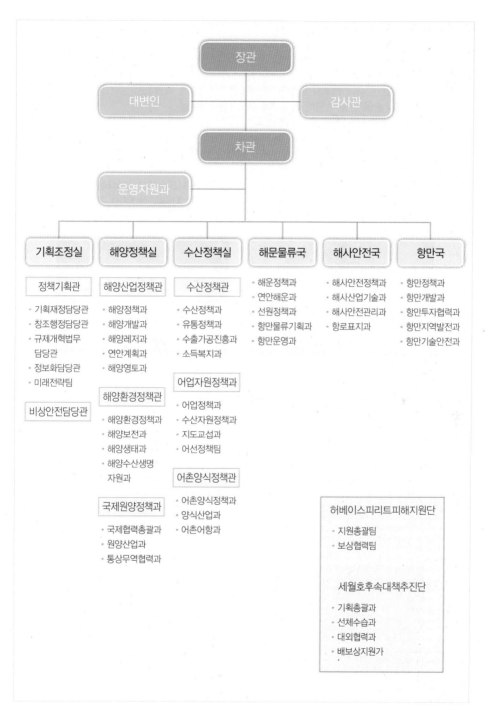

✹ 그림 2 해양수산부 조직도

바다 & 지식 : 바다식목일

- 지정목적은 바다에 해조류를 심어 훼손된 연안생태계를 복원하는 날로 풍요롭고 건강한 바다 숲을 만들기 위해 바닷속에 해조류를 심는 날
- 법적근거는 수산자원관리법 제3조의 2
- 매년 5월 10일을 기념일로 제정, 첫 기념일은 2013년 5월 10일
- 지정 취지는 바닷속 생태계의 황폐화와 심각성, 바다 녹화의 중요성과 의미를 국민에게 알림
- 기념일 사업: 매년 연간 3,000ha 규모의 바다숲을 가꾸고 있으며, 2016년말까지 총 111개소 12,2000ha 조성. 이를 위해 지속적인 투자와 지원을 확대하여 2030년까지 바다숲 54,000ha 조성 목표

2016년 행사

- 강원도 양양군 수산항에서 기념식 개최
- 2016년 주제
- 갯녹음으로 황폐해진 연안생태계가 바다숲가꾸기를 통해 다시 회복하기를 바라는 뜻에서 "바다에 심는 생명, 바다가 품는 미래"라는 주제로 기념식 행사와 함께 잘피, 감태 등 해조류 심기, 해중림 청소 등 7개 권역별 행사 동시 개최
- 2016년 3월 한국수산자원관리공단을 중심으로 민간기업, 대학, 유관단체 등 84개 회원사가 공동 설립한 (사)바다녹화운동본부 참여
- 기타행사로 바다숲 가꾸기 체험을 위해 주요 내빈이 서명한 해조류 종묘부착판을 잠수팀이 수중에 옮겨 심는 '우리바다 희망심기'와 해조류 포자 방출을 보다 용이하게 한 '씨드볼'을 초등학생과 일반국민이 직접 바다에 던져보는 체험 기회 제공

2. 해양관광 정책

정책의 개념을 정부가 수립하는 공공정책이라는 측면에서, '정책이란 정부 또는 공공기관이 공적목표(공익)를 달성하기 위하여 마련한 장기적인 행동지침'이라고 조작적 정의를 내린다. 따라서 정책은 계획(plan)에 의해 체계성과 일관성을 유지하게 되며, 이는 장기·중기·단기계획에 의해 지원이 되어진다. 우리나라의 해양관광진흥정책은 기본적으로 해양수산발전기본계획이 근간이 된다. 이를 바탕으로 해양관광진흥기본계획이 수립되는 계획적 구조를 따른다. 따라서 해양관광진흥계획을 검토하기에 앞서 우선 해양수산발전기본계획을 살펴보고자 한다.

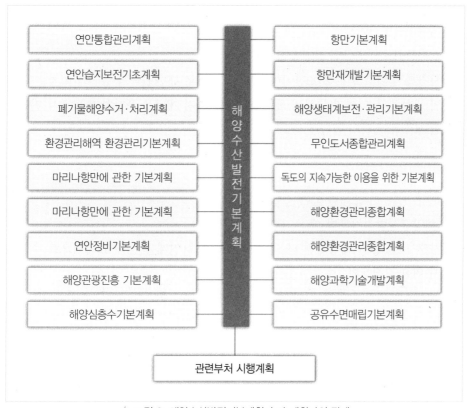

✳ 그림 3 해양수산발전기본계획과 타 계획과의 관계

1) 제2차 해양수산발전기본계획(2011-2020)

계획수립 당시, 국가 해양계획 수립 및 새로운 해양정책의 비전이 요구되는 시기였다. 무엇보다 21세기 환경변화와 새로운 트렌드에 능동적인 대응의 필요성이 제기되었고, 국가 전체의 새로운 정책 방향에 부응하고, 해양수산의 변화된 여건을 수용하고자 필요성이 제기되었다. 특히, 2008년 정부조직개편에 따라 '종합해양행정체제'에서 해양이 국토와 연계되어 통합·관리되는 '통합국토관리체제'로 재편된 데 따른 정책수요에 대한 적극대응이 대두되었다. 또한 유엔해양법 발표 이후 '해양 자유이용 시대'에서 '해양 분할관리 시대'로 전환됨에 따라 국가간 해양경계 획정 문제, 자원관할권 확보문제가 중요시되었다고 할 수 있다. 이러한 배경하여 법정계획으로 본 계획이 수립되었다.

(1) 계획의 근거 및 범위

- 해양수산발전기본법 제6조의 규정에 근거
- 수립주기 : 10년 단위 장기발전계획
- 시간적 범위로 2011-2020년이며, 공간적 범위로 대한민국의 주권이 미치는 영해 및 관할해역, 나아가 글로벌 해양개발 전진기지 개념을 포함하며 필요시 연안지역까지 동 계획의 범위로 함

(2) 계획의 성격

- 해양수산분야에 대한 국가 종합계획1)*
- 「해양수산발전기본법」에 근거한 법정계획
- 향후 10년 동안 해양관련 타 국가계획과 조화·연계를 통해 효과적으로 추진하기 위한 정책계획
- 실효성을 확보한 범정부 차원의 국가계획

---

1) 단, 「농어업·농어촌 및 식품산업 기본법」 개정에 따라 동 기본계획상 '수산' 분야 제외

(3) 제2차 해양수산발전기본계획의 비전 및 추진전략

- 2020 해양한국 비전 : 세계를 주도하는 선진 해양강국 실현
- 3대목표
  - 지속가능한 해양환경의 관리 및 보전
  - 신해양산업의 육성 및 전통적 해양산업의 고도화
  - 신해양질서의 능동적 수용을 통한 해양영역 확대
- 5대 추진전략
  - 건강하고 안전한 해양이용·관리실현
  - 신성장동력 창출을 위한 해양과학기술 개발
  - 미래형 고품격 해양문화관광의 육성
  - 동아시아 경제 부상에 따른 해운·항만 산업의 선진화
  - 해양 관할권 강화 및 글로벌 해양영토 확보
- 26개 중점과제(해양관광분야)
  - 다양한 해양레저 활동 발굴 및 육성
  - 해양관광자원의 보전과 이용
  - 해양관광 공간의 조성과 정비
  - 해양관광정책의 통합적 추진체계 구축
  - 해양문화 콘텐츠의 다양화

2) 해양관광진흥기본계획

해양수산부에서 매 10년마다 수립하는 법정계획인 '해양관광진흥기본계획'에 해당된다. 제1차 기본계획은 2004년도에 수립되었고, 2013년으로 시효가 완료되어 제2차 계획이 수립되었다. 여기에서는 제2차 해양관광진흥기본계획에 대해 검토한다.

◎ 배경

본 계획의 수립 배경과 관련하여 첫째, 웰빙 및 힐링 욕구 증대, 주5일제 정착 등에 따라 해양레저·관광활동 수요가 지속적으로 증가하고 있다. 둘째, 경관감상, 해수욕, 낚시 등 전통적 활동에서 스킨스쿠버, 요트·보트, 크루즈 등으로 다양화되고 있는 추세에 대응할 필요가 제기되었다. 참고로 레저선박 증가에 관한 전망을 보면 알

수 있다(2007년 4천척, 2012년 8.6천척, 2017년 15천척, 2020년 25천척). 셋째, 해양레저스포츠의 국민적 저변 확대와 함께 산업적 측면에서 경쟁력 강화가 필요하였다. 넷째, 관광산업은 고용유발효과[2]가 크고 문화·의료 등과 융·복합이 활발하여 창조경제의 핵심동력으로 부각됨에 따라 체계적 육성에 대한 필요성이 제기되었다.

필요성

계획수립의 필요성과 관련하여 첫째, 구 해양수산부가 수립한 '제1차 해양관광진흥기본계획'(2004)이 2013년으로 시효가 완료되었고, 정부조직법 개편에 따라 해양레저스포츠업무가 재출범한 해양수산부로 이관되었다. 둘째, 해양관광뿐만 아니라 해양레저스포츠 활성화 중장기 대책을 포함한 '제2차 해양관광진흥기본계획'수립[3]이 강력하게 제기되었다.

법적근거 및 계획의 성격

본 계획의 법적 근거는 '해양수산발전기본법'제6조에 의한다. 계획적 위상은 해양수산발전기본계획의 하위계획에 해당되며, 동법 제28조에 따른 해양관광진흥시책 수립을 위한 기본계획으로 동법 제28조 제5항의 해양레저스포츠진흥계획을 포괄하여 수립한다.

해양수산발전기본법

(제6조) 정부는 해양산업(해운, 항만, 수산, 해양관광 등 포괄)의 진흥에 관한 사항 등을 포함한 해양수산발전기본계획을 10년마다 수립

(제28조) ① 정부는 해양관광의 진흥에 관해 필요한 시책을 마련·시행하여야 함
⑤ 해양수산부장관은 해양에서의 레저스포츠 활동을 지원·육성하기 위하여 해양레저스포츠진흥계획을 수립·시행하여야 한다.

계획의 범위와 관련하여 다음과 같다.
- (시간적 범위) 2014년~2023년(10개년)
  - 경기변동 및 사회·문화적 변화에 민감한 관광분야 특성을 고려, 5년마다 수정계획 수립 검토

---

2) 관광산업의 고용창출효과는 10억당 15.5명으로 제조업(7.9명)의 약 2배
3) (법적근거) 「해양수산발전기본법」 제28조

- (공간적 범위) 대한민국의 주권이 미치는 영해, 관할 해역 및 바다와 인접한 연안 지역
- (내용적 범위) 해양에서의 관광 및 레저스포츠 활동을 지원하기 위한 인프라 및 콘텐츠 확충, 이를 위한 법·제도·정보기반 조성 및 권역별 발전전략 등 해양레저·관광정책 전반

3) 해양관광정책 비교

최근 해양수산부가 수립 및 시행한 해양관광정책 가운데서, 먼저, 2015년 5월 〈2030 해양수산 미래비전〉은 해양관광의 미래 청사진을 제시하고 해양관광산업 육성에 기여한 것으로 평가받고 있다. 또한 제2차 해양관광진흥기본계획(2013.12)을 바탕으로 크루즈·마리나 육성의 기틀을 마련했다고 할 수 있다. 〈해수욕장법〉 제정[4](2014.06)을 통해서는 전통적인 해양관광활동인 해수욕을 위한 해수욕장의 체계적인 정비와 재정비의 마스터플랜 수립의 중요성과 필요성을 제기하였다. 또한 어촌체험마을 방문객 100만명 돌파(2015년) 등 어촌관광 활성화를 통해 어가소득 증진, 어촌·어항[5]의 특화개발 추진 등 해양관광 발전의 전기를 마련한 것으로 평가받고 있다. 그러나 최근의 활발한 정책 수립과 시행 가운데, 해양관광산업의 본격적인 산업화 방안에 대해서는 미진하였던 바, 향후 구체적인 정책제시가 요구된다.

다음은 최근 3년간 해양수산부의 해양관광정책의 비교분석을 통해서 우리나라 해양관광정책이 매년 어떤 목표와 전략을 통해서 수행되는지 전반적인 정책 이해에 도움이 되었으면 한다.

(1) 2017년도 해양관광정책

2017년도 해양관광정책의 여건과 관련하여 기존 산업의 대체 산업으로서 해양관광·레저산업에 대한 관심이 증가하고 있으며[6] , 섬·개별체험 등 해양생태관광에 대

---

4) 해수욕장 이용객: 2012년 7,500만명에서 2016년 1억명 돌파(1억 300만명) (출처: 해양수산부 2017년 주요업무 추진계획)

5) 다기능 어촌어항(2016-2021년) : 낚시관광형(3개소), 피셔리나형(2개소), 복합형(5개소), 아름다운 어항(2017년 착공, 4개소)

6) 부산·경남 등 조선 밀집지역을 중심으로 해양관광산업 육성 추진(2016.10, 조선 지역대책)

한 기대도 상승될 것으로 전망하고 있다. 또한 기존 도심 확장으로 인해 도시와 항만 간 조화를 위한 항만재개발 및 크루즈·마리나 등 해양관광 인프라 수요가 지속적으로 증가할 것으로 전망된다. 그리고 수산업의 근간이 되는 어촌·어항을 유통·관광이 결합된 6차산업 공간으로 재편하여 어민복지 확대와 귀어귀촌 활성화로 어촌 활력을 제고를 도모한다.

2017년도 해양관광과 관련된 주요 추진과제(7대분야 26개 과제)로는 마리나·크루즈 본격 활성화 및 해양관광 영역 확대가 과제로 선정되었다. 또한 해양관광과 관련된 미래 지표는 다음과 같다.

구분	2016년	2017년	2020년
마리나수(개)/ 마리나서비스업체(개)	33/69	39/140	46/300
레저선박수(척)	15,172(2015년기준)	20,000	30,000
크루즈관광객(만명)	195	210	300
크루즈 부두(개)/ 전용부두(개)	5/4	10/7	16/8

📠 2017년 해양관광정책의 주요 변화

구분	정책
마리나·크루즈 본격 활성화 및 해양관광 영역확대	• 마리나 규제완화와 서비스업 확대 • 크루즈 관광객 200만명 시대 개막 • 해안에서 수중까지 해양관광의 저변확대 • 해양레저·스포츠 대중화 • 해양관광 등 신산업 투자·창업 지원

2017년도 해양수산부의 해양관광정책은 새로운 산업으로 해양관광을 인식하고 있으며, 신산업으로서 해양관광산업을 자리매김하여 일자리를 창출하는 정책적 기조에서 해양관광의 영역 확대를 인식하고 있다. 그러나 이러한 흐름은 여전히 해양관광을 공급적 측면에서 정부주도하의 산업진흥 정책을 의도하고 있어, 자유시장 체재하에서 민간주도로 활발히 진행되는 세계관광시장의 흐름과는 다소 차이가 있다. 따라서 정부는 미래 우리나라 해양관광의 국가경쟁력 제고 차원에서 기반시설등 구축을 중심으로 정책을 추진하되, 시장의 자유경쟁체재하에 관련 산업 종사자들이 창의

적으로 투자 및 연계발전 계획을 수립하고 추진할 수 있는 행정적 제도적 지원을 우선으로 하는 시장형 해양관광정책의 수립이 필요할 것으로 본다.

(2) 2016년도 해양관광정책

 2016년 해양관광정책의 주요 변화

구분	정책
법률 제·개정 및 정부 계획 수립 추진	• 제1차 해수욕장기본계획 시행(2016–2025) • 제1차 크루즈산업육성계획 시행(2016–2020) • 수중레저활동의 안전및활성화등에 관한 법률(안) (국회계류중)
주요 정책 및 동향	• 고부가가치 해양관광산업 육성확대(크루즈산업,마리나산업 육성) • 해양레저 대중화/안전교육 추진(해양레저 안전교육, 해양문화 확산) • 해양레저 기반시설 조성(해양레저체험시설/레저보트 계류시설확충, 관광다기능어항, 연안친수공간, 해양문화공간 조성)

우선 법률의 제정 및 개정을 통해 기존 소극적 해수욕장 이용에 대한 정책의 적극적인 해양활동 수용을 위한 해수욕장기본계획이 시행되었다. 또한 크루즈산업육성계획을 시행하여 동북아 해양관광목적지로서 해양관광객의 크루즈체험 활성화를 위한 여러 가지 법적 행정적인 지원을 예상하였다.

(3) 2015년도 해양관광정책

 2015년 해양관광정책의 주요 변화

구분	정책
크루즈 & 마리나 산업집중 육성	• 한·중·일 크루즈시장 확대(2015년 100만명) – 동북아 크루즈시장의 주도권 확보와 국내 기항도시간 협력필요 • 마리나산업을 통한 해양레저 서비스업 육성과 일자리 창출 – 레저보트 대중화, 기반시설 확충
해양관광활동 다변화 유도	• 하계해수욕장 중심의 해양관광시장 과밀화/혼잡(2015년 해수욕장이용객 9,600만명) – 관광시장 다변화를 위한 해양관광상품 발굴 필요 • 도서·해양생태·어촌문화체험 등 새로운 관광시장 성장유도
해양레저활동 안전교육/안전망 확보	• 해양레저활동 인구증가에 따른 각종 안전사고 발생우려 • 해양레저 대중화를 위한 기초 안전교육, 구조체계 확보 필요

2015년 해양관광정책은 동북아크루즈 시장의 지속적인 성장에 주목하여 주도권 확보와 관련하여 기항도시가 되기 위한 정책에 관심을 기울였으며, 또한 하계절 최대 해양관광활동을 수용하는 해수욕장에서의 활동을 다양성을 추구하였다는 것이다. 또한 2014년 4월16일 오전8시50분경(추정) 전라남도 진도군 관매도 부근 해상에서 발생한 세월호 사건(청해진해운이 운영했던 인천-제주 여객선 세월호의 전복되어 침몰, 476명 탑승객중 사망자 295명, 실종자 9명, 생존자 172명)이후 해양안전과 관련하여 해상안전망 구축과 이에 대한 관심의 증대로 볼 수 있다.

상기 3개년도 해양관광정책을 비교분석한 결과, 해양수산부는 3가지 주요 해양관광정책에 대해 지속적인 관심을 가지고 다양한 정책을 제시하고 있음을 알 수 있다: 어촌관광, 해양레저체험, 해양문화탐방.

첫째, 어촌체험마을의 경우, 갯벌·낚시 체험, 먹거리 체험, 공예 체험 등 체험 프로그램 다각화를 통해 시설물을 현대화하는 등의 지속적 노력을 추진할 것이다. 또한 등급제[7]를 확대하여 체험, 숙박, 음식, 경관·서비스에 대한 평가를 통해 다양한 관광정보를 국민에게 제공할 계획이다.

둘째, 해양레저 스포츠의 생활화·대중화와 관련하여 먼저, 서민층이 요트, 카누, 카약 등 해양레저스포츠에 쉽게 입문할 수 있도록 해양레저 스포츠 교육 거점을 65개('15년 60개)로 늘리고, 특히 내륙지역의 프로그램에 대한 지원을 확대(5개→12개)하여 해양레저 스포츠 저변을 확대할 것이다. 다음으로 수상레저기구 조종교육 뿐만 아니라 중학교 자유학기제 시행과 연계하여 생존수영 시범교육을 함께 실시하여 안전하고 즐거운 해양레저 체험 기회를 100만명에게 제공 예정이다.

셋째, 국립해양박물관과 국립해양생물자원관 활용으로, 해양문화관광에 인지도를 제고하고 청소년 해양교육 거점 역할도 강화할 것이다. 또한 국립해양박물관(부산, 2012 개관)은 기획전시, 특화 프로그램 개설 등을 통해 70만명 방문객 유치를 목표로 하며, 해양생물자원관(충남 서천, 2015.04 개관)은 7천여점이 넘는 해양생물표본과 로봇물고기, 미디어월, 증강현실체험 등 다양한 전시·체험 프로그램을 제공하여 30

---

7) 4개 항목(체험, 숙박, 음식, 경관 및 서비스)별로 평가 후 등급을 세분화(1-3등급)

만명 방문객 유치를 목표로 하고 있으며, 수산과학관, 국립해양조사원 등 해양수산 기관과 협력하여 청소년 대상으로 진로체험형, 지식습득형 등 현장중심의 다양한 해양교육 프로그램 마련할 예정이다.

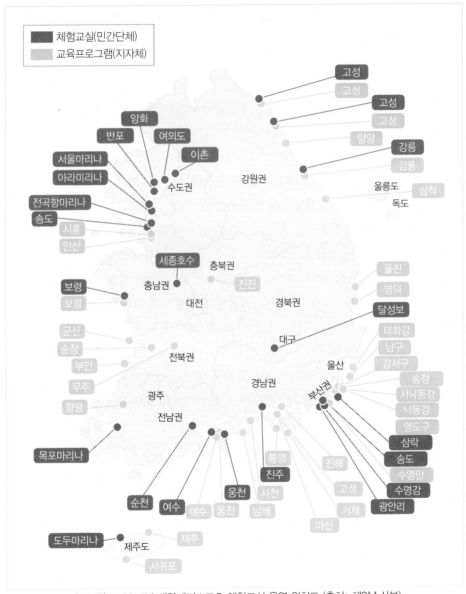

✴ 그림 4 2015년 해양레저스포츠 체험교실 운영 위치도 (출처: 해양수산부)

이상의 최근 3개년 해양수산부의 정부계획과 주요정책 및 동향을 검토할 때, 향후 지속적인 수요가 전망되는 해양관광에 대한 국민적 관심과 니즈(needs)에 적극 대응하여 국민 모두가 즐길 수 있도록 지속적인 해양관광 활성화 정책을 추진하되, 시장 주도형 정책과 대안을 제시해야 할 것이다. 해양수산부의 해양관광정책을 검토한 결과, 해양관광을 발전시키기 위한 정책과제를 다음과 같이 제언하고자 한다.

첫째, 해변관광활동 다변화 모색. 이는 해수욕 중심의 전형적인 관광활동 탈피와 해수욕장의 다계절화를 통한 과밀/혼잡 해소와 분산을 추진하는 것이다. 또한 해양 생태관광, 해양문화관광, 도서관광 육성을 위한 다양한 관광상품과 관광매력물을 발굴, 개발, 지원하는 것이다. 그리고 해양관광축제/이벤트의 다양화, 워터프론트(waterfront) 확충을 도모하는 것이다.

둘째, 해양관광산업의 표준산업분류 작업을 통하여 지속적으로 해양관광산업의 가치를 확대해야할 필요가 있다. 또한 해양관광정책 수립시 해양관광산업의 표준산업분류에 근거한 합리적인 정책방향과 예산편성 및 재정지원을 체계화할 필요가 있다.

셋째, 고부가치 해양관광산업 육성지원으로 먼저 동북아 크루즈시장의 경쟁력 확보를 위한 기항지 관광여건 개선, 해외 크루즈 선사 유치확대를 위한 홍보강화가 필요할 것이다. 또한 해양레저서비스산업 일자리 창출을 위한 제도 정비/인프라 확충을 위해 레저보트 등록·검사제도의 간편화, 임대/관리사업 확대등을 제시할 수 있다.

넷째, 해양관광 안전문화 확산으로 먼저 해양관광시장확대를 위한 해양레저 교육/체험 프로그램 보급을 확대해야 하며, 해변관광, 레저보트, 바다낚시, 해중레저 등 관광활동 다양화에 따른 안전교육, 안전망을 구축해야할 것이다.

다섯째, 해양관광 인프라개선과 관련하여 해양레저체험/교육공간 확충과 친수문화시설 조성을 제시할 수 있다.

여섯째, 해양관광정책의 근간이 되는 해양관광객의 실태조사와 수요추정과 관련하여 빅데이터분석기법을 도입하여 정책수립의 과학화를 추진해야 한다.

바다 지식 : 혹동고래의 놀라운 진실

영어로는 Humpback whale, 우리말로 흑고래, 혹고래의 다른 이름도 있다. 학명은 Megaptera novaeangliae.
거대한 '바다의 천사', '바다의 현자(賢者)', '바다의 수호자'라고 불린다.
성격은 착하다. 온순하다. 친절하다.
세계 여러 곳에서 발견되는 혹등고래는 성체의 경우 길이 18m, 무게 25~50t.

어미 혹등고래는 수영에 서투른 새끼 고래가 숨을 쉴 수 있도록 20분에 한 번씩 새끼 고래를 물 밖으로 밀어 올린다. 젖을 먹여 키우는 6개월 동안 자신은 아무것도 먹지 않는 모성도 보인다.

3. 국토관광(national land) 관련 정책

지금까지 해양관광정책을 주관하는 해양수산부의 정책들을 중심으로 검토하였다. 그러나 대부분의 해양관광활동은 내륙 즉 도심권을 배후시장으로 연계되어 형성되기 때문에 해양관광목적지들은 도시나 내륙에서의 연계형 관광상품과 관광루트개발을 통해 상호 공생과 공존을 도모할 필요가 있다.

따라서 우리나라의 전반적인 관광정책을 검토하는 것은 중요하다. 최근 2017/2016 년도 문화체육관광부에서 수립한 관광정책을 검토해보고자 한다.

1) 최근 관광의 동향과 한계

방한 외래관광객의 경우, 2016년은 전년대비 30% 증가한 1,722만 명 달성(잠정)으로 역대 최고기록을 경신한 것으로 나타났다. 당해 9월까지 전세계 국제관광객은 4% 성장한 것으로 나타났으며, 우리나라는 36% 성장을 보여 세계 최고수준(UNWTO 발표)을 기록하였다. 4년 전인 2012년 대비(1,114만 명) 외래관광객 수는 1.5배 이상 (54.6%) 성장하였다. 특히, 비즈니스 관광(MICE)인 '국제회의'개최순위는 2012년 세계 5위에서 2016년 2위로 도약하였다.

그러나 이러한 성장에 대한 한계점으로 첫째, 국내시장 성장세를 훨씬 상회하는 해외여행수요이다. 2016년 아웃바운드 관광객 2천만 명[*8] 돌파하여 관광수지 적자 지속 등 급증하는 해외여행 수요의 국내전환을 통한 내수촉진의 필요에 대한 과제를 남겼다. 둘째, 인바운드 시장은 양적으로 성장, 질적으로는 중국 의존도 심화를 초래하였다. 중국인관광객의 증가는 우리 인바운드 시장 성장의 큰 동력이었으나, 중국시장에 대한 의존도[9]가 높아져 위기에 취약한 시장구조 형성에 대한 우려를 낳았다. 실재, 사드(THADD)배치 문제로 인해 심각한 타격을 받았다.

참고로 2015년도 관광정책의 한계점으로 대두되었던 문제는 방한 외래관광객 수 감소 및 국제경쟁력 약화이었다. 구체적으로 메르스 발병[10]이 외래관광객 감소의 가장 큰 원인이나, 관광인프라 부족(공항수 123위, 호텔객실 수 97위), 관광유치 마케팅 효과성(73위), 바가지요금 등 부당행위·불친절 사례등에 대한 개선의 필요성

---

8) ・국민 해외여행(만 명) : '15년 1,753 (18.9% 증) →'16년 2,236(추정) (27.6% 증)
  ・국내여행 참가횟수: '14년 2억2천만 회 → '15년 2억3천만 회 (4.9% 증)

9) ・중국시장 비중 : ('13년) 35.5% → ('14년) 43.1% → ('15년) 45.2% → ('16년) 46.8%(잠정)
  ・일본시장 비중 : ('13년) 22.6% → ('14년) 16.1% → ('15년) 13.9% → ('16년) 13.3%(잠정)

10) 중동호흡기증후군(MERS: Middle East Respiratory Syndrome, 메르스)은 신종 코로나바이러스 (MERS-CoV)에 의한 중증급성호흡기질환으로 중동지역을 중심으로 2012년 4월부터 2015년 5월 현재까지 총 24개국에서 1,154명 발생하여 471명 사망(유럽질병통제센터, 2015.05.21.기준)하였으며, 총 감염환자의 97.6%(1,126명)가 사우디아라비아, 아랍에미리트 등 중동지역에서 발생(출처: 질병관리본부)

이 제기되었다. 2015년 방한 외래관광객은 1,323만명으로 2014년도 1,420만명) 대비 6.8%(97만명) 감소한 것으로 나타났다.

내수시장의 관점에서 볼 때, 국민소득의 증가에도 불구하고 국민의 행복 체감도는 낮은 것으로 나타났다. 1인당 국민소득(186개국 중 13위, '14년)은 높아졌으나, 국민 행복 지표는 주요 국가와 비교할 때 낮은 수준을 보였다. 행복지수 순위와 관련하여 UN 156개국 중 41위(2013년), OECD 35개국 중 25위(2014년)으로 나타났다. 또한 미국 금리 인상, 중국 경제 침체, 가계 부채 등 경기 침체 장기화 우려가 전망되는 가운데, 신성장동력인 문화콘텐츠·관광산업의 역할에 대한 기대가 상승되었다.

2017년 5월 출범한 새로운 정부는 관광정책과 관련하여 정치와 경제, 환경, 재해, 테러 등의 국제적 이슈에 민감하게 반응하는 관광시장의 동향을 모니터링하여 정확한 대응방안을 제시하고 실행해야 한다. 갈수록 치열해지는 관광시장에 비교 및 경쟁우위를 차지하기 위해 지속적인 관광콘텐츠의 발굴과 홍보 등 중장기적인 계획수립 뿐만아니라 탄력적이며 신속한 관광정책과 지원이 요구된다.

2) 2017년 관광정책

'문화체육관광의 생활화를 통한 국민행복 실현'의 문화체육관광부의 정책비전을 통하여 관광정책과 관련하여 다음의 목표와 전략을 제시하고 있다.

목표	전략
국내관광 지출 25조 원('15) ⇒ 28조 원('17)	국가전략산업으로 관광산업 집중 육성
외래관광객 수 1,722만 명('16) ⇒ 1,800만 명('17)	

저성장 시대, 문화에 대한 가치 상승에도 불구하고 체계적인 문화 공급 시스템 미정착으로 지속가능성에 대한 우려가 제기되고 있다. 관광은 지역의 특색 있는 볼거리 부족 및 지자체별 칸막이식 관광정보제공 등 지역 간 연계가 미흡하고, 관광지·숙박·음식 이용환경 및 서비스 등 관광불편사항은 여전한 것으로 나타나고 있다. 이에 대한 솔루션으로 정책방향은 일회성·관행적 지원이 아닌 분야별 차별화된 지원체계를 통해 자생력을 강화하고 지속가능한 공급체계를 조성해야 한다. 따라서 관광

산업의 경우, 관광경쟁력 제고를 통한 산업 성장기반 구축 및 내수 촉진방안을 수립한다. 이러한 정책의 기대효과로는 안정적 문화공급체계 구축을 통해 4차 산업혁명 시대의 성장동력 확보가 가능하다. 국가전략산업으로 관광산업을 집중 육성하기 위하여 5개 영역(관광콘텐츠, 관광서비스, 기업지원, 외래관광객, 전략산업)을 설정하여 정책방안을 제시하고 있다.

영역	주요목표	세부목표
관광콘텐츠	여행패턴을 고려한 입체적 관광콘텐츠 육성	• 대한민국 테마여행 10선 관광명소화 • 역사와 문화를 융합, 차별화된 즐길거리 창출 • 권역별 관광개발로 지역경제 활성화 견인
관광서비스	국민 눈높이에 맞춘 관광수용태세 질적 개선	• 관광품질인증제 도입 시행 • 정보통신기술(ICT) 기술을 활용한 스마트 관광기반 구축 • 대중교통을 활용한 지방관광 여건 개선 • 중저가 관광숙박시설 확충
기업 지원	관광벤처기업 체계적 육성 및 양질의 고용 창출	• 혁신적 관광벤처기업 육성 • 관광기업 금융지원 제도개선
외래관광객	인바운드 관광시장의 질적 체질 개선	• 방한시장 다변화를 통한 시장 안정성 강화 • 중국시장 안정적 관리 • 방한관광 고품격화 • 개별관광객(FIT, 방한관광객의 74%) 특화 정책 집중 추진
전략산업	의료·웰니스관광 및 마이스(MICE)산업 경쟁력 강화	• 의료·웰니스관광 육성 • 마이스(MICE)산업 경쟁력 강화

사업명	권역	사업기간	총사업비(국비)	기지원액(국비)	17년 예산(사업수)
서해안권 광역관광개발	경기, 충남 전북, 전남	08-17	2조 547억원(2,483억)	647억원	47억원(5개)
동해안권 광역관광개발	부산, 울산, 강원, 경북	09-18	2,551억원(781억)	456억원	41억원(3개)
남해안 관광클러스터	부산, 전남, 경남	10-17	3,904억원(1,444억)	1,128억원	26억원(3개)
3대문화권 문화생태관광기반 조성	대구, 경북	10-21	2조 3,283억원(1조 3,268억)	6,706억원	1,696억원(31개)
지리산권 광역관광개발	전북, 전남 경남	08-17	2,367억원(1,049억)	752억원	91억원(38개)

사업명	권역	사업기간	총사업비(국비)	기지원액(국비)	17년 예산(사업수)
중부내륙권 광역관광개발	강원, 충북 경북	13~22	3,970억원(1,594억)	452억원	147억원 (16개)
한반도 생태평화벨트	인천, 경기 강원	13~22	2,466억원(1,120억)	371억원	117억원 (10개)
서부내륙권 광역관광개발	세종, 충남 전북	17~26	6,167억원(2,626억)		86.5억원 (10개)

2017년 문화체육관광부의 업무계획을 검토해보면 전반적으로 해양관광정책과 관련된 정책으로 구체적인 목표는 제시되어 있지 않다. 이는 관광정책 자체가 해양이 아닌 '육지(내륙)'중심의 정책입안과 시행을 목표로 하고 있기 때문이다. 그럼에도 불구하고 해양관광과 관련된 정책으로는 관광콘텐츠 영역에서 역사와 문화를 융합, 차별화된 즐길거리 창출에서 동·서·남해안과 비무장지대(DMZ) 접경지역 등 한반도 둘레를 연결하는 약 4,500km(약 2/3는 기존길 활용 예정) 초장거리 걷기여행길 구축(2017~2019년)을 들 수 있다. 이는 해양관광의 공간계획으로 중요한 연안육역을 따라서 해안길의 관광매력물화에 대한 추진이 해당된다.

또한 관광콘텐츠 개발과 관련하여 권역별 관광개발로 지역경제 활성화를 견인하는 세부목표를 달성하기 위해 체계적 권역개발을 위해 지역의 역사 문화 생태자원을 8개 권역별로 연계 개발 추진을 제시하였다. 이는 경쟁력 있는 관광자원을 확충하는 계획으로, 특히, 해양관광과 관련된 부분으로 동·서·남해안을 권역별로 구분하여 추진하는 사업계획이다. 그러나, 기본적으로 해양수산부와 공동 프로젝트나 협치(governance)의 관점이 아닌 내륙 중심의 사고에 의한 콘텐츠 개발 관련된 사업들로 연안개발과 이용의 관점에서 시너지 효과를 생성하기 위해 전면적인 사고의 변화가 요구된다.

3) 2016년 관광정책

2017년도 관광정책을 검토한 바, 바로 직전 해당년도의 관광정책을 비교 검토하는 이유는 세계관광시장이 어떻게 급변하는가를 알 수 있는 중요한 단서가 되며, 시장 수요에 대응하는 정부의 대처능력을 볼 수 있기 때문이다.

문화체육관광부의 2016년도 정책비전은 문화융성을 통한 창조경제·국민행복 실현을 제시하면서 관광관련으로 국내관광시장을 2015년도 24.8조원에서 2016년도 27조원 규모로 키우는 것을 목표로 하고 있다. 이를 위해 4가지의 정책전략(융복합을 통한 창조산업 고도화, 창의인재 육성을 통한 창조역량 강화, 문화를 통한 국민행복·사회통합, 문화경쟁력·K-프리미엄창출)을 제시하고 있다. 그 가운데 관광관련으로 관광산업을 창조산업으로 인식하면서 중점 추진과제를 제시하고 있다.

융복합을 통한 창조산업 고도화를 추진하기에 앞서 국내 현황의 경우, 세계 경제성장률(3.3%)을 밑도는 3.0%의 둔화된 경제성장세, 심화된 글로벌 경쟁에서 우위를 확보하기 위한 신성장동력의 필요가 창조산업을 태생시키는 기반이 된 것으로 이해할 수 있다. 즉, 새로운 미디어 환경 도래, O2O(Online to Offline)의 본격화에 따라 각 채널 연계화, IT와 문화의 융합, 체험서비스 확대 등이 부각되었다. 또한 고부가가치를 창출하는 창조산업(콘텐츠, 관광, 체육 등)의 역할에 대한 기대 상승과 성장의 견인차로 창조산업에 대한 강대국들의 공격적 투자가 진행되고 있는 것이다[11]. 무엇보다 세계관광시장에서 발생한 예기치 않는 리스크(세월호, 메르스 등)에 취약한 관광산업의 안정적 성장을 위해 내수 창출 및 국제경쟁력 강화 등 체질 개선에 대한 요구가 증대했다는 것이다.

따라서 이러한 현황에 대한 인식을 바탕으로 정책방향을 콘텐츠, 관광 등 창조산업 고도화를 통한 성장동력 창출에 두면서, 문화창조융합벨트를 통해 경쟁력 있는 융복합 콘텐츠를 창출하여 글로벌 시장 경쟁력 극대화 및 지속가능성 확보와 국내 수요 창출로 안정적 기반 구축, 고부가 융복합 전략 산업 육성 등 체질 개선을 통한 국제경쟁력 강화를 제시하였다. 이를 달성하기 위해 관광산업 경쟁력 향상을 이행해야할 과제로 설정하였다. 이에 따른 기대효과는 저성장을 돌파하는 신성장동력으로서 관광산업의 창조산업 고도화를 통해 경제 체질 개선을 선도할 것으로 예상하고 있다. 관광산업경쟁력을 제고시키기 위한 추진과제로 다음과 같이 3가지를 제시하고 있다: 내수확대, 국제경쟁력, 그리고 일자리창출.

---

11) 중국 문화산업 성장 급증('11년 1,022억 달러→'15년 1,647억 달러)

⊙ 내수확대

내수확대는 국내 수요창출을 통해 안정적 기반을 구축하는데 있다. 구체적으로 3가지를 제시하고 있다.

첫째, 여행주간(구 관광주간) 내실화를 통한 국내관광 활성화이다. 봄과 가을 여행주간[12]을 지정하여 범국민 여행분위기 조성 및 우수여행콘텐츠 확보에 힘쓰며, 가족휴가 불일치[13]를 해소와 지역방문 프로젝트를 추진할 계획이다.

둘째, 높아진 눈높이에 부합하는 고급·융복합 관광콘텐츠 개발을 목표로 하고 있다. 이를 위해 지역의 '명인'을 스토리텔러로 하는 휴먼스토리 발굴, 코레일과 연계된 고궁 이색체험프로그램등의 융복합 콘텐츠개발, 계절별·종목별 레저관광상품 개발[14] 및 마케팅(30개) 강화, 그리고 고령화 시대에 대비한 시니어 관광상품(예: '국내판 꽃보다 누나', '국내판 꽃보다 할배')개발을 계획하고 있다.

셋째, 관광두레를 통한 마을관광 활성화를 계획하고 있다. 먼저 주민 스스로 지역고유자원을 관광에 접목, 사업화하여 지역 소득을 창출하는 '두레'비즈니스 모델 육성(35개 지역/40억원)을 위한 '휴식·관광거점마을'인 관광마을 지정, 그리고 수용태세, 관광콘텐츠 등 지역관광 진흥을 위해, 관광사업자·주민·전문가 등으로 구성된 지역협의회 활성화를 계획하고 있다.

⊙ 국제경쟁력

국제경쟁력은 체질개선을 통한 국제경쟁력 강화를 추진하고 있다.

첫째, 외래관광객 유치체계 개선을 목표로 하고 있다. 이를 위해 비자 제도 개선과 한중간 항공노선확대, 환급제도 개선을 목표로 하고 있다. 또한 빅데이터를 기반으로 하는 관광트렌드 및 소비패턴 등의 과학적 분석[15]과 전략적 해외마케팅[16] 실시를

---

12) 봄 여행주간 5.1(일)~14(토), 가을 여행주간 10.24(월)~11.6(일)

13) 맞벌이 가정 또는 취약계층 가정의 청소년 대상으로 체험여행 (5,500여명)

14) 봄(트레킹), 여름(수상), 가을(자전거), 겨울(동계스포츠) / 이색레저스포츠 종목 등

15) 중국 관광객의 트렌드 및 소비패턴을 분석하여 맞춤형 마케팅 전략 수립에 활용(16년, 7억원)

16) · K-CON과 MAMA 등 해외 개최 한류행사와 연계, 시너지 효과 거양
　 · 2016~2018 한국방문의 해 캠페인 본격 추진 및 평창-도쿄-베이징 올림픽 개최국 공동 마케팅 추진 검토

추진하고 있으며, 특히 중국 특화 전략 추진[17]과 동시에 일본, 무슬림 등 다변화[18]을 계획하고 있다. 또한 테마관광콘텐츠 개발과 관련하여 지역대표관광상품 육성, 한류, 산업관광, 쇼핑관광, 중국골든루트개발등을 계획하고 있다.

둘째, 경쟁력 강화를 위해 관광수용태세의 확충이다. 관광종사자의 친절도와 연계되는 K 스마일 캠페인, 사물인터넷 등 ICT 융합을 통한 스마트 안내체계 구축과 영어·중국어 등 다국어 표지판 확충, 그리고 교통·숙박 등 단속강화를 제시하고 있다.

셋째, 개별관광객(FIT)의 지역 방문 편의성 제고를 위한 시스템[19] 구축을 추진할 계획을 가지고 있다.

넷째, 관광산업체의 경쟁력 강화를 위한 지원을 계획하고 있다. 이를 위해 창조관광펀드를 통한 창조관광기업 투자 확대를 위해 2018년까지 1천억원 지원, '창조관광업'신설을 통한 지원근거 명확화, 문화창조벤처단지를 통한 창조관광기업 육성을 계획하며, 아울러 관광기금 지원제도를 개선하려고 계획하고 있다.

❯ 일자리 창출

일자리창출은 관광산업을 전략산업으로 인식하여 집중 육성을 통한 일자리 창출과 관련이 있다. 첫째, 관광숙박시설 확충을 계획하고 있다. 학교위생정화구역 규제 완화로 향후 2년간 약 4,900실, 1만5천여 명의 고용창출 기대하며, 관광숙박특별법 연장을 통해 용적률 완화 특례에 따른 사업성 개선 효과로 총 1,048실, 2,750명의 일자리 창출을 예상하고 있다.

---

17) • 중서부 내륙 도시(우한, 청두)에서 한국문화·음식·한류 등 대표 콘텐츠를 소개하는 한국문화관광대전(2회) 및 현지설명회 개최
　　• 한-중간 지방공항 신규 노선 4개 개설('16.3~4월)* 및 지방공항과 연계한 관광상품 개발 여행사에 모객광고 지원
　　• '부산-우시', '청주-링보', '양양-선양', '무안-하얼빈'
　　• 저가구조 개선을 위한 고부가 관광상품 홍보마케팅 강화

18) • 일본 시장 회복·확대를 위한 5K 사업(K-food(음식), place(지역), style(앰베서더), wave(한류), spirit(전통음악) 추진(15년 대비 25% 증가한 230만명)
　　• 무슬림 관광객 유치를 위한 주요 식당 무슬림 친화정도 분류제 시행(16년 하반기)

19) • 항공·KTX·고속·시외버스 통합정보 시스템 구축(한국관광공사), 고속버스 및 시외버스 다국어 예약시스템 구축(국토부 협업)
　　• 스마트투어가이드앱의 지원언어 확대, 외국인 전용 교통카드(K-Tour Card) 사용
　　• 외래 관광객 대상 서울-지방간 'K 트래블버스' 운영, 코레일의 레일시티투어 프로그램 확충 및 캠페인 지속 추진

둘째, MICE 등 고부가가치 관광산업 육성을 계획하고 있다. MICE 맞춤형 지원제도 운영(104억원), Korea MICE EXPO 개최 등을 통해 일자리 3,148개 창출, 코리아 그랜드 세일 등을 통해 1,729억원의 추가 매출(2016년도 순증) 달성을 통해 일자리 1,141개 창출을 계획하고 있다.

셋째, 복합리조트(Intergrated Resort)의 성공적 추진 지원을 계획하고 있다. 인천에 LOCZ 복합리조트 건설(3년간 6,400억원) 및 영종도 파라다이스 건설(2.5년간 7,200억원)을 통해 2016년 4,010개 일자리 창출을 추진하고 있다.

이상의 문화체육관광부의 관광정책을 검토한 결과 몇가지 특징을 볼 수 있다.

첫째, 장소개발과 같은 대규모 관광지나 관광단지 개발은 지양하면서, 소프트웨어적 관광콘텐츠의 발굴과 개발을 통한 관광경쟁력 제고와 같은 정책을 추진하고 있다는 것이다. 이는 또한 육상에서의 대규모 개발의 시대는 이제 세계적으로 진행되는 도시화 현상에 지역주민 우선정책이 정책결정의 우선순위를 차지하면서 방문하는 관광객을 위한 대규모 공간개발은 향후 더욱 난관에 직면할 것으로 판단된다.

둘째, 문화콘텐츠를 관광개발의 주요한 성장동력으로 인식하면서 K-Pop이나 한류 등의 '한국적인 것'에 대한 자긍심을 기반으로 다양한 '전통'을 매개로 하는 관광상품의 개발은 한국적 가치의 세계화와 같은 문화관광의 트렌드와 부합되는 것으로 볼 수 있다.

셋째, 관광객송출시장을 염두에 둔 표적시장 마케팅전략을 구축하면서, 중국시장을 가장 우선순위에 두면서 일본과 이슬람문화권도 관광홍보전략을 계획하고 있는 것이다.

넷째, 관광산업을 창조산업으로 인식하면서, 기존의 고전적 형태의 서비스산업에서 창의성을 부과할 성장동력산업으로 관광산업을 인식하고 있다는 것이다.

다섯째, 삼면이 바다로 둘러싸인 지정학적 위치를 고려한 해양과 연계한 관광개발이나 관광상품 전략이 부재한 것을 지적할 수 있다. 이는 동북아의 정치적 상황으로 인해 어느 때보다 민감한 해양에 관한 정책과 관광목적지로 해양을 인식하는 것의 부재는 '동북아해양관광목적지'를 지향하고 있는 해양관광정책과 다소 거리가 있으므로 해양수산부와 협업(거버넌스)차원에서 해양관광정책에 대한 조율과 조정이 이루어져야할 것은 과제로 남는다.

해양관광 관련 법규

...the sea changes color, but the sea does not change.
- Stevie Nicks -

CHAPTER 14

   국가적 차원에서 관광산업의 위상을 제고하고 이의 전략산업화를 추진하기 위하여 관광기본법을 제정한 것처럼, 한국표준산업분류에 해양관광산업이 포함되므로 인해 해양관광산업의 위상 구축과 전략산업화를 위해 해양관광기본법(가칭)과 해양관광진흥법(가칭)의 제정이 필요하다. 특히, 해양관광기본법과 해양관광진흥법의 제정은 해양강국의 이미지 구축과 더불어 갈수록 중요해지는 해양환경의 지속가능한 개발과 현명한 이용을 위해 법적 차원에서도 시의성이 요구한다고 할 수 있다.

   사실 해양관광 관련 개별법은 지속적으로 제정(2014년 '해수욕장의 이용 및 관리에 관한 법률', 2015년 '크루즈 산업의 육성 및 지원에 관한 법률', 2017년 '수중레저활동의 안전 및 활성화 등에 관한 법률') 되어왔으나, 해양관광의 방향과 해양관광의 진흥을 총괄하는 모법이 없어 개별법 간 유기적인 연계가 부족한 상황이었다. 특히, 법적근거 부족으로 포괄적 해양관광사업수행을 위한 예산·인력 확보에 어려움이 따랐다. 또한 해양관광기본계획이 비법정계획의 위상을 지니고 있어, 계획추진시 동력이 약화되어 사업수행에 어려움이 있었다. 따라서 21세기 해양의 중요성이 부각되면서 해양관광의 세계적 추세와 해양관광산업의 위상을 반영하여 향후 정부내 타부처와의 협의 등을 고려할 때 해양수산발전기본법 개정(제28조)을 통해 기본계획, 재원확보 등 관련 법적근거를 마련하는 것은 시의성이 매우 높다고 할 수 있다. 또한 중장기적으로 해양관광진흥지구 지정제(동서남해안 및 내륙권발전 특별법)와 개별법을 총괄하는 해양관광기본법(가칭) 제정이 필요한 시점이라고 할 수 있다.

해양관광기본법의 제정과 관련하여 우선 1975년에 제정된 이후 시행된 관광기본 법의 문제점을 반복하지 않기 위해 다음과 같은 내용이 검토되었으면 한다: 기본법 체계의 구축, 해양관광의 가치에 대한 인식제고, 새로운 해양관광 패러다임 반영, 국 민의 해양관광권에 대한 지원, 해양관광정책심의·조정기구의 필요성, 지방자치단체 의 역할에 대한 인식부여, 해양관광자원의 이용 및 관리, 해양관광 기반시설조성, 해 양관광정보 및 통계구축시책, 해양관광인력 육성 및 교육, 지방자치정부에의 권한 위임과 지원시책 등.

해양관광기본법의 제정은 다음과 같은 긍정적인 영향을 미칠 것이다. 먼저 해양 관광정책 환경의 변화전망에 따른 효과적 대응기반을 구축할 수 있으며, 또한 국내 외관광·외래관광 부문간 선순환구조와 해양관광네트워크 기반을 구축하는데 기여 할 것이다. 무엇보다 해양관광시장에서 해양관광기업과 해양관광객이 추구하는 해 양관광욕구를 충족시킬 수 있는 방향으로 통합된 정책을 추진하는데 탄력을 받게 될 것이다. 또한 해양관광목적지의 자원개발 및 보전을 위한 지속가능한 철학이 법적으 로 강조되므로 인해 해양과 인간이 공생과 공존하는 공동체의 의식을 통하여 올바른 해양문화를 확산시키는데 기여할 것으로 생각된다.

해양관광기본법은 상위법적 위상을 지니는 것은 아니지만, 해당 정책분야에서의 우 월적 지위로 인해 실시법의 내용은 기본법의 목적과 내용에 부합되어야 하므로, 해양 관광진흥법(가칭)과의 관계를 고려해야한다. 최근 해양관광기본법과 해양관광진흥법 의 필요성이 논의되는 상황은 상당히 긍정적으로 해석되며, 빠른 시일내 입법화되길 희망한다.

현재 우리나라의 해양관광과 관련 법규는 크게 두가지로 분류가 가능하다. 첫째 해 양관광목적지 개발이나 이용, 해양관광인프라 조성 등 공간개발과 관련된 하드웨어적 인 측면의 관련법률, 둘째, 해양관광활동과 관련된 활동이나 안전등과 관련된 소프트 웨어적 측면의 법률 등으로 구분이 가능하다. 각각의 법률에 대해 살펴보고자 한다.

1. 해양관광목적지 관련된 법률

　해양관광목적지 개발과 이용에 관련된 법률로는 동서남해안 및 내륙권 발전특별법, 어촌특화발전 지원 특별법, 연안관리법, 마리나항만의 조성 및 관리 등에 관한 법률을 대표적으로 들 수 있다. 다음에는 각각의 법률에 대해 구조적으로 분석한 표를 제시하여 이해를 도모하였다.

1) 동·서·남해안 및 내륙권 발전특별법(약칭 : 연안내륙법)

법률	동·서·남해안 및 내륙권 발전 특별법
담당부서	국토교통부(기획총괄과)
시행	2017.1.20.
구조	총39조항 • 제1장 총칙 • 제2장 발전종합계획의 수립등 • 제3장 개발사업의 시행 • 제3장의2 해양관광진흥지구의 지정 및 개발에 관한 특례 • 제4장 동 · 서 · 남해안권 또는 내륙권 발전공동협의회 등 • 제5장 산업발전 및 관광 진흥을 위한 특례 • 제6장 재정지원 등 • 제7장 보칙 • 제8장 벌칙
목적	동·서·남해안권 및 내륙권을 동북아시아의 새로운 경제권 및 국제적 관광지역으로 발전시키는데 필요한 사항을 규정하여 경제·문화·관광 등 지역산업을 활성화하고 지역 간 교류와 국제협력 증대를 통하여 국가경쟁력 강화와 국가균형발전에 이바지함
비고	제2조(정의) 1. 동·서·남해안권(이하 "해안권"이라 한다)이란 동해안·서해안·남해안선에 연접한 기초자치단체로서 해안권발전종합계획에서 지정한 지역을 말한다

2) 어촌특화발전 지원 특별법 (약칭: 어촌특화발전법)

법률	어촌특화발전 지원 특별법
담당부서	해양수산부(어촌어항과)
시행	2016.8.12

구조	총40조항 • 제1장 총칙 • 제2장 어촌특화발전계획의 수립 등 • 제3장 어촌특화발전계획의 시행 • 제4장 특화어촌 지원 • 제5장 재정·금융 • 제6장 보칙 및 벌칙
목적	어촌의 주민들이 신뢰와 협동을 바탕으로 지속가능한 발전을 자생적으로 도모할 수 있도록 지원함
비고	제2조(정의) 1. "어촌"이란 「수산업·어촌 발전 기본법」 제3조제6호에 따른 어촌을 말한다. 2. "특화어촌"이란 어촌 중에서 자율적으로 제27조제1항에 따른 특화어촌위원회를 설립하여 지속가능한 발전을 도모하는 지역을 말한다. 3. "어촌특화"란 특화어촌의 공동체가 특화어촌의 수산물·자연·문화 등 유형·무형의 자원을 활용하여 수산식품의 생산·가공 등 제조업과 유통·관광 등 서비스업 그리고 이와 관련된 재화와 용역을 융합·연계함으로써 특화어촌에서 생산·공급되는 물품 및 용역에 부가가치를 창출하거나 높이는 것을 말한다. 4. "어촌특화사업"이란 어촌특화를 위하여 제6조에 따른 어촌특화발전계획에 따라 추진하는 사업을 말한다.

3) 연안관리법

법률	연안관리법
담당부서	해양수산부(연안계획과)
시행	2017.4.22
구조	총39조항 • 제1장 총칙 • 제2장 연안의 통합관리 • 제3장 연안용도해역 등의 지정 및 관리 • 제4장 연안정비사업 • 제5장 연안관리심의회 • 제6장 연안의 효율적 관리 • 제7장 보칙 • 제8장 벌칙
목적	연안(沿岸)의 효율적인 보전·이용 및 개발에 필요한 사항을 규정함으로써 연안환경을 보전하고 연안의 지속가능한 개발을 도모하여 연안을 쾌적하고 풍요로운 삶의 터전으로 조성하는 것
비고	제2조(정의) 1. "연안"이란 연안해역(沿岸海域)과 연안육역(沿岸陸域)을 말한다. 2. "연안해역"이란 다음 각 목의 지역을 말한다. 　가. 바닷가[「공간정보의 구축 및 관리 등에 관한 법률」 제6조제1항제4호에 따른 해안선으로부터 지적공부(地籍公簿)에 등록된 지역까지의 사이를 말한다] 　나. 바다[「공간정보의 구축 및 관리 등에 관한 법률」 제6조제1항제4호에 따른 해안선으로부터 영해(領海)의 외측한계(外側限界)까지의 사이를 말한다]

4) 마리나항만의 조성 및 관리 등에 관한 법률(약칭 : 마리나항만법)

법률	마리나항만의 조성 및 관리 등에 관한 법률
담당부서	해양수산부(항만지역발전과)
시행	2017.6.28
구조	총41조항 • 제1장 총칙 • 제2장 마리나항만에 관한 기본계획 • 제3장 마리나항만의 개발 • 제4장 마리나항만의 관리 및 운영 　제4장의2 마리나업 • 제5장 보칙 • 제6장 벌칙
목적	마리나항만 및 관련 시설의 개발·이용과 마리나 관련 산업의 육성에 관한 사항을 규정함으로써 해양스포츠의 보급 및 진흥을 촉진하고, 국민의 삶의 질 향상에 이바지하는 것
비고	제2조(정의) 1. "마리나항만"이란 마리나선박의 출입 및 보관, 사람의 승선과 하선 등을 위한 시설과 이를 이용하는 자에게 편의를 제공하기 위한 서비스시설이 갖추어진 곳으로서 제10조에 따라 지정·고시한 마리나항만구역을 말한다.

　상기 관련법률인 동·서·남해안 및 내륙권 발전특별법, 어촌특화발전 지원 특별법, 연안관리법, 마리나항만의 조성 및 관리 등에 관한 법률 등을 검토한 결과 다음과 같은 결론을 도출할 수 있다.

　첫째, 해안발전을 계획할 때, 연안의 해역과 육역의 연계개발을 고려해야한다는 것을 알 수 있다.

　둘째, 우리나라의 연안은 동해, 남해, 서해 모두 지역적으로 뚜렷한 특징을 지니고 있기 때문에 개발시 이러한 지역성과 문화성을 고려한 계획을 해야한다는 것이다.

　셋째, 연안개발은 특정 지역에서 이루어지지만, 그 영향은 해당지역을 너머 국토 전체의 연안에 그 파급효과를 미칠 수 있음을 고려해야한다는 것이다.

　넷째, 어촌의 특화개발이나 마리나 항만개발시 지역의 규모와 경제적 파급효과를 고려하여 개발규모를 계획해야한다는 것이다. 이를 위해서는 수용력(carrying capacity), 즉 개발가용면적에 대한 정확한 분석이 전제되어야 한다.

다섯째, 해양관광의 개념과 범위와 관련하여 해당 법률에 따라 상이한 적용범위를 나타내고 있어 체계적인 개념정립이 요구된다고 할 수 있다. 이러한 측면에서 해양관광기본법과 해양관광진흥법에 제정이 요구된다.

2. 해양관광활동 관련된 법률

해양관광활동과 관련된 법률로 크루즈산업의 육성 및 지원에 관한 법률, 수중레저활동의 안전 및 활성화 등에 관한 법률, 수상레저안전법, 해수욕장 이용 및 관리에 관한 법률 등을 대표적으로 들 수 있다. 다음에는 각각의 법률구조를 검토해보고자 한다.

1) 크루즈산업의 육성 및 지원에 관한 법률 (약칭 : 크루즈산업법)

법률	크루즈산업의 육성 및 지원에 관한 법률
담당부서	해양수산부(해운정책과)
시행	2017.6.3
구조	총20조항 • 제1장 총칙 • 제2장 크루즈산업 육성 기본계획 수립 등 • 제3장 크루즈산업 육성을 위한 지원 • 제4장 보칙 • 제5장 벌칙
목적	크루즈산업의 육성과 지원에 필요한 사항을 규정함으로써 크루즈산업의 기반을 조성하고 경쟁력을 강화하여 국민경제의 건전한 발전에 이바지함
비고	제2조(정의) 1. "크루즈선"이란 국적 크루즈선과 외국적 크루즈선을 말한다. 5. "크루즈산업"이란 크루즈선 및 승객과 관련된 재화와 서비스를 통하여 부가가치를 창출하는 산업을 말한다. 6. "크루즈 시설"이란 크루즈선의 접안(接岸)과 승객의 이용에 필요한 「항만법」 제2조 제5호에 따른 항만시설을 말한다.

2) 수상레저안전법

법률	수상레저안전법
담당부서	국민안전처(수상레저과)
시행	2017.3.28
구조	총59조항 • 제1장 총칙 • 제2장 조종면허 • 제3장 안전준수의무 • 제4장 안전관리 • 제5장 수상레저기구 등록 및 검사 • 제6장 수상레저사업 • 제7장 보칙 • 제8장 벌칙
목적	수상레저활동의 안전과 질서를 확보하고 수상레저사업의 건전한 발전을 도모함
비고	제2조(정의) 1. "수상레저활동"이란 수상(水上)에서 수상레저기구를 이용하여 취미·오락·체육·교육 등을 목적으로 이루어지는 활동을 말한다. 2. "래프팅"이란 무동력수상레저기구를 이용하여 계곡이나 하천에서 노를 저으며 급류 또는 물의 흐름 등을 타는 수상레저활동을 말한다. 3. "수상레저기구"란 수상레저활동에 이용되는 선박이나 기구로서 대통령령으로 정하는 것을 말한다. 4. "동력수상레저기구"란 추진기관이 부착되어 있거나 추진기관을 부착하거나 분리하는 것이 수시로 가능한 수상레저기구로서 대통령령으로 정하는 것을 말한다. 5. "수상"이란 해수면과 내수면을 말한다. 6. "해수면"이란 바다의 수류나 수면을 말한다. 7. "내수면"이란 하천, 댐, 호수, 늪, 저수지, 그 밖에 인공으로 조성된 담수나 기수(汽水)의 수류 또는 수면을 말한다.

3) 수중레저활동의 안전 및 활성화 등에 관한 법률 (약칭: 수중레저법)

법률	수중레저활동의 안전 및 활성화 등에 관한 법률
담당부서	해양수산부(해양레저과)
시행	2017.5.30
구조	총32조항 • 제1장 총칙 • 제2장 수중레저활동의 증진 • 제3장 안전관리 및 준수의무 • 제4장 수중레저사업 • 제5장 보칙 • 제6장 벌칙

목적	수중레저활동의 안전과 질서를 확보하고 수중레저활동의 활성화 및 수중레저사업의 건전한 발전을 도모함
비고	제2조(정의) 1. "수중"이란 「수상레저안전법」 제2조제6호에 따른 해수면(이하 "해수면"이라 한다) 및 같은 조 제7호에 따른 내수면(이하 "내수면"이라 한다)의 밑을 말한다. 2. "수중레저활동"이란 수중에서 수중레저기구 또는 수중레저장비를 이용하여 취미·오락·체육·교육 등을 목적으로 이루어지는 스킨다이빙, 스쿠버다이빙 등 대통령령으로 정하는 활동을 말한다. 3. "수중레저활동자"란 수중레저활동을 하는 사람을 말한다. 4. "수중레저활동구역"이란 수중레저활동을 실시하는 지점으로부터 대통령령으로 정하는 일정 범위까지의 구역으로서 수중레저활동이 이루어지고 있는 구역을 말한다. 5. "수중레저기구"란 수중레저활동을 위하여 해수면, 내수면 또는 수중에서 이동하는 데에 이용되는 「선박법」에 따른 선박 및 「수상레저안전법」에 따른 동력수상레저기구를 말한다. 6. "수중레저장비"란 수중레저기구 외에 수중레저활동을 위하여 필요한 수경, 숨대롱, 공기통, 호흡기, 부력조절기 등의 장치나 설비로서 대통령령으로 정하는 것을 말한다. 7. "수중레저시설물"이란 수중레저기구의 안전을 확보하기 위하여 필요한 스크류망, 하강 사다리 등 대통령령으로 정하는 시설을 말한다. 8. "수중레저사업"이란 수중레저활동과 관련한 다음 각 목의 사업을 말한다. 　가. 수중레저활동자에게 수중레저기구 또는 수중레저장비를 빌려주는 사업 　나. 수중레저활동자를 수중레저기구에 태워서 운송하는 사업 　다. 수중레저활동자에게 수중레저활동에 필요한 사항 등을 교육하는 사업

4) 해수욕장 이용 및 관리에 관한 법률 (약칭: 해수욕장법)

법률	해수욕장 이용 및 관리에 관한 법률 (약칭: 해수욕장법)
담당부서	해양수산부(해양레저과)
시행	2017.6.28
구조	총47조항 • 제1장 총칙 • 제2장 해수욕장의 지정 등 • 제3장 해수욕장 기본계획 등 • 제4장 해수욕장의 관리·운영 등 • 제5장 해수욕장의 안전 및 환경관리 • 제6장 해수욕장시설사업 • 제7장 해수욕장의 평가 등 • 제8장 보칙 • 제9장 벌칙
목적	해수욕장의 이용·관리에 관한 사항을 규정함으로써 해수욕장을 안전하고 쾌적한 국민 휴양공간으로 조성하며 국민의 삶의 질 향상과 국민복리 증진에 이바지함

비고	제2조(정의) 1. "해수욕장"이란 천연 또는 인공으로 조성되어 물놀이·일광욕·모래찜질·스포츠 등 레저활동이 이루어지는 수역 및 육역으로서 제6조에 따라 지정·고시된 구역을 말한다. 2. "해수욕장시설"이란 해수욕장 안에 있는 다음 각 목의 시설을 말한다. 　가. 기본 및 기능시설 　　1) 백사장(모래, 자갈 등 토양의 재질에 상관없이 일광욕·모래찜질·스포츠 등을 할 수 있는 육역을 말한다) 　　2) 산책로 　　3) 탈의시설, 샤워시설, 화장실, 식수대, 주차장, 야영장, 공중이용통신시설, 차양시설 등 이용객 편의시설 　　4) 인명구조선, 구명보트, 안전부표, 유영가능구역부표, 조명시설, 감시탑 등 안전시설 　　5) 오수·폐수처리시설, 수질오염방지시설, 쓰레기집하·처리시설 등 환경시설 　나. 지원시설 　　1) 관리사무소, 진료시설 등 행정시설 　　2) 체육시설 　　3) 판매·대여시설

　해양관광활동과 관련된 상기 법률을 검토한 결과, 먼저 해양레저 및 스포츠 활동의 활성화와 관련하여 제정된 관련 법률 개정의 필요성이 제기된다. 수상레저안전법[20]과 해상교통안전법은 그 목적이 안전문제를 중심으로 한다는 측면에서 법 제정의 취지가 매우 유사하다고 할 수 있다. 특히, 수상레저활동의 질서와 안전유지라는 원칙을 강조하는 조항이 많다. 그러나 수상레저활동에 참가하는 이용객의 안전의 중요성이라는 원칙에는 공감하나 이용활동의 측면에서 지나치게 현실과 부합되지 않는 규제 중심의 법조항들은 일부 개정이 필요하다.

　또한 해양관광산업 중 수상레저사업의 건전한 활동을 산업적 측면에서 볼 때 세일보트가 수상레저안전법의 적용을 받음으로 인해 관광활동을 제한하는 것은 오히려 생각의 여지를 둔다. 기상예보시 주의보 이상의 기상특보가 발효되었거나 예보되어 있는 구역에서는 동력 수상레저기구를 운항하지 못하게 되어 있는 조항은 세일보트의 경우, 원양항해가 가능하고 자체 복원력을 갖추고 있기 때문에 수상레저안전법에 명시된 다른 레저기구와 동일한 법의 적용을 받는 것은 불합리하다고 할 수 있다.

　21세기 국가해양력 제고를 통해 세계해양국가를 선도할 우리나라는 세계시장과

---

20) 등록, 검사, 보험가입을 해야 보트를 탈 수 있음.

글로벌 해양관광의 트렌드에 맞는 국가 시책을 수립하고 규제프리를 통해 해양관광 목적지에서 다양한 해양관광활동에 참여가 가능하도록 법개정의 차원에서 필요성이 제기된다.

또한 전반적으로 연안해역에서 이루어지는 해양관광활동, 즉 해양레저스포츠를 포함한 활동은 해양수산부의 해양레저과를 중심으로 관련 법률의 시행이 이루어짐을 알 수 있다. 그러나 수상레저안전법은 지난 정부에서 세월호 사건이후 국민안전처로 이관되었으나 새로운 정부에서는 법률시행이 해양수산부 해양레저과로 이관되어야할 필요성을 제시한다. 해양수산부의 부처 담당업무와 관련하여 일관된 행정의 시행과 집행 차원에서 고려할 필요가 있다.

한편, 크루즈산업의 육성 및 지원에 관한 법률, 수상레저안전법, 해수욕장 이용 및 관리에 관한 법률 등과 달리 2017년5월31일부터 시행된 '수중레저활동의 안전 및 활성화 등에 관한 법률'은 관련 단체의 이해관계로 인해서 현재 난황을 겪고 있는 사안이라 법률 시행과 관련하여 업계와 어촌계의 이해관계 보다 수중레저활동의 확산과 기회제공의 차원에서 거시적 차원에서 접근할 필요가 있다.

READING MATERIALS

A.S. Hansen(2016). Applying visitor monitoring methods in coastal and marine areas-some learnings and critical reflections from Sweden. Scandinavian Journal of Hospitality and Tourism 17(3), 279-296.

E.M. De Santo(2017). California dreaming: Challenges posed by transposing science-based marine protected area planning processes in different political contexts. Environmental Science & Policy, 75, 38-46.

G. Smith & S. Jentoft(2017). Marine spatial planning in Scotland. Levelling the playing field? Marine Policy, 84, 33-41.

H.T. Kobryn, G. Brown, J. Munroa, & S.A. Moore(2017). Cultural ecosystem values of the Kimberley coastline: An empirical analysis with implications for coastal and marine policy. Ocean & Coastal Management, in press.

J. Munro, J. Pearce, G. Brown, H.T. Kobryn, & S.A. Moore(2017). Identifying 'public values'for marine and coastal planning: Are residents and non-residents really so different? Ocean & Coastal Management 148(1), 9-21.

M. Garmendia, D. Sauzade, N. Beaumont, B. Boteler, M. Pascual, T. Boudine, M. Breil, E. Furlan, A. Kontogianni, I. Krüger, J. Le Tellier, E. Gileva, D. March, G. Roeleveld, P. Ronco, A. Shivarov, M. Skourtos, & A. Markandya(2017). The Adaptive Marine Policy (AMP) toolbox: Supporting policy-makers developing adaptive policies in the Mediterranean and Black Sea. Marine Policy 84, 99-109.

P.J.S. Jones, L.M. Lieberknecht, W. Qiu(2016). Marine spatial planning in reality: Introduction to case studies and discussion of findings. Marine Policy, 71, 256-264.

R. Blasiak, C. Durussel, J. Pittman, C.-A. Sénit, M. Petersson, & N. Yagi(2017). The role of NGOs in negotiating the use of biodiversity in marine areas beyond national jurisdiction. Marine Policy, 81, 1-8.

T.G. Gerwing, & K. Cox(2017). Erosion of trust in government consultation will impede the creation of environmental policy. Marine Policy, 83, 126-127.

X.I. Loizidou, M.I. Loizides, & D.L. Orthodoxou(2017). Marine Strategy Framework Directive: Innovative and participatory decision-making method for the identification of common measures in the Mediterranean. Marine Policy 84, 82-89.

PART 06
해양문화와 해양관광

해양문화의 공유와 공감의 확산이 해양관광이 되다!

해양문화의 이해

My soul is longing for the secrets of the sea, and the heart of the great ocean sends a thrilling pulse through me.
- Henry Wadsworth Longfellow -

CHAPTER 15

1. 문화입문과 해양문화

"해양을 가까이 하길 바라는 마음이

손으로 발로 이어진다.

한 마음이 두 마음으로

여러 마음들이 모여 하나되어

한 사람에게서 다른 사람에게로 옮겨진다.

한 사람을 부르고 또 다른 사람을 부른다.

어느 새 그곳은 사람들이 무리를 이룬 곳으로 채워진다.

새로움 가득한 호기심 어린 시선들

다른 것을 쫓는 본능들이 가득찬 곳

어느 덧 다른 생각에 찬 사람들도 찾는다.

그곳은 어느 날 멀리서도 사람들이 찾는 곳이 된다.

아주 먼곳으로부터 온 사람들도 하나둘씩 보인다.

어느 순간 그 사람들도

오래된 자신처럼 그곳의 한 사람이 되어 있는 자신을 본다."

- 양위주 〈새로운 곳을 떠나는 자를 위한 마음안내서〉 중 -

우리는 '그곳'을 관광목적지라 부른다.

그리고 그곳이 바다내음 가득한 곳이라면 해양관광목적지가 된다.

새로움 가득찬 장소.

다른 생각을 가진 사람들도 다름을 아는 곳

다른 생각을 가진 사람들이 같은 생각을 가진 사람이 있음을 발견하는 곳

그곳을 찾은 사람들은 자신의 소중한 순간을 간직하며 즐긴다.

그리고 나눈다.

그리고 훗날 다시 그곳을 찾을 것이다.

해양문화는 해양을 가까이 하거나 가까이 하고자 하는 의지를 가진 사람들이 만들어간다. 처음에는 한 사람의 독특한 취향과 행동에서 비롯되었지만, 시간이 흐르면서 다른 사람의 참여로 이어지고 여러 과정을 거치면서, 지역의 독특한 것들이 만들어지고 표현되면서 새로운 공간들이 하나둘씩 세워지게 되고, 다름이 있는 장소로 자리매김하게 된다. 시작은 한 사람의 다른 생각에서 비롯되었지만, 나중에는 지역 주민 모두가 동참하여 새로운 공동체로 거듭나게 된다. 시간의 경과에 따라 다름은 누군가에 의해 전달되고, 어떤 경로를 통해 다른 사람들에게 알려지면서 오늘날의 문화관광목적지의 모습을 갖추어 간다. 구전을 통하든 아니면 다른 매개체를 통하던 다양한 소통 채널을 통해서 누군가가 찾는 목적지가 되는 것이다. 방문을 위해서 지불가치가 있는 공간이 되는 것이다. 방문 목적이 관광일 경우, 관광목적지이며, 바다가 테마가 되는 주제를 공유하는 목적지이라면 해양관광목적지가 된다.

본서에는 특정 장소가 어떻게 해양관광목적지로 알려지게 되었는지 즉, 그 동기를 제공하게 된 것이 무엇이었는지에 초점을 맞추었다. 그리고 그 매체는 문화적 관점에서 관광문화 형성의 자극체로서 문화전달의 기능을 가진 것으로 전제하며, 해양관광의 연관성을 고려하여 해양관광목적지의 해양문화를 형성하는데 기여한 것으로 간주한다. 따라서 본서에서는 문화매체 가운데 예술과 관련된 몇몇 장르를 통해서 해양관광목적지를 검토해보고자 한다.

해양문화와 관련하여 소설, 음악, 미술, 희극, 영화 등등 다양한 유형의 예술을 만날 수 있다. 예술과 관련된 소재는 이전부터 다양한 형태로 존재해왔다고 할 수 있다. 일반인에게 인식되지 않았던 자연환경이나, 눈에 보이지 않았지만 역사적 전승을 통

해 전해오는 역사유산이나, 특정지역에서 발생한 사건이나 사고에 착안한 작품일 수 있다. 또한 그 지역에만 독특한 일상생활 등이 어느 순간 예술가의 시각과 감성에 의해 새롭게 보여지고, 다른 의미가 부여되어진 것 이런 다양한 모습들을 갖춘 대상들이 예술작품의 소재로 등장하면서 예술작품의 중요한 배경이나 주제가 되어 새롭게 거듭난다. 어쩌면 다른 곳에서는 평범한 소재였을지라도, 예술가들은 다른 시각에서 독특한 매력을 찾아내어 작품으로 창작해내는 능력을 지니고 있다. '다르게 본다는 것'은 다름을 인정하는 것에서 출발한다. 문화는 서로 다름을 인정하는 것에서 시작된다. 예술작품은 다른 소재를 발굴하고 해석과 재해석의 과정을 거치면서 새롭고도 다양한 형태의 문화매력물로 발전되어진다.

여기에서는 이러한 창작의 과정을 통해서 거듭난 예술작품들을 통해서 해양문화와 해양관광과의 관계를 분석하기로 한다. 특히 예술작품 속에 등장하는 특정 장소가 제3자와의 간접적 만남을 통해서 시간과 공간의 한계를 초월하여 다른 사람들이 가보고 싶어하는 장소로 변화하는 과정이나 그 영향력을 분석하고자 하였다. 예술작품을 접한 누군가가 작품속의 장소를 실재 방문하게 되면, 그들은 관광객이 되고 그 장소는 이제 해양관광목적지로 바뀐다. 해양문화와 해양관광의 관계는 이렇게 발전되어진다.

2. 해양문화의 개념

해양문화는 해양과 인간의 상호작용으로 나타난 정신적 물질적 산물의 총체라고 할 수 있다. Rodolfo Stavengagen[1]은 농업사회의 구조를 연구하면서, 해양문화를 해양을 자산으로 한 문화, 해양을 창조성의 원천으로 하는 문화로 어업인의 생활사를 포함한다고 하였다. 또한 曲金良[2]은 중국의 해양문화를 연구하면서 해양이라는 공간 속에서 사람들의 삶과 관련되어 축적된 유무형의 총화라고 정의를 내리고 있다.

해양문화는 분명하게 정립되지 않은 개념적 속성이기 때문에 단일 학제나 학과, 전

---

1) 스타벤하겐(1983, 김대웅, 장영배 편역). 농업사회의 구조와 변동. 서울: 백산서당
2) 취진량(2008, 도서문화연구소 역). 중국의 해양문화와 사회. 서울 : 민속원.

공분야에서 연구되지 않았을 뿐만 아니라 연구되기도 어려운 실정이다. 특히, 현대사회의 복합적 문화현상과 어울려 융복합적 성격을 가장 잘 나타내는 것이 바로 문화학에 해당되며, 해양문화의 경우, 문화의 개념이 지닌 광범위성과 아울러 '해양'이란 용어가 지닌 공간적 범위의 모호성으로 인해 그 개념정립을 더욱 난처하게 만든다.

그러므로 본서에서는 '해양문화란 무엇인가'에 대한 개념적 접근보다 해양관광목적지의 이용행태에 동기를 부여한 예술장르를 중심으로 현상학적으로 접근하고자 한다. 문학, 음악, 미술, 영화 등 예술장르가 해양이나 해양과 관련된 장소와 결합되어 신화나 설화, 구전, 민속 등이 풍속과 관습을 통해 전승된다. 시간적·공간적으로 사실이나 현실에 중심을 두었거나 새롭게 만들어진 스토리를 기반으로 다양한 장르에서 응용되면서 전혀 새로운 예술로 표현된다.

음악적 측면에서 작곡이나 편곡을 통해 오페라 등 음악으로 나타난다. 또는 소설, 회화, 드라마, 영화의 한 장면(scene)이나 소재로 응용되기도 한다. 때로는 전체 테마가 되어 작품전체를 이끌어가기도 동인을 제공하면서 사람들의 뇌리에 강렬하게 각인된다. 이렇게 표현된 장소의 기억들이 실제 장소방문에 대한 충동이 행동으로 이어진다. 다양한 예술 장르에 표현된 소재나 장면의 장소들은 관광동기 유발의 1차적 원인제공이 된다. 해양문화와 해양관광은 상호연관성이 높은 이유가 된다. 잠재적 관광객들이 일상권에서 접하는 소설이나 미술, 영화를 통해 형성된 간접적인 방문욕구인 관광욕구, 즉, '장소'를 직접 방문해서 확인해보고 경험해보고 싶어하는 욕구는 자연스런 관광동기가 된다. 비일상권의 묘사나 기술, 장면등을 접하면서 실제 자신의 오감을 통해 확인하고 경험해보고 싶어 '그곳'을 찾게 된다. '그곳'은 잠재 관광객들의 최종적인 관광목적지가 되어진다.

본서에서는 그러한 '장소'를 알아보고자 한다. 여기서는 문화의 영역으로 예술작품에서 나타난 장소, 즉, 작품이 기술이나 묘사, 또는 모티브가 된 장소가 실제 관광목적지로 바뀌어 그 목적지와 목적지역의 관광산업과 관광개발에 어떻게 영향을 미치는지에 대한 분석에 초점을 맞추고 있다. 특히, 21세기 미디어 세대를 맞이하여 film tourism(영상영화관광)이라는 새로운 관광형태로 발전되어 드라마나 영화촬영 장소가 장소마케팅 차원에서 스토리텔링과 결합되어 도시나 지역관광개발의 중요한 전략이 되고 있음도 주목할 필요가 있다. 여기에서는 영화와 소설, 그리고 미술 등 예술장르별 대표적 사례를 통해서 해양관광과 해양문화의 접촉을 설명하고자 한다.

예술장르와
해양관광목적지의 만남

CHAPTER
16

A smooth sea never made skilled mariner.
- English Proverb -

1. 영화(Grease 3), 1978 개봉)와 해양관광목적지(Leo Carrillo State Beach, CA, US)

> You're the one that I want

1) 작품 소개

1978년 개봉한 Paramount Pictures의 뮤지컬 영화. 1950년대 미국을 배경으로 10대 남녀의 사랑과 갈등을 신나는 음악과 함께 표현한 작품이다. 동명의 뮤지컬인 워렌 케이지(Warren Casey)와 짐 제이콥스(Jim Jacobs)의 그리스를 바탕으로 영화화 4). 총제작비 $6,000,000, 광고비용 $2,000,000 투자5). 약 1시간 50분의 러닝타임으로 구성된 이 영화에는 약 25곡의 음악이 수록되었다. 그 중 "Grease"와 "You're the One That I Want"는 개봉 당시 Academy Awards Best Song 후보에 올라 뮤지컬 영

---

3) 그리스(Grease)란 '1950년대 미국의 새로운 자유를 표방하는 젊은이들 사이에 유행했던 패션'이며, 동시에 머리에 바르는 포마드 기름을 의미한다.
4) http://en.wikipedia.org/wiki/Grease_(film)#Filming_locations
5) http://www.the-numbers.com/movies/1978/GREAS.php

✳ 그림 1 영화 그리스의 포스터

화로써 명성을 알렸다[6]. 뿐만 아니라 이 영화와 남녀 주연배우인 존 트라볼타(John Travolta), 올리비아 뉴튼 존(Olivia Newton-John)이 각각 Golden Globe Award for Best 3개 부문에 이름을 올렸다(nominated). 이듬해 People's Choice Award에서 3개의 상[7]을 수상하는 등 개봉 당시의 파급력이 컸던 작품이다. 이러한 인기를 반영하여 영화에 수록된 25곡의 음악을 실은 사운드 트랙 앨범이 제작 되었는데, 이는 1978년 미국에서 두 번째로 많이 팔린 앨범으로 선정되기도 하였다. 재미있는 사실은, 그해 첫 번째로 많이 팔린 앨범이 이 영화의 주연배우 존 트라볼타가 출연했던 또 다른 뮤지컬 영화 토요일 밤의 열기(Saturday Night Fever)의 사운드트랙 앨범[8].

그리스는 미국 내 박스 오피스에서 $181,813,770, 그 외 해외 박스 오피스에서 $205,700,000로 총 $387,513,770의 성공적인 흥행수익을 이뤄 낸 영화이며, 이후 홈 DVD로 제작되어 $22,682,771의 부가가치를 창출하였다[9].

6) http://en.wikipedia.org/wiki/Grease_(film)#Filming_locations
7) http://en.wikipedia.org/wiki/Grease_(film)#Filming_locations
8) http://en.wikipedia.org/wiki/Grease_(film)#Filming_locations
9) http://www.the-numbers.com/movies/1978/GREAS.php

2) 영화의 배경 : Leo Carrillo State Beach, CA, US

✳ 그림 2 Google Earth로 본 해변[10]

✳ 그림 3 레오 카릴로 비치 위치[11]

영화의 첫 장면에서 주인공인 대니(Danny)와 샌디(Sandy)가 운명적인 첫 만남과 동시에 서로 로맨틱한 사랑을 나누는 장소가 바로 미국 캘리포니아주 레오 카릴로 스테이트 비치(Leo Carrillo State Beach)[12]. 지도에 빨간별로 표시된 레오 카릴로 주립공원(Leo Carrillo State Park)에 속한 해변으로, A구역의 말리부 해안(Malibu Beach)의 듐 포인트(Dume Point) 부근에서 약 13km 서쪽에 위치[13]. 레오 카릴로 주립공원의 명칭은 배우 겸 환경 보호 활동가인 레오 카릴로(Leo Carrillo, 1880-1961)의 이름에서 명명. 그가 18년 동안 캘리포니아주 해변 및 공원위원회에서 봉사한 공로를 기념하기 위함이었다. 면적은 약 10.17㎢(1,017ha)[14]이며 해안동굴과 해구 등 파도가 만들어 낸 자연 그대로의 매력물이 많은 장소로 유명하다. 청명한 날씨와 적절한 파고로 인해 서핑을 즐기는 해양관광객의 방문도 많은 편이다. 서핑을 즐기기에 알맞은 방파제 바깥 부근의 해변과 파고가 낮고 잔잔한 항구 내부의 해변 두 가지로 나뉘어 있어 직접 원하는 곳을 선택해서 해양레포츠를 즐길 수 있다는 장점을 소유하고 있다[15]. 또한 공원 내에서 캠핑이 가능하고 반려견의 출입을 허용하는 Dog-

10) www.googleearth.com

11) https://maps.google.co.kr/maps?q=Leo+Carrillo+State+Beach&ie=UTF-8&ei=oZQ3U72_CsihigesxoCYAg&ved=0CAcQ_AUoAg

12) http://www.seeing-stars.com/Locations/Grease.shtml

13) http://diveseven.com/dive-site/view/203/leo-carillo-state-beach

14) http://en.wikipedia.org/wiki/Leo_Carrillo_State_Park

15) https://ko-kr.facebook.com/hanultour/posts/276365032380075

Friendly Beach이기 때문에 가족나들이에 적합한 장소이다. 주립공원은 오전 8시부터 오후 10시까지 개방되기 때문에 레오 카릴로 비치 또한 오후 10시 이후부터 출입이 금지된다[16].

3) 장소 : 영화 속(1970년대) 장면 vs 최근(2015) 모습

✳ 그림 4 레오 카릴로 비치의 과거모습

✳ 그림 5 레오 카릴로 비치의 최근모습

인터넷 상의 많은 사진을 검색해서 검토한 결과, 레오 카릴로 스테이트 비치는 영화 그리스 촬영당시인 1970년대 후반부터 최근(2015년)까지 큰 변화 없이 자연 그대로의 모습을 유지하고 있는 것으로 나타났다.

✳ 그림 6 카릴로 비치의 과거모습

✳ 그림 7 레오 카릴로 비치의 최근모습

4) 장소 특징

해안의 거대한 바위 속에 위치한 해안동굴의 존재가 이 해변의 독특한 매력을 더한다. 실제로 영화속 대니와 샌디가 이별을 고하는 장면에서 이 동굴이 배경이 되기

---

16) http://www.parks.ca.gov/?page_id=616

도 한다. 한편, 레오 카릴로 스테이트 비치는 반려견 입수를 허용하는 Dog-Friendly Beach[17]로 유명하다. 캘리포니아 주립공원에서는 2002년 11월 27일부터 이를 허가했으며, 그 후로 반려견을 동반한 지역주민이나 관광객들이 찾는 명소로 알려졌다.

✳ 그림 8 레오 카릴로 비치의 해안 동굴

✳ 그림 9 반려견 입수 허용 해변

5) 관광특이성

✳ 그림 10 레오 카릴로 비치의 캠핑장

✳ 그림 11 레오 카릴로 비치에서의 결혼식

해변에서는 서핑, 수영, 해변파도 풀, 낚시, 스킨스쿠버 등 다양한 종류의 해양레저 스포츠를 즐길 수 있다. 또한 해변 근처에 모래사장위 설치된 캠핑장과 하이킹, 트레

---

17) Dog Friendly Beach는 캘리포니아 주 내에 총 60여개가 존재하는 것으로 알려져 있다.
   Dog Friendly Beach 방문시 지켜야 할 사항
   • 강아지의 목줄에 대한 규정이 있는 곳에서는 항상 목줄을 착용
   • 배설물을 치울 수 있는 삽과 가방을 지참
   • 다른 방문객이 원하지 않을 시에는 강아지가 접촉을 시도하지 않도록 주의
   • 목줄을 하지 않았을 시에는 주인의 통제 하에서 움직일 수 있도록 잘 관리해야 함.

일(올레길과 유사) 코스를 제공한다. 실제 이곳은 야외 캠핑과 하이킹을 목적으로 방문하는 관광객이 대다수를 이룬다. 또한 자연의 모습을 그대로 간직한 해안경관과 청명한 기후조건으로 인해 웨딩촬영과 결혼식 등 이색적인 해안에서의 결혼 이벤트도 종종 펼쳐진다. 반려견 입수를 허용하는 것과 각종 웨딩 이벤트가 종종 이루어지는 것은 다른 해변에서는 흔히 볼 수 없는 이 해변만의 독특한 특징이며 매력이 된다.

6) 영화관광과 만난 레오 카릴로 스테이트 비치

✳ 그림 12 영화 〈inception〉의 한 장면

영화 그리스 촬영 이후 레오 카릴로 비치는 '더 카라데 키드(The Karate Kid, 1984)', '더 크래프트(The Craft, 1996)', '유주얼 서스펙트(The Usual Suspects, 1995)', 위 사진 속의 '인셉션(Inception, 2010)'등 수많은 영화의 촬영지로 유명하며, 국내 CF 촬영지로 알려져 한국 관광객의 방문이 이루어지기도 했다. 이러한 강점을 잘 살린다면 가까운 곳에 위치한 말리부 해변보다 경쟁우위를 차지할 수 있다.

✳ 그림 13 광고 속의 레오 카릴로 비치

✳ 그림 14 광고 속의 레오 카릴로 비치

7) 관광통계를 통한 향후 예측

캘리포니아 방문객 국적 비율 표

Annual International Leisure Trips to California(Annual % change)							
	2010	2011	2012	2013	2014	2015	2016
Total	10.6%	9.0%	3.3%	4.2%	4.9%	5.6%	5.9%
China	49.1%	34.8%	38.6%	16.7%	18.6%	17.8%	16.0%
India	17.2%	8.7%	8.1%	8.7%	9.5%	10.0%	11.2%
Japan	19.3%	5.4%	7.0%	4.3%	5.1%	5.8%	6.0%
South Korea	40.8%	−0.5%	1.3%	3.8%	4.7%	6.1%	6.8%
Australia	33.2%	−2.2%	−0.8%	2.8%	3.9%	4.9%	5.5%
United Kingdom	3.0%	−3.0%	−1.9%	0.4%	1.7%	2.0%	2.6%
Germany	9.3%	3.1%	1.8%	4.1%	4.3%	4.5%	4.3%
France	38.8%	17.0%	−14.1%	0.3%	1.3%	2.0%	2.4%
Scandanavia	21.3%	4.5%	2.2%	0.9%	1.4%	1.8%	2.3%
South America	20.2%	19.9%	17.7%	8.1%	9.4%	11.1%	12.4%
Canada	10.0%	6.4%	3.6%	4.0%	4.1%	4.3%	4.2%
Mexico	5.3%	8.5%	3.5%	4.1%	4.7%	5.3%	5.5%
Rest of World	11.8%	−4.9%	2.5%	4.3%	4.6%	5.6%	6.3%

영화 그리스는 1970년 후반에 개봉했기 때문에 영화가 지역에 미친 영향 중 직접적인 관광관련 통계는 구하기 어렵다. 따라서 해변이 속한 지역의 관광 통계자료분석을 통하여 추정을 해보았다.

캘리포니아주를 방문한 외래관광객의 국적별 연도별 증감 추이에 의하면, 우리나라는 13개국 가운데 중국에 이어 두 번째로 높은 관광객 점유율 차지하고 있으며 지속적인 증가추세을 보이는 것으로 나타났다. 이는 우리나라 사람들이 레오 카릴로 스테이트 비치가 속해 있는 캘리포니아 지역에 관심을 가지고 방문하고 있음을 보여준다.

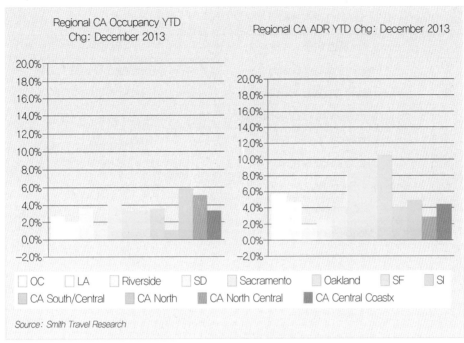

✳ 그림 15 캘리포니아 숙박 시설 객실 이용 비율 증가 그래프

한편 위의 그래프는 전 년도(2012년) 대비 캘리포니아주 지역별 객실이용율의 증감 추세를 나타내는 자료인데, 레오 카릴로 해변이 속한 캘리포니아 북부지역은 객실이용율 증가추세를 보이고 있다. 이를 토대로 해양관광목적으로 레오 카릴로 비치 일대를 방문하는 관광객의 비율은 상승곡선을 나타내는 것으로 추론이 가능하다.

영화관광을 위한 목적지로서 뿐만아니라 광고촬영을 목적지로 알려져 있는 이유는 해변에서 다양한 해양레저스포츠의 참여, 캠핑, 하이킹 활동이 가능한 것도 이유가 된다. 또한 반려견 입수가 가능한 해변으로 지정된 것도 이 해변이 지닌 독특성이라 할 수 있다.

바다 & 지식 : 캘리포니아 10대 Dog-Friendly Beach

	해변 이름	위치
1	The Original Dog Beach	San Diego, CA, US
2	Fiesta Island Off Leash Dog Park	San Diego, CA, US
3	Arroyo Burro Beach(Hendry's Beach)	Santa Barbara, CA, US
4	Coronado Dog Beach	Coronado, CA, US
5	Rosie's Dog Beach	Long Beach, CA, US
6	Baker Beach	San Francisco, CA, US
7	Carmel Beach	Carmel, CA, US
8	Morro Strand Beach	Cayucos, CA, US
9	Buccaneer Beach Park	Oceanside, CA, US
10	Monterey State Beach	Monterey, CA, US

2. 문학(그리스인 조르바)과 해양관광목적지(Crete Island, Greece)

> 나는 어제 일어난 일은 생각 안합니다.
> 내일 일어날 일을 자문지도 않습니다.
> 내게 중요한 것은 오늘, 이 순간에 일어나는 일입니다.
> - 니코스 카잔카키스 〈그리스인 조르바〉 가운데 -

1) 작가와 작품에 대한 소개

　　니코스 카잔차키스(Nikos Kazantzakis)(1883~1957)는 20세기 문학의 구도자라고 불리며 현대 그리스 문학(the Greek Literature)을 대표하는 작가로 인정된다. 1883년 크레타(Crete)섬 헤라클리온(Heraklion)에서 출생하였다. 당시 그리스 본토와 달리 터키의 지배하에 놓여있던 크레타 섬에서 성장하는 동안 터키로부터 분리독립하려는 전쟁에 휘말려 힘든 피난생활을 보냈다. 그러나 그는 피난생활을 통하여 자유와 자

294

기 해방에 대한 강렬한 욕망을 소유하게 되었다.

그는 그리스의 민족시인 호메로스를 정신적 지주로 생각하였다. 1902년 아테네 법과대학에 진학 후 그리스 순례여행을 떠난다. 그 후 '자유를 찾으려는 투쟁'이야말로 동서양 사이에 위치한 그리스의 역사적인 업적임을 인식하게 된다. 1912년 발칸전쟁이 발발하여 그리스군에 자원하였다. 1919년 제1차 세계대전이 끝나고 오스만투르크 제국이 해체되면서 세계 각지에 피신해 있던 그리스 난민들을 본국으로 귀환시키는 국가사업에 참여하기도 하였다.

✹ 그림 16 작가 니코스 카잔차키스와 기오르고스 조르바

✹ 그림 17 그림 번역출간된 표지

니코스 카잔차키스가 ≪영혼의 자서전≫에서 고백하듯 그의 삶을 풍부하게 만든 것은 여행과 꿈이었다고 고백한다. 74세로 세상을 떠나는 그 날까지 그리스를 시작으로 해서 프랑스, 영국, 독일, 중국, 일본, 이탈리아, 러시아, 팔레스타인, 이집트를 여행하면서 육체와 영혼의 대립이라든가 정신과 물질의 대립 속에서 조화로움을 찾으려고 노력한 작가로 기억된다.

1943년 출간된 ≪그리스인 조르바≫는 이러한 그의 삶의 여정과 사고의 흐름이 고스란히 담긴 책으로 그가 추구하는 정신과 물질의 대립을 분명하게 나타내고 있다. 조르바는 주인공인 동시에 실존 인물이기도 하다. 카잔차키스는 1917년 펠로폰네소스에서 실존 인물인 기오르고스 조르바와 함께 탄광 사업을 했고 그와 함께 시간을 보냈던 기간의 경험이 책 출간의 계기가 되었다. 조르바에 대한 그의 애정은 각별하였다. 그를 생에 대한 뜨거운 열정을 가지고 있으면서 동시에 방탕한 생활을 하지만, 순수함이 남아 있는 사람으로 생각하였다. 조르바는 니체가 말했던 '초인'의 이미지와 카잔차키스가 평생을 찾아 헤맸던 '인간을 속박하지 않는 지상의 신'에 가까운 인물로 묘사되어 있다. 특히 '오늘을 즐겨라'라는 신조를 충실하게 보여 주는 인물이기도 하다. 이렇듯 조르바는 삶에서 얻은 철학으로 책상물림인 주인공을 깨우쳐주는 벗이자 스승이 되고 있다[18].

카잔차키스는 1951년과 1956년 두 번에 걸쳐 노벨문학상 후보에 오르면서 문학성을 인정받았지만, 1953년 그리스 정교회로부터 신성모독을 이유로 ≪그리스인 조르바≫를 비롯해 여러 책이 금서로 지정되었다. 1955년 중국에 다녀온 후 얼마 지나지 않아 백혈병으로 사망하였다. 1957년 그의 유해가 조국으로 돌아왔을 때 아테네 매장을 허락하지 않아 결국 크레타의 헤라클리온에 안장할 수 밖에 없었다.

✴ 그림 18 스타브로스해변에서 춤추는 두사람

✴ 그림 19 〈그리스인 조르바〉 영화 포스터

▶ ≪그리스인 조르바≫ 소설 내용

주인공인 '나'가 자신의 삶의 양식을 바꾸고, 본질적인 삶을 찾기 위해 크레타 섬으로 가는 도중, 항구의 주점에서 '조르바'를 만나면서 시작된다. 주인공은 잿빛 머리에 강렬한 인상의 조르바를 만나 이야기하면서 그의 비범함을 알게 된다. 그리고 그에게 반한 주인공은 곧바로 일행이 되어 크레타로 향하면서 가는 동안에 '나'는 조르바와의 대화를 통해 내가 오랫동안 만나보고 싶었던 그 사람이라는 것을 깨닫고 그에게 매력을 느낀다. 도자기를 만드는 것이 거치적거린다는 이유로 자신의 손가락을 잘랐다는 사실부터 전쟁에 참전한 이야기까지 남들이 쉽게 접해보지 못한 힘든 인

---

18) http://moondeuk.tistory.com/53

생을 살아온 강렬한 인상의 조르바는 온실 속에 화초처럼 책만 보는 '나'에게 있어서 해답을 풀어줄 구원자처럼 느낀다. 크레타에 도착한 후, '나'는 점차 조르바의 매력에 빠져들고, 조르바는 오르탕스 부인과의 사랑으로 생에 활기를 띠게 되지만, 갈탄광이 경제성이 없어서 자금이 부족하자 조르바는 '나'에게 수도원이 있는 산의 나무를 벌목해서 큰 돈을 벌 수 있다는 제안을 받는다. 이에 '나'는 남은 자금을 털어 재료를 사오라고 조르바를 이웃도시에 보내지만, 조르바는 그곳에서 젊은 여자의 유혹에 팔려 아무것도 하지 않고 흥청망청 돈을 다 쓰고 결국 돌아온다. 천신만고 끝에 목재 운반설비를 마치고 마을 사람들과 수도승 앞에서 개통식을 하는 날, 목재들이 가속도를 못이겨 불꽃에 타버리고 철탑들이 모두 무너져 버리는 참사를 당한다. 혼비백산한 상황에서 마을 사람들과 수도승들은 달아나고 '나'와 조르바 둘만 남게 된다. 모든 것이 수포로 돌아가고 더 이상 남은 게 아무것도 없을 때 찾아온 묘한 해방감을 느끼면서, 둘은 파티를 열려고 준비해두었던 양고기와 술을 마시고 '나'는 조르바에게 춤을 가르쳐달라 말하고 그의 언어와 자유로운 영혼을 이해하게 된다[19].

≪그리스인 조르바≫가 출간되고 약 20년 후, 1964년 12월 17일 미할리스 카고지아니스(Mihalis Kakogiannis) 감독이 카잔차키스의 명저를 영화화하였으며, 2005년에는 DVD로도 가능해졌다. 조르바 역은 안소니 퀸(Anthony Quinn)이 카잔차키스 역은 앨런 베이츠(Alan Bates)가 맡아서 조르바의 자유분방한 영혼과 '나'의 인생관이 변화는 과정을 잘 표현하였다. 제작비는 $783,000이 투입되었는데 흥행수입은 $9,000,000으로 11배 이상의 수익을 창출하였으나, 한국에서는 개봉이 되지 않았다[20].

2) 해당 페이지나 부분 발췌

"...인근 마을에서 오는 일꾼들은 월요일에나 올테니 일요일인 오늘은 내 운명이 실어다 놓은 해변을 한 바퀴 둘러보기로 했다. 동이 트기도 전이었다. 정원을 지나 바닷가를 끼고 돌아 물과 땅과 공기를 만나고 야생 식물을 만지다 보니 손바닥에서 소금 냄새와 샐비어, 박하 향기가 났다. 언덕에 올라 주위를 둘러보니 화강암과 석회

19) http://m.blog.daum.net/dalmot/16134583
20) http://www.imdb.com/title/tt0057831/business?ref_=tt_dt_bus

암이 어우러진 풍경이 눈에 들어왔다. 짙은 캐럽 나무, 은빛 올리브 나무, 무화과의 포도 넝쿨이 눈에 들어왔고 어두운 계곡 안에서는 오렌지 나무숲, 레몬나무와 모과 나무가 보였다. 해변 가까이에 채소밭도 보였다. 바다가 펼쳐진 남쪽에는 아프리카에서 달려온 것 같은 파도가 크레타 섬을 물어뜯으려고 으르렁거렸다. 가까운 모래 섬들은 아침 햇살에 장밋빛으로 빛났다.

　크레타의 시골 풍경은 생각을 다듬은 구성, 군더더기 수식어가 없는 은근한 문장, 최대한 절제하여 표현한, 잘 쓴 산문 같은 느낌이 들었다. 경박한 것도, 인위적인 구석도 없다. 표현해야 할 것은 위엄 있게, 엄격한 행간에서는 기대하지 않았던 감성과 애정이 풍겨 나왔다. 공기 중에 레몬 나무와 오렌지 나무가 흘리는 향기가 진동했고 넓은 바다는 끝없는 시구가 흘러넘쳤다. "크레타……."나는 나직이 불러보았다. "크레타……."심장이 두근거리기 시작했다…" → 니코스 카잔차키스, 베스트트렌드 역 (2012).『그리스인 조르바』, 더클래식, 45~46쪽 발췌.

3) 배경이 된 장면의 장소

✳ 그림 20 크레타 섬 위치

　크레타는 그리스의 13개주 가운데 하나이며, 그리스에서는 가장 큰 섬이자, 지중해에서는 5번째로 큰 섬에 해당된다. 이 섬에는 2005년 기준으로 650,000명의 인구가 거주하였다. 동서방향으로 260km 거리, 남북방향으로 60km로 뻗은 지형이다. 전체 면적은 8,336㎢ 이며, 해안선 길이는 1,046km로서 북쪽에는 크레타해, 남쪽에는 리

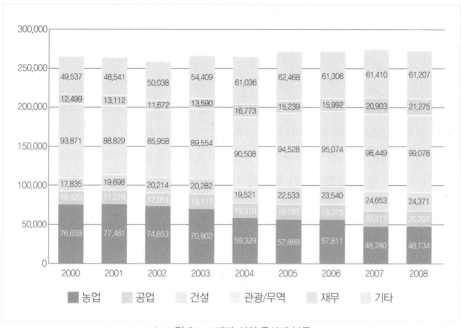

✳ 그림 21 크레타 섬의 종사자 분류

비아해, 서쪽으로는 미르토아해, 동쪽에는 카르파티온해로 서로 다른 바다가 있다. 그리스 본토와는 남쪽으로 160km 정도 떨어져 있다.

고대 그리스로 거슬러 올라가면 크레타섬은 지정학적으로 중요한 요충지 역할을 감당하였다. 이 섬은 미노아 시대 크노소스와 파이스토스의 유적, 고르티스 유적, 카니아항과 베네치아의 옛 도시, 레팀노의 베네치아 성과 사마리아 협곡 등 다양한 유적이 있어 해양관광목적지로 유명하다.

크레타 산업구조와 관련하여 지리적으로 온화한 기후와 지형 특성으로 인해 주로 농업과 목축 등 1차산업기반형 경제구조를 가지고 있다. 그러나 1970년대부터 관광과 관련된 서비스산업에 관심을 가지면서 농업(red)과 관광산업(green)이 서로 직접 연결된 상호보완적 경제구조를 이루고 있다. 이 섬의 1인당 소득은 그리스 평균치에 근접하나 실업률은 4% 정도로 국가 전체 실업률의 절반에 불과하다.

크레타 섬을 관광목적지 측면에서 살펴보면, 그리스에서 휴가목적지로서 높은 인지도와 인기를 유지하고 있다. 그리스 본토에서 크레타를 방문하는 관광객 가운데 약 15%가 헤라클리온의 항구와 공항을 경유한다. 특히, 그리스를 경유하는 모든 항공기 가운데 약 20%의 편수에 해당되는 여객기가 헤라클리온 공항으로 입국한다. 총 2백만 명 이상의 관광객이 방문한 크레타의 호텔업을 비교할 때, 1986년에서 1991년까지 그리스 다른 지역에 비하여 약 25% 정도 증가세를 나타낸 반면, 크레타는 53% 증가했을 정도이다[21]. 크레타 섬의 관광 인프라는 다양한 국적과 다양한 관광 동기를 지닌 관광객들의 취향을 잘 반영하고 있다. 고급시설을 갖춘 대형 프리미엄 호텔, 수영장, 스포츠와 레크리에이션, 캠핑 시설 등도 갖추고 있다. 과거부터 오늘날까지 크레타는 그리스에서 문화적·경제적으로 중요한 지역이며 크레타 섬에는 음악이나 방언 등 문화측면에서 독특한 지역 문화관광의 매력요소를 제공하고 있다.

◉ 카니아 스타브로스 해변(Chania, Stavros Beach)

크레타 섬 구석구석엔 소설 속의 호탕하고 자유분방한 주인공 조르바의 기운을 느낄 수 있는 장소가 많다. 대표적인 곳이 카니아(Chania)인데 이 도시는 크레타 섬에서 가장 아름다운 도시로 알려져 있다. 그래서 크레타 섬을 방문하는 관광객들이 가장 많이 찾는 곳도 수도인 헤라클리온이 아니라 바로 섬의 서쪽에 위치한 항구 도시인 카니아이다. 이곳은 헤라클리온으로 수도를 이전하기 전까지 크레타 섬의 수도였던 곳으로 '크레타를 알려면 카니아로 가라'는 말이 떠오를 정도로 크레타 섬의 정수를 모아놓은 곳이다.

❋ 그림 22 Stavros 해변 위치

❋ 그림 23 영화 속 장면

21) http://ko.wikipedia.org/wiki/%ED%81%AC%EB%A0%88%ED%83%80

크로티리 반도의 가장 북쪽에 있는 카니아에서 또다시 북쪽으로 15km 떨어진 지점에 스타브로스 해변이 위치해있다. 이 해변 전면에 아름다운 바다가 펼쳐져 있고 뒤로는 산으로 둘러싸인 배산임수의 자연조건을 갖추고 있다. 어느 정도는 고립된 장소여서 조용하고 여유를 즐기기에 최적의 휴양목적지이다. 그러나 관광성수기에는 넓은 모래사장, 맑은 물로 인해 수영과 스노클링을 위해 세계각국에서 찾아온 관광객들로 혼잡하다.

스타브로스 해변은 스타브로스 마을의 가장 대표적인 해변으로서 "그리스인 조르바"의 배경이 되어 널리 알려지게 되었다. 작품 속에서 이 해변은 모든 것을 내려놓고 작가와 조르바가 춤을 통해 자유를 얻은 장소이며, 안소니 퀸의 극 중 "sirtaki"댄스는 이 지역의 주민들이 즐겨 추는 전통춤이기도 하다. 크레타에서 밤의 시작을 알리는 소리는 바로 부주키(Bouzouki) 연주인데, 부주키는 그리스의 전통 현악기로 영화 속의 조르바가 산투르를 연주하는 모습이 연상된다. 그들은 부주키 연주에 맞춰 어깨동무하고 함께 춤추는 것을 즐기고 있다.

≪그리스인 조르바≫가 나오기 전까지 이곳은 작은 어촌 마을에 불과했던 스타브로스 해변은 오늘날 많은 호텔과 관광 인프라를 갖추면서 그리스를 대표하는 해양관광목적지로 유명하다. ≪그리스인 조르바≫의 영향으로 다수의 호텔이 'Zorvas Apartments'와 'Hotel Zorbas Beach Village'등 호텔 이름에 조르바를 사용하고 레스토랑이나 가게 간판에서도 조르바라는 글자를 쉽게 찾아볼 수 있다.

4) 소설의 장소가 된 후, 관광목적지와 관광산업의 변화

▶ 헤라클리온(Heraklion)

크레타 섬의 수도인 헤라클리온 소재 국제공항은 이름부터가 '니코스 카잔차키스 공항'으로 명명되어 있다. 이렇듯, 카잔차키스의 영향력은 크레타 섬에 도착하자마자 바로 느낄 수 있다.

작가의 무덤은 베네치아인들이 세운 피라미드 형태의 건축물 위에 놓여있는데 그의 무덤에는 그리스 정교회에서 파문당한 사람의 묘에만 세운다는 나무 십자가가 세워져 있다. 1957년, 독일에서 생을 마친 카잔차키스의 유해가 아테네로 돌아왔지만, 그리스 정교회는 그의 유해를 아테네에 매장하는 것을 허락하지 않았다. 지금은 크

✷ 그림 24 카잔차키스 묘지

레타 관광산업의 주요 관광매력물로 역할을 하고 있으니 역사의 묘한 반전이리라. 그는 고향인 크레타 섬에 누워 눈앞에 펼쳐진 에게해와 파란 하늘을 바라보며 자유를 만끽하고 있을 것이다! 그의 묘에는 그를 추모하며 놓아둔 조화가 끊이질 않는다. 묘비명은 전 세계인들이 자주 인용하는 문구가 되었다.

"나는 아무것도 바라지 않는다. 나는 아무것도 두려워하지 않는다. 나는 자유다."

헤라클리온의 미르티아 마을은 그가 어린 시절을 보낸 곳으로 그가 살았던 집은 현재 카잔차키스 박물관으로 운영된다. 카잔차키스 박물관 설립자인 요르고스 아네모야니스가 운영하며 이곳에는 카잔차키스가 생전에 쓴 자필 원고와 유품

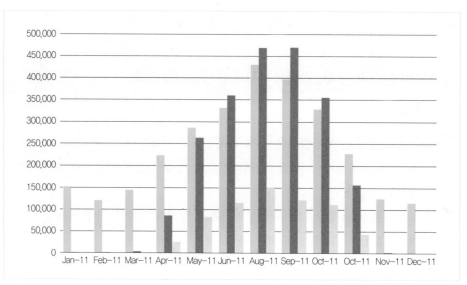

✷ 그림 25 2011년도 아테네 공항, 헤라클리온 공항, 카니아 공항의 국제관광객 비교

등은 물론이고 실존 인물인 조르바와 카잔차키스의 고용계약서도 직접 볼 수 있다. 미르티아는 '깡촌'산골 마을이지만 그런 만큼 깨끗한 자연을 자랑한다. 이 마을은 ≪그리스인 조르바≫에서 카잔차키스가 묘사한 절경들을 그대로 재현하고 있다. 크레타 섬의 개발유형을 관광자원적 관점에서 보면 자연보전형으로 인위적으로 개발하거나 인공물을 세우지 않고 일부지역에 방문한 관광객의 해수욕과 해양레저 활동을 위해 부분적으로 개방한 형태를 나타내고 있다.

≪그리스인 조르바≫가 1943년 출간된 작품이어서 지금으로부터 70년 전의 해외 자료를 찾기란 쉬운 일이 아니며, 최근 크레타 섬 관련 관광통계는 2000년~ 2008년까지의 통계자료가 가능하여 그것을 기반으로 크레타 섬의 관광산업의 흐름을 분석하였다.

크레타 지역은 그리스 국내 총생산(GDP)의 약 5%를 차지하는 것으로 나타났다. 특히, 2008년 그리스 통계당국의 자료를 보면, 크레타의 GDP는 12,854,000유로에 육박했고 이는 국가 전체 GDP의 5.4%를 차지하는 수치이다. 크레타 주도이면서 동시에 거주인구가 가장 많은 헤라클리온이 52.6%, 카니아는 23.07%를 차지하였다. 같은

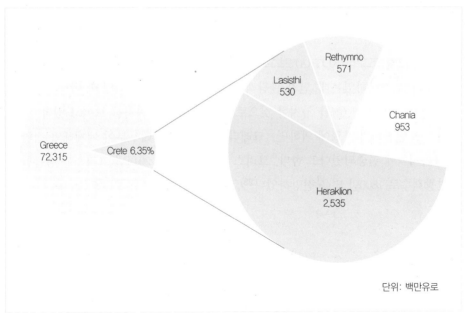

단위: 백만유로

✳ 그림 26 호텔, 레스토랑, 무역, 교통, 통신 부문에서의 총부가가치세 중 크레타는
그리스 전체에서 6.35% 차지

기간 그리스 전국 GDP의 73.85% 증가에 맞춰, 크레타의 GDP는 75.35%라는 상당한 증가추세를 보였다.

관광객들이 가장 많이 몰리는 피크시즌(6월~9월)동안 헤라클리온 공항은 그리스에서 외래관광객들이 가장 많이 이용하는 공항이 된다. 심지어 이 시기에는 그리스 수도 아테네 공항을 이용하는 관광객보다 헤라클리온 공항을 이용하는 관광객수가 더 많은 것으로 나타난다. 2011년 8월에 국내관광객수를 포함하여 469,611명이 방문했고 이것을 계산하면 하루 평균 15,136명이 방문한 것으로 나타났다. 일반적으로 관광시장에 비교우위를 차지하기 위해서는 높은 수준의 관광 인프라 구축과 더불어 숙박시설인 호텔의 비율이 높아야하는데 크레타섬은 그리스 전체에서 5성급텔 30.31%, 4성급 호텔 24.57%를 차지하는 것으로 나타났다.[22]

크레타의 등급별 호텔 비율 5성급 호텔의 30.31%, 4성급 호텔의 24.57%를 차지

	Total	5*****	4****	3***	2**	1**
Units	15.84%	24.55%	18.80%	14.50%	15.77%	13.71%
Rooms	21.64%	30.51%	24.59%	16.36%	19.92%	19.22%
Beds	21.31&	30.31%	24.57%	16.08%	19.06%	18.48%

2013년 12월 코트라(KOTRA) 보고서에 의하면, 390만 명의 관광객이 8월 한 달간 25억 유로를 소비하였는데, 연간 관광객 중 22%가 8월에 집중되었고, 이들의 지출이 연간 관광수입 중 21.6%를 차지한 것으로 나타나 계절적 편차를 보이고 있다. 한편, 그리스 호텔협회의 자료에 의하면, 크레타 관광수입 중 대부분이 에게해와 접한 섬의 남쪽지역에 편중되었다고 한다. 그리스 관광업협회는 2014년 그리스를 방문할 외래관광객수로 1800만 명을 전망하였다[23].

---

22) http://www.crete.gov.gr/index.php?option=com_content&view=article&id=4138&Itemid=288&lang=en#.U1-wO2fNu00

23) http://www.globalwindow.org/quasar_jsp/inc/gw_downloadpdf.html?fileName=/gw_files/NationPDF/101014/101014_203_5039690.pdf

✳ 그림 27 Crete Stavros Beach

✳ 그림 28 Crete Stavros Beach

✳ 그림 29 카잔차키스 박물관

✳ 그림 30 카잔차키스 박물관

3. 미술(파블로 피카소)과 해양관광목적지(Antibes, France)

> 추상(抽象)과 지중해의 만남은 평화로 그려진다

1) 작품설명

'...1939년 탄생된 이 작품은 프랑스 남부 해안 마을인 앙티브(Antibes)를 배경으로 하여 그린 그림으로, 피카소는 집어등[24]을 밝힌 밤낚시라는 주제로 항구의 일상생활

---

24) 야간에 물고기를 잡을 때에, 어류를 모여들게 하려고 배에 켜는 등불

✳ 그림 31 〈앙티브의 밤낚시(Night Fishing at Antibes)〉 Pablo Picasso, 1939, 2.058 X 3.454m
at The Museum of Modern Arts, New York, USA 소장

을 담은 그림. 작은 배의 이물 앞에 놓인 대형 램프는 불빛을 발하면서 물고기를 유
인하며, 한 어부가 사지 창으로 사각형 모양의 생선을 찍고 있으며, 다른 어부는 손
으로 물고기를 낚아채려고 물 위로 위태롭게 상반신을 내밀고 있음. 이 장면을 구경
하고 있는 두 여인은 피카소의 연인이었던 도라 마르(Dora Maar)와 시인 앙드레 브
르통(Andre Breton)의 아내 자클린 랑바(Jacqueline Lamba-Breton)로 아이스크림을
먹으며 부두를 따라 자전거를 끌고… 지중해의 밤은 어두운 청색과 보라색으로 표현
되어 있고, 그림 속의 인물들의 얼굴과 몸은 폭력적으로 왜곡되어 있으며, 그림은 전
체적으로 기하학적인 결정면들로 분할되어 있는 듯…'[25]

　'…피카소는 1937년에 파시스트들의 폭격을 받은 바스크 마을(Basques)의 참상을
그린 벽화 '게르니카(Guernica)'와 '통곡하는 여인(Weeping Woman)'을 그렸다. 그
리고 표현주의적 특성이 두드러진 '빨간 황소 머리가 있는 정물 (Still Life with Red
Bull's Head)'을 1938년에, 전쟁으로 인한 밀실 공포증을 느끼게 하는 실내화와 해골

---

25) 네이버 블로그 〈Myth&Wonder - 서양미술 Pablo Picasso - Night Fishing at Antibes〉

같은 소묘들을 그린 '소묘집 110번'을 1940년도에 그렸다는 것을 생각해 보면, '앙티브의 밤낚시'는 앞서 언급한 그림들과는 대조적으로 밝고 화사하며 삶의 즐거움으로 충만한 기운마저 느끼게 하는 그림이다.

김형술 시인에 의하면, "…작살을 들고 바다 속의 물고기를 겨냥한 사람이나 뱃전에 엎드려 물속을 들여다보는 사람들의 얼굴에서 전쟁의 광포함으로 인한 절망이나 분노는 느껴지지 않음. 바다 물빛은 지중해답게 밤이 되어도 연청색이며 어둠은 청색과 보라, 암갈색, 붉은 색이 뒤섞여 전체적으로 행복한 느낌. 물빛에 반사된 육지의 축벽은 연녹색이고 그 축벽 위에서 자전거에 기대선 채 밤낚시를 구경하는 사람의 얼굴은 분홍빛이니 이 그림 어디에도 죽음과 공포에 관한 두려움은 느껴지지 않음. 인간이 전쟁과 평화라는 두 개의 상반된 속성을 동시에 갖고 있다면 밤 또한 휴식과 두려움이라는 두 개의 극단적인 상징을 내포한다. 대립과 살육, 대량학살, 공포와 절망으로 가득 차 있던 전쟁 기간의 어두움에 지친 피카소는 아마도 이 그림을 그리면서 평화에 관한 갈증과 갈망을 염두에 둔 건 아닐까…"[26]

2) 앙티브, 지중해의 해양관광목적지

✷ 그림 32 앙티브 해변

---

26) 부산일보 2005 .12. 1 [주제가 있는 미술여행] 밤 # 피카소 '앙티브의 밤낚시'밤바다, 어둠 깊어도 아침은 온다. /김형술 시인

피카소의 작품 특성상 추상적인 표현이 많았던 만큼 사진에 보이는 해양경관처럼 이 작품에도 앙티브의 해양경관이나 지리적 형태를 담고 있지 않다. 그래서 앙티브의 바다를 한눈에 조망가능한 앙티브의 밤낚시의 그림이 담겨있는 안내판을 설치해 놓음으로써 피카소가 이곳에서 바다를 바라보며 작품을 만들었을 것으로 추측한다. 방문한 관광객들은 이곳에서 작품을 통하여 피카소와의 시공간을 초월한 교감을 하면서 앙티브의 지중해를 경험하게 될 것이다.

'앙티브의 밤낚시(Night Fishing at Antibes)'의 배경이 된 프랑스 남부의 작은 해안 도시 앙티브(Antibes)는 니스와 칸(Cannes) 중간쯤에 위치해 있다. 칸(Cannes)에서는 15분, 니스(Nice)에서는 20여분이면 닿는 위치이다. 거주인구는 약 75,000명(2013년 기준)이다. 해양관광매력물로 모래해변, 재즈 페스티벌(Jazz (Festival "Jazz àJuan" - ANTIBES), 아름다운 항구를 갖추고 있다.

앙티브는 성벽(城壁)을 배경으로 해양역사경관을 창출하면서, 프랑스 남부의 마르세유로부터 니스를 잇는 지중해의 대표적인 해양관광목적지역인 꼬뜨다쥐르(Côte d'Azur)를 대표하는 도시이기도 하다. 니스에 이어 깐느와 함께 프랑스 남부지역의 제2대 도시이며, 긴 자연모래 해변과 지중해에서 가장 큰 마리나(최대 계류선석 1,700)를 보유하고 있다.

앙티브는 원래 앙티폴리스(Antipolis)라는 그리스 무역항으로 로마시대에는 로마제국의 영토이었다. 1384~1608년 까지는 이탈리아 그리말디(Chateau Grimaldi)가문

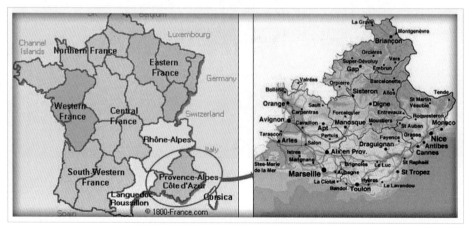

✳ 그림 33 꼬뜨다쥐르(Côte d'Azur)
source from http://reregions.blogspot.kr/2009/10/region-of-provencealpescote-dazur.html

✳ 그림 34 앙티브의 전경 (출처: 프랑스관광청 홈페이지)

의 봉토가 되었으며 그 본거지로 그리말디성를 구축하였다.[27][28][29] 오늘날 앙티브의 대표적인 해양관광 매력물로 피카소 박물관(musée Picasso)과 유럽최대 항구인 버번 항구(the Port Vauban)를 꼽니다. 연안육역에 건축된 앙티브 피카소 박물관은 전통적인 항구도시 앙티브에 새로운 문화콘텐츠를 개발하여 자원재생형 관광목적지로서 이미지를 강화하는데 기여하였다. 또한 호화요트 마리나가 있는 앙티브 버반 항구(the Port Vauban)에서는 요트와 더불어 다양한 해양문화활동과 해양레저스프초를 즐길 수 있도록 자원연계형의 해양관광활동이 제공된다.

3) 앙티브와 마리나항만, 해양관광목적지

피카소의 정신이 그대로 묻어있는 앙티브의 피카소 박물관은 원래 그리말디 가문 소유의 성(城, castle)이었던 곳이다. 이후 왕의 행정관의 사저, 시청, 전쟁시 병영(兵營)으로 용도변경을 해오다가 1925년 앙티브시에서 성을 구입해 역사·고고학 박물관으로 사용하였다. 1966년 '피카소 미술관'으로 변경하여 피카소를 위한 첫 미술관으로 개장되었다. 피카소는 1939년 '앙티브의 밤낚시'를 그리며, 앙티브에서 영감을 받은 뒤 1946년 9월부터 3개월간 앙티브에 거주 하면서 데생, 회화, 타피스트리, 세라믹 등 다양한 분야에 걸친 창작활동에 전념하였다. 이때 남긴 작품중 상당수를 직접

27) 프랑스 여행사 petiteFrance. http://www.petite-france.co.kr/info/city/cote/antibes.asp
28) Art Museum Antibes 홈페이지.http://www.antibes-juanlespins.com/les-musees/picasso
29) 앙티브 버번 항구 홈페이지 http://www.portvauban.net

앙티브시에 기증하였다. 미술관은 피카소의 그림, 조각, 판화 240여점과 함께 니콜라드 사타엘(Nicolas de Stael, 1914~1955), 한스 하르퉁(Hans Hartung, 1904~1989), 안나에바 베르만(Anna-Eva Bergman, 1909~1987) 등과 같은 20세기 현대 유명 예술가들의 다양한 작품들도 소장하고 있다. 매년 여름 성수기에만 약 20만 이상의 관광객이 찾는 해양관광매력물이 되었다.[30][31][32]

　앙티브 버번 항구는 해상에 계류되어 있거나 운항하는 호화요트가 만들어 내는 지중해 마리나경관을 대표한다. 해상에서 모터보터나 수상스키를 즐기며 해양레저활동에 참가하는 역동적인 해양경관도 유명하다. 해안선을 따라 조성된 역사적 유산인 성곽과 에메랄드 빛 바다가 조화를 이루는 가운데 피카소 미술관 등 문화콘텐츠까지 갖춘 다양한 색깔을 지닌 해양관광목적지이다.

✳ 그림 35 앙티브 피카소 미술관(musée Picasso) (출처: http://www.aderwise.com)

---

30) 프랑스 여행사 petiteFrance. http://www.petite-france.co.kr/info/city/cote/antibes.asp
31) 앙티브 버번 항구 홈페이지 http://www.portvauban.net
32) NAVER 지식백과

✤ 그림 36 앙티브 버번 항구(the Port Vauban) (출처:MOORINGSPOT 홈페이지)

앙티브 버번 항구는 1971년도 개장을 했으며 작은 낚시 배에서 부터 호화요트에 이르기 까지 약1,600여대(2009년기준)의 계류가 가능하다. 최대 계류 용량은 1,700대에 달한다. 특히, 길이 23m이상의 요트만 100대 이상 동시 계류 가능하며, 최대 길이 165m의 요트도 계류할 수 있는 유럽 최대(이탈리아 최대 계류장 Marina Riva di Traiano- 최대 1054대[33])의 마리나[34]이다[35]. 이러한 호화요트들이 정박해 있는 마리나답게 계류 비용도 높다. 23m 요트의 경우 계류장과의 거리에 따라 최소 €275,000(한화 401,145,250원)에서 최대 €539,000(한화 786,244,690원). 80m 요트의 경우, 계류 비용은 €7,500,000(한화 10,940,325,000원)(계류 계약만료일 31/12/2021, 1€ = 1,458.71원(2014.04.02. 일자기준))에 달한다[36].

---

33) 이탈리아 요트 정보 사이트 italyyachtcharter http://www.italy-yachtcharter.com/ports.asp

34) 유럽 최대의 마리나답게 러시아의 석유 사업가 Roman Abramovich, 마이크로 소프트 공동 창업자인 Paul Allen등 유명인사도 정기적으로 마리나를 이용하는 고객.

35) 세계 마리나 Sales INWARDS 홈페이지 http://www.worldwidemarinasales.com/

36) MOORINGSPOT 홈페이지 http://www.mooringspot.com/

4) 피카소가 앙티브에 미친 영향

　피카소가 앙티브를 찾았을 당시에만 해도 앙티브는 관광도시라기보다는 중세시대 무역항 역할을 하던 항구도시로서 기능만을 수행하였다. 하지만 피카소는 이곳에서 '앙티브의 밤낚시(Night Fishing at Antibes)'라는 작품을 탄생 시켰고, 이후 앙티브 시의 적극적인 지원으로 자신의 아틀리에에서 수많은 미술 작품 등을 탄생시켰다. 이 아틀리에는 후에 피카소 미술관이 되었고, 아름다운 바다를 가진 앙티브시의 자연 환경과 어울려 프랑스 남부 꼬뜨다쥐르(Côte d'Azur)의 대표적인 해양관광목적지로 포지셔닝하였다. 앙티브시는 1940년대만 해도 주민 약 10,000명 정도의 소도시였지만, 현재(2013년 기준)주민은 75,000명에 달하고, 여름성수기에만 약 20만 명의 이상의 관광객이 방문하며, 1700여대의 요트 를 계류하는 유럽 최대의 마리나를 보유한 대표적인 해양관광목적지로 위상을 가지고 있다.

　피카소가 앙티브의 밤낚시라는 그림을 그렸을 당시의 사진(1940년대)과 현재 사진을 비교해 보더라도 현재 관광도시로 얼마나 많은 발전이 일어나게 되었는지 짐작이 가능하다[37].

✳ 그림 37　1940년대 앙티브와 2013년의 모습(출처: real France 홈페이지)

✳ 그림 38　1940년대 앙티브와 2013년의 모습 (출처: real France 홈페이지)

---

37) real Frace 홈페이지 http://realfrance.wordpress.com/

영화, 문학, 미술 등은 예술장르의 대표적인 영역에 해당된다. 예술은 문화콘텐츠를 구성하는 중요한 요소이며, 문화표현의 적극적인 의지를 담고 있다. 따라서 그 지역의 독특한 정체성이나 고유성은 예술행위를 통해서 문화를 반영하게 된다.

작가의 예술작품에 표현되어 그 작품의 배경이 되거나 또는 그 작품의 주요 장면으로 등장한 장소들, 특히 바다와 연관된 장소를 중심으로 여기에서는 해양관광문화의 분석대상으로 검토하였다.

해양문화의 단편은 이러한 예술작품을 통해서 표현되어지며, 지역의 해양문화의 형성과 발전에 엄청난 파급효과를 미치는 것을 알 수 있었다. 이전에는 지역주민들만의 장소이었던 공간들이 예술작품을 통한 간접적인 유경험자들이 직접 방문을 통하여 관광목적지로 변모한 대표적인 사례들을 통하여 검토하였다.

공통적으로 분석대상 목지지역의 주민들은 관광객의 방문이라는 새로운 변화에 대응하기 위해 다양한 형태의 노력을 기울이면서 관광객의 재방문을 위해 노력하는 것도 볼 수 있었다. 이러한 과정에서 해양문화와 예술의 만남이 얼마나 중요한지를 인식하는 계기가 되었다. 해양관광목적지의 매력물로서 해양문화콘텐츠가 지역의 자연환경과 다양한 해양자원, 그리고 주민들의 의지가 결합될 때 엄청난 영향력을 미치는 것도 사례들을 통해서 알 수 있었다.

해양문화와 해양관광은 상호 역학적 관계를 형성하면서 앞으로 더 많은 해양관광 매력물 창출에 기여하게 될 것이다. 향후 더 많은 관심이 예술작품을 통해서 표현된 더 많은 장소나 공간을 직접 방문하도록 하기 위하여 체계적인 문화관광목적지 전략의 수립을 통한 다양한 해양문화콘텐츠 발굴과 개발을 통하여 해양관광상품화를 도모해야 할 것이다.

READING MATERIALS

양위주(2015). 글로벌문화관광론. 한올.

A. Halik, & M. Verweij(2017). Socio-cultural diversity and public preferences for coral reef management options in Indonesia. Ocean & Coastal Management, In Press.

A. Pabel, B. Prideaux, & M. Thompson(2017). Tourists' preferences with Indigenous tourism experiences in the Wet Tropics of Queensland, Australia. Journal of Hospitality and Tourism Management, 31, 142-151.

A. Torre, & H. Scarborough(2017). Reconsidering the estimation of the economic impact of cultural tourism. Tourism Management, 59, 621-629.

C. Lyons, C. Carothers, & K. Reedy(2017). Means, meanings, and contexts: A framework for integrating detailed ethnographic data into assessments of fishing community vulnerability. Marine Policy, 74, 341-350.

G. Murray, L. D'Anna, & P. MacDonald(2017). Measuring what we value: The utility of mixed methods approaches for incorporating values into marine social-ecological system management. Marine Policy, 73, 61-68.

L.-Y. Zhang, J.-W. Qiu, & S.-S. Chung. Assessing perceived crowding of diving sites in Hong Kong. Ocean & Coastal Management, 116, 177-184

R.E. Brennan, & M.E. Portman(2017). Situating Arab-Israeli artisanal fishermen's perceptions of marine litter in a socio-institutional and socio-cultural context. Marine Pollution Bulletin 115(Issues 1–2), 240-251.

R.M. Daigle, W. Haider, S. Fernández-Lozada, K. Irwin, P. Archambault, I.M. Côté(2017). From coast to coast: Public perception of ocean-derived benefits in Canada. Marine Policy, 74, 77-84.

W. Xue, D.W. Hine, N.M.Loi, E.B. Thorsteinsson, & W.J. Phillips(2017). Cultural worldviews and environmental risk perceptions: A meta-analysis. Journal of Environmental Psychology, 40, 249-258.

J.C. Pricea, I.A. Walker, & F. Boschetti(2013). Measuring cultural values and beliefs about environment to identify their role in climate change responses. Journal of Environmental Psychology, 37, 8-20.

Y. Zheng, J. Wang, S.-B. Tsai, G. Li, J. Wang, & J. Zhou(2017). Research on Customer Satisfaction in Marine Cultural and Sustainable Tourism—A Case Study of Shanghai. Sustainability, 9(6), 921.

PART 07
해양관광의 미래

Man, alone, has the power to transform his thoughts into physical reality; man, alone, can dream and make his dreams come true.

- Napoleon Hill -

해양관광의 미래에 대한 생각

CHAPTER 17

The sea is everything. It covers seven tenths of the terrestrial globe. Its breath is pure and healthy. It is an immense desert, where man is never lonely, for he feels life stirring on all sides.
- Jules Verne, Science Fiction Writer -

1. 미래에 대한 생각

> 미래는 아무도 모른다. 단지 오늘과 다른 또 다른 오늘을 생각할 따름이다

미래가 가진 매력은 불확실성이다. 불확실성은 사람들로 하여금 걱정과 근심을 유발시키기도 하지만, 그렇기 때문에 또는 그것 때문에 미래에 대해 더 많은 관심을 가진다. 시점을 미래에서 현재로 돌릴 때 실재 그 현재는 과거에 행했던 미래예측의 성공과 실패에 대한 확인을 가능하게 한다. 과거-현재-미래의 순환과정을 거치면서 미래예측은 더욱 정교해질 수 있다.

많은 사람들이 미래에 대해 말한다. 그러나 어떤 사람들의 말은 '이야기'라 하는 반면, 또 다른 어떤 사람의 말은 '예측'이라 부른다. 후자는 Guru라는 사람들에 해당된다. 그들은 객관적 데이터에 기반을 두고 혜안(insight)을 지닌 전망을 한다. 풍부한 경험과 정교한 데이터 기반형 지식을 통해서 나오는 사고. 과학적 객관성의 토대 위에 만들어진 주관적인 의견은 예측이 되며, 미래전망은 미래예측이 된다. 미래 예측의 2가지 매력은 예측한대로 정확하게 맞느냐와 예측한 그 시점에 정확히 이루어지느냐 있을 것이다.

그러나 여기에서 미래 예측이 미치는 영향력의 다른 측면에서 보고자 한다. 미래 예측이 알려지게 되면, 그런 예측을 현실로 구현하고자 노력하는 누군가가 있다는 것이다. 영화에서 재현된 미래를 보고 대다수 관객들은 허황된 이야기, 황당한 미래 라고 하며, 영화속 이야기에 불과하다고 하겠지만, 다른 누군가는 그 영화에서 영감을 받아 새로운 아이디어에 착안하여 현실 세계에 구현해내는 사람이 있다. 미래를 준비하는 달란트(talent)를 지닌 사람들이라 부르고 싶다.

미래는 누구나 상상할 수 있다. 누구든지 생각의 나래를 펼 수 있다. 미래는 생각하는 자의 몫이다. 많은 사람들은 꿈만 꾸지만, 어떤 사람은 꿈을 현실로 실현하려고 인간의지를 발동시키는 사람들이 있다. 미래를 준비하는 사람들 그들의 시선과 도전에 지구의 미래, 인류의 희망이 있다. 해양관광의 미래는 오늘 그 누군가가 생각하고 준비하는 자에 의해 만들어질 것이다.

그렇다면 해양관광의 미래와 관련하여 미래의 시점을 어디에 두느냐는 중요한 사안이 될 것이다. 본서는 해양관광의 미래 시점을 지금으로부터 향후 100년, 1,000년 등 이런 먼 미래를 상상하며 가정하지 않는다. 단지, 가까운 미래를 보고자 한다. 과거-현재의 연장선에서 가까운 미래의 시점. 아마 미래라는 단어 보다는 '내일'이라는 단어가 적합할지 모르겠다.

'해양관광의 내일'.

내일(來日)은 오늘의 바로 다음날을 말한다. 오늘의 또 다른 하루, 오늘로부터 계속되는 하루의 연장으로 본다. 내일은 또 다른 오늘의 의미를 지닌다. 따라서 내일은 오늘 우리가 경험하는 일상성을 다음날도 경험할 것이라는 가정을 지니고 있다. 즉, 오늘의 또 다른 오늘, 통계학적으로는 회귀곡선(linear regression)에 비유할 수 있다. 단지 선형인지 비선형인지, 방향성이 양(+)의 부호인지 음(-)의 부호인지의 문제만 있을 따름이다.

따라서 해양관광의 미래는 현재 인간이 상상할 수 없는 예측불가한 아주 먼 내일이 아니라 현재 사고의 범위 내에서 상상할 수 있는 미래를 언급하고자 하였음을 밝힌다. 그러므로 여기에서는 전혀 새로운 황당한 '그림'을 이야기하는 것이 아니고, 오늘날도 논의되고 있으며, 예측되는 내용이나 아이디어를 통합적인 해양관광(Integrated Coastal and Marine Tourism)의 관점으로 재해석하였음을 밝힌다.

2. 해양관광의 미래를 보는 관점

　해양관광의 미래는 해양관광과 해양문화의 영역과 범위를 어디까지 볼 것인가에 의해 결정된다. 해양관광은 바다를 보는 패러다임의 변화로부터 시작되어야 한다는 전제를 본서의 시작에서부터 주장한 이유이다. 해양공간을 보는 관점의 변화는 해양의 현재와 미래의 역사를 구축하는데 중요한 요소가 되기 때문이다. 따라서 육상의 토지이용계획 시행과정에서 가용면적의 부족에 직면하여 대체공간으로 해양공간을 보는 전통적 시각은 달리해야 한다. 또한 육상오염이나 대기오염 등의 환경문제의 솔루션을 위한 대안공간으로 해양공간을 접근하는 시각으로부터 변화를 요구한다.

　해양공간은 해양공간 그 자체로 보아야한다. 해양공간이 지닌 다양성과 역동성, 그 가능성은 육상공간이 가진 자원적 특성이나 환경적 특징과는 명확히 구분된다. 본서에서 해양공간의 관점에서 육상공간의 가능성과 연관성을 보는 전향적 시각이 필요하다고 주장한 이유이다.

　해양공간은 지구의 마지막 미지의 영역에 해당된다. 인간의 도전과 개척정신, 희생을 요구하는 영역이다. 해양을 일상생활권에 두고 있는 시민들이나 해양국가들은 역사적으로 이러한 패러다임의 전환을 통하여 해양강국의 위상을 차지해왔다.

　최근 주목을 받는 해양문화의 확산은 해양이 제공하는 다양한 기회와 체험을 바탕으로 친수성을 일상권에 접목시키는 노력으로부터 시작된다. 이를 위해 정부나 지방자치단체는 해양관광정책 수립에 해양문화의 확산과 교육을 위한 정책을 반영해야 한다. 친수중심, 체험중심의 해양문화에 대한 공유와 확산이 시민을 중심으로 발전할 때, 해양관광목적지는 일상권이 되는 지역주민에게 해양레저체험의 기회의 장이 되며, 비일상권에서 방문하는 잠재관광객들에게는 추억과 만족의 장소로 인식되어, 재방문을 해양관광목적지로 거듭날 수 있다.

　본서에서는 해양관광의 미래를 크게 4가지 측면에서 검토해보고자 한다: 공간적 측면, 기후적 측면, 환경적 측면, 제4차산업의 도래

해양관광의 미래 : 공간적 측면

CHAPTER
18

Everyone visualizes whether he knows it or not.
Visualizing is the great secret of success.
- Genevieve Berhrend-

1. 생각의 확장

　이동(移動)의 관점에서 관광목적지를 공간적 차원으로 접근할 때, 해양관광의 상대적인 단어는 도시관광이 될 수 있다. 오늘날 세계관광시장에서 관광객의 다양한 관광활동을 수용하는 중요한 관광목적지는 대부분 도시로 인식된다. 도시가 지닌 문화와 역사의 다양성, 도시민의 삶의 역동성, 관광객의 욕구를 충족시켜주는 풍부한 관광매력성, 이러한 특성들은 관광인프라의 구축과 더불어 접근성과 편의성까지 더하면서 도시는 더욱 경쟁력이 높은 관광목적지가 되어 간다. 또한 관광객의 거주지가 있는 일상권과 유사한 환경이지만 각 도시가 지닌 개성은 또다른 비일상성을 위한 경험과 기회를 제공한다. 도시의 관광목적지로서 경쟁력은 더욱 진화를 거듭하고 있다. 가까운 미래에 그 도시가 해상에 또는 해저에 건설되어진다. 이런 맥락에서 해양관광목적지로서 해양도시를 생각해보고자 한다.

　미래에 건설될 해양도시에 기존의 도시가 지닌 개념을 적용하는 것은 쉬운 일이 아니다. 땅과 함께 살아온 도시민의 삶과 그 땅이 지닌 전승이 역사로 전해져 오는데 반해 새로운 해양도시에는 그 흙(soils)의 역사의 부재가 먼저 드러나기 때문이다. 또한 도시는 인구증가에 따라 주변지역으로 공간확장의 가능성이 있지만, 해양도시는 계획단계부터 정확한 수용력(carrying capacity)를 전제로 디자인되기 때문에 더 큰 도시(bigger city)에 대한 비전을 가질 수 없다. 계획된 정주인구와 계획된 유동인구 만 수용가능하게 된다. 과다수용력을 나타낼 경우, 해양도시 자체가 위험에 빠질 수 가 있다. 특히, 해저도시의 경우, 그 한계를 극복하기가 더욱 어렵게 된다.

 해양관광목적지로서 해양도시는 20세기 관광현상의 산물인 mass tourism의 개념 이 부합되지 않는 곳이 될 것이다. 소수의 관광객만 정해진 시간에 정해진 공간을 경 험하게 되는 관광형태를 보일 것이다. 해양도시에서의 관광경험도 현재와는 전혀 다 른 차원과 양상을 나타낼 것이다. 이는 관광활동도 다양성 보다는 독특성, 흥미성 보 다는 안전성을 중시할 것이다. 육상과 다른 특별한 체험과 경험을 요구하지만, 해양 도시가 제공하는 관광기회는 정해진 도시공간에서만 가능할 것이다. 만약, 해저체 험을 원할 경우, 다양한 보조장비나 첨단장치의 지원을 필요할 것이다. 관광객이 직 면하게 되는 가장 큰 문제는 육상을 기반으로 오랫동안 생존한 인간이 해양도시라는 전혀 다른 환경에서 관광객으로의 방문은 관광기간동안 그 해양도시의 인공환경에 서 육상에서와 다른 신체상의 생리작용에 대처하고 적응하느냐가 중요한 고려사항 이 될 것이다. 상상해보라. 우리가 땅을 밟지않고 얼마나 생활할 수 있을까? 정신적 심리적으로 정상적인 상태를 유지하면서.

 해양관광목적지로서 해양도시는 육상에서 해양도시로의 이동을 위한 관광인프라 인 공항이나 항만, 마리나, 여객터미널 등 사회기반시설 조성이 먼저 고려되어야할 것이다. 공항이나 항만은 기존의 물리적 규모와 시설을 갖춘 시설이 아닌 첨단 IT와 과학기술에 기반을 둔 소규모 해상 인공구조물의 형태를 띄게 될 것이다. 또한 응급 환경 발생을 고려하여 해양도시는 육상에서 물리적 거리가 지나치게 이격되는 것은 고려해보아야 한다. 미래해양도시의 모습은 내륙에서 일정한 거리이상 떨어진 해상 에 건설되는 해상신도시 형태나 또는 해저에 건설되는 수중도시, 또는 해상에서부터 해저까지 범위를 포함하는 도시의 형태를 띄게 될 것이다.

 일상권의 생활공간이 대부분 땅을 토대로 이루어져 있기 때문에 해양도시 자체가 관광목적지가 될 것이다. 그곳에서 투어경험 자체가 방문객들에게는 새로운 해양관 광경험이 될 것으로 예상된다. 또한 해양도시로 이동하기 위해 사용될 크루즈나 요 트, 드론, 무인기술을 이용한 비행체 등이 관광객의 이동을 도울 새로운 교통수단으 로 이용될 것이다. 관광체험은 현재 육상에서 하는 전시체험관이나 식물원등 대규모

✳ 그림 1 뱅상 까예보의 수중도시(출처: www.vincent.callebaut.org)

실내공간(indoor space)에서 이루어지는 경험이 주요 관광매력물이 될 것이다. 그리고 콘텐츠로는 경험, 혼합현실(MR)이나 홀로그램을 통한 간접체험이 시간과 공간이라는 차원의 한계를 극복하는 중요한 대안형 미래 관광상품이 될 것이다. 이러한 현상은 수중도시에서 도시와 바다와의 경계가 되는 '벽(wall)'의 존재로 인해 도시전체나 도시밖 수중생태계를 거대한 수족관으로 연상짓게 할 것이다.

결론적으로 미래의 시점에 따라 해양관광의 형태는 다양한 진화를 거듭할 것이다. 해양도시의 출현 이후 새롭게 발전할 미래를 여러 세대를 통해 스펙트럼처럼 전개될 변화상을 부분적으로 예측할 수 있다. 여기에서는 가까운 미래에 출현할 해양도시를 중심으로 검토해보고자 한다. 먼 미래는 인간상상의 너머에 있기 때문이다!

해저도시의 출현은 가까운 미래로 전망된다. 최근의 토목과 건축기술의 발달, 신소재의 개발, 과학기술발전, ICT의 융합은 이러한 상상을 현실로 앞당기는 데 크게 기여할 것이다. 예를들면, 2008년 '릴리패드(lilypad) 프로젝트[1]', 2014년에 발표된 중국

---

1) http://plug.hani.co.kr/futures/1629821

의 해저도시 건설 프로젝트, 그리고 2016년 삼성에서 제시한 해양도시의 모습들을 보면 미래도시 프로젝트가 아이디어 차원을 넘어 디자인으로 구체화되는 현상을 보면서 머지않은 미래 해양도시의 출현이 가까이 다고 있음을 알 수 있다.

바다 & 지식 :부유식 해저도시 건설

- 커미션 : China Communications
- 계획 : AT Design
- 넓이 : 10.4㎢
- 기술 : 50㎞ 길이의 교량건설(홍콩–마카오–주하이 연결)에 사용되는 기술
- 방법 : 150m 길이의 콘크리트 박스를 연결
- 프로세스 : 중국 투자그룹과 협의중

(출처 : http://sploid.gizmodo.com/)

2. 해양관광목적지의 신대륙, 해저도시

1) 현상

지구촌의 도시화 현상은 팽창하는 인구증가와 맞물려 있다(2013년1월, 세계인구 71억명). 문제는 그 속도에 비례하여 가용면적의 공급량을 따라가지 못한다는 것이다. 급속한 도시화는 대부분의 국가에서 도심공간 개발을 위한 가용지확보가 이미

한계상황에 직면했음을 알리고 있다. 이제 자연환경의 심각한 훼손을 전제로 하지 않는 도시개발은 용이하지 않는 상태에 이르렀다. 도시의 가용면적에 대한 과부족현상을 수용력(carrying capacity)의 도입을 통한 과학적인 도시관리 구축과 대체공간 개발의 필요성을 끊임없이 제기하고 있다. 그렇지 않으면 지구의 30%를 차지하는 육지면적이 직면하는 한계상황이 예상보다 빠르게 진행될 수 있음을 경고하고 있는 것이다.

이러한 지구촌의 위기상황을 해결하기 위해서는 지구의 70%에 대해 시선을 돌려야할 때가 도래하고 있다. 캘리포니아 주립대학(University of California)의 제임스 맥윌리암스 해양·대기과학부 교수는 "인류사회의 지속성을 높이기 위해 심해 이용은 필수"라며 기술이 발전할수록 인간의 상상력이 빛을 발할 것이라고 말했다. 도시의 대체공간 찾기의 접근방식에서 벗어나 새로운 공간창조의 개념으로 해양에 대한 전면적인 사고의 전환이 필요할 때이다. 그리고 선구자적인 메타적 사고[2]를 지닌 일부 건축가와 도시계획가들은 그 아이디어를 제시하고 있다.

해양공간은 신인류를 위한 새로운 삶의 공간으로 개발하고자 한다. 인류가 오랫동안 동경해왔던 유토피아적 인간정주환경의 이상향(理想鄕)은 최근 해저도시 건설 프로젝트를 통해서 구체화되고 있는 중이다. 전통적인 산업공간, 최근 제시된 정주공간의 개념을 뛰어 너머 도시기능을 수용하는 미래도시의 비전을 담으면서 진화하고 있는 중이다.

20세기 세계관광시장의 중요한 트렌드였던 도시관광은 21세기에도 지속될 것으로 전망된다. 단지, 관광목적지가 육지에서 해양으로, 육상의 도시에서 해양의 도시로 확장된다는 것 뿐. 미래해양공간은 거주공간으로써 일상성을 제공하겠지만 기존 일상성의 개념은 이제 전혀 다른 의미를 지니게 될 것이다. 관광목적지로써 비일상성을 제공하겠지만, 새로운 의미의 비일상성을 경험하게 될 것이기 때문이다. 어쩌면 일상성과 비일상성의 경계가 없는 세상이 도래할 것이다. '융합형'해양도시에서 전혀 다른 해양매력을 지닌 관광경험을 할 것이다. 해양도시는 이전의 도시가 지니지 못한 전혀 새로운 가치를 구현하는 공간이 될 것이다. 우리에게 사고와 경험의 새

---

2) 메타적 사고란 '생각에 대한 생각', '시선에 대한 시선'을 뜻한다. 심리학에서는 상위 인지(meta-cognition)라는 개념으로 설명하고 있다.

로운 의미성과 상징성을 강요할 것이다. 제4차산업혁명의 파도가 다가오면서 21세기, 일상공간과 비일상공간의 경계가 빠르게 해체되고 있으며, 그 해체와 융합을 반복하면서 최종적인 융합공간 중의 하나가 될 해양도시에 대해서 살펴보고자 한다.

바다 & 지식 : 쥘 베른의 〈해저2만리〉

공상과학 소설이나 SF영화에서나 볼 수 있었던 해저도시!

먼저 해저도시의 건설과 관련하여 장소의 선택이 중요. 기본적으로 육상으로부터의 햇빛(광)과 자연재해(해저지진이나 폭발, 쓰나미 등)로부터 안전성 확보가 중요한 요소가 되어야 한다. 이 두 가지 요소를 동시에 충족시키기 위해서는 수심 30~200m정도가 적당. 전문가들은 세계 유일의 해저 연구소인 '아쿠아리우스'가 있는 플로리다 동부해안의 대륙붕에 속하는 칸크 산호초 지역이나 마셸제도에 있는 미크로네시아와 같은 지역이 해저도시 건설에 적합할 것이라고 분석하고 있다. 특히, 해저도시 설계에 있어서 중요한 점은 외부기압을 견디면서 내부 기압을 인간에게 적합한 1기압으로 조정해야 하는데, 최적의 구조물 형태 중 하나는 돔 모양의 쉘(Shell)구조. 물론 건설재료와 건설방식 또한 중요하다. 티타늄 합금, 메타크릴 수지 글라스 등의 첨단소재 사용은 물론이고 잠수함 제조방식인 개별 모드 건설 방식을 이용해 수중로봇과 전문 잠수사가 수중 조립하는 방식을 채택. 해저도시 환경조성의 필수요소인 물과 산소 그리고 동력(에너지)의 경우, 물은 해수담수화 설비를 이용하고 산소는 전기분해 설비나 녹조류의 광합성을 이용해 공급가능할 것이다. 동력(에너지)은 파도나 조류, 해류의 흐름 등을 이용해 생산하거나 외부 공급, 풍력 등의 다양한 에너지원을 고려할 것이다. 남태평양 한복판 피지섬 부근의 수심 10m에 자리 잡고 있는 '포세이돈 리조트', '아쿠아리우스' 해저연구소 등 아직 도시 수준에는 못 미치지만 사람이 거주할 수 있는 공간은 어느 정도 상용화가 되어있다. 만일 우리가 해저도시에 살고 있다면 유리 건너편에 다양하고 신기한 해양 생물들을 매일 감상할 수 있는 대형 수족관의 형태가 되지 않을까?

(참고 : http://kami_wof.blog.me/130139030090)

---

2) Fact Check

(1) Ocean Spiral

일본 건설업계 1위인 시미즈건설(Shimiz Corporation)은 2016년 10월, '인류와 심해간의 새로운 인터페이스(A New Interface between Humankind and the Deep Sea)'

라는 테마로 심해 미래도시 컨셉(A Deep Sea Future City Concept)인 '오션 스파이럴 (Ocean Spiral)' 프로젝트를 발표했다[3].

바다 & 지식 : Ocean Spiral

- 지름 500m 구체 안에 콘크리트 해저도시 건설
- 강점은 수압을 견딜 수 있는 구체형
- 재료는 고강력 레진 콘크리트(resin concrete)
- 녹방지용 강화용 레진바(reinforcement resin bars)
- 최소한의 온도변화만 유지하는 안락도시
- 지진이나 태풍의 영향이 없는 안전도시
- 지상보다 산소농도가 높은 건강도시
- 2030~2050년 75층 높이의 해저도시 조성하여 5000명 규모 입주민 유치계획
- 도쿄대·사가대·일본 해양연구개발기구 참여

(출처:http://www.shimz.co.jp/english/theme/dream/oceanspiral.html)

---

(2) Lilypad

태평양 해상을 이동가능하게 하는 도시가 현실로 다가오고 있다. 공해(公海)상에 어느 국가나 정부의 간섭도 받지 않는 '떠다니는 섬(Floating island)'도시를 건설하겠다는 아이디어가 세계 IT산업을 선도하는 실리콘밸리의 주목을 받고 있다[4]. 대상지 발굴을 위해 한동안 지연되었던 프로젝트가 최근 새롭게 시작되었다.

---

3) "지구표면의 약 70%는 바다로 덮혀 있지만, 그 바다의 약 80%가 심해(deep sea)로 구성되어 있다. 심해는 지구 생물권(biosphere)이 효과적이며 적절한 싸이클과 프로세스를 유지하는데 엄청난 잠재력을 제공한다. 그러나 불행히도 인간은 현재 이러한 잠재력의 대부분을 소진하고 있다. 따라서 본 프로젝트는 심해의 무제한적인 가능성을 이용하려고 한다: 수직적 구조물을 조성하여, 대기, 바다표면, 심해, 그리고 해저를 다향게 연결시킴으로써. 지구의 마지막 프론티어로 남아있는 심해를 새로운 인터페이스로 창조할 시간이 되었다. 이는 기존의 효율성에 초점을 둔 과거의 육상개발 패턴방식에서 탈피한 본 프로젝트로써 심해자원의 이용을 최대화하지만 진정한 지속성을 유지할 것이다." (출처 : http://www.shimz.co.jp/english/theme/dream/oceanspiral.html)

4) 페이팔의 공동창업자인 피터 틸은 2008년 175만 달러를 투자

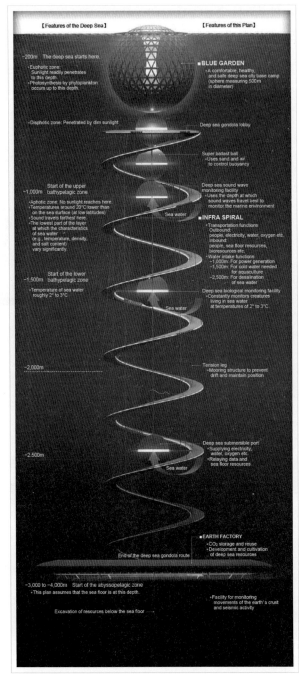

★ 그림 5 Features of the Project
(source from http://www.shimz.co.jp/english/theme/dream/oceanspiral.html)

2017년 1월 13일 시스테딩연구소(Seasteading Institute)가 프랑스령 폴리네시아와 인공섬 건설을 위한 양해각서(MOU)를 체결했다는 발표가 알려지므로 대상지 선정은 완료되었다. 신생기업인 블루 프론티어즈(Blue Frontiers)[5]가 추진한다. 이 사업은 인류의 거주 환경을 바다로 이주시키는 획기적인 사업에 해당된다. 2019년 태평양 타히티 부근에 건설을 시작해 2020년 250~300명이 살 수 있는 도시가 될 것이며, 친환경적 콘크리트 등을 사용해 악천후에 해상환경에도 100년도 내구성을 지닐 것이며, 인공섬에서 나온 폐기물은 모두 재활용할 계획이라고 한다.

바다 & 지식 : Lilypad Project

지구 온난화 심화에 따른 솔루션으로 대두된 자급자족형 해양도시. 2008년 제안된 '릴리패드'(Lilypad) 프로젝트. 릴리패드는 해수면 상승으로 삶의 터전이 침수된 2억5천만의 지구 기후난민들을 위한 미래판 노아의 방주.

릴리패드는 5만명 수용가능한 규모 설계. 조감도를 보면 도시의 절반은 수중에, 절반은 수면 위에 떠 있다. 표면적 50만㎡(약 15만

평)에 이르는 이 수상도시는 해류를 따라 전세계 바다를 떠다닌다. 이산화탄소와 쓰레기를 재활용해 자체적으로 산소를 만들고, 전기는 태양광, 조력, 해류, 풍력 등 신재생에너지를 이용해 생산한다. 중앙에는 빗물을 모아 정화해 만든 커다란 인공호수가 있고, 해안과 도시를 연결해주는 항구가 3곳, 레저와 작업장, 쇼핑용으로 쓰이는 언덕이 3곳 있다. 그는 아마존강 유역의 커다란 수련 잎에서 영감을 얻어 이런 형태의 디자인을 설계했다고 한다. 릴리패드는 이 수련 잎을 250배로 확대한 크기다.

(출처: http://plug.hani.co.kr/futures/1629821)

거주시설, 병원, 발전소를 모두 갖춘 친환경 도시이며 자치 행정을 추구하는 인공섬으로 향후 UN에 정식 국가로 인정 요청할 예정이다. 뉴욕타임스(New York Times)

---

5) ttps://www.blue-frontiers.com/

는 "기후변화로 침수 지역이 늘어날수록 공상으로 치부하던 떠다니는 섬의 출현이 더욱 빨라질 것"이라고 전망했다.

쥘 베른 해저 2만리

《해저 2만리》(海底二萬里, Vingt mille lieues sous les mers)는 프랑스 작가 쥘 베른(Jules Verne)이 1869년에 쓴 고전 공상과학소설이다.

제목에 있는 '2만리'는 원래 원제에서 20,000 리그를 뜻하며, 이는 111,120km 또는 69,046.7 mile 이다. 미국에서 만든 최초의 원자력 잠수함인 SSN-571 노틸러스호 (Nautilus)는 이 소설에서 이름을 따왔다. 《Narnia》는 이 작품을 원작으로 쓰인 작품이다.《빛돌이 우주 2만리》는 해저 2만리를 각색한 애니메이션이다.

출처:https://ko.wikipedia.org/wiki/%ED%95%B4%EC%A0%80_2%EB%A7%8C%EB%A6%AC

3. 해양리조트의 미래[6]

해양리조트의 미래모습을 Nautilus Eco Resort를 통해서 그려보고자 한다. 아래의 내용은 다음의 출처에서 자료를 인용하여 재작성하였음을 밝힌다.

---

6) http://www.straitstimes.com/singapore/environment/virtual-reality-lets-non-divers-experience-sisters-islands-marine-park

⊙ 프로젝트 개요 : Nautilus Eco Resort

- 건축가 : 뱅상 까예보(Vincent Callebaut)
- 영감 : 조개(shell)에서 영감을 받아 디자인
- 디자인 : 필리핀이 직면한 생태계 악화에 대응하기 위하여 생태계 보호와 복원을 통해 지역 생태계를 최적화시키고자 하는 생태관광자의 의지를 과학계의 전문 지식과 통합
- 위치 : 필리핀 팔라완(Palawan, Phillippines)
- 년도 : 2017년
- 면적 : 27,000㎡
- 건축물 높이 : 68m40

프로젝트의 내용을 소개하면 다음과 같다.

필리핀 해양은 심각한 위협에 처해있다. 어류남획(over-fishing), 대량관광(mass tourism), 플라스틱 쓰레기와 유독물질에 의한 거대한 오염, 기후변화 등. 이런 요소들은 현재 필리핀 다도해(群島: the archipelago)의 건강과 거주민 생존에 실질적인 위협이 되고 있다. 산호초는 죽어가며, 맹글로브(mangrove) 지역은 파괴가 가속화되고 있고, 수초층(sea-grass bed)은 침식에 의해 질식되어 가고, 어류와 해양생물종의 인구수는 위협적으로 감소하고 있다. 위협에 처한 해양 환경의 현실을 직시하며, 생태계와 인간의 공생(symbiosis)을 복원할 수 있는 방법을 모색하던 중, 회복탄력적인 관광(resilient tourism)의 개념을 도입하였다.

이는 연안에 해양보호구역을 지정하고 심각한 홍수나 산사태, 태풍 등으로부터 지역사회와 자연를 보호하고, 쓰레기관리를 회복시켜서 생태계 종다양성을 복원시키고자 하는 긴급법안을 실행하도록 지역주민과 동행하는 방법을 찾아야 한다. 결국 이 문제는 인간의 도전을 삶의 전 여정과 어떻게 화해(reconcile)시킬 것인가의 문제일 것이다.

관광은 국제적 수준에서 가장 중요한 산업이 되어가고 있다. 지속가능한 개발을 통한 지역의 잠재력은 실질적이며 개혁가능하다. 1980년대 초 이래로 생태관광(ecotourism)은 우리사회의 사회경제적 개발과 자연보호를 화해시킬수 있는 방법들을 모색해오고 있다.

Nautilus Eco-Resort project는 필리핀의 악화일로에 처해있는 생태계 보호와 복원을 최적화하고자 노력하는 생태관광객들의 노력과 과학계의 전문지식을 통합하기 위해 디자인된 선구자적인 생태관광 복합단지(eco-tourism complex)에 해당된다. 프로젝트는 물질의 형태, 구조, 지능 그리고 생명체와 지역에 고유한 생태계에 존재하는 피드백에 의해 영감을 받았다.

자연유산과 문화를 업그레이드할 이 프로젝트는 zero-emission, zero-waste, zero-poverty를 목표로 다도해로부터 나오는 재사용 및 재순환 물질들을 이용해서 조성될 것이다. 에너지와 음식은 자급자족될 것이다.

해양관광의 미래 : 기후적 측면

In one drop of water are found all the secrets of all the oceans.
- Kahlil Gibran-

CHAPTER 19

1. 기후변화

'기후(氣候, climate)는 장기간의 대기현상을 종합한 것으로 비·눈·바람·안개·구름·기온 따위의 대기현상이다. 반면, 기상(氣象, weather)은 시시각각으로 변하는 순간적인 대기현상으로 비·눈·바람·안개·구름·기온 따위 대기 중에서 일어나는 모든 물리적 현상이다. 기후는 대기후, 중기후, 소기후, 미기후로 구분되며, 대기후의 특징을 결정하는 기후인자로는 위도, 큰 지형, 수륙분포 등이고, 소기후에서는 식생·토지이용 등의 토지피복형태나 작은 지형이다.

지구의 기후시스템은 대기권, 수권, 설빙권, 생물권, 지권 등으로 구성되어 있다. 기후시스템을 움직이는 에너지의 대부분은(99.98%) 태양에서 공급되며, 기후시스템 속에서 여러 형태의 에너지로 변하고 최종적으로 지구 장파복사 형태로 우주로 방출된다. 대기상부에서 대기층을 통해 내려오는 태양복사에너지는 구름, 오존, 수증기 등에 의해 흡수되나 대부분 지표까지 내려와 흡수된다.[7]

---

7) 출처 : http://gcf.incheon.go.kr/articles/4288

기후변화로 인한 지구온난화(global warming)[8]의 심화는 2,100년경 세계 연안의 해안지대 곳곳이 물에 잠기는 상황이 발생할 것이라는 예측을 낳고 있다. '기후 변화에 관한 초정부 조사 그룹(GIEC)'보고서는 해수면이 21세기 동안 20~90cm 상승했음을 지적하고 있다. 향후 1미터 상승할 경우, 남아메리카 우루과이 국토의 약 0.05%, 아프리카 이집트 국토의 1%, 유럽 네덜란드 국토의 6%, 아시아 방글라데시 국토의 17.5%, 오세아니아 마셜제도공화국(마주로 환초)의 80%가 물에 잠긴다고 한다. 뉴욕, 뭄바이, 캘커타, 호치민, 상하이, 마이애미, 라고스, 자카르타, 알렉산드리아 같은 도시들은 아예 통째로 물에 잠긴다고 예측하고 있다. 최근 지구온난화로 인한 영향으로 해수면과 수온 상승[9]으로 해양 생태계 변화도 자주 거론되고 있다.

일간지 워싱턴포스트(Washington Post)에 따르면, 영국 해들리 센터도 2016년 지구 온도가 1961~1990년 평균치보다 섭씨 0.77도 상승했다며, 2016년도가 역대 가장 더운 해였다고 발표했다. NASA는 특히 19세기 말과 비교해 지구가 섭씨 1.1도 이상 더워졌다면서 온도 상승을 될 수 있다면 섭씨 1.5도 미만으로 묶으려던 인류의 노력이 최대 위기에 직면했다고 전했다.

---

8) 인류가 지구환경 속에서 쾌적하게 살아갈 수 있는 이유는 대기 중 온실가스가 온실의 유리처럼 작용하여 지구표면의 온도를 평균 15℃로 일정하게 유지하기 때문으로 만약 온실효과가 없다면 지구는 영하 18℃의 얼음행성으로 변하게 된다. 그러나 산업혁명 이후 급속한 산업활동으로 인해 대기 중 온실가스 농도가 급격히 증가되어 온실효과가 비정상적으로 커져 지구 온난화 현상이 초래되고 있다(출처 : http://gcf.incheon.go.kr/articles/4288)
9) "... 해수면이 90cm만 더 높아지면 방글라데시의 절반이 물에 잠긴다... 과학자들이 50년 후에 태국 해안가 도시들은 물론이고 방콕도 물에 잠길 것이라는 경고... 앞으로 90년후 완전히 수몰될 위기에 처한 몰디브..." MBC.2009.12.12

한편, 지구촌의 특정 해역은 바다 사막화 현상이 심화되면서 산호초의 백화현상[10]에서부터 특정 해역에 서식하는 어종의 감소와 변화를 겪고 있다. 이로 인해 수산업 분야는 어업생산량이 감소로 어민 경제가 심각한 영향을 받고 있다.

우리나라 주변 해역에서도 지구온난화로 인한 변화가 감지되고 있다. 그 영향으로 해역에서 플랑크톤의 종 조성이 변화되며, 유해 생물종의 출현 빈도가 증가되고 있고, 한류성 어종[11]은 감소되고 난류성 어종은 증가되고 있다고 보고되고 있다[12].

해파리·불가사리 등 유해성 해양 생물 증가로 어업이 큰 피해를 입고 있으며, 특히 대형 해파리인 노무라입깃해파리는 한반도 주변 전 해역에서 대량으로 출현하여 해수욕장 피서객과 연안 어민들의 어업에 상당한 피해를 주고 있다. 이는 2016년에 제정된 수중레저안전법과 관련된 수중레저활동에도 잠재적인 위협요소가 될 것이다[13]. 여기에서 산호초에 주목하고자 한다.

2. 산호초와 해양관광의 미래

산호초는 해양생물의 은신처가 되며, 바다의 열대우림으로 불린다. 산호초는 수백만 해양 종을 지탱하는 생태시스템이다. 전 세계 5억 명 이상은 어업이나 관광 등

---

10) 해양 생물학자들은 1980년대와 1990년대 동안에 처음으로 산호의 대량 죽음을 인지했다. 1997년에서 98년의 경우, 지구온난화는 엘니뇨에 의한 해수온도 상승을 더욱 심화 시켰는데, 이때 전세계 산호의 16%가 사멸했다. 죽어가는 산호는 조류에 의해 가졌던 초록, 갈색과 같은 아름다운 빛깔을 잃고 백색에 가까워지는데, 이것을 백화현상(물속 조류 등이 극단적인 기후변화가 이어지면서 받는 스트레스로 색깔이 빠져나가는 것으로, 하얗게 된 산호초는 상태가 환경이 다시 정상화하지 않으면 죽게 된다)이라 한다.
지구 온난화는 최소한 3가지 방법으로 산호초에 해를 끼친다.
첫째, 해수의 온도가 섭씨 1도에서 2도 정도만 변하더라도 조류는 생존이 어려워 질 수 있다.
둘째, 대기중에서 이산화탄소의 농도가 높아지고 해수에 녹게 되는 이산화탄소량도 많아지게 되며 자연히 해수의 산성도는 높아지는데, 이 경우 폴립의 석회석 내뿜기는 정지된다.
셋째, 따뜻한 해수는 어류의 남획, 질병, 오염물질 유입 등과 같은 다른 위협 요인에 산호를 쉽게 노출되도록 만든다.
11) 대표적인 한류성 어종 : 명태와 조기
대표적인 난류성 어종 : 오징어, 고등어, 멸치(보라문어, 노랑가오리, 참다랑어)
12) 김도희(2010). 지구 온난화에 따른 해양환경 변화와 대책, 海洋環境安全學會誌 16(4), 421-425.
13) 출처 : 해양환경관리공단(2010). 해양과 기후변화.

에서 산호초와 연관돼 있는 것으로 파악된다. 따라서 산호초의 훼손은 해양생태계에 위협일뿐만 아니라 인류에게 재앙이 될 수 있다. Science(2017.06.26.현지시각)는 "UN세계자연유산에 등재돼 있는 산호초의 대부분이 백화현상으로 위기에 직면해 있다"고 보도했다. 지구온난화의 영향으로 바다 온도가 높아지면서 산호초가 고통을 겪고 있기 때문이다.

'UNESCO 세계유산센터(World Heritage Center)는 보고서를 통해 "온실가스를 줄이지 않는다면 21세기가 끝날 때쯤 산호초가 해양 생태계를 유지하는 기능을 잃어버릴 것"이라고 경고했다. WHC는 산호초 지역의 수온이 상승하면서 백화를 겪고 있는 것으로 파악했다. 특히, 하와이와 인도양의 세이셸에 있는 산호초가 심각한 백화 현상에 빠져든 것으로 진단했다. 센터는 "지금까지 산호초와 관련된 보고 중 최악의 상황"이라고 지적했다. 산호초의 백화는 극복될 수 있는데 그 기간이 15~20년이 걸립니다. 무엇보다 백화 현상이 찾아오는 주기가 이산화탄소 배출이 증가하면서 더 짧아지고 있다는 데 주목하고 있다. 센터는 "21세기가 끝날 때쯤 세계유산에 등재돼 있는 산호초 중 모두가 파괴될 수도 있다"며 "이산화탄소 배출을 줄이는 것이 절실하다"고 강조했다.

파리기후협정에서 전 지구촌은 2100년까지 지구 온도를 2도씨 이하로 낮추는 것을 목표로 삼았다. 산호초를 살리기 위해서는 이보다 더 낮은 1.5도 이하를 목표로 잡아야 한다는 이야기까지 나오고 있다. 산호초가 파괴되면 물고기 생태계에 영향을 미친다. 결국 인류에게 치명적인 재앙을 초래할 것으로 예상한다.[14]

---

14) 출처 : http://www.asiae.co.kr

바다 & 경고 : 지구온난화 때문에 호주 세계유산 산호초 지대 최악의 폐사율

'세계 최대 산호초 지대이자 UN세계자연유산인 호주의 '그레이트배리어리프(Great Barrier Reef)'가 2016년도에 어느 때보다 심각하게 파괴된 것으로 나타났다. 영국 BBC·미국 ABC방송은 11월28일 현지시간으로 호주 제임스쿡대학 연구진의 조사결과를 인용해 퀸즐랜드 북쪽 해역 700㎞에 걸쳐 형성된 산호초 지대의 3분의 2 가량이 파괴됐다고 보도했다.

이는 1998년과 2002년 이후로 최악의 폐사율을 보이고 있다. 호주 연구진들은 주요 해양관광목적지역인 케언스와 휘츠선데이즈 인근인 산호초의 남쪽 지대의 상태는 다행히 양호하나 지구온난화가 계속되는 한 이미 파괴된 산호초가 회복되기는 어려울 것이라고 우려했다. 산호초는 일정기간 이상 수온이 상승하면 색이 바래는 백화현상(bleaching)이 일어나고 앙상하게 변한 후 천천히 죽어가게 된다.

연구를 진행한 제임스쿡대학의 테리 휴즈 교수는 "열로 인해서 산호초가 익혀지다시피 했다"며 가장 깨끗한 지역이던 북쪽 지대가 심각하게 손상됐다고 말했다.

연구 결과에 따르면 이산화탄소 배출량 증가 등으로 인한 지구온난화가 수온 상승을 야기했고 이대로 기후변화가 진행된다면 20년 후에는 매년 산호초의 백화현상이 일어날 가능성을 지적하고 있다. 2016년도 2·3·4월 그레이배리어리프 일대의 해수면 온도는 전년대비 최소 1도 이상 상승한 바 있다. 휴즈 교수는 그레이트배리어리프 일대가 심각하게 손상 돼 새로운 산호초가 자라나려면 10~15년이 소요될수 있다고 전망했다. Queensland 관광업계도 이 지역의 주요 볼거리인 그레이트배리어리프가 없다면 관광 산업도 살아남지 못할 것이라면서 지역 커뮤니티와 정치인들이 산호초 살리기에 관심을 기울여야 한다고 촉구했다.

(출처: 아시아투데이, 2016.11.29)

바다 & 경고 : 지구온난화에 몰디브 산호 60% 죽어간다

2016년 기록적인 해수온도 상승으로 인도양 섬 몰디브의 산호초 60% 이상이 탈색해 위험한 상태라는 연구조사 결과가 나왔다.

8일(현지시간) 영국 일간 가디언(Guardian)에 따르면 몰디브해양연구소·환경보호국이 세계자연보전연맹(IUCN)과 함께 알리푸알리푸아톨루 환초를 공동 조사한 결과, 산호초 서식지의 60%가량이 백화한 것으로 나타났다. 일부 서식지에서는 백화한 산호초 비율이 90%에 달했다.

조사단을 이끈 아미르 압둘라 IUCN 선임고문은 "기후변화로 탈색 현상이 점점 더 빈번해지며 심각해지고 있다"면서 "산호초가 죽어버리는 현상이 이미 관찰되고 있으며 탈색한 산호초가 회복하지 못한다며 이런 일이 더 증가할 것"이라고 경고했다.
기후변화로 해수면 상승의 위협을 받는 몰디브에는 전 세계 산호초의 3%가량이 있다.
호주에서도 세계 최대 산호초인 '그레이트배리어리프'(Great Barrier Reef) 20% 이상이
이미 죽었고 태평양 키리바시에서도 80%가량이 죽은 것으로 조사되고 있다.

(출처: 연합뉴스, 2016.08.09)

3. 해수면 상승과 해양관광의 미래

과학자들의 연구에 의하면, 2100년까지 약 1미터정도 해수면이 상승할 것이라고
예측하고 있다. Rahmstorf는 1880년 이후 해수면상승과 그때의 기온을 관찰한 결과,
기온이 올라가면 갈수록 해수면이 더 높게 상승한다는 관계를 발견하고, 이와같은
반 경험적 모델(semiempirical model) 방법에 의해 2100년까지 1.4m 상승할 것으로
예측결과를 제시하였다.

✳ 그림 15 전 세계 침수예상 지역(1m 상승시) 자료 : NASA

✳ 그림 16 자유의 여신상

미국 동부 1,000km에 걸친 대서양연안은 해류변동에 의해 세계평균보다 3~4배 더 높아졌다. 그린란드의 얼음이 녹아 세계해수면을 평균 1미터 정도 높인다면 중력장 효과 때문에 그린란드 가까운 해수면은 2.5미터 낮아지고 먼 바다는 1.3미터 정도 높아지게 된다. 뉴욕시 기후변화위원회는 중력변동에 의한 지역적 효과를 감안하여 해수면 상승을 예측한 결과 2050년까지 약 30~60cm 상승할 것으로 예상하였다. 극지방의 얼음이 녹는 속도가 지금까지 알려진 것보다 훨씬 빠를 수 있다는 연구도 나왔다. 기후변화와 관련한 최악의 시나리오를 고쳐써야 한다는 주장이 계속 제기되고 있다. 과학자들은 지금 추세라면, 가까운 미래에 5~6m 정도 해수면 상승이 불가피하다고 본다. 다만 정확히 언제, 얼마나 빨리 인류에게 닥칠지 아직 모를 뿐이다.

✴ 그림 17 제주도 용머리 해안1

✴ 그림 18 제주도 용머리 해안2

우리나라 제주도 용머리 해안의 사례를 검토하고자 한다. 제주도의 대표적인 해양관광목적지인 용머리 해안의 산책로는 1980~90년대만 하더라도 바닷물에 잠긴 적이 없었으나, 최근에는 하루 8시간 이상 침수되면서 관광객들의 접근이 금지되었다고 한다. 이에 대해 학계에서는 "지구 온난화에 따른 해수면 상승의 영향으로 용머리 해안이 침수되고 있다."라고 분석하였다. 관광매력물의 존재가 위협을 받고 있는 상황인 것이다. 또한 해양관광 활동에 크게 영향을 미치는 먹거리와 관련해서도 우리나라 해역에서 한류성 어종이 감소하고 난류성 어종이 증가하고 있는 현상과 더불어 향후 식문화(食文化)의 변화가 우려되고 있다. 문제는 향후에 앞으로도 기후변화에 따른 해수온 상승으로 한류성 어종이 더 감소하고 난류성 어종의 증가속도는 더 빠르게 진행될 전망이다. 이는 해안가 관광객을 대상으로 하는 횟집이나 해산물 전용 음식점등 등 다양한 식문화의 변혁을 예고하고 있다.

해수면 상승으로 인한 해양관광분야의 영향과 관련하여 연안 및 해양체험과 연관된 해양관광활동의 위협은 해양관광목적지 지역경제에 부정적 영향을 끼치고 있다. 이러한 지구온난화 현상은 해양이 지구 온난화에 미치는 영향과 더불어 지구 온난화가 해양에 미치는 영향을 생각하게 한다. 이와 같이 3면이 바다로 둘러싸인 우리나라는 해양관광의 측면에서 해수면 상승으로 인해 심각한 타격이 예상되는 국가이다[15].

따라서 해양관광목적지 자체의 위협과 더불어 해안가 관광매력물에 대한 보호와 관리에서부터 먹거리와 관련된 문화의 변화, 그리고 해양관광레저활동 등에 이르기까지 상당한 부정적 파급효과가 예상된다. 해수면 상승은 전 세계적인 문제이며, 특히, 해양국가의 경우, 연안역 관리가 국가의 미래와 직결되는 문제임을 인식하여 학계에서 뿐만 아니라 해당 국가와 국가간 사전 계획수립과 더불어 지속적인 모니터링과 국제간 공조를 더욱 체계적으로 수립할 필요가 있다.

바다 & 경고: Tuvalu, 지구 온난화로 물에 잠기는 나라

- 영국연방국가인 투발루는 남태평양 적도 부근에 위치 / 9개 산호초로 구성 / 총면적 27㎢ / 총인구 16,000명(2000년 기준)
- 세계최초 환경 난민국가
- 2001년 투발루 국토 포기 선언
- 2001 미국환경협약 '교토의정서'탈퇴 선언
- 9개중 '시빌리빌리 섬'수몰 / 수도 '푸나푸티'침수
- 투발루 국민에 대한 이웃 국가의 이주 수용거부(호주, 피지는 투발루 국민 이주 거부, 뉴질랜드는 조건부 허용)
- 이주조건: 75 명/년, 영어 능통한 자, 뉴질랜드 직장소지자, 신체건강한 자, 45세 미만

15) "...한반도 연안 해수면은 지난 43년간 약 8cm 상승하였고 제주도는 무려 22cm(매년 5.1mm) 상승한 것으로 관측되었다. 앞으로도 해수면은 계속 상승해 2050년에는 9.5cm, 2100년에는 20.9cm 상승할 것으로 전망된다. 해수면 상승으로 가장 큰 피해를 입는 곳은 연안 지역이다. 연안은 다른 내륙 지방에 비해 해수면 상승에 따라 침수될 가능성이 매우 높기 때문이다. 조광우 외(2002)는 해수면이 1m 상승할 경우 한반도 국토의 2,643㎢가 침수될 것으로 예측하였다. 이는 여의도 면적의 300배, 한반도 면적의 1.2%에 해당하는 면적이다. 이러한 침수 위험 지역에 거주하는 사람 수는 약 125만 5,000명으로 한반도 전체 인구의 약 2.6%인 것으로 나타났다..." 해양과 기후변화(2010. 해양환경관리공단)에서 발췌.

해양관광의 미래 : 환경적 측면

CHAPTER
20

Talking about pollution, nobody's holy. They who pollute,
sinned against nature.
- The Fresh Quotes -

해양관광의 미래는 '청정해양(淸淨海洋)'의 유지가 대전제가 된다. 그러나 현재 해양이 직면한 현실은 환경적 측면에서 심각한 실정이다. 특히, 해양오염과 해양쓰레기의 문제는 지속적인 노력에도 불구하고 가시적인 성과가 나타나지 않고 있다. 해양이 지닌 고유한 자정작용 기능은 그 내성(tolerance)의 범위를 벗어났으며, 쌓여져 가는 해양쓰레기의 양은 상상을 뛰어넘는 수준이다. 해양관광활동이 해양에서 대부분 이루어지기 때문에 해양오염과 해양쓰레기의 문제는 반드시 검토되어야 할 것이다. 아울러 깨끗한 바다를 만들기 위한 노력이 한 도시가 국가의 수준을 너머 인류의 미션이 되어야함을 촉구한다.

1. 해양오염

'지구표면의 70% 이상을 차지하는 해양은 그동안 보전보다는 이용 중심의 관점에서 생물 및 광물자원의 보고로만 간주되어 왔다. 1967년 토리 캐년(Torrey Canyon)호 사건, 1978년 아모코 카디즈(Amoco Cadiz)호 사건, 1989년 엑슨 발데즈(Exxon Valdez)호 사건 등 약 10년 정도의 주기로 발생한 대형 오일누출사건들을 통해 해양오염의 심각성에 경종을 올리는 계기가 되었다. 이로 인해 각국의 영해 내외에서 발생하는 해양오염사고를 예방 및 방지하기 위해 국제적인 노력들이 시도되었다.

1954년 런던에서 채택된 해양유류오염방지에 관한 국제협약[16]을 선두로 1972년 폐기물 및 기타 투기에 의한 해양오염방지협약[17], 1973년 선박으로부터의 오염을 방지하기 위한 국제협약[18] 등이 그 대표적인 사례가 된다. 이와 더불어 기후변화와 지구온난화 등 세계환경문제가 심각하게 대두되면서 최근 세계각구은 해양오염에 대한 규제와 감독 및 상호협력을 강화하고 있는 추세이다.

해양환경[19]은 일단 오염이 발생하면 그 피해의 광역성으로 인하여 '매우 광범위한' 해역이 '매우 오랫시간 동안'생태계 폐해라는 위험성에 노출되어 진다. 더불어 연안의 도시민이나 어민, 관광객들도 잠재적 위험성에 노출되게 된다. 일단 피해가 발생하면 오염된 상태를 완전하게 복구하는 것이 불가능하거나 피해이전 상태로 복원하기 하는데는 많은 노력들이 요구된다. 그로 인한 시간과 재원의 투입은 막대하게 요구되기 때문에 신속한 대응과 더불어 사전예방은 매우 중요한 사항이다.

우리나라의 경우, 최근 증가하고 있는 연안매립과 간척사업, 각종 해양개발행위, 육상기인 오염물질의 유입, 육상폐기물 무단해양투기, 시프린스호(Sea Prince)·허베이 스피리트호(Hebei Spirit) 사건을 비롯하여 2014년7월 발생한 여수엑스포 부근 유류오염사고 등 대형선박에 의한 유류 및 화학물질의 인위적 우발적 유출, 해양자원개발에 따른 해양오염등으로 우리나라 해양생태계는 급속히 악화되고 있는 실정이며, 그 피해에 대한 심각성도 높아지고 있다.

해양오염관리에 대한 사회적 요구로 2007년 국토해양부는 환경친화적 해양자원의 지속가능한 이용·개발을 도모하고, 해양환경의 효과적인 보전·관리를 위하여 국가차원의 해양환경종합계획을 수립·시행하였다. 또한 해양에 유입되거나 해양에서 발생되는 각종 오염원을 통합관리하게 하는 등 해양분야에서의 환경정책을 종합적·체계적으로 추진할 수 있는 법적 근거로 기존 '해양오염방지법'을 폐지하고, '해양환

16) International Convention for the Prevention of Pollution of the Sea by Oil, T.I.A.S. No. 4900

17) Convention on the Prevention of Marine Pollution by Dumping of Qaters and Other Matter, (1975) 2 U.S.T. 2403, T.I.A.S. No. 8165

18) International Convention for the Prevention of Pollution from Ships, 12 I.L.M. 1319(1973)

19) 해양환경관리법 제2조 제1호 : "해양환경"이라 함은 "해양에 서식하는 생물체와 이를 둘러싸고 있는 해양수(海洋水)·해양지(海洋地)·해양대기(海洋大氣) 등 비생물적 환경 및 해양에서의 인간의 행동양식을 포함하는 것으로서 해양의 자연 및 생활상태를 말한다."

경관리법'을 새롭게 제정하였다.[20] 해양관련 주무부처인 해양수산부는 해양 및 해양환경 관련하여 소관 법률이 22개에 이른다: 해양수산발전기본법, 해양환경관리법, 연안관리법, 무인도서의 보전 및 관리에 관한 법률, 독도의 지속가능한 이용에 관한 법률, 공유수면관리 및 매립에 관한 법률, 남극활동 및 환경보호에 관한 법률, 해양생태계의 보전 및 관리에 관한 법률, 여수세계박람회 기념 및 사후활용에 관한 특별법 등, 수중레저활동의 안전 및 활성화 등에 관한 법률 등.

✦ 그림 19 태안반도 해양 오염

해양관광은 깨끗한 해양환경을 기본전제로 한다. 최근 기존 산업의 대체 산업으로서 해양관광산업에 대한 관심[21]이 증가하면서, 섬·갯벌체험 등 해양생태관광에 대한 수요도, 연안에서의 해양레저스포츠에 대한 관심도 지속적으로 증가하고 있다. 해양수산부는 청정 해양환경을 관리하기 위해 다양한 정책들을 수립하고 있다. 2017년도 해양수산부 주요 업무추진계획을 통해서 검토해보고자 한다.

⊙ 첫째, 해양 공간계획 수립과 오염원의 사전예방 강화

- 해양공간계획 모델 개발과 기반 구축
- 해양환경 위해요소의 사전 차단
  - 남해 EEZ 등 해사채취 관련 중장기 관리방안을 마련(2017.下)하고, 해양 플라스틱 저감을 위한 어업용 페스티로폼 통합관리시스템 구축

---

20) 본 내용은 '한국법제연구원(2015). 해양오염 방제에 관한 법령 제정안 연구 용역. 국민안전처'를 중심으로 본문에 맞게끔 수정하였음을 밝힘.

21) 부산·경남 등 조선 밀집지역을 중심으로 해양관광 산업 육성 추진('16.10, 조선 지역대책)

- 대규모 오염배출원 관리를 위해 발전소 냉·온배수 관리방안을 마련(2017.12) 하고, 축산, 하·폐수처리시설 등의 해양배출허용기준 강화(2017.12)
- 울산연안에 연안오염총량관리를 도입하고, 해양오염의 주원인으로 대두하고 있는 신규 오염물질(중금속)을 총량관리 대상으로 확대

● 해양환경질(質) 평가체계 도입 및 조사·분석 역량 강화
- 해수·퇴적물·생물 등 해양환경의 질(質), 상태 또는 가치를 평가하는 체계를 개선하고, 수질오염 경보체계 도입 추진(2017. 下)
- 해양건강성 지수(OHI, Ocean Health Index) 국내 도입 검토 및 시범 해역 평가를 통한 활용 방안 모색 등 중장기 추진계획 수립(2017. 下)

◎ 둘째, 해양생태계 보전과 가치 제고
● 친환경 해상처분장 조성 등 폐기물 재활용
- 폐기물*을 활용한 친환경 해상처분장 조성기술을 개발(20억원)하고, 친환경 해양공간 조성을 위한 기본계획 수립 및 후보지 선정(2017.上)
 * 육상매립지 포화 : 10년 이내 5개 시·도, 20년 이내 6개 시도 포화 예상
● 갯벌 생태가치의 미래 자원화
● 해양생물 종(種) 다양성 보전
● 해양생태계 교란·유해생물의 체계적 관리
● 해양보호구역 확대 및 활성화

이상에서 볼 때 중앙부처인 해양수산부는 동·서·남해의 청정해양환경 유지를 위해 다양한 정책들을 수립하고 있음을 알 수 있다. 기본적으로 해양의 난개발을 사전에 예방하며, 해양생태계의 질적 가치 유치를 위해 노력하고 있다. 이는 자연생태계가 지닌 자정작용회복과 항상성(homeostasis) 유지를 위해 인위적인 정책과 실행의지가 지속적으로 유지되어야함을 알 수 있다.

해양 & 지식 : 환경악화는 인류위협!

가장 많은 노벨상 수상자가 꼽은 인류 위협 요인은 인구 증가, 혹은 환경 악화였다. 세계 인구는 2050년까지 97억명, 2100년 112억명에 달할 전망이다. 기후변화에 따른 심각한 자연재해가 잇달아 일어날 우려도 있다고 THE는 전했다.

"빙하기 이래 인류는 극적인 기후변화에 힘겹게 대응해왔다. 그러나 과학에는 화석연료에 경제적으로 의존하는 현 시스템을 바꿀 잠재력이 있다. 다시 말해, 재생가능한 에너지가 화학연료에 비해 저렴해진다면 사람들은 화석연료를 포기하게 될 것이다."
(노벨물리학상 수상자인 NASA의 존 머더 박사)

출처 : THE(The Times Higher Education) 노벨상 수상자 대상 50명 설문조사(2017.09.2.)

바다 & 지식 : Greenpeace

그린피스, Greenpeace. 환경보호단체의 대표적 브랜드.
- 1970년 결성된 반핵단체
- 핵실험을 하지 말라의 의미인 '해일을 일으키지 말라 위원회(Don't Make a Wave Committe)' 모태
- 미국 알래스카주 암치카섬으로 핵실험 반대시위를 벌이기 위해 출발하여 배 중앙에 그린피스(Greenpeace)라고 쓴 녹색깃발을 건 것이 계기가 되어 단체이름
- 빌 다넬(Bill Darnell)이 지구에 대한 관심과 핵실험 반대의 뜻을 담아 녹색의 지구와 평화를 결합해 만든 아이디어
- 1971년 캐나다 밴쿠버 항구에 캐나다와 미국의 반전운동가, 사회사업가, 대학생, 언론인 등 12명의 환경보호운동가들이 모여 결성한 국제적인 환경보호 단체
- 초기 : 핵실험 반대운동 중심
- 현재 : 기후변화 방지, 원시림 보호, 해양보호, 고래잡이 방지, 유전자조작 반대, 핵위협 저지, 독성물질의 제거, 미국의 미사일 방위계획 반대운동, 반전운동
- 창당 : 1971년, 캐나다 밴쿠버

· 본부 : 네덜란드 암스테르담
· 창립자: 패트릭 무어, 로버트 헌터, David McTaggart, 폴 코테
· 자회사 : Greenpeace USA, Greenpeace Deutschland, Greenpeace Brazil
· 한국 : 2011년 6월 서울사무소 개소
· 해양(ocean)문지, 기후변화와 에너지(Climate & Energy) 중심의 캠페인 전개
· 현재 한국에 약 5,000명의 온라인 서포터조직

(출처 : http://www.greenpeace.org)

2. 해양쓰레기

> IF THE OCEANS DIE, WE DIE. – Captain Paul Watson –

"전 세계 면적의 4분의 1을 차지하고 있는 태평양 곳곳에는 플라스틱을 비롯한 해양 쓰레기들이 곳곳에 들어차 있다. 해양 쓰레기는 사람들의 건강과 어업, 관광 분야를 위협하고 있다. 바다의 아름다움은 인간이 버린 쓰레기에 매우 깨지기 쉽다. 전 세계 모든 시민이 바다 환경을 지킬 수 있도록 플라스틱을 이용을 줄이는 적극적인 노력이 필요하다."

Parley for the Oceans[22] 창립자 사이릴 거쉬(Cyrill Gutsch)[23]가 World Ocean Forum[24]에서 기조연설을 통해서 한 이야기이다. 해양쓰레기는 인류에 의해서 시작

---

22) http://www.parley.tv/#fortheoceans
   https://ko-kr.facebook.com/Parleyfortheoceans/
23) · 2012년 해양환경보호단체 Parley for the Oceans 창립
   · 2016년부터 ADIDAS와 협업작업
   · 해양에서 수거된 플라스틱, 폐어망 등으로 운동화 제작
   · UN 해양컨퍼런스 참여(Parley A.I.R Strategy 발표)
   · 플라스틱 사용을 피하고(Avoid), 플라스틱과 그로 인한 오염을 차단하여(Intercept), 문제의 원인을 재설계(Redesign)
24) World Ocean Forum(2017 제11회 세계해양포럼, 2017.10.18.-20, 대한민국 부산)

되었지만, 결국 해양과 그 속의 생태계를 교란하며 파괴할 뿐만 아니라 결국에는 인류에게 치명적인 영향으로 돌아온다는 것을 알려주는 경고의 메시지를 내포하고 있다. 여기에서는 해양쓰레기 문제를 해양관광의 관점에서 두 사례를 통해서 검토해보고자 한다.

첫째, 해양쓰레기의 심각성을 알리고자 태평양 쓰레기섬의 사례를 살펴보았다. 해양관광의 미래는 깨끗한 바다에 의해 결정됨을 인식하는 계기가 되길 바란다.

둘째, 산호초, 깨끗한 파란 바다 해양 파라다이스 이미지의 몰디브가 직면한 다른 면을 해양쓰레기를 통해서 보고자 한다. 몰디브는 1,190개의 섬으로 이루어진 인도양의 국가로서 인도, 스리랑카와 인접해있다. Male 국제공항이 Hulue섬(수도 Male 동쪽 2㎞ 위치)에 있다. 해상낙원이라 불리는 몰디브이지만 여기에서는 몰디브를 해양쓰레기 문제의 시각에서 검토하였다.

해양쓰레기와 지상낙원, 틸라푸쉬(Thilafushi)

- 몰디브 정부는 약 20년전 산호초 바다를 쓰레기로 매립하여 인공섬 조성
- 길이 3.5㎞ 너비 0.2㎢
- 몰디브의 수도(male)에서 서쪽으로 약 7㎞ 거리 위치
- 매일 말레섬에서 나오는 쓰레기를 모아 소각처리하여 연기로 싸여 있는 쓰레기섬
- 일일 약 330톤 이상의 쓰레기가 이 섬에 유입되면서 면적증가
- 쓰레기처리 : 쓰레기가 쌓이면 외국인 노동자들이 재활용품을 걸러내고 나머지는 묻거나 소각하는 방식
- 매일 쓰레기 면적 1㎡씩 증가
- 리조트의 쓰레기, 가정쓰레기, 폐기물
- 매립지를 확장하여 공장부지로 활용
- 몰디브 산업현장
- fact : 인구 39만5,000명, 면적 298㎢, 관광광객 매주 1,000방문(3.5㎏/1인 쓰레기남김)

(자료출처 : http://www.huffingtonpost.kr/2014/10/10/story_n_5963588.html& https://youtu.be/y3mlfAygJgM)

바다 & 경고 : 해양쓰레기와 '쓰레기섬'[25)]

태평양 거대 쓰레기 지대(Great Pacific Garbage Patch)

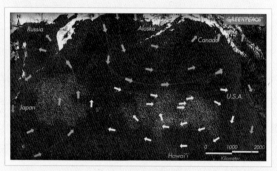

- 1997년 미국 해양환경운도강 Charles Moore 발견
- 하와이섬 북쪽과 일본 사이의 두 개의 거대한 쓰레기더미(not 섬)
- 해수면이나 바로 아래층에 머무고 있는 쓰레기 더미
- 쓰레기섬을 이루는 해수면은 플랭크톤 바이오매스 보다 6배 분량의 플라스틱 양 함량.
- 플라스틱의 밀도이 따라 넓리는 상당한 편차보임그린프스(Greenpeace)에서 시뮬레이션 한 것으로 쓰레기(오렌지 점)가 태평양을 따라서 육지로부터 해양으로 유입되는 해양쓰레기 환류(gyre[26))]이미지
- 크기는 한반도 면적의 6~10배 정도 추정
- 1950년대부터 10년마다 10배씩 증가
- 전 세계에서 바다에 버려진 쓰레기들이 원형순환해류와 바람의 영향을 받아 모여서 조성
- 90% 가량이 썩지 않는 비닐과 플라스틱류
- 유사사례로 대서양의 수많은 해초들이 모인 사르가소 해가 있는데, 대서양 연안에도 마찬가지로 사람이 살기 때문에 사르가소 해에도 쓰레기 섬이 조성 중
- 크기 : 하와이 면적의 두 배보다 약간 작은 수준
  실제로 바다 전체를 쓰레기가 뒤덮고 있는 것은 아니고, 대략 5kg/㎦ 정도의 밀도로 형성
- 문제 : 구성물질 중 미세플라스틱 등 육안으로 확인이 어려운 입자들이 많아 위성/항공사진으로도 그 규모나 확산 정도 등 현황 파악에 애로사항[27)]

---

25) 참고자료 http://www.scubanet.kr/article/view.php?category=1&article=663

26) gyre : 나선형 및 소용돌이. 바다의 해류에 의해 소용돌이 치듯이 모여들어 거대한 섬과 같이 이루어진 플라스틱 덩어리들이 모여 섬같은 형태를 이룸. 각국에서 버려진 플라스틱 들이 해류를 타고 대양을 떠돌다가 어느 지점에서 뭉쳐져 거대한 섬처럼 모여 있는 것.

27) 출처 : 나무위키/그린피스 의 내용을 참고함

해양관광의 미래 : 제4차산업혁명

*As thoughts are the seeds of all actions. Let me plant
only good pure seeds, so that the fruit will be the best.*
- unknown -

제4차산업혁명은 2011년 독일에서 인더스트리 4.0(Industry 4.0) 전략을 발표하며 최초 언급되었다. 이후 2016년 세계경제포럼(World Economic Forum) 당시 '4차 산업혁명의 이해(Mastering of the Fourth Industrial Revolution)'라는 주제가 국제사회의 이슈가 되면서 주목을 받게 되었다. 특히, 우리나라는 2016년 3월 이세돌 9단과 인공지능 '알파고(Alphago)'의 바둑대결로 그 관심이 고조되기 시작했다. 제4차산업혁명은 정보혁명의 시대이며, 지능형정보기술에 의해 어떤 사회가 다른 사회와 통합되며, 서로 연결되는 시대의 도래로 물리적 경계와 전문 영역의 융합화와 관련 있다. 이러한 현상은 해양관광의 미래와도 직결된다. 기본적으로 4차산업혁명이 일어나는 관광목적지의 물리적 환경변화로부터 교통수단, 관광콘텐츠, 경험의 만족도, 관광동기 이 모든 요소들이 핵심기술과 응용기술에 의해 영향을 받게될 것이기 때문이다.

여기에서는 제4차산업혁명의 핵심기술로 부상된 기술 가운데 가까운 미래에 해양관광에 접목이 가능한 기술을 검토한다. 특히, 최근 미디어에 노출된 기술을 중심으로 보고자 하였다.

구분	주요기술
물리학 기술	• 무인운송수단(드론) • 3D Printing • 첨단 로봇공학 • 신소재

구분	주요기술
디지털 기술	• 사물인터넷(IoT) • 비트코인 및 블록체인(Bitcoin & Block Chain) • 공유경제 및 온디맨드 경제
생물학 기술	• 유전공학 • 합성생물학 • 바이오프린팅(Bioprinting)

1. 인공지능(AI)과 해양관광

강한 인공지능 ←――――――――――――――――→ 약한 인공지능

인간처럼 생각하는 시스템	합리적으로 생각하는 시스템
• 마음 뿐 아니라, 인간과 유사한 사고 및 의사 결정을 내리는 시스템 • 인지 모델링 접근 방식	• 계산 모델을 통해 지각, 추론, 행동 같은 정신적 능력을 갖춘 시스템 • 사고의 법칙 접근방식
인간처럼 행동하는 시스템	**합리적으로 행동하는 시스템**
• 인간의 지능을 필요로 하는 어떤 행동을 기계가 따라 하는 시스템 • 튜링 테스트 접근 방식	• 계산 모델을 통해 지능적 행동을 하는 에이전트 시스템 • 합리적인 에이전트 접근방식

표에서 보는 바와 같이, 최근 개발·보급되고 있는 인공지능은 전형적인 약한 인공지능(weak artificial intelligence)이다. 일반적인 문제해결이 가능한 강한 인공지능(strong artificial intelligence) 그 실현 가능성이 불확실한 반면, 특정 기능에서 인간을 대신하여 문제를 해결하는 약한 인공지능기술이 최근 대두되고 있다. 현재 개발, 보급 중인 약한 인공지능 기술은 전통적인 논리 기반이 아닌, 빅데이터 기반의 자동 데이터 처리, 해석 기술을 가지고 있다.

이미 기계학습이 수많은 모바일, 웨어러블 기기에 적용되고 있으며 최근 딥러닝 기술(Deep Learning Technology)은 인지, 판별의 측면에서 획기적인 진보를 이루었다. 딥러닝은 음성, 사진, 동영상 등의 데이터를 최소한의 정보만이 주어진 상태에서 계

층별로 인식의 수준을 높여나가 최종적으로 이간 이상의 인식 결과를 제공한다. 이미 주요 인터넷 기업들이 음성, 사진 판별 등에 활용하고 있으며 의료 데이터 인식을 통한 잔단 예측 등 다방면에 그 활용성이 확장될 것으로 전망된다.

인공지능 기술은 금융, 의료, 제조업 등 경제 산업은 물론 사회 문화적 측면에서 광범위한 파급효과를 가져올 전망이다. 경제 산업 측면에서 인공지능 기술은 이미 제조업(자율주행차, 지능형 로봇, 스마트팩토리 등) 및 서비스업(의료, 교육, 금융 등)과 융합되며 상용화가 시작했고, 사회 문화 측면에서는 인공지능의 확산은 대대적인 고용구조의 변화, 새로운 사회규범 및 질서체계 확립 등을 초래하였다[28].

관광은 전통적으로 '인적 서비스 산업'으로 인식되어 왔지만, 지난 수십년 동안 과학기술 분야의 획기적인 발전을 이루어오면서 기술 혁신의 요구를 더 이상 피하기 어렵게 되었다. 사람과 ICT의 융합, 사물과 ICT의 융합, 이동수단과 ICT의 융합, 인공지능과 빅데이타의 융합 등 기술융합의 새로운 차원의 4차 혁명이 다가오고 있는 현재, 관광환경은 고도화된 정보기술이 결합된 형태로 변화하고 있다.

해양 & 지식 : 노벨상 수상자들이 꼽은 인류위협으로 AI 지목!

최근 물리학자 스티븐 호킹은 "AI의 급성장으로 사람의 힘으로 통제 불가능한 시점이 빠르게 다가오고 있다"며 "사람의 힘으로 통제 가능한 현 시점에서 AI 기술로 발생할 수 있는 잠재적 위협에 대비한 세부적인 규정을 만들어야 한다"고 경고했다.

그럼에도 AI를 활용한 킬러 로봇 개발은 점차 활발해지고 있다. 이는 AI를 활용해 스스로 목표물을 추적, 공격할 수 있는 전투형 로봇을 말한다.

최근 테슬라 최고 경영자인 일론 머스크 등 ICT 글로벌 CEO 116명은 유엔에 공동서한을 보내 킬러로봇 금지를 강력히 촉구했다. 이들은 서한에서 "판도라의 상자가 열리면 닫기는 매우 어렵다"며 "킬러로봇 개발 및 생산이 빠르게 가속화되고 있다"고 우려를 표했다.

출처 : THE(The Times Higher Education) 노벨상 수상자 대상 50명 설문조사(2017.09.2.)

---

28) 미래창조과학부, '2015 기술영향평가' 제2권 인공지능기술 참조.

2. 드론과 해양관광

관광목적지 방문시 가장 어려운 결정 중 하나는 숙박장소의 선택이 된다. 그리고 그곳까지 이동하는 과정에서 겪게되는 교통문제는 전체 여행 분위기에 결정적 영향을 미친다.

드론은 이러한 문제에 대한 솔루션을 제시할 것이다. 즉, 드론이 육상의 RV (Recreational Vehicle, 일명 캠핑카)와 유사한 이동주택(Mobile Home)을 해양관광목적지로 이동시켜 줄 것이기 때문이다[29]. 조만간 고속도로 정체, 꼬리를 무는 차량행렬, 교통지옥 이런 단어들은 자취를 감출 것이다.

드론은 향후 기술의 진보에 의해 수중탐사에도 적용될 수 있을 것이다. 드론과 공중부양형 자동차가 결합된 새로운 유형의 드론컨셉트차량이 공중에서 뿐만아니라 수중에서도 원하는 해양관광 목적지로 이동을 지원할 것이다. 지금은 기술력 한계에 의해 공간적으로 물리적 거리에 영향을 받지만 조만간 극복할 것으로 생각된다.

✳ 그림 20 Drone delivered Holiday Homes
(출처: http://www.samsung.com/uk/pdf/smartthings/future-living-report.pdf?CID=AFL-hq-mul-0813-11000279)

---

29) 삼성에서 제안한 미래의 해양관광객의 숙박문제 해결에 드론의 역할을 보여준다. 상기 그림은 미국 텍사스주 오스틴 소재 Kasita에서 제안

3. VR(MR)과 해양관광

가상현실과 관련된 기술적 진보는 크게 두가지로 구분된다. 첫째, 이용자의 머리에 부착되는 헤드셋 전자장비와 컴퓨터 소프트웨어에 의해 지원되는 기술. 이는 소리와 동작센스 등의 영상들을 지원받아 관광목적지에 대한 사전 경험을 가능케 한다. 둘째, 3차원 홀로그램을 이용한 기술. 관광목적지 경험을 사전에 입체영상을 통해 지원받는 것이다.

앞선 2유형이 지닌 기술적 한계로는 시각적 영상에 의존도가 지나치게 높다는 것이지만 향후에는 오감과 관련하여 냄새까지 지원된다면 현실과 매우 유사한 체험기회를 누릴 것이다. VR기술은 방문동기를 지닌 해양관광매력물이나 목적지와 유사한 환경을 사전인 출발 전에 가상경험을 통하여 최종 방문의 의사결정을 지원하게 될 것이다. VR은 최근 AR(증강현실: Augmented Reality)과 결합하여 MR(Mixed Reality)로 진화를 거듭하고 있다. 일상권과 비일상권의 경계가 급속히 무너지고 있는 지금 관광형태도 관광동기도 관광만족도 새로운 수준의 인간욕구를 지향해야할 때가 다가 오고 있다.

✦ 그림 21

바다와 지식 : Sisters' Island

✳ Blue Frontiers 홈페이지 첫화면

최근 급속도로 발전하는 ICT기술은 실제 바다에 들어가지 않고도 바다체험이 가능하게 끔 만들었다. VR(Virtual Reality: 가상현실)기술을 통해 싱가포르 Sisters'Islands Marine Park(해양공원)의 산호초 탐사가 가능해졌다.

싱가포르 현지 Start-up 기업인 Hiverlab(VR 콘텐츠 제작회사)에서 'Eyes on Habitat'으로 불리는 새로운 트레이닝 도구를 개발하여 제시했다. 이 기술의 적용과 관련하여 먼저 해양생물학자나 산호초 전문가의 모니터링 트레이닝을 지원하게 된다. Hiverlab은 DHI Water and Environment(환경분야 자문회사)와 PIXEL Labs(정보 커뮤니케이션 미디어 개발사)와 공동으로 개발하였다.

아직 제품생산단계는 아니지만 현재 프로그램을 이용하면, 가상현실의 '다이빙'상태에서 Sisters'Islands 산호초 등 다양한 해양생태계 탐사가 가능하며, 아울러 관련 지식에 대한 즉각적인 질문에도 반응할 것으로 전망한다.

2017년 3월에 United World College 학생들의 해양생태탐사 훈련에 첫 테스트를 실시하였다. 학생들이 실제 해저탐사지점으로 다이빙을 하기 전, 가상현실에서 산호초의 모니터링과 평가방법을 학습하며, 모니터링 프로토콜의 방향설정과 산호초 생태계의 확인기술을 실습한 이후에 직접 탐사지점으로 투입하는 것이다. 가는 것이다. 물론 실제 수중환경과 정확히 동일한 해양환경을 제공하지는 않지만, 교육 훈련에 쓰이는 활용도는 높을 것으로 기대되며, 특히, 심리적으로 해저에 대한 공포감을 극복하는데 기여할 것으로 전망된다.

(출처: http://www.straitstimes.com/singapore/environment/virtual-reality-lets-non-divers-experience-sisters-islands-marine-park)

4. 생체 칩과 해양관광객

인간의 몸속에 생체 칩(chip)을 주입해 직원을 관리하는 공상과학(SF) 영화[30] 속 이야기가 미국의 한 정보기술(IT) 기업에서 실제로 진행되고 있으며, 이 회사의 스웨덴 제휴사는 이미 많은 직원들에게 생체 칩 기술을 적용하고 있는 것으로 전해졌다.

국내에서는 스마트 병원[31]의 개념이 도입되면서 활발한 논의가 진행 중이다. 즉, 병원을 방문해야만 진료가 가능한 기존 방법에서 벗어나 몸안에 생체 칩을 이식하여 IT 의료기술을 접목하여 집에서 진료를 가능하게 하는 것이다. 즉, 스마트 병원은 궁극적으로 진료와 치료, 예방 같은 거의 모든 의료행위가 디지털·모바일 기술을 통해 이뤄지는 시스템이며 병원이 환자 개개인을 원격에서 '맞춤형'으로 관리하는 미래의 의료 시스템에 해당된다.

생체칩의 기술을 관광객에게 접목을 한다면 어떻게 될까. 예컨대 리조트를 방문하거나 크루즈를 탑승할 경우, 해양관광객의 결제와 관련해서는 다른 유형의 카드소지가 불필요하게 될 것이다. 회사 입장에서는 관광객의 동선분석을 통하여 체류 및 이용장소, 체류시간, 소비규모 등을 행태와 관련된 디지털 데이터 트래킹을 통한 실시간 분석을 빅데이터로 분석하여 향후 리조트나 크루즈 리모델링이나 새로운 해양관광매력물 건설시 행태기반에 근거한 디자인을 반영하거나 마케팅 플랜수립시 관광객의 선호도 만족도를 반영하는 해양관광상품개발을 지원할 것이다. 또한 해양관광의 특성상 해상조난이 구조활동시 관광객의 실시간 위치 추적을 통하여 골든타임 이내 구조활동이 가능케 하는데 기여할 것이다. 이러한 상황을 전반적으로 고려할 때, 생체칩에 어떤 기능을 부가적으로 추가할 것인가의 결정만 있을 것이다.

그러나 이상의 편리성과 간편성에도 불구하고 해결되어야할 문제점들이 있다. 첫

---

30) 킹스맨: 시크릿 에이전트(원제 Kingsman: The Secret Service). 2014년 개봉작. 감독 Matthew Vaughn. 출연 : Colin Firth, Taron Egerton, Samuel L. Jackson, Mark Strong

31) 환자의 혈압 혈당 같은 의학정보를 IT를 통해 병원에서 시리시간으로 받아보고, 이 정보를 토대로 환자의 건강을 원격으로 관리할 수 있는 시스템을 갖춘 병원. 병원 내에서 환자는 등록 진료 검사 투역 등 모든 프로세스에 대해 휴대폰으로 정보 안내를 받을 수 있다.

째, '칩(일명 베리칩[32])'은 RFID의 특성을 가지고 있으므로, 세계 어느 곳에서라도 인공위성을 통하여 전파를 통해 개인의 의료 정보에 대하여 저장된 서버나 클라우드에 접속하여 검색하고 관리할 수 있는 것이다. 만약 특정 세력들이 이런 점을 악용하여 컴퓨터 저장된 환자의 기록을 수정하거나 이용할 경우, 또는 원격 조정할 경우, 심각한 위험을 초래할 수 있다는 것이다. 따라서 해킹의 위험, 바이러스 감염 등 보안문제는 반드시 해결해야할 선결과제가 될 것이다.

바다와 지식 : 생체칩

미국의 한 정보기술(IT) 기업에서 실제로 진행되고 있다. 위스콘신주 Riverfalls 소재 IT기업인 Three Square Market(마이크로 기술기업)사 500여명의 직원들 손가락 사이(엄지와 검지 사이)에 쌀알 크기의 반도체 칩(RFID: Radio-Frequency Identification 기술)을 주입해 출퇴근 관리, 구내식당 식사비 결제, 컴퓨터 사용 등 시스템 관리와 보안의 측면에서 이용 방

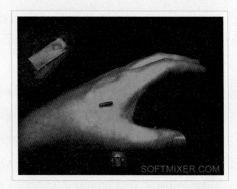

안을 직원들에게 제시한 것. 이 회사의 제휴사인 스웨덴의 BioHax International은 이미 많은 직원들에게 생체 칩 기술을 적용하고 있는 것으로 전해졌음.

(출처: USA투데이, 2017.07.24.)

32) 미국의 ADS사에 의해 인체에 삽입하는 RFID(무선주파수 신분식별)칩은 2001년 'Digital Angel'이라는 이름으로 최초 등장.

READING MATERIALS

A. Simeonova, R. Chuturkova, & V. Yaneva(2017). Seasonal dynamics of marine litter along the Bulgarian Black Sea coast. Marine Pollution Bulletin, 119(1), 110-118.

A.S. Singh, A. Zwickle, J.T. Bruskotter, & R. Wilson(2017). The perceived psychological distance of climate change impacts and its influence on support for adaptation policy. Environmental Science & Policy, 73, 93-99.

J.D. Tàbara, A.L. St. Clair, & E.A.T. Hermansen(2017). Transforming communication and knowledge production processes to address high-end climate change. Environmental Science & Policy, 70, 31-37.

K. Hyder, S. Wright, M. Kirby, & J. Brant(2017).The role of citizen science in monitoring small-scale pollution events. Marine Pollution Bulletin, 120(Issues 1-2), 51-57.

L. van Kerkhoff, & V. Pilbeam(2017). Understanding socio-cultural dimensions of environmental decision-making: A knowledge governance approach. Environmental Science & Policy, 73, 29-37.

M. McField(2017). Impacts of Climate Change on Coral in the Coastal and Marine Environments of Caribbean Small Island Developing States (SIDS). Science Review, 52-59.

M.E. Becherucci, A.F. Rosenthal, & J.P.S. Pon(2017). Marine debris in beaches of the Southwestern Atlantic: An assessment of their abundance and mass at different spatial scales in northern coastal Argentina. Marine Pollution Bulletin, 119(Issue 1), 299-306.

M.G.J.P. Tiquio, N. Marmier, & P. Francour(2017). Management frameworks for coastal and marine pollution in the European and South East Asian regions. Ocean & Coastal Management, 135, 65-78.

R. Wilson(2017). Impacts of Climate Change on Mangrove Ecosystems in the Coastal and Marine Environments of Caribbean Small Island Developing States (SIDS). Science Review, 60-82.

S. Webber(2017). Circulating climate services: Commercializing science for climate change adaptation in Pacific Islands. Geoforum, 85, 82-91.

T.D. Ramm, S. Graham, C.J. White, & C.S. Watson(2017). Advancing values-based approaches to climate change adaptation: A case study from Australia. Environmental Science & Policy, 76, 113-123.

V.M. Adams, J.G. Álvarez-Romero, S.J. Capon, G.M. Crowley, A.P. Dale, M.J. Kennard, M.M. Douglas, & R.L. Pressey(2017). Making time for space: The critical role of spatial planning in adapting natural resource management to climate change. Environmental Science & Policy, 74, 57-67.

Y.D. Beeharry, G. Bekaroo, C. Bokhoree, M.R. Phillips, & N. Jory(2017). Sustaining anti-littering behavior within coastal and marine environments: Through the macro-micro level lenses. Marine Pollution Bulletin, 119(Issue 2), 87-99.

Index

한국어

로마자

저자 소개

| 양 위 주 |

- 부경대학교 관광경영학과 교수
- 글로벌 해양관광연구소장
- 부산광역시 해양레저관광진흥위원
- Texas A&M University, Ph. D
- 서울대학교 일반대학원 생태조경학과, MLA
- 서울대학교 조경학과, BA

해양관광
Coastal and Marine Tourism

초판1쇄 인쇄   2018년 3월 05일
초판1쇄 발행   2018년 3월 10일

저   자 양 위 주
펴 낸 이 임 순 재
펴 낸 곳 (주)한올출판사
등   록 제11-403호
주   소 서울시 마포구 모래내로 83(성산동, 한올빌딩 3층)
전   화 (02)376-4298(대표)
팩   스 (02)302-8073
홈 페 이 지 www.hanol.co.kr
e - 메 일 hanol@hanol.co.kr
I S B N 979-11-5685-645-0